U1060672

权威・前沿・原创

皮书系列为
“十二五”“十三五”国家重点图书出版规划项目

1997~2017

皮书品牌20年

YEAR BOOKS

皮书系列

2017年

智 库 成 果 出 版 与 传 播 平 台

社会科学文献出版社
SOCIAL SCIENCES ACADEMIC PRESS (CHINA)

社长致辞

2017年正值皮书品牌专业化二十周年之际，世界每天都在发生着让人眼花缭乱的变化，而唯一不变的，是面向未来无数的可能性。作为个体，如何获取专业信息以备不时之需？作为行政主体或企事业主体，如何提高决策的科学性让这个世界变得更好而不是更糟？原创、实证、专业、前沿、及时、持续，这是1997年“皮书系列”品牌创立的初衷。

1997～2017，从最初一个出版社的学术产品名称到媒体和公众使用频率极高的热点词语，从专业术语到大众话语，从官方文件到独特的出版型态，作为重要的智库成果，“皮书”始终致力于成为海量信息时代的信息过滤器，成为经济社会发展的记录仪，成为政策制定、评估、调整的智力源，社会科学研究的资料集成库。“皮书”的概念不断延展，“皮书”的种类更加丰富，“皮书”的功能日渐完善。

1997～2017，皮书及皮书数据库已成为中国新型智库建设不可或缺的抓手与平台，成为政府、企业和各类社会组织决策的利器，成为人文社科研究最基本的资料库，成为世界系统完整及时认知当代中国的窗口和通道！“皮书”所具有的凝聚力正在形成一种无形的力量，吸引着社会各界关注中国的发展，参与中国的发展。

二十年的“皮书”正值青春，愿每一位皮书人付出的年华与智慧不辜负这个时代！

社会科学文献出版社社长
中国社会学会秘书长

2016年11月

社会科学文献出版社简介

社会科学文献出版社成立于1985年，是直属于中国社会科学院的人文社会科学学术出版机构。成立以来，社科文献出版社依托于中国社会科学院和国内外人文社会科学界丰厚的学术出版和专家学者资源，始终坚持“创社科经典，出传世文献”的出版理念、“权威、前沿、原创”的产品定位以及学术成果和智库成果出版的专业化、数字化、国际化、市场化的经营道路。

社科文献出版社是中国新闻出版业转型与文化体制改革的先行者。积极探索文化体制改革的先进方向和现代企业经营决策机制，社科文献出版社先后荣获“全国文化体制改革工作先进单位”、中国出版政府奖·先进出版单位奖，中国社会科学院先进集体、全国科普工作先进集体等荣誉称号。多人次荣获“第十届韬奋出版奖”“全国新闻出版行业领军人才”“数字出版先进人物”“北京市新闻出版广电行业领军人才”等称号。

社科文献出版社是中国人文社会科学学术出版的大社名社，也是以皮书为代表的智库成果出版的专业强社。年出版图书2000余种，其中皮书350余种，出版新书字数5.5亿字，承印与发行中国社科院院属期刊72种，先后创立了皮书系列、列国志、中国史话、社科文献学术译库、社科文献学术文库、甲骨文书系等一大批既有学术影响又有市场价值的品牌，确立了在社会学、近代史、苏东问题研究等专业学科及领域出版的领先地位。图书多次荣获中国出版政府奖、“三个一百”原创图书出版工程、“五个‘一’工程奖”、“大众喜爱的50种图书”等奖项，在中央国家机关“强素质·做表率”读书活动中，入选图书品种数位居各大出版社之首。

社科文献出版社是中国学术出版规范与标准的倡议者与制定者，代表全国50多家出版社发起实施学术著作出版规范的倡议，承担学术著作规范国家标准的起草工作，率先编撰完成《皮书手册》对皮书品牌进行规范化管理，并在此基础上推出中国版芝加哥手册——《SSAP学术出版手册》。

社科文献出版社是中国数字出版的引领者，拥有皮书数据库、列国志数据库、“一带一路”数据库、减贫数据库、集刊数据库等4大产品线11个数据库产品，机构用户达1300余家，海外用户百余家，荣获“数字出版转型示范单位”“新闻出版标准化先进单位”“专业数字内容资源知识服务模式试点企业标准化示范单位”等称号。

社科文献出版社是中国学术出版走出去的践行者。社科文献出版社海外图书出版与学术合作业务遍及全球40余个国家和地区并于2016年成立俄罗斯分社，累计输出图书500余种，涉及近20个语种，累计获得国家社科基金中华学术外译项目资助76种、“丝路书香工程”项目资助60种、中国图书对外推广计划项目资助71种以及经典中国国际出版工程资助28种，被商务部认定为“2015-2016年度国家文化出口重点企业”。

如今，社科文献出版社拥有固定资产3.6亿元，年收入近3亿元，设置了七大出版分社、六大专业部门，成立了皮书研究院和博士后科研工作站，培养了一支近400人的高素质与高效率的编辑、出版、营销和国际推广队伍，为未来成为学术出版的大社、名社、强社，成为文化体制改革与文化企业转型发展的排头兵奠定了坚实的基础。

经 济 类

经济类皮书涵盖宏观经济、城市经济、大区域经济，
提供权威、前沿的分析与预测

经济蓝皮书

2017 年中国经济形势分析与预测

李扬 / 主编　2017 年 1 月出版　定价：89.00 元

◆　本书为总理基金项目，由著名经济学家李扬领衔，联合中国社会科学院等数十家科研机构、国家部委和高等院校的专家共同撰写，系统分析了 2016 年的中国经济形势并预测 2017 年中国经济运行情况。

中国省域竞争力蓝皮书

中国省域经济综合竞争力发展报告（2015 ～ 2016）

李建平　李闽榕　高燕京 / 主编　2017 年 5 月出版　定价：198.00 元

◆　本书融多学科的理论为一体，深入追踪研究了省域经济发展与中国国家竞争力的内在关系，为提升中国省域经济综合竞争力提供有价值的决策依据。

城市蓝皮书

中国城市发展报告 No.10

潘家华　单菁菁 / 主编　2017 年 9 月出版　估价：89.00 元

◆　本书是由中国社会科学院城市发展与环境研究中心编著的，多角度、全方位地立体展示了中国城市的发展状况，并对中国城市的未来发展提出了许多建议。该书有强烈的时代感，对中国城市发展实践有重要的参考价值。

人口与劳动绿皮书

中国人口与劳动问题报告 No.18

蔡昉　张车伟 / 主编　2017 年 10 月出版　估价：89.00 元

◆　本书为中国社会科学院人口与劳动经济研究所主编的年度报告，对当前中国人口与劳动形势做了比较全面和系统的深入讨论，为研究中国人口与劳动问题提供了一个专业性的视角。

世界经济黄皮书

2017 年世界经济形势分析与预测

张宇燕 / 主编　2017 年 1 月出版　定价：89.00 元

◆　本书由中国社会科学院世界经济与政治研究所的研究团队撰写，2016 年世界经济增速进一步放缓，就业增长放慢。世界经济面临许多重大挑战同时，地缘政治风险、难民危机、大国政治周期、恐怖主义等问题也仍然在影响世界经济的稳定与发展。预计 2017 年按 PPP 计算的世界 GDP 增长率约为 3.0%。

国际城市蓝皮书

国际城市发展报告（2017）

屠启宇 / 主编　2017 年 2 月出版　定价：79.00 元

◆　本书作者以上海社会科学院从事国际城市研究的学者团队为核心，汇集同济大学、华东师范大学、复旦大学、上海交通大学、南京大学、浙江大学相关城市研究专业学者。立足动态跟踪介绍国际城市发展时间中，最新出现的重大战略、重大理念、重大项目、重大报告和最佳案例。

金融蓝皮书

中国金融发展报告（2017）

王国刚 / 主编　2017 年 2 月出版　定价：79.00 元

◆　本书由中国社会科学院金融研究所组织编写，概括和分析了 2016 年中国金融发展和运行中的各方面情况，研讨和评论了 2016 年发生的主要金融事件，有利于读者了解掌握 2016 年中国的金融状况，把握 2017 年中国金融的走势。

农村绿皮书

中国农村经济形势分析与预测（2016 ~ 2017）

魏后凯　杜志雄　黄秉信 / 主编　2017 年 4 月出版　估价：89.00 元

◆　本书描述了 2016 年中国农业农村经济发展的一些主要指标和变化，并对 2017 年中国农业农村经济形势的一些展望和预测，提出相应的政策建议。

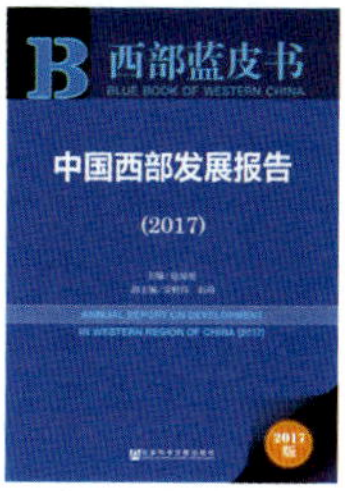

西部蓝皮书

中国西部发展报告（2017）

徐璋勇 / 主编　2017 年 7 月出版　估价：89.00 元

◆　本书由西北大学中国西部经济发展研究中心主编，汇集了源自西部本土以及国内研究西部问题的权威专家的第一手资料，对国家实施西部大开发战略进行年度动态跟踪，并对 2017 年西部经济、社会发展态势进行预测和展望。

经济蓝皮书·夏季号

中国经济增长报告（2016 ~ 2017）

李扬 / 主编　2017 年 9 月出版　估价：98.00 元

◆　中国经济增长报告主要探讨 2016~2017 年中国经济增长问题，以专业视角解读中国经济增长，力求将其打造成一个研究中国经济增长、服务宏微观各级决策的周期性、权威性读物。

就业蓝皮书

2017 年中国本科生就业报告

麦可思研究院 / 编著　2017 年 6 月出版　估价：98.00 元

◆　本书基于大量的数据和调研，内容翔实，调查独到，分析到位，用数据说话，对中国大学生就业及学校专业设置起到了很好的建言献策作用。

社 会 政 法 类

社会政法类皮书聚焦社会发展领域的热点、难点问题，
提供权威、原创的资讯与视点

社会蓝皮书

2017 年中国社会形势分析与预测

李培林　陈光金　张翼 / 主编　2016 年 12 月出版　定价：89.00 元

◆　本书由中国社会科学院社会学研究所组织研究机构专家、高校学者和政府研究人员撰写，聚焦当下社会热点，对 2016 年中国社会发展的各个方面内容进行了权威解读，同时对 2017 年社会形势发展趋势进行了预测。

法治蓝皮书

中国法治发展报告 No.15（2017）

李林　田禾 / 主编　2017 年 3 月出版　定价：118.00 元

◆　本年度法治蓝皮书回顾总结了 2016 年度中国法治发展取得的成就和存在的不足，对中国政府、司法、检务透明度进行了跟踪调研，并对 2017 年中国法治发展形势进行了预测和展望。

社会体制蓝皮书

中国社会体制改革报告 No.5（2017）

龚维斌 / 主编　2017 年 3 月出版　定价：89.00 元

◆　本书由国家行政学院社会治理研究中心和北京师范大学中国社会管理研究院共同组织编写，主要对 2016 年社会体制改革情况进行回顾和总结，对 2017 年的改革走向进行分析，提出相关政策建议。

社会心态蓝皮书

中国社会心态研究报告（2017）

王俊秀　杨宜音 / 主编　2017 年 12 月出版　估价：89.00 元

◈　本书是中国社会科学院社会学研究所社会心理研究中心“社会心态蓝皮书课题组”的年度研究成果，运用社会心理学、社会学、经济学、传播学等多种学科的方法进行了调查和研究，对于目前中国社会心态状况有较广泛和深入的揭示。

生态城市绿皮书

中国生态城市建设发展报告（2017）

刘举科　孙伟平　胡文臻 / 主编　2017 年 7 月出版　估价：118.00 元

◈　报告以绿色发展、循环经济、低碳生活、民生宜居为理念，以更新民众观念、提供决策咨询、指导工程实践、引领绿色发展为宗旨，试图探索一条具有中国特色的城市生态文明建设新路。

城市生活质量蓝皮书

中国城市生活质量报告（2017）

中国经济实验研究院 / 主编　2017 年 7 月出版　估价：89.00 元

◈　本书对全国 35 个城市居民的生活质量主观满意度进行了电话调查，同时对 35 个城市居民的客观生活质量指数进行了计算，为中国城市居民生活质量的提升，提出了针对性的政策建议。

公共服务蓝皮书

中国城市基本公共服务力评价（2017）

钟君　刘志昌　吴正杲 / 主编　2017 年 12 月出版　估价：89.00 元

◈　中国社会科学院经济与社会建设研究室与华图政信调查组成联合课题组，从 2010 年开始对基本公共服务力进行研究，研创了基本公共服务力评价指标体系，为政府考核公共服务与社会管理工作提供了理论工具。

行业报告类

行业报告类皮书立足重点行业、新兴行业领域，
提供及时、前瞻的数据与信息

企业社会责任蓝皮书

中国企业社会责任研究报告（2017）

黄群慧　钟宏武　张蒽　翟利峰 / 著　2017 年 10 月出版　估价：89.00 元

◆　本书剖析了中国企业社会责任在 2016 ~ 2017 年度的最新发展特征，详细解读了省域国有企业在社会责任方面的阶段性特征，生动呈现了国内外优秀企业的社会责任实践。对了解中国企业社会责任履行现状、未来发展，以及推动社会责任建设有重要的参考价值。

新能源汽车蓝皮书

中国新能源汽车产业发展报告（2017）

中国汽车技术研究中心　日产（中国）投资有限公司
东风汽车有限公司 / 编著　2017 年 7 月出版　估价：98.00 元

◆　本书对中国 2016 年新能源汽车产业发展进行了全面系统的分析，并介绍了国外的发展经验。有助于相关机构、行业和社会公众等了解中国新能源汽车产业发展的最新动态，为政府部门出台新能源汽车产业相关政策法规、企业制定相关战略规划，提供必要的借鉴和参考。

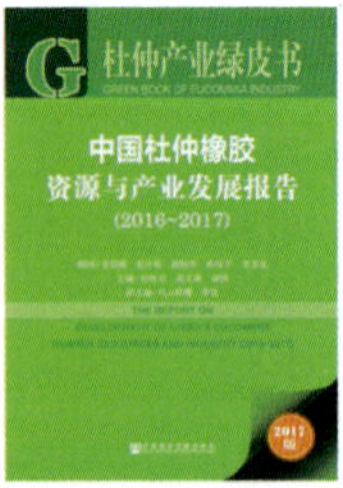

杜仲产业绿皮书

中国杜仲橡胶资源与产业发展报告（2016 ~ 2017）

杜红岩　胡文臻　俞锐 / 主编　2017 年 4 月出版　估价：85.00 元

◆　本书对 2016 年杜仲产业的发展情况、研究团队在杜仲研究方面取得的重要成果、部分地区杜仲产业发展的具体情况、杜仲新标准的制定情况等进行了较为详细的分析与介绍，使广大关心杜仲产业发展的读者能够及时跟踪产业最新进展。

企业蓝皮书

中国企业绿色发展报告 No.2（2017）

李红玉　朱光辉 / 主编　　2017 年 8 月出版　　估价：89.00 元

◆　本书深入分析中国企业能源消费、资源利用、绿色金融、绿色产品、绿色管理、信息化、绿色发展政策及绿色文化方面的现状，并对目前存在的问题进行研究，剖析因果，谋划对策，为企业绿色发展提供借鉴，为中国生态文明建设提供支撑。

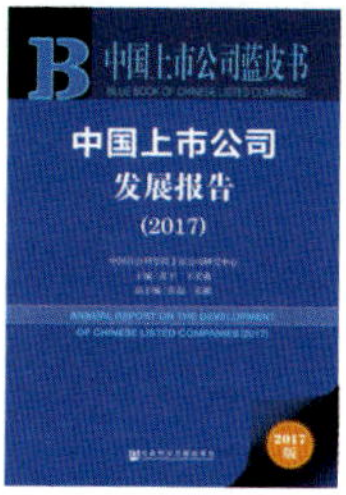

中国上市公司蓝皮书

中国上市公司发展报告（2017）

张平　王宏淼 / 主编　　2017 年 10 月出版　　估价：98.00 元

◆　本书由中国社会科学院上市公司研究中心组织编写的，着力于全面、真实、客观反映当前中国上市公司财务状况和价值评估的综合性年度报告。本书详尽分析了 2016 年中国上市公司情况，特别是现实中暴露出的制度性、基础性问题，并对资本市场改革进行了探讨。

资产管理蓝皮书

中国资产管理行业发展报告（2017）

智信资产管理研究院 / 编著　　2017 年 6 月出版　　估价：89.00 元

◆　中国资产管理行业刚刚兴起，未来将成为中国金融市场最有看点的行业。本书主要分析了 2016 年度资产管理行业的发展情况，同时对资产管理行业的未来发展做出科学的预测。

体育蓝皮书

中国体育产业发展报告（2017）

阮伟　钟秉枢 / 主编　　2017 年 12 月出版　　估价：89.00 元

◆　本书运用多种研究方法，在体育竞赛业、体育用品业、体育场馆业、体育传媒业等传统产业研究的基础上，并对 2016 年体育领域内的各种热点事件进行研究和梳理，进一步拓宽了研究的广度、提升了研究的高度、挖掘了研究的深度。

国际问题类

国际问题类皮书关注全球重点国家与地区，
提供全面、独特的解读与研究

美国蓝皮书

美国研究报告（2017）

郑秉文　黄平 / 主编　2017 年 6 月出版　估价：89.00 元

◆　本书是由中国社会科学院美国研究所主持完成的研究成果，它回顾了美国 2016 年的经济、政治形势与外交战略，对 2017 年以来美国内政外交发生的重大事件及重要政策进行了较为全面的回顾和梳理。

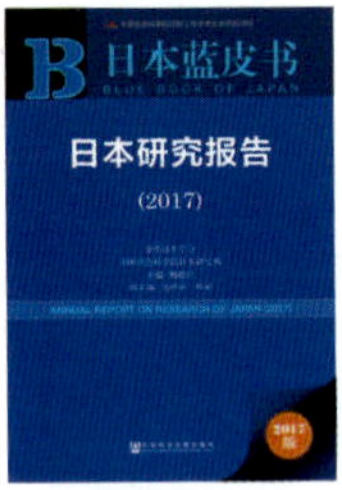

日本蓝皮书

日本研究报告（2017）

杨伯江 / 主编　2017 年 5 月出版　估价：89.00 元

◆　本书对 2016 年日本的政治、经济、社会、外交等方面的发展情况做了系统介绍，对日本的热点及焦点问题进行了总结和分析，并在此基础上对该国 2017 年的发展前景做出预测。

亚太蓝皮书

亚太地区发展报告（2017）

李向阳 / 主编　2017 年 4 月出版　估价：89.00 元

◆　本书是中国社会科学院亚太与全球战略研究院的集体研究成果。2017 年的“亚太蓝皮书”继续关注中国周边环境的变化。该书盘点了 2016 年亚太地区的焦点和热点问题，为深入了解 2016 年及未来中国与周边环境的复杂形势提供了重要参考。

德国蓝皮书

德国发展报告（2017）

郑春荣 / 主编　2017 年 6 月出版　估价：89.00 元

◆　本报告由同济大学德国研究所组织编撰，由该领域的专家学者对德国的政治、经济、社会文化、外交等方面的形势发展情况，进行全面的阐述与分析。

日本经济蓝皮书

日本经济与中日经贸关系研究报告（2017）

张季风 / 编著　2017 年 5 月出版　估价：89.00 元

◆　本书系统、详细地介绍了 2016 年日本经济以及中日经贸关系发展情况，在进行了大量数据分析的基础上，对 2017 年日本经济以及中日经贸关系的大致发展趋势进行了分析与预测。

俄罗斯黄皮书

俄罗斯发展报告（2017）

李永全 / 编著　2017 年 7 月出版　估价：89.00 元

◆　本书系统介绍了 2016 年俄罗斯经济政治情况，并对 2016 年该地区发生的焦点、热点问题进行了分析与回顾；在此基础上，对该地区 2017 年的发展前景进行了预测。

非洲黄皮书

非洲发展报告 No.19（2016 ~ 2017）

张宏明 / 主编　2017 年 8 月出版　估价：89.00 元

◆　本书是由中国社会科学院西亚非洲研究所组织编撰的非洲形势年度报告，比较全面、系统地分析了 2016 年非洲政治形势和热点问题，探讨了非洲经济形势和市场走向，剖析了大国对非洲关系的新动向；此外，还介绍了国内非洲研究的新成果。

地方发展类

地方发展类皮书关注中国各省份、经济区域，
提供科学、多元的预判与资政信息

北京蓝皮书

北京公共服务发展报告（2016~2017）

施昌奎 / 主编　2017 年 3 月出版　定价：79.00 元

◆　本书是由北京市政府职能部门的领导、首都著名高校的教授、知名研究机构的专家共同完成的关于北京市公共服务发展与创新的研究成果。

河南蓝皮书

河南经济发展报告（2017）

张占仓　完世伟 / 主编　2017 年 4 月出版　估价：89.00 元

◆　本书以国内外经济发展环境和走向为背景，主要分析当前河南经济形势，预测未来发展趋势，全面反映河南经济发展的最新动态、热点和问题，为地方经济发展和领导决策提供参考。

广州蓝皮书

2017 年中国广州经济形势分析与预测

庾建设　陈浩钿　谢博能 / 主编　2017 年 7 月出版　估价：85.00 元

◆　本书由广州大学与广州市委政策研究室、广州市统计局联合主编，汇集了广州科研团体、高等院校和政府部门诸多经济问题研究专家、学者和实际部门工作者的最新研究成果，是关于广州经济运行情况和相关专题分析、预测的重要参考资料。

文化传媒类

文化传媒类皮书透视文化领域、文化产业，
探索文化大繁荣、大发展的路径

新媒体蓝皮书

中国新媒体发展报告 No.8（2017）

唐绪军 / 主编　2017 年 6 月出版　估价：89.00 元

◆　本书是由中国社会科学院新闻与传播研究所组织编写的关于新媒体发展的最新年度报告，旨在全面分析中国新媒体的发展现状，解读新媒体的发展趋势，探析新媒体的深刻影响。

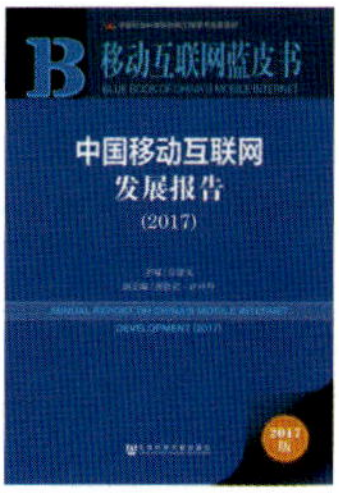

移动互联网蓝皮书

中国移动互联网发展报告（2017）

官建文 / 主编　2017 年 6 月出版　估价：89.00 元

◆　本书着眼于对 2016 年度中国移动互联网的发展情况做深入解析，对未来发展趋势进行预测，力求从不同视角、不同层面全面剖析中国移动互联网发展的现状、年度突破及热点趋势等。

传媒蓝皮书

中国传媒产业发展报告（2017）

崔保国 / 主编　2017 年 5 月出版　估价：98.00 元

◆　“传媒蓝皮书”连续十多年跟踪观察和系统研究中国传媒产业发展。本报告在对传媒产业总体以及各细分行业发展状况与趋势进行深入分析基础上，对年度发展热点进行跟踪，剖析新技术引领下的商业模式，对传媒各领域发展趋势、内体经营、传媒投资进行解析，为中国传媒产业正在发生的变革提供前瞻行参考。

经济类

“三农”互联网金融蓝皮书
中国“三农”互联网金融发展报告（2017）
著(编)者：李勇坚 王弢　2017年8月出版 / 估价：98.00元
PSN B-2016-561-1/1

G20国家创新竞争力黄皮书
二十国集团（G20）国家创新竞争力发展报告（2016~2017）
著(编)者：李建平 李闽榕 赵新力 周天勇
2017年8月出版 / 估价：158.00元
PSN Y-2011-229-1/1

产业蓝皮书
中国产业竞争力报告（2017）No.7
著(编)者：张其仔　2017年12月出版 / 估价：98.00元
PSN B-2010-175-1/1

城市创新蓝皮书
中国城市创新报告（2017）
著(编)者：周天勇 旷建伟　2017年11月出版 / 估价：89.00元
PSN B-2013-340-1/1

城市蓝皮书
中国城市发展报告 No.10
著(编)者：潘家华 单菁菁　2017年9月出版 / 估价：89.00元
PSN B-2007-091-1/1

城乡一体化蓝皮书
中国城乡一体化发展报告（2016～2017）
著(编)者：汝信 付崇兰　2017年7月出版 / 估价：85.00元
PSN B-2011-226-1/2

城镇化蓝皮书
中国新型城镇化健康发展报告（2017）
著(编)者：张占斌　2017年8月出版 / 估价：89.00元
PSN B-2014-396-1/1

创新蓝皮书
创新型国家建设报告（2016～2017）
著(编)者：詹正茂　2017年12月出版 / 估价：89.00元
PSN B-2009-140-1/1

创业蓝皮书
中国创业发展报告（2016～2017）
著(编)者：黄群慧 赵卫星 钟宏武等
2017年11月出版 / 估价：89.00元
PSN B-2016-578-1/1

低碳发展蓝皮书
中国低碳发展报告（2016~2017）
著(编)者：齐晔 张希良　2017年3月出版 / 估价：98.00元
PSN B-2011-223-1/1

低碳经济蓝皮书
中国低碳经济发展报告（2017）
著(编)者：薛进军 赵忠秀　2017年6月出版 / 估价：85.00元
PSN B-2011-194-1/1

东北蓝皮书
中国东北地区发展报告（2017）
著(编)者：姜晓秋　2017年 2 月出版 / 定价：79.00元
PSN B-2006-067-1/1

发展与改革蓝皮书
中国经济发展和体制改革报告No.8
著(编)者：邹东涛 王再文　2017年4月出版 / 估价：98.00元
PSN B-2008-122-1/1

工业化蓝皮书
中国工业化进程报告（2017）
著(编)者：黄群慧　2017年12月出版 / 估价：158.00元
PSN B-2007-095-1/1

管理蓝皮书
中国管理发展报告（2017）
著(编)者：张晓东　2017年10月出版 / 估价：98.00元
PSN B-2014-416-1/1

国际城市蓝皮书
国际城市发展报告（2017）
著(编)者：屠启宇　2017年2月出版 / 定价：79.00元
PSN B-2012-260-1/1

国家创新蓝皮书
中国创新发展报告（2017）
著(编)者：陈劲　2017年12月出版 / 估价：89.00元
PSN B-2014-370-1/1

金融蓝皮书
中国金融发展报告（2017）
著(编)者：王国刚　2017年2月出版 / 定价：79.00元
PSN B-2004-031-1/6

京津冀金融蓝皮书
京津冀金融发展报告（2017）
著(编)者：王爱俭 李向前
2017年 4 月出版 / 估价：89.00元
PSN B-2016-528-1/1

京津冀蓝皮书
京津冀发展报告（2017）
著(编)者：文魁 祝尔娟　2017年4月出版 / 估价：89.00元
PSN B-2012-262-1/1

经济蓝皮书
2017年中国经济形势分析与预测
著(编)者：李扬　2017年1月出版 / 定价：89.00元
PSN B-1996-001-1/1

经济蓝皮书・春季号
2017年中国经济前景分析
著(编)者：李扬　2017年6月出版 / 估价：89.00元
PSN B-1999-008-1/1

经济蓝皮书・夏季号
中国经济增长报告（2016～2017）
著(编)者：李扬　2017年9月出版 / 估价：98.00元
PSN B-2010-176-1/1

经济信息绿皮书
中国与世界经济发展报告（2017）
著(编)者：杜平　2017年12月出版 / 定价：89.00元
PSN G-2003-023-1/1

就业蓝皮书
2017年中国本科生就业报告
著(编)者：麦可思研究院　2017年6月出版 / 估价：98.00元
PSN B-2009-146-1/2

就业蓝皮书
2017年中国高职高专生就业报告
著(编)者：麦可思研究院　2017年6月出版 / 估价：98.00元
PSN B-2015-472-2/2

科普能力蓝皮书
中国科普能力评价报告（2017）
著(编)者：李富 强李群　2017年8月出版 / 估价：89.00元
PSN B-2016-556-1/1

临空经济蓝皮书
中国临空经济发展报告（2017）
著(编)者：连玉明　2017年9月出版 / 估价：89.00元
PSN B-2014-421-1/1

农村绿皮书
中国农村经济形势分析与预测（2016~2017）
著(编)者：魏后凯 杜志雄 黄秉信
2017年4月出版 / 估价：89.00元
PSN G-1998-003-1/1

农业应对气候变化蓝皮书
气候变化对中国农业影响评估报告 No.3
著(编)者：矫梅燕　2017年8月出版 / 估价：98.00元
PSN B-2014-413-1/1

气候变化绿皮书
应对气候变化报告（2017）
著(编)者：王伟光 郑国光　2017年6月出版 / 估价：89.00元
PSN G-2009-144-1/1

区域蓝皮书
中国区域经济发展报告（2016~2017）
著(编)者：赵弘　2017年6月出版 / 估价：89.00元
PSN B-2004-034-1/1

全球环境竞争力绿皮书
全球环境竞争力报告（2017）
著(编)者：李建平 李闽榕 王金南
2017年12月出版 / 估价：198.00元
PSN G-2013-363-1/1

人口与劳动绿皮书
中国人口与劳动问题报告 No.18
著(编)者：蔡昉 张车伟　2017年11月出版 / 估价：89.00元
PSN G-2000-012-1/1

商务中心区蓝皮书
中国商务中心区发展报告 No.3（2016）
著(编)者：李国红 单菁菁　2017年4月出版 / 估价：89.00元
PSN B-2015-444-1/1

世界经济黄皮书
2017年世界经济形势分析与预测
著(编)者：张宇燕　2017年1月出版 / 定价：89.00元
PSN Y-1999-006-1/1

世界旅游城市绿皮书
世界旅游城市发展报告（2017）
著(编)者：宋宇　2017年4月出版 / 估价：128.00元
PSN G-2014-400-1/1

土地市场蓝皮书
中国农村土地市场发展报告（2016~2017）
著(编)者：李光荣　2017年4月出版 / 估价：89.00元
PSN B-2016-527-1/1

西北蓝皮书
中国西北发展报告（2017）
著(编)者：高建龙　2017年4月出版 / 估价：89.00元
PSN B-2012-261-1/1

西部蓝皮书
中国西部发展报告（2017）
著(编)者：徐璋勇　2017年7月出版 / 估价：89.00元
PSN B-2005-039-1/1

新型城镇化蓝皮书
新型城镇化发展报告（2017）
著(编)者：李伟 宋敏 沈体雁　2017年4月出版 / 估价：98.00元
PSN B-2014-431-1/1

新兴经济体蓝皮书
金砖国家发展报告（2017）
著(编)者：林跃勤 周文　2017年12月出版 / 估价：89.00元
PSN B-2011-195-1/1

长三角蓝皮书
2017年新常态下深化一体化的长三角
著(编)者：王庆五　2017年12月出版 / 估价：88.00元
PSN B-2005-038-1/1

中部竞争力蓝皮书
中国中部经济社会竞争力报告（2017）
著(编)者：教育部人文社会科学重点研究基地
南昌大学中国中部经济社会发展研究中心
2017年12月出版 / 估价：89.00元
PSN B-2012-276-1/1

中部蓝皮书
中国中部地区发展报告（2017）
著(编)者：宋亚平　2017年12月出版 / 估价：88.00元
PSN B-2007-089-1/1

中国省域竞争力蓝皮书
中国省域经济综合竞争力发展报告（2017）
著(编)者：李建平 李闽榕 高燕京
2017年2月出版 / 定价：198.00元
PSN B-2007-088-1/1

中三角蓝皮书
长江中游城市群发展报告（2017）
著(编)者：秦尊文　2017年9月出版 / 估价：89.00元
PSN B-2014-417-1/1

中小城市绿皮书
中国中小城市发展报告（2017）
著(编)者：中国城市经济学会中小城市经济发展委员会
中国城镇化促进会中小城市发展委员会
《中国中小城市发展报告》编纂委员会
中小城市发展战略研究院
2017年11月出版 / 估价：128.00元
PSN G-2010-161-1/1

中原蓝皮书
中原经济区发展报告（2017）
著(编)者：李英杰　2017年6月出版 / 估价：88.00元
PSN B-2011-192-1/1

自贸区蓝皮书
中国自贸区发展报告（2017）
著(编)者：王力　2017年7月出版 / 估价：89.00元
PSN B-2016-559-1/1

社会政法类

北京蓝皮书
中国社区发展报告（2017）
著(编)者：于燕燕　　2017年 4 月出版 / 估价：89.00元
PSN B-2007-083-5/8

殡葬绿皮书
中国殡葬事业发展报告（2017）
著(编)者：李伯森　　2017年4月出版 / 估价：158.00元
PSN G-2010-180-1/1

城市管理蓝皮书
中国城市管理报告（2016~2017）
著(编)者：刘林　刘承水　2017年5月出版 / 估价：158.00元
PSN B-2013-336-1/1

城市生活质量蓝皮书
中国城市生活质量报告（2017）
著(编)者：中国经济实验研究院
2018年7月出版 / 估价：89.00元
PSN B-2013-326-1/1

城市政府能力蓝皮书
中国城市政府公共服务能力评估报告（2017）
著(编)者：何艳玲　　2017年4月出版 / 估价：89.00元
PSN B-2013-338-1/1

慈善蓝皮书
中国慈善发展报告（2017）
著(编)者：杨团　　2017年6月出版 / 估价：89.00元
PSN B-2009-142-1/1

党建蓝皮书
党的建设研究报告 No.2（2017）
著(编)者：崔建民　陈东平　　2017年4月出版 / 估价：89.00元
PSN B-2016-524-1/1

地方法治蓝皮书
中国地方法治发展报告 No.3（2017）
著(编)者：李林　田禾　　2017年4出版 / 估价：108.00元
PSN B-2015-442-1/1

法治蓝皮书
中国法治发展报告 No.15（2017）
著(编)者：李林 田禾　　2017年3月出版 / 定价：118.00元
PSN B-2004-027-1/1

法治政府蓝皮书
中国法治政府发展报告（2017）
著(编)者：中国政法大学法治政府研究院
2017年4月出版 / 估价：98.00元
PSN B-2015-502-1/2

法治政府蓝皮书
中国法治政府评估报告（2017）
著(编)者：中国政法大学法治政府研究院
2017年11月出版 / 估价：98.00元
PSN B-2016-577-2/2

法治蓝皮书
中国法院信息化发展报告 No.1（2017）
著(编)者：李林 田禾　　2017年2月出版 / 定价：108.00元
PSN B-2017-604-3/3

反腐倡廉蓝皮书
中国反腐倡廉建设报告 No.7
著(编)者：张英伟　　2017年12月出版 / 估价：89.00元
PSN B-2012-259-1/1

非传统安全蓝皮书
中国非传统安全研究报告（2016 ~ 2017）
著(编)者：余潇枫 魏志江　　2017年6月出版 / 估价：89.00元
PSN B-2012-273-1/1

妇女发展蓝皮书
中国妇女发展报告 No.7
著(编)者：王金玲　　2017年9月出版 / 估价：148.00元
PSN B-2006-069-1/1

妇女教育蓝皮书
中国妇女教育发展报告 No.4
著(编)者：张李玺　　2017年10月出版 / 估价：78.00元
PSN B-2008-121-1/1

妇女绿皮书
中国性别平等与妇女发展报告（2017）
著(编)者：谭琳　　2017年12月出版 / 估价：99.00元
PSN G-2006-073-1/1

公共服务蓝皮书
中国城市基本公共服务力评价（2017）
著(编)者：钟君 刘志昌 吴正杲　　2017年12月出版 / 估价：89.00元
PSN B-2011-214-1/1

公民科学素质蓝皮书
中国公民科学素质报告（2016 ~ 2017）
著(编)者：李群　陈雄　马宗文
2017年4月出版 / 估价：89.00元
PSN B-2014-379-1/1

公共关系蓝皮书
中国公共关系发展报告（2017）
著(编)者：柳斌杰　　2017年11月出版 / 估价：89.00元
PSN B-2016-580-1/1

公益蓝皮书
中国公益慈善发展报告（2017）
著(编)者：朱健刚　　2018年4月出版 / 估价：118.00元
PSN B-2012-283-1/1

国际人才蓝皮书
中国国际移民报告（2017）
著(编)者：王辉耀　　2017年4月出版 / 估价：89.00元
PSN B-2012-304-3/4

国际人才蓝皮书
中国留学发展报告（2017）No.5
著(编)者：王辉耀 苗绿　　2017年10月出版 / 估价：89.00元
PSN B-2012-244-2/4

海洋社会蓝皮书
中国海洋社会发展报告（2017）
著(编)者：崔凤 宋宁而　　2017年7月出版 / 估价：89.00元
PSN B-2015-478-1/1

行政改革蓝皮书
中国行政体制改革报告（2017）No.6
著(编)者：魏礼群　2017年5月出版 / 估价：98.00元
PSN B-2011-231-1/1

华侨华人蓝皮书
华侨华人研究报告（2017）
著(编)者：贾益民　2017年12月出版 / 估价：128.00元
PSN B-2011-204-1/1

环境竞争力绿皮书
中国省域环境竞争力发展报告（2017）
著(编)者：李建平 李闽榕 王金南
2017年11月出版 / 估价：198.00元
PSN G-2010-165-1/1

环境绿皮书
中国环境发展报告（2017）
著(编)者：刘鉴强　2017年4月出版 / 估价：89.00元
PSN G-2006-048-1/1

基金会蓝皮书
中国基金会发展报告（2016~2017）
著(编)者：中国基金会发展报告课题组
2017年4月出版 / 估价：85.00元
PSN B-2013-368-1/1

基金会绿皮书
中国基金会发展独立研究报告（2017）
著(编)者：基金会中心网 中央民族大学基金会研究中心
2017年6月出版 / 估价：88.00元
PSN G-2011-213-1/1

基金会透明度蓝皮书
中国基金会透明度发展研究报告（2017）
著(编)者：基金会中心网 清华大学廉政与治理研究中心
2017年12月出版 / 估价：89.00元
PSN B-2015-509-1/1

家庭蓝皮书
中国“创建幸福家庭活动”评估报告（2017）
国务院发展研究中心“创建幸福家庭活动评估”课题组著
2017年8月出版 / 估价：89.00元
PSN B-2015-508-1/1

健康城市蓝皮书
中国健康城市建设研究报告（2017）
著(编)者：王鸿春 解树江 盛继洪
2017年9月出版 / 估价：89.00元
PSN B-2016-565-2/2

教师蓝皮书
中国中小学教师发展报告（2017）
著(编)者：曾晓东 鱼霞　2017年6月出版 / 估价：89.00元
PSN B-2012-289-1/1

教育蓝皮书
中国教育发展报告（2017）
著(编)者：杨东平　2017年4月出版 / 估价：89.00元
PSN B-2006-047-1/1

科普蓝皮书
中国基层科普发展报告（2016~2017）
著(编)者：赵立 新陈玲　2017年9月出版 / 估价：89.00元
PSN B-2016-569-3/3

科普蓝皮书
中国科普基础设施发展报告（2017）
著(编)者：任福君　2017年6月出版 / 估价：89.00元
PSN B-2010-174-1/3

科普蓝皮书
中国科普人才发展报告（2017）
著(编)者：郑念 任嵘嵘　2017年4月出版 / 估价：98.00元
PSN B-2015-512-2/3

科学教育蓝皮书
中国科学教育发展报告（2017）
著(编)者：罗晖 王康友　2017年10月出版 / 估价：89.00元
PSN B-2015-487-1/1

劳动保障蓝皮书
中国劳动保障发展报告（2017）
著(编)者：刘燕斌　2017年9月出版 / 估价：188.00元
PSN B-2014-415-1/1

老龄蓝皮书
中国老年宜居环境发展报告（2017）
著(编)者：党俊武 周燕珉　2017年4月出版 / 估价：89.00元
PSN B-2013-320-1/1

连片特困区蓝皮书
中国连片特困区发展报告（2017）
著(编)者：游俊 冷志明 丁建军
2017年4月出版 / 估价：98.00元
PSN B-2013-321-1/1

流动儿童蓝皮书
中国流动儿童教育发展报告（2016）
著(编)者：杨东平　2017年1月出版 / 定价：79.00元
PSN B-2017-600-1/1

民调蓝皮书
中国民生调查报告（2017）
著(编)者：谢耘耕　2017年12月出版 / 估价：98.00元
PSN B-2014-398-1/1

民族发展蓝皮书
中国民族发展报告（2017）
著(编)者：郝时远 王延中 王希恩
2017年4月出版 / 估价：98.00元
PSN B-2006-070-1/1

女性生活蓝皮书
中国女性生活状况报告 No.11（2017）
著(编)者：韩湘景　2017年10月出版 / 估价：98.00元
PSN B-2006-071-1/1

汽车社会蓝皮书
中国汽车社会发展报告（2017）
著(编)者：王俊秀　2017年12月出版 / 估价：89.00元
PSN B-2011-224-1/1

青年蓝皮书
中国青年发展报告（2017）No.3
著(编)者：廉思 等　2017年4月出版 / 估价：89.00元
PSN B-2013-333-1/1

青少年蓝皮书
中国未成年人互联网运用报告（2017）
著(编)者：李文革 沈洁 季为民
2017年11月出版 / 估价：89.00元
PSN B-2010-165-1/1

青少年体育蓝皮书
中国青少年体育发展报告（2017）
著(编)者：郭建军 杨桦　2017年9月出版 / 估价：89.00元
PSN B-2015-482-1/1

群众体育蓝皮书
中国群众体育发展报告（2017）
著(编)者：刘国永 杨桦　2017年12月出版 / 估价：89.00元
PSN B-2016-519-2/3

人权蓝皮书
中国人权事业发展报告 No.7（2017）
著(编)者：李君如　2017年9月出版 / 估价：98.00元
PSN B-2011-215-1/1

社会保障绿皮书
中国社会保障发展报告（2017）No.8
著(编)者：王延中　2017年1月出版 / 估价：98.00元
PSN G-2001-014-1/1

社会风险评估蓝皮书
风险评估与危机预警评估报告（2017）
著(编)者：唐钧　2017年8月出版 / 估价：85.00元
PSN B-2016-521-1/1

社会管理蓝皮书
中国社会管理创新报告 No.5
著(编)者：连玉明　2017年11月出版 / 估价：89.00元
PSN B-2012-300-1/1

社会蓝皮书
2017年中国社会形势分析与预测
著(编)者：李培林　陈光金　张翼
2016年12月出版 / 定价：89.00元
PSN B-1998-002-1/1

社会体制蓝皮书
中国社会体制改革报告No.5（2017）
著(编)者：龚维斌　2017年3月出版 / 定价：89.00元
PSN B-2013-330-1/1

社会心态蓝皮书
中国社会心态研究报告（2017）
著(编)者：王俊秀 杨宜音　2017年12月出版 / 估价：89.00元
PSN B-2011-199-1/1

社会组织蓝皮书
中国社会组织发展报告（2016~2017）
著(编)者：黄晓勇　2017年1月出版 / 定价：89.00元
PSN B-2008-118-1/2

社会组织蓝皮书
中国社会组织评估发展报告（2017）
著(编)者：徐家良 廖鸿　2017年12月出版 / 估价：89.00元
PSN B-2013-366-1/1

生态城市绿皮书
中国生态城市建设发展报告（2017）
著(编)者：刘举科 孙伟平 胡文臻
2017年9月出版 / 估价：118.00元
PSN G-2012-269-1/1

生态文明绿皮书
中国省域生态文明建设评价报告（ECI 2017）
著(编)者：严耕　2017年12月出版 / 估价：98.00元
PSN G-2010-170-1/1

土地整治蓝皮书
中国土地整治发展研究报告 No.4
著(编)者：国土资源部土地整治中心
2017年7月出版 / 估价：89.00元
PSN B-2014-401-1/1

土地政策蓝皮书
中国土地政策研究报告（2017）
著(编)者：高延利 李宪文
2017年12月出版 / 定价：89.00元
PSN B-2015-506-1/1

医改蓝皮书
中国医药卫生体制改革报告（2017）
著(编)者：文学国　房志武　2017年11月出版 / 估价：98.00元
PSN B-2014-432-1/1

医疗卫生绿皮书
中国医疗卫生发展报告 No.7（2017）
著(编)者：申宝忠 韩玉珍　2017年4月出版 / 估价：85.00元
PSN G-2004-033-1/1

应急管理蓝皮书
中国应急管理报告（2017）
著(编)者：宋英华　2017年9月出版 / 估价：98.00元
PSN B-2016-563-1/1

政治参与蓝皮书
中国政治参与报告（2017）
著(编)者：房宁　2017年9月出版 / 估价：118.00元
PSN B-2011-200-1/1

宗教蓝皮书
中国宗教报告（2016）
著(编)者：邱永辉　2017年4月出版 / 估价：89.00元
PSN B-2008-117-1/1

行业报告类

SUV蓝皮书
中国SUV市场发展报告（2016~2017）
著(编)者：靳军　2017年9月出版 / 估价：89.00元
PSN B-2016-572-1/1

保健蓝皮书
中国保健服务产业发展报告 No.2
著(编)者：中国保健协会 中共中央党校
2017年7月出版 / 估价：198.00元
PSN B-2012-272-3/3

保健蓝皮书
中国保健食品产业发展报告 No.2
著(编)者：中国保健协会
中国社会科学院食品药品产业发展与监管研究中心
2017年7月出版 / 估价：198.00元
PSN B-2012-271-2/3

保健蓝皮书
中国保健用品产业发展报告 No.2
著(编)者：中国保健协会
国务院国有资产监督管理委员会研究中心
2017年4月出版 / 估价：198.00元
PSN B-2012-270-1/3

保险蓝皮书
中国保险业竞争力报告（2017）
著(编)者：项俊波　2017年12月出版 / 估价：99.00元
PSN B-2013-311-1/1

冰雪蓝皮书
中国滑雪产业发展报告（2017）
著(编)者：孙承华 伍斌 魏庆华 张鸿俊
2017年8月出版 / 估价：89.00元
PSN B-2016-560-1/1

彩票蓝皮书
中国彩票发展报告（2017）
著(编)者：益彩基金　2017年4月出版 / 估价：98.00元
PSN B-2015-462-1/1

餐饮产业蓝皮书
中国餐饮产业发展报告（2017）
著(编)者：邢颖　2017年6月出版 / 估价：98.00元
PSN B-2009-151-1/1

测绘地理信息蓝皮书
新常态下的测绘地理信息研究报告（2017）
著(编)者：库热西・买合苏提
2017年12月出版 / 估价：118.00元
PSN B-2009-145-1/1

茶业蓝皮书
中国茶产业发展报告（2017）
著(编)者：杨江帆 李闽榕　2017年10月出版 / 估价：88.00元
PSN B-2010-164-1/1

产权市场蓝皮书
中国产权市场发展报告（2016~2017）
著(编)者：曹和平　2017年5月出版 / 估价：89.00元
PSN B-2009-147-1/1

产业安全蓝皮书
中国出版传媒产业安全报告（2016~2017）
著(编)者：北京印刷学院文化产业安全研究院
2017年4月出版 / 估价：89.00元
PSN B-2014-384-13/14

产业安全蓝皮书
中国文化产业安全报告（2017）
著(编)者：北京印刷学院文化产业安全研究院
2017年12月出版 / 估价：89.00元
PSN B-2014-378-12/14

产业安全蓝皮书
中国新媒体产业安全报告（2017）
著(编)者：北京印刷学院文化产业安全研究院
2017年12月出版 / 估价：89.00元
PSN B-2015-500-14/14

城投蓝皮书
中国城投行业发展报告（2017）
著(编)者：王晨艳　丁伯康　2017年11月出版 / 估价：300.00元
PSN B-2016-514-1/1

电子政务蓝皮书
中国电子政务发展报告（2016~2017）
著(编)者：李季 杜平　2017年7月出版 / 估价：89.00元
PSN B-2003-022-1/1

杜仲产业绿皮书
中国杜仲橡胶资源与产业发展报告（2016~2017）
著(编)者：杜红岩 胡文臻 俞锐
2017年4月出版 / 估价：85.00元
PSN G-2013-350-1/1

房地产蓝皮书
中国房地产发展报告 No.14（2017）
著(编)者：李春华 王业强　2017年5月出版 / 估价：89.00元
PSN B-2004-028-1/1

服务外包蓝皮书
中国服务外包产业发展报告（2017）
著(编)者：王晓红 刘德军
2017年6月出版 / 估价：89.00元
PSN B-2013-331-2/2

服务外包蓝皮书
中国服务外包竞争力报告（2017）
著(编)者：王力 刘春生 黄育华
2017年11月出版 / 估价：85.00元
PSN B-2011-216-1/2

工业和信息化蓝皮书
世界网络安全发展报告（2016~2017）
著(编)者：洪京一　2017年4月出版 / 估价：89.00元
PSN B-2015-452-5/5

工业和信息化蓝皮书
世界信息化发展报告（2016~2017）
著(编)者：洪京一　2017年4月出版 / 估价：89.00元
PSN B-2015-451-4/5

工业和信息化蓝皮书
世界信息技术产业发展报告（2016~2017）
著(编)者：洪京一　2017年4月出版 / 估价：89.00元
PSN B-2015-449-2/5

工业和信息化蓝皮书
移动互联网产业发展报告（2016~2017）
著(编)者：洪京一　2017年4月出版 / 估价：89.00元
PSN B-2015-448-1/5

工业和信息化蓝皮书
战略性新兴产业发展报告（2016~2017）
著(编)者：洪京一　2017年4月出版 / 估价：89.00元
PSN B-2015-450-3/5

工业设计蓝皮书
中国工业设计发展报告（2017）
著(编)者：王晓红 于炜 张立群
2017年9月出版 / 估价：138.00元
PSN B-2014-420-1/1

黄金市场蓝皮书
中国商业银行黄金业务发展报告（2016~2017）
著(编)者：平安银行　2017年4月出版 / 估价：98.00元
PSN B-2016-525-1/1

互联网金融蓝皮书
中国互联网金融发展报告（2017）
著(编)者：李东荣　2017年9月出版 / 估价：128.00元
PSN B-2014-374-1/1

互联网医疗蓝皮书
中国互联网医疗发展报告（2017）
著(编)者：宫晓东　2017年9月出版 / 估价：89.00元
PSN B-2016-568-1/1

会展蓝皮书
中外会展业动态评估年度报告（2017）
著(编)者：张敏　2017年4月出版 / 估价：88.00元
PSN B-2013-327-1/1

金融监管蓝皮书
中国金融监管报告（2017）
著(编)者：胡滨　2017年6月出版 / 估价：89.00元
PSN B-2012-281-1/1

金融蓝皮书
中国金融中心发展报告（2017）
著(编)者：王力 黄育华　2017年11月出版 / 估价：85.00元
PSN B-2011-186-6/6

建筑装饰蓝皮书
中国建筑装饰行业发展报告（2017）
著(编)者：刘晓一 葛道顺　2017年7月出版 / 估价：198.00元
PSN B-2016-554-1/1

客车蓝皮书
中国客车产业发展报告（2016~2017）
著(编)者：姚蔚　2017年10月出版 / 估价：85.00元
PSN B-2013-361-1/1

旅游安全蓝皮书
中国旅游安全报告（2017）
著(编)者：郑向敏 谢朝武　2017年5月出版 / 估价：128.00元
PSN B-2012-280-1/1

旅游绿皮书
2016～2017年中国旅游发展分析与预测
著(编)者：宋瑞　2017年2月出版 / 定价：89.00元
PSN G-2002-018-1/1

煤炭蓝皮书
中国煤炭工业发展报告（2017）
著(编)者：岳福斌　2017年12月出版 / 估价：85.00元
PSN B-2008-123-1/1

民营企业社会责任蓝皮书
中国民营企业社会责任报告（2017）
著(编)者：中华全国工商业联合会
2017年12月出版 / 估价：89.00元
PSN B-2015-510-1/1

民营医院蓝皮书
中国民营医院发展报告（2017）
著(编)者：庄一强　2017年10月出版 / 估价：85.00元
PSN B-2012-299-1/1

闽商蓝皮书
闽商发展报告（2017）
著(编)者：李闽榕 王日根 林琛
2017年12月出版 / 估价：89.00元
PSN B-2012-298-1/1

能源蓝皮书
中国能源发展报告（2017）
著(编)者：崔民选 王军生 陈义和
2017年10月出版 / 估价：98.00元
PSN B-2006-049-1/1

农产品流通蓝皮书
中国农产品流通产业发展报告（2017）
著(编)者：贾敬敦 张东科 张玉玺 张鹏毅 周伟
2017年4月出版 / 估价：89.00元
PSN B-2012-288-1/1

企业公益蓝皮书
中国企业公益研究报告（2017）
著(编)者：钟宏武 汪杰 顾一 黄晓娟 等
2017年12月出版 / 估价：89.00元
PSN B-2015-501-1/1

企业国际化蓝皮书
中国企业国际化报告（2017）
著(编)者：王辉耀　2017年11月出版 / 估价：98.00元
PSN B-2014-427-1/1

企业蓝皮书
中国企业绿色发展报告 No.2（2017）
著(编)者：李红玉 朱光辉　2017年8月出版 / 估价：89.00元
PSN B-2015-481-2/2

企业社会责任蓝皮书
中国企业社会责任研究报告（2017）
著(编)者：黄群慧 钟宏武 张蒽 翟利峰
2017年11月出版 / 估价：89.00元
PSN B-2009-149-1/1

企业社会责任蓝皮书
中资企业海外社会责任研究报告（2016~2017）
著(编)者：钟宏武 叶柳红 张蒽
2017年1月出版 / 定价：79.00元
PSN B-2017-603-2/2

汽车安全蓝皮书
中国汽车安全发展报告（2017）
著(编)者：中国汽车技术研究中心
2017年7月出版 / 估价：89.00元
PSN B-2014-385-1/1

汽车电子商务蓝皮书
中国汽车电子商务发展报告（2017）
著(编)者：中华全国工商业联合会汽车经销商商会
北京易观智库网络科技有限公司
2017年10月出版 / 估价：128.00元
PSN B-2015-485-1/1

汽车工业蓝皮书
中国汽车工业发展年度报告（2017）
著(编)者：中国汽车工业协会 中国汽车技术研究中心
丰田汽车（中国）投资有限公司
2017年4月出版 / 估价：128.00元
PSN B-2015-463-1/2

汽车工业蓝皮书
中国汽车零部件产业发展报告（2017）
著(编)者：中国汽车工业协会 中国汽车工程研究院
2017年10月出版 / 估价：98.00元
PSN B-2016-515-2/2

汽车蓝皮书
中国汽车产业发展报告（2017）
著(编)者：国务院发展研究中心产业经济研究部
中国汽车工程学会 大众汽车集团（中国）
2017年8月出版 / 估价：98.00元
PSN B-2008-124-1/1

人力资源蓝皮书
中国人力资源发展报告（2017）
著(编)者：余兴安 2017年11月出版 / 估价：89.00元
PSN B-2012-287-1/1

融资租赁蓝皮书
中国融资租赁业发展报告（2016～2017）
著(编)者：李光荣 王力 2017年8月出版 / 估价：89.00元
PSN B-2015-443-1/1

商会蓝皮书
中国商会发展报告No.5（2017）
著(编)者：王钦敏 2017年7月出版 / 估价：89.00元
PSN B-2008-125-1/1

输血服务蓝皮书
中国输血行业发展报告（2017）
著(编)者：朱永明 耿鸿武 2016年8月出版 / 估价：89.00元
PSN B-2016-583-1/1

社会责任管理蓝皮书
中国上市公司社会责任能力成熟度报告（2017）No.2
著(编)者：肖红军 王晓光 李伟阳
2017年12月出版 / 估价：98.00元
PSN B-2015-507-2/2

社会责任管理蓝皮书
中国企业公众透明度报告(2017)No.3
著(编)者：黄速建 熊梦 王晓光 肖红军
2017年4月出版 / 估价：98.00元
PSN B-2015-440-1/2

食品药品蓝皮书
食品药品安全与监管政策研究报告（2016～2017）
著(编)者：唐民皓 2017年6月出版 / 估价：89.00元
PSN B-2009-129-1/1

世界能源蓝皮书
世界能源发展报告（2017）
著(编)者：黄晓勇 2017年6月出版 / 估价：99.00元
PSN B-2013-349-1/1

水利风景区蓝皮书
中国水利风景区发展报告（2017）
著(编)者：谢婵才 兰思仁 2017年5月出版 / 估价：89.00元
PSN B-2015-480-1/1

碳市场蓝皮书
中国碳市场报告（2017）
著(编)者：定金彪 2017年11月出版 / 估价：89.00元
PSN B-2014-430-1/1

体育蓝皮书
中国体育产业发展报告（2017）
著(编)者：阮伟 钟秉枢 2017年12月出版 / 估价：89.00元
PSN B-2010-179-1/4

网络空间安全蓝皮书
中国网络空间安全发展报告（2017）
著(编)者：惠志斌 唐涛 2017年4月出版 / 估价：89.00元
PSN B-2015-466-1/1

西部金融蓝皮书
中国西部金融发展报告（2017）
著(编)者：李忠民 2017年8月出版 / 估价：85.00元
PSN B-2010-160-1/1

协会商会蓝皮书
中国行业协会商会发展报告（2017）
著(编)者：景朝阳 李勇 2017年4月出版 / 估价：99.00元
PSN B-2015-461-1/1

新能源汽车蓝皮书
中国新能源汽车产业发展报告（2017）
著(编)者：中国汽车技术研究中心
日产（中国）投资有限公司 东风汽车有限公司
2017年7月出版 / 估价：98.00元
PSN B-2013-347-1/1

新三板蓝皮书
中国新三板市场发展报告（2017）
著(编)者：王力 2017年6月出版 / 估价：89.00元
PSN B-2016-534-1/1

信托市场蓝皮书
中国信托业市场报告（2016～2017）
著(编)者：用益信托研究院
2017年1月出版 / 定价：198.00元
PSN B-2014-371-1/1

信息化蓝皮书
中国信息化形势分析与预测（2016~2017）
著(编)者：周宏仁 2017年8月出版 / 估价：98.00元
PSN B-2010-168-1/1

信用蓝皮书
中国信用发展报告（2017）
著(编)者：章政 田侃　2017年4月出版 / 估价：99.00元
PSN B-2013-328-1/1

休闲绿皮书
2017年中国休闲发展报告
著(编)者：宋瑞　2017年10月出版 / 估价：89.00元
PSN G-2010-158-1/1

休闲体育蓝皮书
中国休闲体育发展报告（2016～2017）
著(编)者：李相如　钟炳枢　2017年10月出版 / 估价：89.00元
PSN G-2016-516-1/1

养老金融蓝皮书
中国养老金融发展报告（2017）
著(编)者：董克用　姚余栋
2017年8月出版 / 估价：89.00元
PSN B-2016-584-1/1

药品流通蓝皮书
中国药品流通行业发展报告（2017）
著(编)者：佘鲁林 温再兴　2017年8月出版 / 估价：158.00元
PSN B-2014-429-1/1

医院蓝皮书
中国医院竞争力报告（2017）
著(编)者：庄一强　曾益新　2017年3月出版 / 定价：108.00元
PSN B-2016-529-1/1

邮轮绿皮书
中国邮轮产业发展报告（2017）
著(编)者：汪泓　2017年10月出版 / 估价：89.00元
PSN G-2014-419-1/1

智能养老蓝皮书
中国智能养老产业发展报告（2017）
著(编)者：朱勇　2017年10月出版 / 估价：89.00元
PSN B-2015-488-1/1

债券市场蓝皮书
中国债券市场发展报告（2016～2017）
著(编)者：杨农　2017年10月出版 / 估价：89.00元
PSN B-2016-573-1/1

中国节能汽车蓝皮书
中国节能汽车发展报告（2016~2017）
著(编)者：中国汽车工程研究院股份有限公司
2017年9月出版 / 估价：98.00元
PSN B-2016-566-1/1

中国上市公司蓝皮书
中国上市公司发展报告（2017）
著(编)者：张平 王宏淼
2017年10月出版 / 估价：98.00元
PSN B-2014-414-1/1

中国陶瓷产业蓝皮书
中国陶瓷产业发展报告（2017）
著(编)者：左和平 黄速建　2017年10月出版 / 估价：98.00元
PSN B-2016-574-1/1

中国总部经济蓝皮书
中国总部经济发展报告（2016～2017）
著(编)者：赵弘　2017年9月出版 / 估价：89.00元
PSN B-2005-036-1/1

中医文化蓝皮书
中国中医药文化传播发展报告（2017）
著(编)者：毛嘉陵　2017年7月出版 / 估价：89.00元
PSN B-2015-468-1/1

装备制造业蓝皮书
中国装备制造业发展报告（2017）
著(编)者：徐东华　2017年12月出版 / 估价：148.00元
PSN B-2015-505-1/1

资本市场蓝皮书
中国场外交易市场发展报告（2016～2017）
著(编)者：高峦　2017年4月出版 / 估价：89.00元
PSN B-2009-153-1/1

资产管理蓝皮书
中国资产管理行业发展报告（2017）
著(编)者：智信资产管理研究院
2017年6月出版 / 估价：89.00元
PSN B-2014-407-2/2

文化传媒类

传媒竞争力蓝皮书
中国传媒国际竞争力研究报告（2017）
著(编)者：李本乾 刘强
2017年11月出版 / 估价：148.00元
PSN B-2013-356-1/1

传媒蓝皮书
中国传媒产业发展报告（2017）
著(编)者：崔保国 2017年5月出版 / 估价：98.00元
PSN B-2005-035-1/1

传媒投资蓝皮书
中国传媒投资发展报告（2017）
著(编)者：张向东 谭云明
2017年6月出版 / 估价：128.00元
PSN B-2015-474-1/1

动漫蓝皮书
中国动漫产业发展报告（2017）
著(编)者：卢斌 郑玉明 牛兴侦
2017年9月出版 / 估价：89.00元
PSN B-2011-198-1/1

非物质文化遗产蓝皮书
中国非物质文化遗产发展报告（2017）
著(编)者：陈平 2017年5月出版 / 估价：98.00元
PSN B-2015-469-1/1

广电蓝皮书
中国广播电影电视发展报告（2017）
著(编)者：国家新闻出版广电总局发展研究中心
2017年7月出版 / 估价：98.00元
PSN B-2006-072-1/1

广告主蓝皮书
中国广告主营销传播趋势报告 No.9
著(编)者：黄升民 杜国清 邵华冬 等
2017年10月出版 / 估价：148.00元
PSN B-2005-041-1/1

国际传播蓝皮书
中国国际传播发展报告（2017）
著(编)者：胡正荣 李继东 姬德强
2017年11月出版 / 估价：89.00元
PSN B-2014-408-1/1

国家形象蓝皮书
中国国家形象传播报告（2016）
著(编)者：张昆 2017年3月出版 / 定价：98.00元
PSN B-2017-605-1/1

纪录片蓝皮书
中国纪录片发展报告（2017）
著(编)者：何苏六 2017年9月出版 / 估价：89.00元
PSN B-2011-222-1/1

科学传播蓝皮书
中国科学传播报告（2017）
著(编)者：詹正茂 2017年7月出版 / 估价：89.00元
PSN B-2008-120-1/1

两岸创意经济蓝皮书
两岸创意经济研究报告（2017）
著(编)者：罗昌智 林咏能
2017年10月出版 / 估价：98.00元
PSN B-2014-437-1/1

媒介与女性蓝皮书
中国媒介与女性发展报告(2016~2017)
著(编)者：刘利群 2017年9月出版 / 估价：118.00元
PSN B-2013-345-1/1

媒体融合蓝皮书
中国媒体融合发展报告（2017）
著(编)者：梅宁华 宋建武 2017年7月出版 / 估价：89.00元
PSN B-2015-479-1/1

全球传媒蓝皮书
全球传媒发展报告（2017）
著(编)者：胡正荣 李继东 唐晓芬
2017年11月出版 / 估价：89.00元
PSN B-2012-237-1/1

少数民族非遗蓝皮书
中国少数民族非物质文化遗产发展报告（2017）
著(编)者：肖远平（彝） 柴立（满）
2017年8月出版 / 估价：98.00元
PSN B-2015-467-1/1

视听新媒体蓝皮书
中国视听新媒体发展报告（2017）
著(编)者：国家新闻出版广电总局发展研究中心
2017年7月出版 / 估价：98.00元
PSN B-2011-184-1/1

文化创新蓝皮书
中国文化创新报告（2017）No.7
著(编)者：于平 傅才武 2017年7月出版 / 估价：98.00元
PSN B-2009-143-1/1

文化建设蓝皮书
中国文化发展报告（2016~2017）
著(编)者：江畅 孙伟平 戴茂堂
2017年6月出版 / 估价：116.00元
PSN B-2014-392-1/1

文化科技蓝皮书
文化科技创新发展报告（2017）
著(编)者：于平 李凤亮 2017年11月出版 / 估价：89.00元
PSN B-2013-342-1/1

文化蓝皮书
中国公共文化服务发展报告（2017）
著(编)者：刘新成 张永新 张旭
2017年12月出版 / 估价：98.00元
PSN B-2007-093-2/10

文化蓝皮书
中国公共文化投入增长测评报告（2017）
著(编)者：王亚南 2017年2月出版 / 定价：79.00元
PSN B-2014-435-10/10

文化蓝皮书
中国少数民族文化发展报告（2016~2017）
著(编)者：武翠英 张晓明 任乌晶
2017年9月出版 / 估价：89.00元
PSN B-2013-369-9/10

文化蓝皮书
中国文化产业发展报告（2016~2017）
著(编)者：张晓明 王家新 章建刚
2017年4月出版 / 估价：89.00元
PSN B-2002-019-1/10

文化蓝皮书
中国文化产业供需协调检测报告（2017）
著(编)者：王亚南 2017年2月出版 / 定价：79.00元
PSN B-2013-323-8/10

文化蓝皮书
中国文化消费需求景气评价报告（2017）
著(编)者：王亚南 2017年2月出版 / 定价：79.00元
PSN B-2011-236-4/10

文化品牌蓝皮书
中国文化品牌发展报告（2017）
著(编)者：欧阳友权 2017年5月出版 / 估价：98.00元
PSN B-2012-277-1/1

文化遗产蓝皮书
中国文化遗产事业发展报告（2017）
著(编)者：苏杨 张颖岚 王宇飞
2017年8月出版 / 估价：98.00元
PSN B-2008-119-1/1

文学蓝皮书
中国文情报告（2016~2017）
著(编)者：白烨 2017年5月出版 / 估价：49.00元
PSN B-2011-221-1/1

新媒体蓝皮书
中国新媒体发展报告No.8（2017）
著(编)者：唐绪军 2017年6月出版 / 估价：89.00元
PSN B-2010-169-1/1

新媒体社会责任蓝皮书
中国新媒体社会责任研究报告（2017）
著(编)者：钟瑛 2017年11月出版 / 估价：89.00元
PSN B-2014-423-1/1

移动互联网蓝皮书
中国移动互联网发展报告（2017）
著(编)者：官建文 2017年6月出版 / 估价：89.00元
PSN B-2012-282-1/1

舆情蓝皮书
中国社会舆情与危机管理报告（2017）
著(编)者：谢耘耕 2017年9月出版 / 估价：128.00元
PSN B-2011-235-1/1

影视蓝皮书
中国影视产业发展报告（2017）
著(编)者：司若 2017年4月出版 / 估价：138.00元
PSN B-2016-530-1/1

地方发展类

安徽经济蓝皮书
合芜蚌国家自主创新综合示范区研究报告（2016~2017）
著(编)者：黄家海 王开玉 蔡宪
2017年7月出版 / 估价：89.00元
PSN B-2014-383-1/1

安徽蓝皮书
安徽社会发展报告（2017）
著(编)者：程桦 2017年4月出版 / 估价：89.00元
PSN B-2013-325-1/1

澳门蓝皮书
澳门经济社会发展报告（2016~2017）
著(编)者：吴志良 郝雨凡 2017年6月出版 / 估价：98.00元
PSN B-2009-138-1/1

北京蓝皮书
北京公共服务发展报告（2016~2017）
著(编)者：施昌奎 2017年3月出版 / 定价：79.00元
PSN B-2008-103-7/8

北京蓝皮书
北京经济发展报告（2016~2017）
著(编)者：杨松 2017年6月出版 / 估价：89.00元
PSN B-2006-054-2/8

北京蓝皮书
北京社会发展报告（2016~2017）
著(编)者：李伟东 2017年6月出版 / 估价：89.00元
PSN B-2006-055-3/8

北京蓝皮书
北京社会治理发展报告（2016~2017）
著(编)者：殷星辰 2017年5月出版 / 估价：89.00元
PSN B-2014-391-8/8

北京蓝皮书
北京文化发展报告（2016~2017）
著(编)者：李建盛 2017年4月出版 / 估价：89.00元
PSN B-2007-082-4/8

北京律师绿皮书
北京律师发展报告No.3（2017）
著(编)者：王隽 2017年7月出版 / 估价：88.00元
PSN G-2012-301-1/1

北京旅游蓝皮书
北京旅游发展报告（2017）
著(编)者：北京旅游学会 2017年4月出版 / 估价：88.00元
PSN B-2011-217-1/1

北京人才蓝皮书
北京人才发展报告（2017）
著(编)者：于淼　2017年12月出版 / 估价：128.00元
PSN B-2011-201-1/1

北京社会心态蓝皮书
北京社会心态分析报告（2016～2017）
著(编)者：北京社会心理研究所
2017年8月出版 / 估价：89.00元
PSN B-2014-422-1/1

北京社会组织管理蓝皮书
北京社会组织发展与管理（2016～2017）
著(编)者：黄江松　2017年4月出版 / 估价：88.00元
PSN B-2015-446-1/1

北京体育蓝皮书
北京体育产业发展报告（2016～2017）
著(编)者：钟秉枢 陈杰 杨铁黎
2017年9月出版 / 估价：89.00元
PSN B-2015-475-1/1

北京养老产业蓝皮书
北京养老产业发展报告（2017）
著(编)者：周明明 冯喜良　2017年8月出版 / 估价：89.00元
PSN B-2015-465-1/1

滨海金融蓝皮书
滨海新区金融发展报告（2017）
著(编)者：王爱俭 张锐钢　2017年12月出版 / 估价：89.00元
PSN B-2014-424-1/1

城乡一体化蓝皮书
中国城乡一体化发展报告•北京卷（2016～2017）
著(编)者：张宝秀 黄序　2017年5月出版 / 估价：89.00元
PSN B-2012-258-2/2

创意城市蓝皮书
北京文化创意产业发展报告（2017）
著(编)者：张京成 王国华　2017年10月出版 / 估价：89.00元
PSN B-2012-263-1/7

创意城市蓝皮书
天津文化创意产业发展报告（2016～2017）
著(编)者：谢思全　2017年6月出版 / 估价：89.00元
PSN B-2016-537-7/7

创意城市蓝皮书
武汉文化创意产业发展报告（2017）
著(编)者：黄永林 陈汉桥　2017年9月出版 / 估价：99.00元
PSN B-2013-354-4/7

创意上海蓝皮书
上海文化创意产业发展报告（2016～2017）
著(编)者：王慧敏 王兴全　2017年8月出版 / 估价：89.00元
PSN B-2016-562-1/1

福建妇女发展蓝皮书
福建省妇女发展报告（2017）
著(编)者：刘群英　2017年11月出版 / 估价：88.00元
PSN B-2011-220-1/1

福建自贸区蓝皮书
中国（福建）自由贸易实验区发展报告（2016～2017）
著(编)者：黄茂兴　2017年4月出版 / 估价：108.00元
PSN B-2017-532-1/1

甘肃蓝皮书
甘肃经济发展分析与预测（2017）
著(编)者：安文华 罗哲　2017年1月出版 / 定价：79.00元
PSN B-2013-312-1/6

甘肃蓝皮书
甘肃社会发展分析与预测（2017）
著(编)者：安文华 包晓霞 谢增虎
2017年1月出版 / 定价：79.00元
PSN B-2013-313-2/6

甘肃蓝皮书
甘肃文化发展分析与预测（2017）
著(编)者：王俊莲　周小华　2017年1月出版 / 定价：79.00元
PSN B-2013-314-3/6

甘肃蓝皮书
甘肃县域和农村发展报告（2017）
著(编)者：朱智文 包东红 王建兵
2017年1月出版 / 定价：79.00元
PSN B-2013-316-5/6

甘肃蓝皮书
甘肃舆情分析与预测（2017）
著(编)者：陈双梅 张谦元　2017年1月出版 / 定价：79.00元
PSN B-2013-315-4/6

甘肃蓝皮书
甘肃商贸流通发展报告（2017）
著(编)者：张应华 王福生 王晓芳
2017年1月出版 / 定价：79.00元
PSN B-2016-523-6/6

广东蓝皮书
广东全面深化改革发展报告（2017）
著(编)者：周林生 涂成林　2017年12月出版 / 估价：89.00元
PSN B-2015-504-3/3

广东蓝皮书
广东社会工作发展报告（2017）
著(编)者：罗观翠　2017年6月出版 / 估价：89.00元
PSN B-2014-402-2/3

广东外经贸蓝皮书
广东对外经济贸易发展研究报告（2016~2017）
著(编)者：陈万灵　2017年8月出版 / 估价：98.00元
PSN B-2012-286-1/1

广西北部湾经济区蓝皮书
广西北部湾经济区开放开发报告（2017）
著(编)者：广西北部湾经济区规划建设管理委员会办公室
广西社会科学院广西北部湾发展研究院
2017年4月出版 / 估价：89.00元
PSN B-2010-181-1/1

巩义蓝皮书
巩义经济社会发展报告（2017）
著(编)者：丁同民 朱军　2017年4月出版 / 估价：58.00元
PSN B-2016-533-1/1

广州蓝皮书
2017年中国广州经济形势分析与预测
著(编)者：庾建设 陈浩钿 谢博能
2017年7月出版 / 估价：85.00元
PSN B-2011-185-9/14

广州蓝皮书
2017年中国广州社会形势分析与预测
著(编)者：张强 陈怡霓 杨秦 2017年6月出版 / 估价：85.00元
PSN B-2008-110-5/14

广州蓝皮书
广州城市国际化发展报告（2017）
著(编)者：朱名宏 2017年8月出版 / 估价：79.00元
PSN B-2012-246-11/14

广州蓝皮书
广州创新型城市发展报告（2017）
著(编)者：尹涛 2017年7月出版 / 估价：79.00元
PSN B-2012-247-12/14

广州蓝皮书
广州经济发展报告（2017）
著(编)者：朱名宏 2017年7月出版 / 估价：79.00元
PSN B-2005-040-1/14

广州蓝皮书
广州农村发展报告（2017）
著(编)者：朱名宏 2017年8月出版 / 估价：79.00元
PSN B-2010-167-8/14

广州蓝皮书
广州汽车产业发展报告（2017）
著(编)者：杨再高 冯兴亚 2017年7月出版 / 估价：79.00元
PSN B-2006-066-3/14

广州蓝皮书
广州青年发展报告（2016～2017）
著(编)者：徐柳 张强 2017年9月出版 / 估价：79.00元
PSN B-2013-352-13/14

广州蓝皮书
广州商贸业发展报告（2017）
著(编)者：李江涛 肖振宇 荀振英
2017年7月出版 / 估价：79.00元
PSN B-2012-245-10/14

广州蓝皮书
广州社会保障发展报告（2017）
著(编)者：蔡国萱 2017年8月出版 / 估价：79.00元
PSN B-2014-425-14/14

广州蓝皮书
广州文化创意产业发展报告（2017）
著(编)者：徐咏虹 2017年7月出版 / 估价：79.00元
PSN B-2008-111-6/14

广州蓝皮书
中国广州城市建设与管理发展报告（2017）
著(编)者：董皞 陈小钢 李江涛
2017年7月出版 / 估价：85.00元
PSN B-2007-087-4/14

广州蓝皮书
中国广州科技创新发展报告（2017）
著(编)者：邹采荣 马正勇 陈爽
2017年7月出版 / 估价：79.00元
PSN B-2006-065-2/14

广州蓝皮书
中国广州文化发展报告（2017）
著(编)者：徐俊忠 陆志强 顾涧清
2017年7月出版 / 估价：79.00元
PSN B-2009-134-7/14

贵阳蓝皮书
贵阳城市创新发展报告No.2（白云篇）
著(编)者：连玉明 2017年10月出版 / 估价：89.00元
PSN B-2015-491-3/10

贵阳蓝皮书
贵阳城市创新发展报告No.2（观山湖篇）
著(编)者：连玉明 2017年10月出版 / 估价：89.00元
PSN B-2011-235-1/1

贵阳蓝皮书
贵阳城市创新发展报告No.2（花溪篇）
著(编)者：连玉明 2017年10月出版 / 估价：89.00元
PSN B-2015-490-2/10

贵阳蓝皮书
贵阳城市创新发展报告No.2（开阳篇）
著(编)者：连玉明 2017年10月出版 / 估价：89.00元
PSN B-2015-492-4/10

贵阳蓝皮书
贵阳城市创新发展报告No.2（南明篇）
著(编)者：连玉明 2017年10月出版 / 估价：89.00元
PSN B-2015-496-8/10

贵阳蓝皮书
贵阳城市创新发展报告No.2（清镇篇）
著(编)者：连玉明 2017年10月出版 / 估价：89.00元
PSN B-2015-489-1/10

贵阳蓝皮书
贵阳城市创新发展报告No.2（乌当篇）
著(编)者：连玉明 2017年10月出版 / 估价：89.00元
PSN B-2015-495-7/10

贵阳蓝皮书
贵阳城市创新发展报告No.2（息烽篇）
著(编)者：连玉明 2017年10月出版 / 估价：89.00元
PSN B-2015-493-5/10

贵阳蓝皮书
贵阳城市创新发展报告No.2（修文篇）
著(编)者：连玉明 2017年10月出版 / 估价：89.00元
PSN B-2015-494-6/10

贵阳蓝皮书
贵阳城市创新发展报告No.2（云岩篇）
著(编)者：连玉明 2017年10月出版 / 估价：89.00元
PSN B-2015-498-10/10

贵州房地产蓝皮书
贵州房地产发展报告No.4（2017）
著(编)者：武廷方 2017年7月出版 / 估价：89.00元
PSN B-2014-426-1/1

贵州蓝皮书
贵州册亨经济社会发展报告 (2017)
著(编)者：黄德林 2017年3月出版 / 估价：89.00元
PSN B-2016-526-8/9

贵州蓝皮书
贵安新区发展报告（2016~2017）
著(编)者：马长青 吴大华 2017年6月出版 / 估价：89.00元
PSN B-2015-459-4/9

贵州蓝皮书
贵州法治发展报告（2017）
著(编)者：吴大华 2017年5月出版 / 估价：89.00元
PSN B-2012-254-2/9

贵州蓝皮书
贵州国有企业社会责任发展报告（2016～2017）
著(编)者：郭丽 周航 万强
2017年12月出版 / 估价：89.00元
PSN B-2015-511-6/9

贵州蓝皮书
贵州民航业发展报告（2017）
著(编)者：申振东 吴大华 2017年10月出版 / 估价：89.00元
PSN B-2015-471-5/9

贵州蓝皮书
贵州民营经济发展报告（2017）
著(编)者：杨静 吴大华 2017年4月出版 / 估价：89.00元
PSN B-2016-531-9/9

贵州蓝皮书
贵州人才发展报告（2017）
著(编)者：于杰 吴大华 2017年9月出版 / 估价：89.00元
PSN B-2014-382-3/9

贵州蓝皮书
贵州社会发展报告（2017）
著(编)者：王兴骥 2017年6月出版 / 估价：89.00元
PSN B-2010-166-1/9

贵州蓝皮书
贵州国家级开放创新平台发展报告（2017）
著(编)者：申晓庆 吴大华 李泓
2017年6月出版 / 估价：89.00元
PSN B-2016-518-1/9

海淀蓝皮书
海淀区文化和科技融合发展报告（2017）
著(编)者：陈名杰 孟景伟 2017年5月出版 / 估价：85.00元
PSN B-2013-329-1/1

杭州都市圈蓝皮书
杭州都市圈发展报告（2017）
著(编)者：沈翔 戚建国 2017年5月出版 / 估价：128.00元
PSN B-2012-302-1/1

杭州蓝皮书
杭州妇女发展报告（2017）
著(编)者：魏颖 2017年6月出版 / 估价：89.00元
PSN B-2014-403-1/1

河北经济蓝皮书
河北省经济发展报告（2017）
著(编)者：马树强 金浩 张贵
2017年4月出版 / 估价：89.00元
PSN B-2014-380-1/1

河北蓝皮书
河北经济社会发展报告（2017）
著(编)者：郭金平 2017年1月出版 / 定价：79.00元
PSN B-2014-372-1/2

河北蓝皮书
京津冀协同发展报告（2017）
著(编)者：陈路 2017年1月出版 / 定价：79.00元
PSN B-2017-601-2/2

河北食品药品安全蓝皮书
河北食品药品安全研究报告（2017）
著(编)者：丁锦霞 2017年6月出版 / 估价：89.00元
PSN B-2015-473-1/1

河南经济蓝皮书
2017年河南经济形势分析与预测
著(编)者：王世炎 2017年3月出版 / 定价：79.00元
PSN B-2007-086-1/1

河南蓝皮书
2017年河南社会形势分析与预测
著(编)者：刘道兴 牛苏林 2017年4月出版 / 估价89.00元
PSN B-2005-043-1/8

河南蓝皮书
河南城市发展报告（2017）
著(编)者：张占仓 王建国 2017年5月出版 / 估价：89.00元
PSN B-2009-131-3/8

河南蓝皮书
河南法治发展报告（2017）
著(编)者：丁同民 张林海 2017年5月出版 / 估价：89.00元
PSN B-2014-376-6/8

河南蓝皮书
河南工业发展报告（2017）
著(编)者：张占仓 丁同民 2017年5月出版 / 估价：89.00元
PSN B-2013-317-5/8

河南蓝皮书
河南金融发展报告（2017）
著(编)者：河南省社会科学院
2017年6月出版 / 估价：89.00元
PSN B-2014-390-7/8

河南蓝皮书
河南经济发展报告（2017）
著(编)者：张占仓 完世伟 2017年4月出版 / 估价：89.00元
PSN B-2010-157-4/8

河南蓝皮书
河南农业农村发展报告（2017）
著(编)者：吴海峰 2017年4月出版 / 估价：89.00元
PSN B-2015-445-8/8

河南蓝皮书
河南文化发展报告（2017）
著(编)者：卫绍生 2017年4月出版 / 估价：88.00元
PSN B-2008-106-2/8

河南商务蓝皮书
河南商务发展报告（2017）
著(编)者：焦锦淼 穆荣国 2017年6月出版 / 估价：88.00元
PSN B-2014-399-1/1

黑龙江蓝皮书
黑龙江经济发展报告（2017）
著(编)者：朱宇 2017年1月出版 / 定价：79.00元
PSN B-2011-190-2/2

黑龙江蓝皮书
黑龙江社会发展报告（2017）
著(编)者：谢宝禄　2017年1月出版 / 定价：79.00元
PSN B-2011-189-1/2

湖北文化蓝皮书
湖北文化发展报告（2017）
著(编)者：吴成国　2017年10月出版 / 估价：95.00元
PSN B-2016-567-1/1

湖南城市蓝皮书
区域城市群整合
著(编)者：童中贤 韩未名
2017年12月出版 / 估价：89.00元
PSN B-2006-064-1/1

湖南蓝皮书
2017年湖南产业发展报告
著(编)者：梁志峰　2017年5月出版 / 估价：128.00元
PSN B-2011-207-2/8

湖南蓝皮书
2017年湖南电子政务发展报告
著(编)者：梁志峰　2017年5月出版 / 估价：128.00元
PSN B-2014-394-6/8

湖南蓝皮书
2017年湖南经济展望
著(编)者：梁志峰　2017年5月出版 / 估价：128.00元
PSN B-2011-206-1/8

湖南蓝皮书
2017年湖南两型社会与生态文明发展报告
著(编)者：梁志峰　2017年5月出版 / 估价：128.00元
PSN B-2011-208-3/8

湖南蓝皮书
2017年湖南社会发展报告
著(编)者：梁志峰　2017年5月出版 / 估价：128.00元
PSN B-2014-393-5/8

湖南蓝皮书
2017年湖南县域经济社会发展报告
著(编)者：梁志峰　2017年5月出版 / 估价：128.00元
PSN B-2014-395-7/8

湖南蓝皮书
湖南城乡一体化发展报告（2017）
著(编)者：陈文胜 王文强 陆福兴 邝奕轩
2017年6月出版 / 估价：89.00元
PSN B-2015-477-8/8

湖南县域绿皮书
湖南县域发展报告 No.3
著(编)者：袁准 周小毛 黎仁寅
2017年3月出版 / 定价：79.00元
PSN G-2012-274-1/1

沪港蓝皮书
沪港发展报告（2017）
著(编)者：尤安山　2017年9月出版 / 估价：89.00元
PSN B-2013-362-1/1

吉林蓝皮书
2017年吉林经济社会形势分析与预测
著(编)者：邵汉明　2016年12月出版 / 定价：79.00元
PSN B-2013-319-1/1

吉林省城市竞争力蓝皮书
吉林省城市竞争力报告（2016~2017）
著(编)者：崔岳春 张磊　2016年12月出版 / 定价：79.00元
PSN B-2015-513-1/1

济源蓝皮书
济源经济社会发展报告（2017）
著(编)者：喻新安　2017年4月出版 / 估价：89.00元
PSN B-2014-387-1/1

健康城市蓝皮书
北京健康城市建设研究报告（2017）
著(编)者：王鸿春　2017年8月出版 / 估价：89.00元
PSN B-2015-460-1/2

江苏法治蓝皮书
江苏法治发展报告 No.6（2017）
著(编)者：蔡道通 龚廷泰　2017年8月出版 / 估价：98.00元
PSN B-2012-290-1/1

江西蓝皮书
江西经济社会发展报告（2017）
著(编)者：张勇 姜玮 梁勇　2017年10月出版 / 估价：89.00元
PSN B-2015-484-1/2

江西蓝皮书
江西设区市发展报告（2017）
著(编)者：姜玮 梁勇　2017年10月出版 / 估价：79.00元
PSN B-2016-517-2/2

江西文化蓝皮书
江西文化产业发展报告（2017）
著(编)者：张圣才 汪春翔
2017年10月出版 / 估价：128.00元
PSN B-2015-499-1/1

街道蓝皮书
北京街道发展报告No.2（白纸坊篇）
著(编)者：连玉明　2017年8月出版 / 估价：98.00元
PSN B-2016-544-7/15

街道蓝皮书
北京街道发展报告No.2（椿树篇）
著(编)者：连玉明　2017年8月出版 / 估价：98.00元
PSN B-2016-548-11/15

街道蓝皮书
北京街道发展报告No.2（大栅栏篇）
著(编)者：连玉明　2017年8月出版 / 估价：98.00元
PSN B-2016-552-15/15

街道蓝皮书
北京街道发展报告No.2（德胜篇）
著(编)者：连玉明　2017年8月出版 / 估价：98.00元
PSN B-2016-551-14/15

街道蓝皮书
北京街道发展报告No.2（广安门内篇）
著(编)者：连玉明　2017年8月出版 / 估价：98.00元
PSN B-2016-540-3/15

街道蓝皮书
北京街道发展报告No.2（广安门外篇）
著(编)者：连玉明　2017年8月出版 / 估价：98.00元
PSN B-2016-547-10/15

街道蓝皮书
北京街道发展报告No.2（金融街篇）
著(编)者：连玉明　2017年8月出版 / 估价：98.00元
PSN B-2016-538-1/15

街道蓝皮书
北京街道发展报告No.2（牛街篇）
著(编)者：连玉明　2017年8月出版 / 估价：98.00元
PSN B-2016-545-8/15

街道蓝皮书
北京街道发展报告No.2（什刹海篇）
著(编)者：连玉明　2017年8月出版 / 估价：98.00元
PSN B-2016-546-9/15

街道蓝皮书
北京街道发展报告No.2（陶然亭篇）
著(编)者：连玉明　2017年8月出版 / 估价：98.00元
PSN B-2016-542-5/15

街道蓝皮书
北京街道发展报告No.2（天桥篇）
著(编)者：连玉明　2017年8月出版 / 估价：98.00元
PSN B-2016-549-12/15

街道蓝皮书
北京街道发展报告No.2（西长安街篇）
著(编)者：连玉明　2017年8月出版 / 估价：98.00元
PSN B-2016-543-6/15

街道蓝皮书
北京街道发展报告No.2（新街口篇）
著(编)者：连玉明　2017年8月出版 / 估价：98.00元
PSN B-2016-541-4/15

街道蓝皮书
北京街道发展报告No.2（月坛篇）
著(编)者：连玉明　2017年8月出版 / 估价：98.00元
PSN B-2016-539-2/15

街道蓝皮书
北京街道发展报告No.2（展览路篇）
著(编)者：连玉明　2017年8月出版 / 估价：98.00元
PSN B-2016-550-13/15

经济特区蓝皮书
中国经济特区发展报告（2017）
著(编)者：陶一桃　2017年12月出版 / 估价：98.00元
PSN B-2009-139-1/1

辽宁蓝皮书
2017年辽宁经济社会形势分析与预测
著(编)者：曹晓峰　梁启东
2017年4月出版 / 估价：79.00元
PSN B-2006-053-1/1

洛阳蓝皮书
洛阳文化发展报告（2017）
著(编)者：刘福兴 陈启明　2017年7月出版 / 估价：89.00元
PSN B-2015-476-1/1

南京蓝皮书
南京文化发展报告（2017）
著(编)者：徐宁　2017年10月出版 / 估价：89.00元
PSN B-2014-439-1/1

南宁蓝皮书
南宁法治发展报告（2017）
著(编)者：杨维超　2017年12月出版 / 估价：79.00元
PSN B-2015-509-1/3

南宁蓝皮书
南宁经济发展报告（2017）
著(编)者：胡建华　2017年9月出版 / 估价：79.00元
PSN B-2016-570-2/3

南宁蓝皮书
南宁社会发展报告（2017）
著(编)者：胡建华　2017年9月出版 / 估价：79.00元
PSN B-2016-571-3/3

内蒙古蓝皮书
内蒙古反腐倡廉建设报告 No.2
著(编)者：张志华 无极　2017年12月出版 / 估价：79.00元
PSN B-2013-365-1/1

浦东新区蓝皮书
上海浦东经济发展报告（2017）
著(编)者：沈开艳 周奇　2017年2月出版 / 定价：79.00元
PSN B-2011-225-1/1

青海蓝皮书
2017年青海经济社会形势分析与预测
著(编)者：陈玮　2016年12月出版 / 定价：79.00元
PSN B-2012-275-1/1

人口与健康蓝皮书
深圳人口与健康发展报告（2017）
著(编)者：陆杰华 罗乐宣 苏杨
2017年11月出版 / 估价：89.00元
PSN B-2011-228-1/1

山东蓝皮书
山东经济形势分析与预测（2017）
著(编)者：李广杰　2017年7月出版 / 估价：89.00元
PSN B-2014-404-1/4

山东蓝皮书
山东社会形势分析与预测（2017）
著(编)者：张华 唐洲雁　2017年6月出版 / 估价：89.00元
PSN B-2014-405-2/4

山东蓝皮书
山东文化发展报告（2017）
著(编)者：涂可国　2017年11月出版 / 估价：98.00元
PSN B-2014-406-3/4

山西蓝皮书
山西资源型经济转型发展报告（2017）
著(编)者：李志强　2017年7月出版 / 估价：89.00元
PSN B-2011-197-1/1

陕西蓝皮书
陕西经济发展报告（2017）
著(编)者：任宗哲 白宽犁 裴成荣
2017年1月出版 / 定价：69.00元
PSN B-2009-135-1/5

陕西蓝皮书
陕西社会发展报告（2017）
著(编)者：任宗哲 白宽犁 牛昉
2017年1月出版 / 定价：69.00元
PSN B-2009-136-2/5

陕西蓝皮书
陕西文化发展报告（2017）
著(编)者：任宗哲 白宽犁 王长寿
2017年1月出版 / 定价：69.00元
PSN B-2009-137-3/5

上海蓝皮书
上海传媒发展报告（2017）
著(编)者：强荧 焦雨虹 2017年2月出版 / 定价：79.00元
PSN B-2012-295-5/7

上海蓝皮书
上海法治发展报告（2017）
著(编)者：叶青 2017年6月出版 / 估价：89.00元
PSN B-2012-296-6/7

上海蓝皮书
上海经济发展报告（2017）
著(编)者：沈开艳 2017年2月出版 / 定价：79.00元
PSN B-2006-057-1/7

上海蓝皮书
上海社会发展报告（2017）
著(编)者：杨雄 周海旺 2017年2月出版 / 定价：79.00元
PSN B-2006-058-2/7

上海蓝皮书
上海文化发展报告（2017）
著(编)者：荣跃明 2017年2月出版 / 定价：79.00元
PSN B-2006-059-3/7

上海蓝皮书
上海文学发展报告（2017）
著(编)者：陈圣来 2017年6月出版 / 估价：89.00元
PSN B-2012-297-7/7

上海蓝皮书
上海资源环境发展报告（2017）
著(编)者：周冯琦 汤庆合
2017年2月出版 / 定价：79.00元
PSN B-2006-060-4/7

社会建设蓝皮书
2017年北京社会建设分析报告
著(编)者：宋贵伦 冯虹 2017年10月出版 / 估价：89.00元
PSN B-2010-173-1/1

深圳蓝皮书
深圳法治发展报告（2017）
著(编)者：张骁儒 2017年6月出版 / 估价：89.00元
PSN B-2015-470-6/7

深圳蓝皮书
深圳经济发展报告（2017）
著(编)者：张骁儒 2017年7月出版 / 估价：89.00元
PSN B-2008-112-3/7

深圳蓝皮书
深圳劳动关系发展报告（2017）
著(编)者：汤庭芬 2017年6月出版 / 估价：89.00元
PSN B-2007-097-2/7

深圳蓝皮书
深圳社会建设与发展报告（2017）
著(编)者：张骁儒 陈东平 2017年7月出版 / 估价：89.00元
PSN B-2008-113-4/7

深圳蓝皮书
深圳文化发展报告(2017)
著(编)者：张骁儒 2017年7月出版 / 估价：89.00元
PSN B-2016-555-7/7

丝绸之路蓝皮书
丝绸之路经济带发展报告（2017）
著(编)者：任宗哲 白宽犁 谷孟宾
2017年1月出版 / 定价：75.00元
PSN B-2014-410-1/1

法治蓝皮书
四川依法治省年度报告 No.3（2017）
著(编)者：李林 杨天宗 田禾
2017年3月出版 / 定价：118.00元
PSN B-2015-447-1/1

四川蓝皮书
2017年四川经济形势分析与预测
著(编)者：杨钢 2017年1月出版 / 定价：98.00元
PSN B-2007-098-2/7

四川蓝皮书
四川城镇化发展报告（2017）
著(编)者：侯水平 陈炜 2017年4月出版 / 估价：85.00元
PSN B-2015-456-7/7

四川蓝皮书
四川法治发展报告（2017）
著(编)者：郑泰安 2017年4月出版 / 估价：89.00元
PSN B-2015-441-5/7

四川蓝皮书
四川企业社会责任研究报告（2016～2017）
著(编)者：侯水平 盛毅 翟刚
2017年4月出版 / 估价：89.00元
PSN B-2014-386-4/7

四川蓝皮书
四川社会发展报告（2017）
著(编)者：李羚 2017年5月出版 / 估价：89.00元
PSN B-2008-127-3/7

四川蓝皮书
四川生态建设报告（2017）
著(编)者：李晟之 2017年4月出版 / 估价：85.00元
PSN B-2015-455-6/7

四川蓝皮书
四川文化产业发展报告（2017）
著(编)者：向宝云 张立伟
2017年4月出版 / 估价：89.00元
PSN B-2006-074-1/7

体育蓝皮书
上海体育产业发展报告（2016～2017）
著(编)者：张林 黄海燕
2017年10月出版 / 估价：89.00元
PSN B-2015-454-4/4

体育蓝皮书
长三角地区体育产业发展报告（2016～2017）
著(编)者：张林 2017年4月出版 / 估价：89.00元
PSN B-2015-453-3/4

天津金融蓝皮书
天津金融发展报告（2017）
著(编)者：王爱俭 孔德昌
2017年12月出版 / 估价：98.00元
PSN B-2014-418-1/1

图们江区域合作蓝皮书
图们江区域合作发展报告（2017）
著(编)者：李铁 2017年6月出版 / 估价：98.00元
PSN B-2015-464-1/1

温州蓝皮书
2017年温州经济社会形势分析与预测
著(编)者：潘忠强 王春光 金浩
2017年4月出版 / 估价：89.00元
PSN B-2008-105-1/1

西咸新区蓝皮书
西咸新区发展报告（2016~2017）
著(编)者：李扬 王军 2017年6月出版 / 估价：89.00元
PSN B-2016-535-1/1

扬州蓝皮书
扬州经济社会发展报告（2017）
著(编)者：丁纯 2017年12月出版 / 估价：98.00元
PSN B-2011-191-1/1

长株潭城市群蓝皮书
长株潭城市群发展报告（2017）
著(编)者：张萍 2017年12月出版 / 估价：89.00元
PSN B-2008-109-1/1

中医文化蓝皮书
北京中医文化传播发展报告（2017）
著(编)者：毛嘉陵 2017年5月出版 / 估价：79.00元
PSN B-2015-468-1/2

珠三角流通蓝皮书
珠三角商圈发展研究报告（2017）
著(编)者：王先庆 林至颖
2017年7月出版 / 估价：98.00元
PSN B-2012-292-1/1

遵义蓝皮书
遵义发展报告（2017）
著(编)者：曾征 龚永育 雍思强
2017年12月出版 / 估价：89.00元
PSN B-2014-433-1/1

国际问题类

“一带一路”跨境通道蓝皮书
“一带一路”跨境通道建设研究报告（2017）
著(编)者：郭业洲 2017年8月出版 / 估价：89.00元
PSN B-2016-558-1/1

“一带一路”蓝皮书
“一带一路”建设发展报告（2017）
著(编)者：孔丹 李永全 2017年7月出版 / 估价：89.00元
PSN B-2016-553-1/1

阿拉伯黄皮书
阿拉伯发展报告（2016～2017）
著(编)者：罗林 2017年11月出版 / 估价：89.00元
PSN Y-2014-381-1/1

北部湾蓝皮书
泛北部湾合作发展报告（2017）
著(编)者：吕余生 2017年12月出版 / 估价：85.00元
PSN B-2008-114-1/1

大湄公河次区域蓝皮书
大湄公河次区域合作发展报告（2017）
著(编)者：刘稚 2017年8月出版 / 估价：89.00元
PSN B-2011-196-1/1

大洋洲蓝皮书
大洋洲发展报告（2017）
著(编)者：喻常森 2017年10月出版 / 估价：89.00元
PSN B-2013-341-1/1

德国蓝皮书
德国发展报告（2017）
著(编)者：郑春荣　　2017年6月出版 / 估价：89.00元
PSN B-2012-278-1/1

东盟黄皮书
东盟发展报告（2017）
著(编)者：杨晓强 庄国土
2017年4月出版 / 估价：89.00元
PSN Y-2012-303-1/1

东南亚蓝皮书
东南亚地区发展报告（2016~2017）
著(编)者：厦门大学东南亚研究中心　王勤
2017年12月出版 / 估价：89.00元
PSN B-2012-240-1/1

俄罗斯黄皮书
俄罗斯发展报告（2017）
著(编)者：李永全　　2017年7月出版 / 估价：89.00元
PSN Y-2006-061-1/1

非洲黄皮书
非洲发展报告 No.19（2016~2017）
著(编)者：张宏明　　2017年8月出版 / 估价：89.00元
PSN Y-2012-239-1/1

公共外交蓝皮书
中国公共外交发展报告（2017）
著(编)者：赵启正 雷蔚真
2017年4月出版 / 估价：89.00元
PSN B-2015-457-1/1

国际安全蓝皮书
中国国际安全研究报告(2017)
著(编)者：刘慧　　2017年7月出版 / 估价：98.00元
PSN B-2016-522-1/1

国际形势黄皮书
全球政治与安全报告（2017）
著(编)者：张宇燕
2017年1月出版 / 定价：89.00元
PSN Y-2001-016-1/1

韩国蓝皮书
韩国发展报告（2017）
著(编)者：牛林杰 刘宝全
2017年11月出版 / 估价：89.00元
PSN B-2010-155-1/1

加拿大蓝皮书
加拿大发展报告（2017）
著(编)者：仲伟合　　2017年9月出版 / 估价：89.00元
PSN B-2014-389-1/1

拉美黄皮书
拉丁美洲和加勒比发展报告（2016~2017）
著(编)者：吴白乙　　2017年6月出版 / 估价：89.00元
PSN Y-1999-007-1/1

美国蓝皮书
美国研究报告（2017）
著(编)者：郑秉文 黄平　　2017年6月出版 / 估价：89.00元
PSN B-2011-210-1/1

缅甸蓝皮书
缅甸国情报告（2017）
著(编)者：李晨阳　　2017年12月出版 / 估价：86.00元
PSN B-2013-343-1/1

欧洲蓝皮书
欧洲发展报告（2016~2017）
著(编)者：黄平 周弘 江时学
2017年6月出版 / 估价：89.00元
PSN B-1999-009-1/1

葡语国家蓝皮书
葡语国家发展报告（2017）
著(编)者：王成安 张敏　　2017年12月出版 / 估价：89.00元
PSN B-2015-503-1/2

葡语国家蓝皮书
中国与葡语国家关系发展报告·巴西（2017）
著(编)者：张曙光　　2017年8月出版 / 估价：89.00元
PSN B-2016-564-2/2

日本经济蓝皮书
日本经济与中日经贸关系研究报告（2017）
著(编)者：张季风　　2017年5月出版 / 估价：89.00元
PSN B-2008-102-1/1

日本蓝皮书
日本研究报告（2017）
著(编)者：杨伯江　　2017年5月出版 / 估价：89.00元
PSN B-2002-020-1/1

上海合作组织黄皮书
上海合作组织发展报告（2017）
著(编)者：李进峰 吴宏伟 李少捷
2017年6月出版 / 估价：89.00元
PSN Y-2009-130-1/1

世界创新竞争力黄皮书
世界创新竞争力发展报告（2017）
著(编)者：李闽榕 李建平 赵新力
2017年4月出版 / 估价：148.00元
PSN Y-2013-318-1/1

泰国蓝皮书
泰国研究报告（2017）
著(编)者：庄国土 张禹东
2017年8月出版 / 估价：118.00元
PSN B-2016-557-1/1

土耳其蓝皮书
土耳其发展报告（2017）
著(编)者：郭长刚 刘义　　2017年9月出版 / 估价：89.00元
PSN B-2014-412-1/1

亚太蓝皮书
亚太地区发展报告（2017）
著(编)者：李向阳　　2017年4月出版 / 估价：89.00元
PSN B-2001-015-1/1

印度蓝皮书
印度国情报告（2017）
著(编)者：吕昭义　　2017年12月出版 / 估价：89.00元
PSN B-2012-241-1/1

印度洋地区蓝皮书
印度洋地区发展报告（2017）
著(编)者：汪戎　　2017年6月出版 / 估价：89.00元
PSN B-2013-334-1/1

英国蓝皮书
英国发展报告（2016～2017）
著(编)者：王展鹏　　2017年11月出版 / 估价：89.00元
PSN B-2015-486-1/1

越南蓝皮书
越南国情报告（2017）
著(编)者：谢林城
2017年12月出版 / 估价：89.00元
PSN B-2006-056-1/1

以色列蓝皮书
以色列发展报告（2017）
著(编)者：张倩红　　2017年8月出版 / 估价：89.00元
PSN B-2015-483-1/1

伊朗蓝皮书
伊朗发展报告（2017）
著(编)者：冀开远　　2017年10月出版 / 估价：89.00元
PSN B-2016-575-1/1

中东黄皮书
中东发展报告 No.19（2016～2017）
著(编)者：杨光　　2017年10月出版 / 估价：89.00元
PSN Y-1998-004-1/1

中亚黄皮书
中亚国家发展报告（2017）
著(编)者：孙力 吴宏伟　　2017年7月出版 / 估价：98.00元
PSN Y-2012-238-1/1

皮书序列号是社会科学文献出版社专门为识别皮书、管理皮书而设计的编号。皮书序列号是出版皮书的许可证号，是区别皮书与其他图书的重要标志。

它由一个前缀和四部分构成。这四部分之间用连字符“-”连接。前缀和这四部分之间空半个汉字（见示例）。

《国际人才蓝皮书：中国留学发展报告》序列号示例

从示例中可以看出，《国际人才蓝皮书：中国留学发展报告》的首次出版年份是2012年，是社科文献出版社出版的第244个皮书品种，是“国际人才蓝皮书”系列的第2个品种（共4个品种）。

皮书起源

“皮书”起源于十七、十八世纪的英国，主要指官方或社会组织正式发表的重要文件或报告，多以“白皮书”命名。在中国，“皮书”这一概念被社会广泛接受，并被成功运作、发展成为一种全新的出版形态，则源于中国社会科学院社会科学文献出版社。

皮书定义

皮书是对中国与世界发展状况和热点问题进行年度监测，以专业的角度、专家的视野和实证研究方法，针对某一领域或区域现状与发展态势展开分析和预测，具备原创性、实证性、专业性、连续性、前沿性、时效性等特点的公开出版物，由一系列权威研究报告组成。

皮书作者

皮书系列的作者以中国社会科学院、著名高校、地方社会科学院的研究人员为主，多为国内一流研究机构的权威专家学者，他们的看法和观点代表了学界对中国与世界的现实和未来最高水平的解读与分析。

皮书荣誉

皮书系列已成为社会科学文献出版社的著名图书品牌和中国社会科学院的知名学术品牌。2016 年，皮书系列正式列入“十三五”国家重点出版规划项目；2012~2016 年，重点皮书列入中国社会科学院承担的国家哲学社会科学创新工程项目；2017 年，55 种院外皮书使用“中国社会科学院创新工程学术出版项目”标识。

中国皮书网

www.pishu.cn

发布皮书研创资讯，传播皮书精彩内容

引领皮书出版潮流，打造皮书服务平台

栏目设置

关于皮书：何谓皮书、皮书分类、皮书大事记、皮书荣誉、

皮书出版第一人、皮书编辑部

最新资讯：通知公告、新闻动态、媒体聚焦、网站专题、视频直播、下载专区

皮书研创：皮书规范、皮书选题、皮书出版、皮书研究、研创团队

皮书评奖评价：指标体系、皮书评价、皮书评奖

互动专区：皮书说、皮书智库、皮书微博、数据库微博

所获荣誉

2008 年、2011 年，中国皮书网均在全国新闻出版业网站荣誉评选中获得“最具商业价值网站”称号；

2012 年，获得“出版业网站百强”称号。

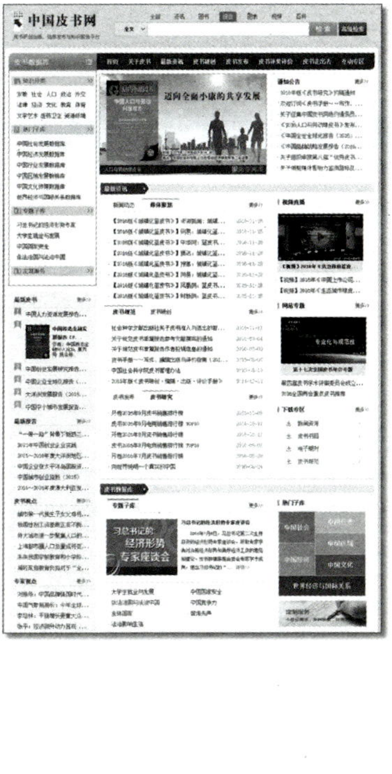

网库合一

2014 年，中国皮书网与皮书数据库端口合一，实现资源共享。更多详情请登录 www.pishu.cn。

权威报告 · 热点资讯 · 特色资源

皮书数据库

ANNUAL REPORT(YEARBOOK) DATABASE

当代中国与世界发展高端智库平台

所获荣誉

- 2016年，入选“国家‘十三五’电子出版物出版规划骨干工程”
- 2015年，荣获“搜索中国正能量 点赞2015”“创新中国科技创新奖”
- 2013年，荣获“中国出版政府奖 · 网络出版物奖”提名奖
- 连续多年荣获中国数字出版博览会“数字出版 · 优秀品牌”奖

成为会员

通过网址www.pishu.com.cn或使用手机扫描二维码进入皮书数据库网站，进行手机号码验证或邮箱验证即可成为皮书数据库会员（建议通过手机号码快速验证注册）。

会员福利

- 使用手机号码首次注册会员可直接获得100元体验金，不需充值即可购买和查看数据库内容（仅限使用手机号码快速注册）。
- 已注册用户购书后可免费获赠100元皮书数据库充值卡。刮开充值卡涂层获取充值密码，登录并进入“会员中心”—“在线充值”—“充值卡充值”，充值成功后即可购买和查看数据库内容。

数据库服务热线：400-008-6695
数据库服务QQ：2475522410
数据库服务邮箱：database@ssap.cn

图书销售热线：010-59367070/7028
图书服务QQ：1265056568
图书服务邮箱：duzhe@ssap.cn

咨询 / 邮购电话：010-59367028　59367070
邮　　箱：duzhe@ssap.cn
邮购地址：北京市西城区北三环中路甲29号院3号楼
华龙大厦13层读者服务中心
邮　　编：100029
银行户名：社会科学文献出版社
开户银行：中国工商银行北京北太平庄支行
账　　号：0200010019200365434

河南蓝皮书
BLUE BOOK OF HENAN

河南城市发展报告(2017)

ANNUAL REPORT ON URBAN DEVELOPMENT OF HENAN (2017)

全面提升中原城市群竞争力和影响力

主　编／张占仓　王建国
副主编／王新涛　左　雯

社会科学文献出版社
SOCIAL SCIENCES ACADEMIC PRESS (CHINA)

图书在版编目（CIP）数据

河南城市发展报告. 2017，全面提升中原城市群竞争力和影响力 / 张占仓，王建国主编. --北京：社会科学文献出版社，2017.5

（河南蓝皮书）

ISBN 978-7-5201-0798-3

Ⅰ.①河… Ⅱ.①张… ②王… Ⅲ.①城市经济-经济发展-研究报告-河南-2017 Ⅳ.①F299.276.1

中国版本图书馆 CIP 数据核字（2017）第 095424 号

河南蓝皮书

河南城市发展报告（2017）

——全面提升中原城市群竞争力和影响力

主　　编 / 张占仓　王建国

副 主 编 / 王新涛　左　雯

出 版 人 / 谢寿光

项目统筹 / 任文武

责任编辑 / 丁　凡

出　　版 / 社会科学文献出版社 · 区域与发展出版中心（010）59367143

地址：北京市北三环中路甲 29 号院华龙大厦　邮编：100029

网址：www.ssap.com.cn

发　　行 / 市场营销中心（010）59367081　59367018

印　　装 / 北京季蜂印刷有限公司

规　　格 / 开　本：787mm × 1092mm　1/16

印　张：20.75　字　数：313 千字

版　　次 / 2017 年 5 月第 1 版　2017 年 5 月第 1 次印刷

书　　号 / ISBN 978-7-5201-0798-3

定　　价 / 79.00 元

皮书序列号 / PSN B-2009-131-3/9

河南蓝皮书
BLUE BOOK OF
HENAN

河南城市发展报告(2017)

ANNUAL REPORT ON URBAN DEVELOPMENT OF HENAN (2017)

全面提升中原城市群竞争力和影响力

主　编／张占仓　王建国
副主编／王新涛　左　雯

社会科学文献出版社
SOCIAL SCIENCES ACADEMIC PRESS (CHINA)

图书在版编目（CIP）数据

河南城市发展报告. 2017，全面提升中原城市群竞争力和影响力 / 张占仓，王建国主编. --北京：社会科学文献出版社，2017.5
（河南蓝皮书）
ISBN 978-7-5201-0798-3

Ⅰ.①河… Ⅱ.①张… ②王… Ⅲ.①城市经济-经济发展-研究报告-河南-2017 Ⅳ.①F299.276.1

中国版本图书馆 CIP 数据核字（2017）第 095424 号

河南蓝皮书
河南城市发展报告（2017）
——全面提升中原城市群竞争力和影响力

主　　编 / 张占仓　王建国
副 主 编 / 王新涛　左　雯

出 版 人 / 谢寿光
项目统筹 / 任文武
责任编辑 / 丁　凡

出　　版 / 社会科学文献出版社·区域与发展出版中心（010）59367143
地址：北京市北三环中路甲 29 号院华龙大厦　邮编：100029
网址：www.ssap.com.cn
发　　行 / 市场营销中心（010）59367081　59367018
印　　装 / 北京季蜂印刷有限公司

规　　格 / 开　本：787mm×1092mm　1/16
印　张：20.75　字　数：313 千字
版　　次 / 2017 年 5 月第 1 版　2017 年 5 月第 1 次印刷
书　　号 / ISBN 978-7-5201-0798-3
定　　价 / 79.00 元

皮书序列号 / PSN B-2009-131-3/9

主要编撰者简介

张占仓　博士，河南省社会科学院院长、研究员，博士生导师，河南省优秀专家、河南省学术（技术）带头人、国家有突出贡献中青年专家、享受国务院特殊津贴专家，中国区域经济学会副会长。主要从事经济地理学研究，主攻方向：区域规划与发展战略。先后荣获河南省科技进步成果二等奖14项，三等奖5项，发表学术论文130多篇，作为主编、副主编撰写著作21部。

王建国　河南省社会科学院城市与环境研究所所长、研究员，河南省优秀专家、河南省学术技术带头人、"河南青年科技创新杰出奖"获得者、河南省宣传文化系统"四个一批"人才人选。先后主持和参与承担完成各类课题100余项，其中主持完成国家社科基金课题3项，发表论文和出版专著100余篇（部），获得省部级一等奖8项。先后参与《中原城市群总体发展规划刚要》《中原经济区规划》等重大规划的编制工作；主持承担完成洛阳、平顶山"十二五"、"十三五"规划，河南省住建厅城镇化发展规划等60余项；有多篇调查建议得到省主要领导批示。

摘　要

城市群是城镇体系发展到成熟阶段的最高空间组织形式。经过改革开放以来特别是近年来的快速发展，截止到2016年底，河南全省常住人口城镇化率达到48.5%。按照城镇化率每年提高1.6个百分点的增长速度，预计2017年河南的常住人口城镇化率将突破50%，实现由乡村社会为主体的社会向城市社会为主体的历史性转变。但是，未来一个时期，作为全国新型城镇化的重点区域，河南的城镇化率仍然低于全国水平将近10个百分点。城镇化总体水平落后、发展质量不高、区域发展不平衡不仅是制约河南经济社会发展的最大症结所在，而且不利于实现全国区域的协调发展。

在此背景下，中央在支持河南建设中原经济区的基础上，出台促进中部地区崛起规划、中原城市发展规划和支持郑州建设国家中心城市等国家战略规划平台，以期推动河南加快新型城镇化进程，拓展我国经济发展新空间。中共河南省委精准把握到，中原经济区主要以中原城市群为支撑，抓好中原城市群对于河南全省发展具有全局性战略意义，从而提出聚焦“三区一群”（郑州航空港经济综合实验区、中国（河南）自由贸易试验区、郑洛新国家自主创新示范区和中原城市群），强化国家战略规划平台统筹联动，放大政策集成效应，努力把中原城市群建设成为经济发展新增长极、重要的先进制造业和现代服务业基地、中西部地区创新创业先行区、内陆地区双向开放新高地和绿色生态发展示范区，构建网络化、开放式、一体化的发展新格局，充分释放新型城镇化带动发展的巨大潜能，支撑中部地区崛起、东中西协调发展和“一带一路”战略实施。中原城市群发展规划的颁布实施，也标志着河南全面进入城市群发展的历史新阶段。

《河南城市发展报告（2017）》以“全面提升中原城市群竞争力和影响

力”为主题，把握发展趋势，立足河南实际，服务全国发展，多维度、全方位探索研究中原城市群引领河南城镇化和城镇转型发展的问题。本书由河南省社会科学院相关专业的研究人员与河南省内相关领域的专家学者共同完成。

《河南城市发展报告（2017）》第一篇总报告《发挥中原城市群引领作用》系统梳理研究河南新型城镇化的发展历程，对2017年河南全面进入城市群时代之后的城镇化发展进行了展望。第二篇总报告《2016年河南省城市信息化水平测评及2017年展望》立足推进信息化与城镇化、工业化的融合发展，对城市信息化发展水平进行测评，提出城市群时代全面提升城市运行效率的对策建议。“一体化发展篇”、“关联发展篇”、“城市转型篇”、“市县发展篇”主要围绕中原城市群建设中的关键环节与难点问题，分别从理论与实践的视角提出发挥中原城市群引领作用、全面提高河南城镇化质量的思路与对策。

关键词： 中原城市群　郑州都市区　城市转型

目　录

Ⅰ　总报告

Ⅱ　一体化发展篇

Ⅲ　关联发展篇

Ⅳ 城市转型篇

Ⅴ 市县发展篇

总报告

General Reports

B.1

发挥中原城市群引领作用

——2016年河南新型城镇化发展回顾与2017年发展展望

河南省社会科学院课题组*

摘 要： 2016年，河南以城市群为主体形态，充分发挥规划引导作用，推动产城融合发展，优化城镇化空间布局，城镇化进程不断加快，质量不断提升。但是，河南城镇化仍然存在总体水平滞后、中心城市带动力弱、城镇综合承载力弱等问题。国务院批复《中原城市群发展规划》，标志着河南全面进入城市群时代，也要求河南把握好中央推进新型城镇化和城市发展思路、举措更加科学清晰等历史性机遇，采取发挥市场主体作用、完善运行协调机制等综合性措施，推进中原城市

* 课题组负责人：张占仓、王建国；课题组成员：王新涛、柏程豫、李建华、左雯、韩鹏、吴旭晓、郭志远、彭俊杰、易雪琴；执笔人：王新涛、左雯、郭志远、彭俊杰。

群一体化发展，充分释放新型城镇化蕴藏的巨大内需潜力，为经济持续健康发展提供持久强劲动力。

关键词： 中原城市群 新型城镇化 形势分析

一 2016年河南以中原城市群引领新型城镇化发展的做法与成效

2016 年，《中原城市群发展规划》获得国务院批准，中原城市群正式进入国家七大城市群行列，该规划也成为河南省承接的又一个国家级战略规划。在中原城市群一体化的引领下，河南省持续高度重视推进新型城镇化工作，高度重视顶层设计，充分发挥规划引导作用，做强核心增长区域，不断优化城镇化空间布局，积极推动城市分类发展，坚持交通一体先行、互联互通，取得了显著成效，城镇化质量不断提高，城镇化率达到 48.45%，开创了新的发展局面。

（一）主要做法

1. 发挥规划引导作用

科学编制中原城市群发展规划，明确战略定位、发展路径和主要目标，积极构建“一核四轴四区”网络化空间格局，发展思路越来越清晰，为引领河南城镇化持续健康发展指明方向，并提供重要的战略支撑。河南省委省政府始终坚持把新型城镇化放在事关经济社会发展全局的突出位置，不断完善发展思路、发展举措，城镇化发展质量和水平快速提高。《河南省国民经济和社会发展第十三个五年规划纲要》明确提出“加快中原城市群一体化发展，发挥新型城镇化‘牵一发而动全身’综合带动作用，加快构建新型城乡关系，推进城乡要素平等交换、合理配置和基本公共服务均等化，实现城乡共同繁荣、协调发展”。《河南省住房城乡建设事业发展第十三个五年规划纲要》明确提出“优化城镇化布局与形态，以城市群为主体形态，坚持中心带动、向心发展、错位发展、联动发展，加快推进交通一体、产业链接、服务共享、生态共建，构建大中小城市协调发展的现代城镇体系”。为科学引导城乡规划建设，河南先后研究制定城乡一体化示范区规划建设导则、县级城市规划建设导则、中心镇规划建设导则、城市设计导则等一系列指导性文件。围绕构建“一核四轴四区”空间布局，河南积极开展“米”字形城镇密集带规划研究，基本完成郑州市城市开发边界划定试点工作，许昌、信阳、濮阳、商丘等市完成新一轮总体规划修编，安阳市、平顶山城市总体规划获国务院批准，30 个县（市）编制完成总体规划，27 个试点县（市）编制完成新农村建设规划，109 个中心镇、112 个中心村规划示范引导点建设稳步推进。为加快推进“四区三带”区域生态网络体系建设，黄河、桐柏山淮源、白云山等风景名胜区总体规划编制先后完成，为新型城镇化发展提供绿色、低碳、高效的产业体系和空间格局。河南积极推进载体规划建设，开展部分产业集聚区空间规划和控制性详细规划修编，完成 19 个商务中心区和特色商业区规划调整，“两区”建成区面积达到 33.3 平方公里，公共绿地面积，道路、自来水供水管道长度同比增长 20% 以上。

2. 做强核心增长区域

《中原城市群规划》明确提出，把培育发展郑州大都市区作为提升城市群核心竞争力的首要突破口，强化郑州对外开放门户功能和全国资源配置中心地位，提升枢纽功能，集聚高端产业，完善综合服务，推动与周边毗邻城市融合发展，形成带动周边、辐射全国、联通国际的核心区域。省十次党代会报告也提出，推动周边城市与郑州融合对接，推进郑汴一体化深度发展，加快郑新、郑许、郑焦融合发展，建设组合型大都市区，提升对全省发展的辐射带动能力。为打造强有力的发展引擎，河南省大力实施中心城市带动战略，推动郑州与毗邻城市形成组合型大都市区，深入推进地区性中心城市组团式发展。以郑州大都市区为核心，辐射全省和周边省份部分城市的“一核四轴四区”空间发展格局加速形成，中原城市群实力日益增强，中原经济区整体竞争力得到很大提升。2015 年，郑州大都市区内城镇人口超过

1629 万，其中核心区郑州市常住人口达到 956 万。随着郑州建设国家中心城市目标的确定，郑州航空港经济综合实验区、郑洛新国家自主创新示范区、中国（河南）自由贸易试验区和跨境电子商务综合试验区建设的不断推进，郑州逐步形成“大枢组带动大物流、大物流带动产业群、产业群带动城市群”的发展思路。目前，郑州已初步形成集铁路、公路、航空为一体的立体化交通网络，京广、陇海干线铁路与京广、徐兰高速铁路在此交会，形成国家干线铁路“双十字”交叉；郑州至重庆、合肥、济南、太原等快速铁路建设前期工作以及郑开、郑焦、郑州至机场等城际铁路建设加快推进，以郑州为中心的“米”字形快速铁路网、中原城市群城际铁路网初具形态；干支结合、货运优先、突出中转的民航运输体系和航线网络初步形成。四通八达的交通系统是郑州都市区形成的前提和基础条件，是中原城市群引领郑州都市区新型城镇化发展的重要抓手，也是支撑都市区空间结构形成的重要支撑。

3. 优化城镇空间布局

一是构建“一核四轴四区”网络化空间格局。按照核心带动、轴带发展、节点提升、对接周边，推动大中小城市和小城镇合理分工、功能互补、协同发展的基本原则，河南积极配合国家编制中原城市群发展规划，构建以郑州大都市区为核心，依托沿陇海、京广、济南—郑州—重庆、太原—郑州—合肥发展轴的“米字形”综合交通网络和培育北部跨区域协同发展示范区、东部承接产业转移示范区、西部转型创新发展示范区、南部高效生态经济示范区的“一核四轴四区”空间格局，进一步促进城乡统筹协调和共同发展。二是不断提高区域中心城市的辐射带动能力。进一步加快洛阳老工业基地改造，推动开封建设新兴副中心城市，建设开港经济带、郑汴产学研结合示范带、沿黄生态带，促进郑汴港协同发展，打造郑汴一体化升级版。三是不断推动其他中心城市组团式发展，统筹城乡一体化示范区建设和旧城改造更新。许昌、濮阳、漯河、安阳、平顶山相继编制完成中心城市组团式发展总体规划。强化组团的基础设施和公共服务体系建设，引导产业在中心城区与组团间合理布局，中心城区和城市组团之间的产业分工和布局得到优化。四是不断提升村镇建设水平。积极培育发展特色小镇。研究起草开展特色小镇培育工作的指导意见，温县赵堡镇、禹州市神垕镇、西峡县太平镇、确山县竹沟镇等4个镇入选国家级特色小镇。保护发展传统村落，研究印发《关于切实加强传统村落保护发展工作的实施意见》，争取中央和省级专项资金2.08亿元，25个村落列入第四批中国村落名录。

4. 推动城市分类发展

在城市群协调整合过程中，各城市根据与区域核心城市的关系重新研究、调整自身的发展定位，尤其是产业定位，找到自身在城市群中的恰当位置，积极推动城市群分类发展、错位发展。其中，郑州以建设国家中心城市为目标，不断强化物流和商贸中心、综合交通枢纽和中西部地区现代服务业中心、对外开放门户功能，全面增强国内辐射力、国内外资源整合力，推动与开封、新乡、焦作、许昌四市深度融合，建设现代化大都市，深化与洛阳、平顶山、漯河、济源等城市联动发展，形成城市群发展核心区域。洛阳定位于建设中原城市群副中心城市、全国重要的先进制造业基地、国家历史文化名城、著名旅游城市和新亚欧大陆桥经济走廊主要节点城市；安阳定位于打造豫晋冀省际区域性中心城市、新型工业基地、国家交通物流区域性节点城市、国家历史文化名城；南阳主要发展新能源和装备制造业，打造全国高效生态经济示范市；商丘主要建设豫鲁苏皖省际区域性中心城市、国家重要的区域性交通枢纽和商贸物流中心。平顶山、鹤壁、焦作、濮阳、三门峡、济源等资源型城市加快转型发展，建设中原城市群重要节点城市，实现资源开发与城市建设协调发展。围绕中心城市建设，大力发展小城市，使县级市成为联系城乡的重要地带，充分发挥其在促进城乡物资交流、农业商品基地建设和乡镇企业发展等方面的积极作用，使县级市成为城市群中城乡互动的重要节点。

5. 坚持交通一体先行

河南积极推进交通基础设施建设，不断提升互联互通和现代化水平，加快形成布局合理、功能完善、衔接高效的基础设施网络。畅通国际运输通道方面，不断强化郑州航空港经济综合实验区的门户功能，积极开辟航线、加密航班，打造航空、铁路国内国外物流“双枢纽”。全面融入“一带一路”战略，提升郑州、洛阳丝绸之路主要节点城市辐射带动作用，积极推进交通、信息通信、口岸开放平台互联互通，建立郑欧班列多口岸出境、多线路运行、多货源组织和往返程的常态化运营。构建国内综合运输通道方面，全面建设米字形高速铁路网，加快郑合、郑济高铁、沿线通道建设，积极推进以京广、陇海铁路、京珠、连霍高速公路为主骨架形成对外联系大通道。完善城市群城际网络方面，着力打造郑州大都市区交通网，大力发展轨道交通，研究建立郑州与港区、港区与开封、港区至许昌、郑州至新乡的轨道快线，建设中心城市间、中心城市与周边中小城市、小城镇间的复合快速通道。同时，加快城乡道路建设，提高公路密度，实现县县通高速公路，村村通油路、班车，以进一步提高中原城市群区域交通通达能力。

6. 局部区域合作加速推进

随着人口、经济规模和城市框架的持续扩张，尤其是高速公路、城际轨道等快捷交通基础设施的建设，郑州与周边的开封、新乡、焦作、许昌等城市及外围区域的联系愈发紧密。郑汴一体化向纵深推进，河南省发改委、郑州市政府、开封市政府三方共同签订《进一步加快推进郑汴一体化发展的框架协议》，建立由省发改委主任和两市市长参加的郑汴一体化发展联席会议制度，郑州市、开封市将建立完善对接制度，在多方面开展务实合作，携手推进郑汴一体化。随着郑开大道、郑开城铁的相继开通，郑汴一体化驶入快车道。郑新融合发展渐入佳境。新乡市为寻求新的发展优势，积极主动对接郑州发展，形成“借势航空港、共建大都市、承担大功能、形成大合力”的思路，将“三区一带”作为对接郑州的前沿地带，近年来新乡市承接的产业转移项目约 1/4 来自郑州，多数都位于这一区域。“三区一带”，即平原示范区、原阳产业集聚区、亢村专业园区和三者之间连接带。成立于 2010 年的平原示范区，从诞生之初就被打上了深刻的郑新融合烙印——依托郑州、错位发展、优势互补，是新乡与郑州实现无缝对接的重要节点。原阳县依托产业聚集区，集群式承接郑州产业转移。截止到 2015 年底，原阳产业集聚区 175 个工业项目中，有 135 个都是从郑州转移过来的。金水（获嘉）产业新城，是全省首个“飞地产业园”，发展势头良好。郑焦融合发展不断提速，随着郑云高速（郑州—云台山）的开通、郑焦城际铁路的运行、迎宾路南延黄河大桥的建设，郑州与焦作联系更加紧密，在人流、物流、信息流等方面，在推进郑焦经济联动发展方面，在基础设施建设、产业空间布局方面，都有了一定程度的融合发展。武陟县作为焦作对接郑州的最前沿和“桥头堡”，已经全面融入郑州“一刻钟经济圈”。产业方面，武陟县抢抓郑州市改造、市内企业外迁的难得机遇，集群引进磨料磨具、机械装备和汽车及零部件等一批重点项目；教育方面，成功引进郑州交通职业学院落户武陟。与武陟紧邻的温县也不甘落后，积极对接郑州发展，2015 年将温县县情说明会暨项目签约仪式直接放在郑州召开，2016 年与郑州市金水区成功签订飞地经济项目合作框架，成为解决两地发展瓶颈制约的重要举措。郑许联动积极推进。随着郑州市区不断向东向南扩展，对许昌市的辐射带动作用显著增强；而许昌市围绕推进与郑州空间对接，依托 107 国道，在京广铁路和京珠高速之间规划了许（昌）长（葛）城乡统筹试验区；围绕航空港实验区，许昌规划了 150 平方公里的航空经济承接区。两市之间的交通联系也在逐步加强。

（二）取得成效

1. 新型城镇化发展水平不断提高

围绕积极稳妥推进以人为核心的新型城镇化，河南坚持把新型城镇化放在事关经济社会发展全局的突出位置，不断完善发展思路、发展举措，城镇化发展质量和水平快速提高，到 2016 年底，全省常住人口城镇化率达到 48.45%，比 2015 年末提高 1.6 个百分点。大力实施中心城市带动战略，中原城市群实力日益增强，成为国家重点培育发展的中西部地区三大城市群之一。郑州航空港经济综合实验区建设全面展开，郑汴一体化深入发展，实现了电信、金融同城。中心城市辐射带动能力进一步提升，组团式发展深入推进，县城承载能力不断增强，初步形成以城市群为主体形态、大中小城市和小城镇协调发展的新格局。“十二五”期间，郑州、洛阳、新乡、漯河、驻马店、济源等省辖市城市总体规划批准实施，10个省直管县（市）及60个县城、县级市完成新一轮城市总体规划修编，78个县（市、区）域村镇体系规划完成报批，782个乡镇完成总体规划修编。一批历史文化名城、名镇、名村、传统村落和风景名胜区保护发展规划编制完成，规划编制审查的科学性和实施管理的有效性进一步增强。强力推进棚户区改造，集中开展督查、破解资金瓶颈，圆满完成各项目标任务。出台《关于加快推进棚户区改造货币化安置工作的指导意见》，指导各地通过政府购买商品房、组织居民团购商品房、直接货币补偿等方式，提高货币化安置率。截至2016年10月底，货币化安置12.2万套（户），占已开工总量的31.4%。加快推进农村危房改造，积极开展实地督导检查，建立排名通报制度、月报制度、约谈制度等制度体系。截至2016年10月底，开工率80.6%，竣工率45.2%。百城建设提质工程启动，《河南省百城建设提质工程实施意见》研究通过，首批31个县（市）先行实施，谋划项目2940个，预计总投资4300亿元。

2. 区域性中心城市形态进一步优化

洛阳作为中原城市群副中心城市，城乡一体化发展呈现新局面，并入选第一批国家新型城镇化综合试点城市。2016年，全市城镇化率达54.25%，比上年提高1.65个百分点，初步形成了核心区、伊滨新区两个城市组团，建成区面积超过200平方公里，入选国家首批智慧城市试点。一批县城新区初具规模，特色文化名镇、景观名镇、产业重镇发展势头强劲。新农村建设成效显著，成功入选全省改善农村人居环境示范市。安阳作为豫晋冀省际区域性中心城市，不断强化新型城镇化引领作用，加大基础设施投入，城市功能不断完善，综合承载能力大幅提升。2016年常住人口城镇化率达到53.9%，比2015年提高1.6个百分点。林长高速、京广高铁、晋豫鲁铁路安阳段建成通车，"两纵一横"铁路枢纽基本形成，安阳机场、西北绕城高速、林州—汝州高速安阳段等项目积极推进。南阳作为豫鄂陕省际区域性中心城市，大力实施中心城区带动和县域经济发展"两轮驱动"战略，加速城乡一体化进程。到2016年，南阳城镇化率提高到42.1%，中心城区建成区面积达到120平方公里，人口达到120万。商丘作为豫鲁苏皖省际区域性中心城市，城乡统筹步伐加快。2016 年城镇化率达到 49%，中心城区辐射力明显提升，城乡基础设施和公益设施实现互联互通、联建共享。商周高速、商登高速建成通车，郑徐高铁、商合杭高铁建设相继实施，集高铁、机场、高速公路、水运为一体的综合交通枢纽雏形已现，将成为河南省继郑州之后的又一个高铁十字枢纽。

3. 城乡建设管理全面加强

实施城乡建设三年大提升行动计划，推进城镇建设扩容提升工程，城镇综合承载能力和防灾减灾水平明显提升。“十二五”时期，全省城市基础设施累计完成投资 10056.99 亿元。2015 年，城市污水处理率和生活垃圾无害化处理率分别达到 91.83% 和 95%；南水北调配套水厂完工 48 个，城市公共供水普及率达到 93.38%；燃气普及率达到 90%；集中供热面积达到 22724 万平方米；截至 2017 年 1 月 12 日，郑州轨道交通运营 1 号线（一期 26.2 公里、二期 15.1 公里）、2 号线（一期 20.65 公里）、城郊线（一期 31.7 公里）开通运营，轨道运营总里程 93.65 公里。积极拓展绿化空间，完善绿地功能，城市环境质量日益提高。截至 2016 年底，城市人均公园绿地面积达到 10 平方米，河南拥有园林城市数量居全国第三位，许昌市获国家节水型城市称号，长垣等 3 个县入选国家级园林县城，竹林镇等 3 个镇为河南省首次赢得国家级园林乡镇称号。推进村庄综合整治，加大农村危房改造力度，统筹治理农村生活垃圾与污水，农村人居环境质量明显提高。“十二五”时期，河南累计安排资金 95.03 亿元支持 123.78 万农户改造危房。加强城镇环境综合整治，城市精细化管理水平不断提升。海绵城市、城市地下综合管廊试点建设启动并取得初步成效，鹤壁市被列为全国首批“海绵城市”建设试点城市。截至 2016 年底，省辖市基本建成数字化城管系统，许昌市和洛阳市数字城管系统分别荣获“中国人居环境范例奖”和“2014 中国地理信息产业优秀工程金奖”，郑州等 11 市（区）先后列入国家智慧城市（区、镇）试点。积极开展美丽宜居乡村建设试点示范工作，积极创建特色景观旅游名镇（村），全省累计 7 个村、镇入选全国建设宜居小镇、宜居村庄示范名单，19 个村庄被列入中国传统村落名单。

4. 互联互通基础设施网络体系初步形成

郑州现代综合交通枢纽地位不断凸显。一方面，郑州航空港、铁路港、公路港以及货运场站、物流园区建设不断加快，先后开工建设郑州新郑国际机场北货运区国际货物转运中心、航空快件公共服务分拨中心、进口冷链食品批发交易中心、跨境电商物流中心、大型物流集散中心、顺丰电商产业园和中国邮政航空邮件处理中心，以及圃田、薛店、关帝庙物流基地；另一方面，郑州站、郑州东站和郑州新郑国际机场三大客运枢纽站功能不断完善，建成第一跑道Ⅱ类运行项目、双航站楼运行功能配套项目，完善提升郑州西站功能，开工建设郑州南站和郑州航空港经济综合实验区长途客运南站、北站等公路运输场站项目。郑州都市区高速公路出入口布局不断优化，完成机西高速公路二期、国道 107 东移改建等工程，完善郑州航空港经济综合实验区“三纵两横”高速公路网和“四纵四横”干线公路网格局。地区性枢纽功能不断加强，先后启动支线机场、通用机场、高速铁路站、城际铁路站、港口码头及公路运输场站等枢纽设施建设，洛阳火车站、洛阳龙门高铁站实施改造提升，周口、漯河、商丘、信阳等区域性重要港口加快建设。城际城市交通建设不断加快，以轨道交通建设为重点，加强城际衔接，以轨道交通、高速公路、快速通道为主骨架的城际交通网初步形成。新郑机场至郑州南站城际铁路开工建设，兰考至菏泽、郑州南站至登封至洛阳、焦作至济源至洛阳城际铁路和郑开城际铁路延长线加快建设，郑州地铁 1、2 号线建成并投入运营，郑州地铁 3 号线、4 号线、5 号线加快建设，洛阳城市轨道交通建设开始启动。

5. 城市向心发展、错位发展的格局开始显现

郑州作为中原城市群的核心，积极构建以服务业为主导、以高端制造为支撑、以科技创新为动力，有优势、有特色、有核心竞争力的现代产业体系，辐射带动作用显著增强。洛阳以大型成套装备、农业机械、工程机械、交通运输装备、轴承及基础件等五大装备制造业为支柱产业，为中原城市群发展提供产业支撑。许昌把劳动密集型产业作为发展重点，支柱产业是电力设备、烟草、金刚石、发制品等。焦作进一步突出作为智能制造、生物医药、新能源新材料等区域性先进制造业基地的地位，按照产业链条延伸、产业相互依存的要求，以产业集聚区为平台载体，主动承接郑州市辐射，加快发展与郑州的产业协作配套、基础设施互联互通、公共服务共建共享。开封占据着农产品和旅游业的优势，新乡的支柱产业是纺织、电子、电器、机械、化工、医药、建材，平顶山的支柱产业是煤炭、机械、电力、化工、烟草、纺织，漯河的支柱产业是食品、纺织、造纸、制革制鞋、化工、机械，济源的支柱产业是电力和铝工业。各地产业发展重点总体上看差异是比较大的，互补性较强，这正是中原城市群的优势。这种产业的异构性，有利于建立合理的产业分工，形成互补，从而有利于在合作中形成群的合力。

二　河南新型城镇化发展中存在的问题及原因

2016 年河南省稳步推进新型城镇化建设，通过深化户籍制度改革、实施居住证制度等措施有序推动农业人口向城镇转移落户，不断完善城乡规划体系，加快城乡一体化示范区建设，努力提高城镇综合承载能力。城镇化作为河南经济发展“四张牌”之一，推动了全省经济持续健康发展，但是在城镇化发展过程中也存在着老问题和新矛盾，需要剖析原因，找出解决之道。

（一）存在的问题

1. 城镇化总体水平仍然滞后

近年来，河南省城镇化推进速度不断加快，2016 年常住人口城镇化率达到 48.45%，比 2015 年提高 1.65 个百分点。但是与全国相比，虽然差距不断缩小，但仍落后于全国平均水平。2016 年全国城镇化率为 57.35%，比河南省高出近 10 个百分点。按照霍利斯·钱纳里（H. Chenery）等（1988）的“发展模型”，在人均国民生产总值达到 400 美元的时候，对应的城镇化率为49.0%，而2015年河南人均GDP达到39122.6元，同等收入水平下，河南省城镇化水平明显偏低。

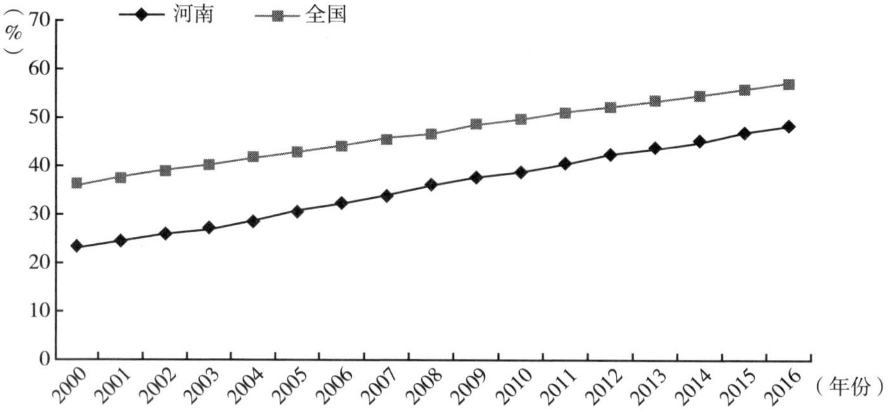

图1 2000～2016年河南与全国城镇化率

资料来源：《河南统计年鉴2016》《中国统计年鉴2016》《2017年河南省政府工作报告》，国家统计局网站。

从区域上看，2015年中原城市群核心发展区（包括郑州市、开封市、洛阳市、平顶山市、新乡市、焦作市、许昌市、漯河市、济源市、鹤壁市、商丘市、周口市）城镇化率为51.08%，辐射区（包括安阳市、濮阳市、三门峡市、南阳市、信阳市、驻马店市）的城镇化率为43.60%，区域差别明显，特别是周口市、驻马店市城镇化发展水平严重滞后。

河南省城镇化水平滞后于工业化水平。从河南省1998～2016年的城镇化水平与工业化水平及二者的偏差系数，可以清楚地看到河南省城镇化水平滞后于工业化的情况和发展趋势。从国际经验来看，城镇化超前于工业化发展水平，偏差系数为正且不断加大，城镇化发展水平远远超过工业化发展水平。而河南的情况正好相反，1978～2015年，城镇化水平与工业化水平偏差系数为负值，表明河南省的城镇化水平一直滞后于工业化发展水平。但是可以看出，城镇化率与工业化率的偏差系数在逐年缩小，由1978年的－0.68上升到2014年的－0.11，城镇化滞后于工业化的问题正在逐年改善。

2016 年，河南省城镇化率超过工业化率，但不能说明其城镇化水平已经和工业化水平相当。一般来讲，城镇化率与工业化率的合理比值范围是 1.4% ~ 2.5%，河南省 2016 年达到 1.02%，还没有达到城镇化与工业化同步发展的阶段。

表 1　1978 ~ 2016 年河南省城镇化水平和工业化水平关系

单位：%

年份	城镇化率	工业化率	偏差系数
1978	13.6	42.6	-0.68
1980	14.0	41.2	-0.66
1982	14.4	39.0	-0.63
1984	14.7	36.8	-0.60
1986	15.0	40.2	-0.63
1988	15.3	40.0	-0.62
1990	15.5	35.5	-0.56
1992	16.2	42.6	-0.62
1994	16.8	47.8	-0.65
1996	18.4	46.2	-0.60
1998	20.8	45.0	-0.54
2000	23.2	45.4	-0.49
2002	25.8	45.9	-0.44
2004	28.9	48.9	-0.41
2006	32.5	53.8	-0.40
2008	36.0	55.9	-0.36
2010	38.8	55.5	-0.30
2012	42.4	53.7	-0.21
2014	45.2	51.0	-0.11
2016	48.5	47.4	0.02

说明：工业化率按第二产业的产值占 GDP 的百分比计算，偏差系数 = 城市化率 ÷ 工业化率 - 1。
资料来源：《河南统计年鉴 2016》，《2017 年河南省政府工作报告》。

河南省城镇化水平滞后于非农化水平。城镇化的过程也是非农化的过程，非农化的过程既可以在城市完成，也可以在农村进行。如果农村地区的非农化发展非常迅速，出现了非农就业人口比例远远超过城市就业人口比例的情况，这种情况也可以称为城镇化滞后。本文用非农就业比例（第二、第三产业就业人口之和占全社会从业人口的比例）来衡量非农化水平。从1978～2014年河南城镇化水平和非农化水平的关系可以看出，河南的城镇化水平一直滞后于非农就业比例，也就是说河南的城镇化水平一直滞后于非农化水平。总体上看，自1978年开始河南的非农化速度要快于城镇化速度，二者的差距呈逐年扩大态势。在1987～1997年这十年间趋于稳定，非农就业比例/城镇化率在2左右波动，随后在1997年城镇化进程加快后，非农化与城镇化的差距开始逐年缩小。2014年，非农就业比例/城镇化率为1.31，说明河南省城镇化水平仍滞后于非农化水平。

表2　1978～2014年河南城镇化水平和非农化水平

单位：%

年份	城镇化率	非农就业比例	非农就业比例/城镇化率
1978	13.6	19.4	1.42
1980	14.0	18.8	1.34
1982	14.4	19.6	1.36
1984	14.7	23.0	1.56
1986	15.0	28.5	1.90
1988	15.3	32.4	2.12
1990	15.5	30.7	1.98
1992	16.2	31.8	1.96
1994	16.8	35.6	2.11
1996	18.4	39.2	2.13
1998	20.8	41.1	1.97
2000	23.2	36.0	1.55
2002	25.8	38.5	1.49
2004	28.9	41.9	1.45
2006	32.5	46.7	1.44
2008	36.0	51.2	1.42
2010	38.8	55.1	1.42
2012	42.4	58.2	1.37
2014	45.2	59.3	1.31

资料来源：《河南统计年鉴2016》。

2. 城市群运行效率不高

2015年中原城市群合计生产总值5.56万亿元，生产总值仅次于长三角、珠三角、京津冀城市群，位居全国第四。2015年长三角城市群合计生产总值13.55万亿元，可以看出，中原城市群整体经济实力与长三角还存在较大差距。中原城市群发展阶段还停留在空间上的拓展，没有实现真正的内在联动协调发展，运行效率整体不高。虽然中原城市群内各城市产业发展各有特色，具有较好的产业基础，但城市间城市功能和定位缺乏合理科学的分工，产业结构趋同和同质竞争现象依然严重，产业链联系不强，没有形成合理的产业集群和产业分工。由于各城市区位和资源禀赋相近，城市发展定位也较为接近，出现各地均竞相发展同一产业甚至是同一类产品，出现产业结构雷同和产品同质化现象，甚至各地区和工业园区在招商引资等方面展开竞争，出现了城市间竞争多于合作的现象，无形之中削弱了中原城市群联动发展的优势。比如，“十三五”规划中，许多县市都提出对接郑州航空港经济综合实验区电子信息产业园，发展电子信息产业。中原城市群区域合作仍属于浅层合作或者说是形式上的合作，虽然各城市都认识到合作双赢的好处，有合作的内在需求，但是各地方也存在竞争压力，因此地方保护、重复建设等现象依然存在。从上述可以看出，中原城市群仍然是空间上规划出来的城市群，城市之间的经济联系还不密切，内部资源还没有进行整合和优化配置，集聚经济效益尚未凸显。

3. 核心城市带动能力仍然较弱

从世界城市群的发展经验来看，核心城市与周边地区之间的关系，表现为先集聚后辐射。在城市群内，优势资源先被集中到核心城市，出现了大都市区、大都市带、超级城市等城市空间组织形式，成为区域发展的先导区域，然后核心城市对周边区域产生辐射效应，形成核心城市与周边区域相互影响、相互依存、相互作用的良性互动关系。所以，核心城市的发展水平在很大程度上决定了城市群的整体发展水平，而城市群的竞争集中体现为核心城市的竞争。郑州作为中原城市群的核心城市，经济实力和综合实力都较为薄弱，首位作用较弱。按照国际标准，首位城市人口占区域人口的比重应大于10%，经济总量占区域的比重应不小于30%，2015年郑州常住人口占全省常住人口比重为10.1%，占中原城市群人口比重为6%；2015年郑州市GDP占全省GDP的比重为19.8%，可以看出，无论是在省级还是在中原城市群内，郑州的首位城市作用都较弱，不仅难以对周边区域形成辐射带动，还会对周边区域的资源形成虹吸效应。

表3　2015年郑州市首位作用主要指标

单位：万人，亿元

地区	常住人口	GDP
郑州	956.9	7311.52
河南	9480	37002.16
中原城市群	15800	55600

资料来源：《河南统计年鉴2016》，河南统计局网站。

以郑州目前的发展水平，和其他国家中心城市相比，郑州在经济总量和人口数量上并不占优势。2016年郑州占河南省的GDP的比重不足20%，而成都、武汉、沈阳、西安占全省的比重都在30%以上；虽然南京、杭州、青岛、厦门占全省的比重也不足25%，但是其所在省份均为经济双（多）核中心城市省份，如江苏的经济中心是苏州、南京、无锡，浙江省的经济中心是杭州、宁波，山东省的经济中心是青岛、济南，福建省的经济中心是福州、厦门，双城或多城作为区域经济中心共同辐射带动区域发展，所以单一城市的首位度必然下降。而城市首位度较高的成都、武汉、沈阳、西安四市，同郑州一样，所在省份是单核中心城市省份，其对全省的经济贡献和辐射带动作用明显，呈现一枝独秀态势，是“强核”牵引。只有郑州一市，既处于单核中心城市省份，城市首位度又不高，可以看出其对周边区域的辐射带动能力有限，城市间缺乏有效的产业链传递和扩展，对周边城市的关联度有限，是“弱核”牵引。

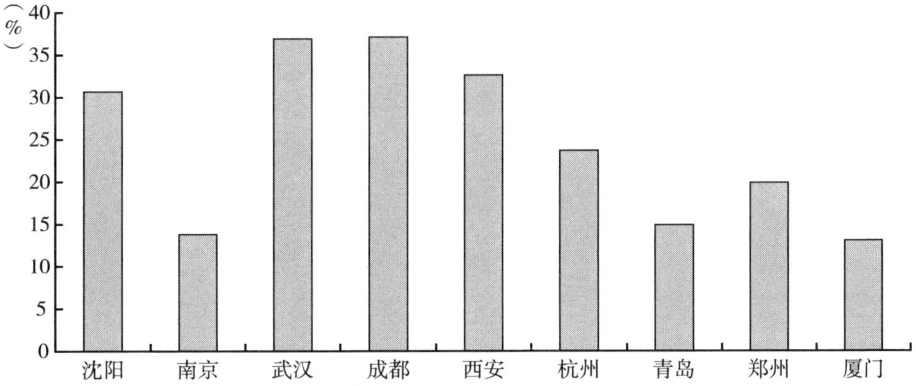

图 2　2016 年国内部分城市 GDP 占全省比重

表 4　2016 年国内部分大城市基本经济情况

单位：亿元，%

地　区	GDP	GDP 排名	占全省 GDP 比重
天　津	17855.39	1	—
重　庆	17558.76	2	—
沈　阳	6782.0	9	30.8
南　京	10503.0	6	13.8
武　汉	11912.6	4	36.9
成　都	12170.2	3	37.2
西　安	6257.2	10	32.6
杭　州	11010.5	5	23.7
青　岛	10011.3	7	14.9
郑　州	7994.2	8	19.9
厦　门	3737.0	11	13.1

4. 现代城镇体系不完善

大城市辐射带动能力不足。中原城市群有国家级中心城市 1 个，没有副省级城市；按照城区常住人口分类，城区常住人口超过 500 万的特大城市只有郑州一个，城区常住人口 100 万～500 万的大城市有洛阳市、开封市、许昌市、新乡市、焦作市、平顶山市、南阳市、安阳市、商丘市、邯郸市、阜阳市、蚌埠市12个，中等城市（城区常住人口50万以上、100万以下）有17个。而长三角城市群有副省级以上城市4个，其中国家中心城市3个，全球城市1个，其中上海是超大城市，南京、杭州、苏州为特大城市。珠三角城市群有副省级城市3个，国家中心城市1个，全球城市2个，其中，广州、深圳为超大城市，东莞、汕头、佛山为特大城市。与其他城市群相比，中原城市群不仅特大城市数量少，且对全省和区域的经济贡献较弱，整体经济实力不强。长三角城市群中，2016年地区生产总值超过10000亿元的是上海、苏州、杭州、南京，地区生产总值8000亿~10000亿元的是无锡、宁波，地区生产总值超过5000亿元的共有9个城市；珠三角城市群中，2016年地区生产总值超过10000亿元的是广州、深圳，地区生产总值5000亿~10000亿元的是佛山、东莞，地区生产总值超过5000亿元的共有4个城市；中原城市群地区生产总值超过5000亿元的只有郑州。

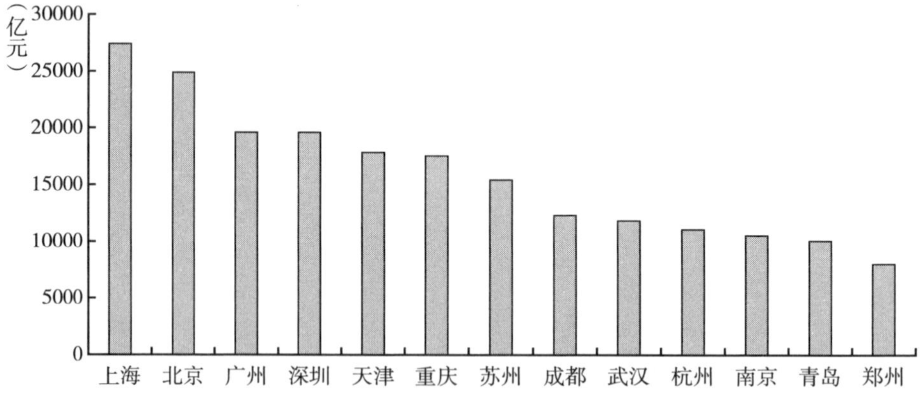

图3 2016年郑州与全国GDP超万亿元城市经济总量比较

中小城市承载人口不足。一是其他省辖市中心城区规模较小，如周口市总人口超过千万，驻马店市总人口超过900万，但是其中心城区人口均不足100万，经济实力较弱，很难辐射带动周边区域。二是其他省辖市承载人口能力不足，除郑州是人口净流入城市外，其他省辖市人口呈净流出状态。三是县城和小城镇规模较小，基础设施和公共服务建设不足，小城镇集聚和承载人口的作用难以充分发挥。

5. 资源环境约束加剧

近年来，河南省积极推进环境保护工作，但随着城镇化的加快推进，城区面积不断扩大，城市人口不断集聚，城镇资源环境约束趋紧、环境污染严重、生态系统退化的趋势还没有得到根本改变，城市资源环境承载能力达到或接近上限，还没有迎来环境质量改善的拐点，城镇环境质量改善的幅度与人民群众的期待要求还有较大差距。随着河南省城镇化的进一步加快推进，产业结构和能源结构不合理的现状短期内难以根本改变，未来的资源环境

表 5　2016 年 1～12 月河南省城市环境空气质量排名（综合指数法）

地区	1 月	2 月	3 月	4 月	5 月	6 月	7 月	8 月	9 月	10 月	11 月	12 月
郑 州 市	13	12	13	17	18	17	14	16	16	14	12	14
开 封 市	9	4	4	11	4	3	5	6	10	9	10	10
洛 阳 市	18	11	7	14	17	12	13	8	14	16	15	13
平顶山市	7	5	5	5	5	7	11	17	15	8	11	8
安 阳 市	14	17	18	16	7	16	17	18	18	18	18	18
鹤 壁 市	10	16	16	7	9	14	16	5	11	15	16	17
新 乡 市	16	18	17	15	12	13	12	14	17	17	13	15
焦 作 市	17	6	15	18	11	18	18	10	7	11	17	16
濮 阳 市	8	15	10	10	3	4	10	3	12	12	8	12
许 昌 市	6	8	8	8	10	9	4	9	13	7	7	11
漯 河 市	12	9	11	12	14	10	6	15	9	10	6	9
三门峡市	11	3	12	6	13	8	8	13	4	6	9	4
南 阳 市	2	2	2	3	6	6	7	7	3	3	3	2
商 丘 市	4	14	6	13	16	11	9	4	1	4	2	3
信 阳 市	1	1	1	1	1	1	1	1	2	1	1	1
周 口 市	3	13	3	2	2	2	2	2	5	2	4	5
驻马店市	5	10	9	4	8	5	3	11	6	5	5	6
济 源 市	15	7	14	9	15	15	15	12	8	13	14	7

资料来源：河南省环境保护厅网站。

约束压力更大。2016 年河南省大气污染依然严重，强雾霾天气的影响进一步放大，对生产和生活造成了较大的影响。2016 年全省省辖市空气质量按月排名中，信阳的空气质量在全省依然是排名第一。按照全省空气质量排名，信阳、周口、南阳空气质量较好，安阳、新乡、郑州、焦作、鹤壁空气质量较差。新型城镇化的推进受到国土空间和资源环境承载能力的多重制约，城市群将作为推动河南新型城镇化的主要形态，通过城市群的集聚效应，化解环境资源压力，实现区域均衡增长。

（二）原因剖析

1. 中小城市承载能力不足

加快发展中小城市是优化城镇规模结构的主要途径，也是推进新型城镇化的必然要求。但是在城市发展过程中，按行政级别分配资源，导致资源更多地向郑州、洛阳等大城市和省辖市的中心城区倾斜，长期以来对中小城市和小城镇投入严重不足，河南省的中小城市和小城镇缺乏产业支撑，就业承载力较低，水电气暖、交通等基础设施较为落后，教育、医疗、住房、社会保障等公共服务严重不足，城市功能亟待完善，难以发挥其吸纳农业人口就近转移和带动周边农村地区发展的作用。以市政公共设施为例，2015 年河南县城的用水普及率、燃气普及率、人均道路面积、人均公园绿地面积、建成区绿化覆盖率、生活垃圾处理率分别为 70.99%、48.56%、14.01 平方米、6.85 平方米、20.32%、83.44%，不仅与全国县城的平均水平相比呈现出显著的差距，与河南城市的平均水平也呈现较大差距。建制镇、乡的情况也是如此，特别是燃气普及率，与全国平均水平差距极大。由于大城市就业机会多、吸引要素的能力较强、生活便利等，吸纳了大量转移人口，导致大城市交通拥堵、住房困难、人口压力增大、空气污染加剧、公共服务紧缺等“城市病”，而中小城市和小城镇产业支撑能力不足、吸纳就业的能力弱而发展缓慢，导致河南省城镇体系的失衡。

2. 关键领域改革创新力度不够

制约新型城镇化加快推进的制度性障碍尚未破除，例如农业转移人口落

表6　2015年河南省城市基础设施水平与全国比较

地　区	城市用水普及率（%）	城市燃气普及率（%）	人均城市道路面积（平方米）	人均公园绿地面积（平方米）	每万人拥有公共交通车辆（标台）
全　国	98.07	95.30	15.60	13.35	13.29
河　南	93.10	86.02	12.06	10.16	10.14

资料来源：《中国统计年鉴2016》。

表7　2015年河南省县城、建制镇、乡市政公用设施水平与全国比较

单位：%，平方米

地区		用水普及率	燃气普及率	人均道路面积	污水处理率	人均公园绿地面积	建成区绿化覆盖率	生活垃圾处理率
县城	全国	89.96	75.90	15.98	85.22	10.47	30.78	89.66
	河南	70.99	48.56	14.01	86.10	6.85	20.32	83.44
建制镇	全国	83.79	48.71	12.79		2.45	16.63	
	河南	75.93	9.20	11.49		1.35	21.56	
乡	全国	70.37	21.38	13.11		1.10	13.60	
	河南	68.52	5.11	12.46		0.95	22.45	

资料来源：《中国统计年鉴2016》。

户、城市规划、小城市的设立与特大镇的改革、城市治理体制等。其中，农业转移人口市民化、中小城市的发展培育、新型城市发展等是矛盾焦点、新旧体制机制交叉点、改革的关键点。一是尚未完全打破城乡分割的二元体制，虽然2016年国家出台了《推动1亿非户籍人口在城市落户方案》，但是附加在户籍制度上的，包括就业、就医、就学、养老在内的一系列制度性障碍，造成进城的农村居民无法享受到和城市居民均等的公共服务和社会保障。二是土地制度改革还未有实质性的政策出台，现行一系列土地制度创新的效果受到抑制，无法发挥。三是行政区划调整不能满足新型城镇化的要求。全省多数县城的空间范围已经突破所在地镇的范围，县城内存在多个乡镇分散管理的现象，市县同城问题尚未得到根本解决。四是城镇公用设施投融资体制改革亟须突破，城镇公用基础设施建设需要大量资金，特别是县级以下财政根本无法负担，仅靠单一的银行贷款模式难以支持大规模的基础设施建设。

3. 省际协调难度较大

中原城市群涵盖5省30个省辖市，涉及范围较大、面积较广，隶属不同的省份和行政关系，省际协调起来难度较大，特别是中原城市群是以河南省为主体，其他四省仅涉及部分县市，其他省市政府会认为中原城市群主要是河南省建设，和自身省关系不大，建设动力和热情不足，导致其有重大利益时“搭便车”和没有利益时缺乏合作动力。中原城市群的各城市有自身的发展考虑，一般是从地区角度看问题，缺乏整体发展理念和大局意识，产生地区间行政壁垒、市场分割等问题，造成城市之间功能相近、产业同构、重复建设等问题，导致在跨区域交通等基础设施建设、水资源的合理利用、生态环境的共防共治等方面难以形成有效的合作，阻碍了中原城市群的健康发展。

4. 基础设施最后一公里问题还未解决

近年来，河南航空、高铁、地铁、高速公路等各种交通基础设施发展迅速，但是“最后一公里”制约了交通网的效率。一是航空运输方面，郑州航空港经济综合实验区作为国家战略深入推进，郑州航空港的辐射作用不断增强，而中原城市群各城市与其配套的设施发展相对落后，如郑州高铁东站到新郑国际机场的高铁线建成后作用发挥不充分，很大原因在于新郑国际机场高铁和航站楼没有实现完全意义上的无缝衔接，市民到达郑州高铁东站花费的时间较长。随着地铁2号线延伸机场线的开通，居民到达机场的便利性大大增强，但是如何在航站楼实现零换乘仍是要解决的问题；地铁2号线延伸机场线的开通将削弱郑州高铁东站到新郑国际机场的高铁线的作用，如何更好地利用这段高铁线，使中原城市群各城市能够通过高铁网络直达机场也是未来所需要探讨的问题。二是城际铁路的“最后一公里”问题。城际铁路的建成大大缩短了城市间的通勤时间，但是去城铁站难、到站后难以疏散的问题制约了城市铁路通达的便利性，出现了去城铁站的时间大大超过两城市之间城铁通勤时间的现象，如何将地铁、快速公交等快速交通方式与城铁换乘站无缝衔接，使居民方便快捷地进出城铁站是亟待解决的问题。随着郑州地铁2号线的通车建成，若干地铁线的开工建设，郑州将迎来地铁时代，但是由于前期规划的不合理，许多地铁换乘站的进出口数量明显不足，没有与周边商场、地下设施等联通，换乘站与公交站距离较远，这些“最后一公里”问题制约了地铁的便利性。三是高速公路方面。高速公路入口和出口开口较少，制约了高速公路的便捷作用。一方面居民必须经过较长距离才能上下高速；另一方面是出入口车多拥挤，降低了高速公路的运行效率。

5. 市场主体功能作用发挥不充分

在之前的城镇化进程中，主要依靠政府主导，在推动河南城镇化快速发展的同时也带来了一系列的问题。在以GDP为导向的考核体制下，某些地方出现了人为的“圈地运动”，过度地扩大城区面积和推进基础设施建设，出现了土地城镇化快于人口城镇化的现象，出现了“空城”“鬼城”。同时，城市发展方式粗放，重建设、轻管理，重面积扩张、轻结构调整，重资源投入、轻内部挖潜，导致资源利用效率和土地产出率较低，总体来看，城镇化的速度较快而质量不高。只有充分发挥市场主体功能作用，才能解决以政府主导的城镇化带来的种种问题，提高城市资源的配置效率，提高市场主体参与性，促进社会公平。

三　2017年中原城市群引领河南新型城镇化发展的形势分析

以城市群为主体形态，是当前我国中部地区科学推进新型城镇化的客观要求。国务院批复《中原城市群发展规划》，标志着中原城市群建设国家级城市群的思路更加清晰、方向更加明确、举措更加务实。城市群战略将和国家、省委省政府出台的一系列其他政策措施叠加融合，释放出巨大的综合效应，推动河南城镇化速度和质量协调发展，促进河南城镇转型创新发展。

（一）面临的机遇和有利条件

1. 中央城市发展思路更加明晰

《中共中央国务院关于进一步加强城市规划建设管理工作的若干意见》正式发布，这是推进我国“十三五”乃至未来一段时间城市发展的“时间表”与“路线图”，从五个方面对河南城市发展的总体思路进一步具体化、清晰化。在城市发展观念上，强调认识、尊重、顺应城市发展规律，端正城市发展指导思想，要求发展必须兼顾融合经济、产业、空间、社会等多个领域；在城市发展方向上，强调更加尊重人本和自然，推进以人为本的新型城镇化，城市的规划、建设、管理都要更加人性化；同时，强调城市发展的再生态化过程，让城市发展更自然、更生态；在城市发展蓝图上，强调要着力塑造城市特色风貌，守护城市记忆，减少随意性、盲目性，以系统思维进行城市规划建设，预防与杜绝“千城一面”的现象；在推进城镇化的主体形态上，强调以城市群作为主体形态，努力依托基础设施网络体系形成点、线、面结合的，网络化的城镇空间结构，改变过去依靠单一点状城市的发展模式，增强对区域发展的辐射带动作用；在城市工作的系统性上，强调坚持集约发展，框定总量、限定容量、盘活存量、做优增量、提高质量，着力提高城市土地、水、生态等资源的集约节约利用程度，着力优化城市土地利用结构，更多地将资源向改善城市居民生产生活环境方面倾斜，从而增强城市发展持续性、宜居性。城市发展目标和发展思路更加清晰，指明了河南城市发展的方向和重点，有利于坚持目标导向、问题导向，从人民群众最关注、发展中最迫切的领域做起，推动城市转型发展取得良好效果。

2. 中原城市群发展规划获批

2016 年 12 月底，国务院批复国家发改委报送的《中原城市群发展规划》，成为继长江中游、长三角、成渝、哈长等城市群之后，国家批复的第 5 个跨省级行政区域的国家级城市群发展规划。《中原城市群发展规划》的获批，标志着在我国中部地区形成了长江中游和中原城市群两大增长板块。其中，中原城市群将在北京、武汉、济南、西安之间，半径 500 公里区域内发挥集聚、辐射、带动作用，并通过推进基础设施互联互通，深化产业体系分工合作，加强生态环境同治共保，促进公共服务共建共享，推动城乡统筹协调发展，加快中原城市群乃至我国整个中西部地区的新型工业化、城镇化、信息化、绿色化和农业现代化进程。《中原城市群发展规划》的获批，有利于发挥中原城市群作为河南及其周边省份推进新型城镇化的主平台作用，有利于河南借助城市群这一主平台，加快明确各城市的职能定位，促进科学合理分工，加强城市之间的合作，实现共享发展。

3. 郑州跨入国家中心城市行列

《促进中部地区崛起“十三五”规划》明确支持武汉、郑州两座中部城市建设国家中心城市，要求郑州必须提升在全国范围内的集聚、辐射、带动作用，加快建设国际性现代化综合立体交通枢纽、中西部对外开放门户、全国重要的先进制造业基地、国际物流中心、国家区域性现代金融中心、具有国际竞争力的中原创新创业中心、华夏历史文明传承创新中心，将显著增强郑州作为国家中心城市的辐射带动能力，引领河南城镇体系的完善，引领河南城镇提高公共服务供给能力，推动河南城镇化向更好质量、更高水平迈进。

4. 国家战略效应叠加

截止到 2016 年 12 月，河南已经拥有 7 个国字号战略规划，分别为粮食生产核心区、中原经济区、郑州航空港经济综合实验区、郑洛新国家自主创新示范区、中国（河南）自由贸易试验区、国家大数据综合试验区、中原城市群发展规划。其中，郑州、洛阳、新乡、开封等大中城市是多个国家战略规划的战略支撑点，也是河南推动中原经济区发展、增强中原城市群辐射带动能力的核心增长极。在多种国家战略叠加效应下，有利于河南城市充分利用国家战略先行先试的机遇，形成有利于改革创新、加快发展的体制机制优势，为城市发展的供给侧改革提供良好的氛围和机遇。

5. 城镇化发展潜力巨大

到 2016 年底河南常住人口城镇化率达到 48.45%，近五年来每年约有 200 万农业人口转移到城镇，是河南城镇化推进最快的时期之一，但是河南常住人口城镇化率仍然低于全国平均水平9个百分点，低于中部地区平均水平5个百分点。从户籍人口城镇化率看，户籍人口城镇化率低于常住人口城镇化率20个百分点，不完全城镇化现象严重。可以说，城镇化质量不高是河南经济社会发展滞后的最大症结所在。但是，从另一个方面理解，新常态下，河南与全国一样，城镇化也将经历发展理念从“以城为本”向“以人为本”的转变、发展方式实现从粗放向集约的转变、城镇管理从按城镇行政级别配置向按人口规模配置转变等共性问题。同时在增长速度、产业调整等不少方面也有自身特点，例如，城镇化仍然将保持相对较快的发展速度，保持较大的发展规模，特别是黄淮地区等部分省辖市城镇化发展空间巨大，河南城镇化仍将会保持一定的发展速度，不断缩小与全国平均水平的差距。城镇化发展潜力巨大也为城市发展供给侧改革提供了充分的空间。

（二）面临的挑战和不利因素

1. 城市综合承载能力不足问题仍然存在

在快速城镇化过程中，河南城市基础设施支撑能力和公共服务供给能力都存在明显短板。从基础设施互联互通水平看，“最后一公里”问题亟待解决，特别是城市内部交通存在梗阻路段、城际交通衔接不畅、换乘不便，不连不通、连而不通、通而不畅等问题在一定程度上存在；从城镇内部基础设施看，2016年河南城镇人均道路面积、人均公园绿地面积分别低于全国水平。其中，郑州作为省会城市，是2011～2015年全省唯一的人口净流入地区，外省流入河南人口的37%和省内流动人口的60%均流入郑州，“十二五”期间郑州净流入人口达到185万，仅比深圳少1万，在全国大中城市中位居第七。大量的净流入人口，让郑州保持创新活力、维持人口红利的同时，也让郑州处于交通拥堵、房价飞涨、环境恶化、管理失效的发展阵痛期。从城市常住人口、人均建成区面积、人均道路面积、人均公园绿地面积、每万人医院床位数等指标与北京、上海、武汉、长沙、太原、成都对比的情况看，郑州城市处于严重超载状态。“十二五”期间，全省106个县（市）城镇集聚的新增城镇人口占全省新增城镇人口的74%，成为全省城镇化的主力军，在推进新型城镇化进程中发挥着举足轻重的作用。但是，由于河南人口多，发展起点低，县级城市的基础设施水平如用水普及率、燃气普及率、建成区排水管道密度、绿地率等明显低于全国平均水平，106 个县（市）市政公用设施建设固定资产投资总额占全省城镇的比重不足 20%。从城市公共服务供给能力看，河南城市普遍存在产业支撑力较弱、就业岗位相对少、规划建设水平不高、城市管理粗放、文化特色不突出、生态环境差、综合竞争力不强等基础设施和公共服务滞后问题，严重影响了全省农业转移人口的市民化进程。此外，洛阳、新乡、焦作、开封、南阳等省辖市的中心城区常住人口增长缓慢，也受制于综合承载能力较弱，吸纳农业转移人口有限。

2. 投融资缺口压力仍然存在

随着新型城镇化进程的加快和城市人口规模、产业规模的扩大，社会对城市基础设施和公共服务设施的需求也越来越大，弥补城市发展短板的要求也越来越迫切。对于河南城市发展来讲，投融资缺口主要在三个方面：第一，基础设施建设资金需求。这部分资金需求既包括城市道路、桥梁、隧道等交通设施，水电气暖热等各类管网建设，也包括上述各类基础设施的更新和维护。第二，公用事业资金需求。主要包括环境卫生、城市安全、供水排水、电力、燃气、热力、文化体育场所、邮政通信建设等公用设施的布局与建设。第三，公共服务发展资金需求。主要包括就业、养老、住房、卫生、医疗、学校等各项城市基本公共服务设施。根据相关政府机关和研究机构测算的数据，城市每增加一个农业转移人口，需要投入的基础设施和公共服务设施资金为 15 万元左右。按此测算，“十三五”期间，河南预计每年推进农业人口转移的总量要超过 150 万，所需资金量也将超过 2000 亿元，资金缺口巨大。但是对于河南来讲，由于投融资体制机制发展相对滞后，长期以来政府财政投入是城市建设资金的主要来源，土地出让收入是城市建设资金的主要担保，资金主要依靠政府运作，风险由政府承担。在房地产去库存的背景下，依靠土地出让收入来支撑城市建设资金的持续投入已不可能。虽然河南大力推进城市基础设施和市政公用领域 PPP 模式的应用，特别是涉及城市道路交通、污水处理、生活垃圾无害化处理、园林绿化、保障性住房、体育、医疗、养老服务设施等工程项目，但是对于广大中小城市来讲，PPP项目的推广仍然不能缓解资金需求。

3.城市两极分化仍然存在

城镇化过程中的农业人口转移应是梯度转移的过程，即村镇人口向小城镇和县级城市转移，中小城市人口向大中城市转移。但目前河南的情况是，农村人口大多直接向郑州等大城市流动，再加上很多三、四线城市人口也在向郑州转移，所以郑州城市人口激增，三、四线城市人口流失。根据《第一财经日报》的调研数据，从人口的增加量和增长率两个指标来看，2012~2015年，和天津、北京、深圳、武汉等城市一样，郑州也位居人口增量大、增长率高的梯队。同时，河南县级城市接纳的农业转移人口总量也大于洛阳、新乡、焦作等三、四线城市和小城镇，大中小城市协调发展的格局并未形成。其根源在于现行经济社会政治体制下，由于郑州是河南的省会城市，行政力量强化了其作为核心城市集聚资源的优势，导致公共资源过于集中在大城市，引起城市之间的两极分化，从而对人口的流动也产生了根本性影响。同时，由于农业转移人口在县级城市落户的成本低，既可以在县级城市从事第二、第三产业，又可以兼顾农村的宅基地和责任田，因此选择就近转移到县级城市的农业转移人口比重也较大。在两头挤压的效应下，省辖市的中心城区不仅无法有效吸引市域内的农业转移人口，而且原有人口向郑州转移的趋势也无法扭转。可以预见的是，以互联网、高科技、高端制造为代表的“新经济”，在新常态下仍然具有较好的发展趋势和发展态势，主要集中在人口资源比较高端、教育资源比较集中的一、二线城市；以大宗商品、资源为核心的“旧经济”，主要集中在三、四线城市，例如煤炭、钢铁、铝业等产业；同时，部分生态宜居、交通发达、资本汇集的中小城镇，也在新经济发展中占据了先机，成为持续吸引人口流入的载体。在经济新常态下，尊重经济发展的客观规律，省辖市的中心城区发展仍然有巨大压力，迫切需要在资源分配体制创新和公共服务供给等方面推进结构性改革，促进河南形成科学合理的现代城镇体系。

4. 体制机制障碍仍然存在

城市规划、建设、管理三大环节存在体制机制不完善问题，导致城市发展效率低下、城镇化质量不高，突出表现在三大方面。第一，城市建设用地价格机制不完善。城市建设用地价格机制不合理，影响了城市土地利用结构的失衡。例如，工业用地与居住用地比价机制没有建立，城市建设用地中更多地倾向于产业用地，居住用地、交通用地、绿化用地的比例相对较低，直接影响了城市的运行效率，也是房价居高不下的重要因素。同时，城乡统一的土地市场机制没有建立，造成农村集体经营性建设用地与国有土地不能同等入市、同价同权，农业转移人口无法从土地收益中获取进城定居的资本，影响了城市的和谐稳定和城镇化质量的提高。在洛阳、鹤壁、焦作、平顶山、安阳、新乡等工业城市，随着工业结构调整的深入和中心城区“退二进三”政策的实施，一些工业企业未能完全转变为都市型工业，造成闲置的工业用地没有进行深度整合和二次开发，土地利用效率低下。第二，住房保障机制不完善。住房具有居住和投资双重属性，但是长期以来，保民生与保增长的目标导向机制不健全，“房子是用来住的，不是用来炒的”的理念也没有完全在城市管理部门树立起来，造成多元化、多层次的住房需求没有得到有效满足。再加上政府对城市住房总面积、总套数和空置率缺乏真实有效的统计数据，居住用地也没有完全根据城市吸纳农业转移人口的数量进行配置，形成郑州等大城市居住用地供不应求和部分省辖市中心城区、广大县级城市居住用地供过于求的局面并存，造成资源闲置浪费。第三，人力资源流动机制不完善。当前，郑州和部分县级城市是人口净流入地，享受着人口红利。平顶山、鹤壁、安阳、三门峡等资源型城市，则需要汲取东北地区城市的教训，加快转型升级发展，不仅要注重产业的接续发展，更要注重人口红利的接续培育。在人口流动过程中，大中小城市农业转移人口市民化成本补偿、财政转移支付等机制还不完善。

5. “两不牺牲”约束仍然存在

依托中原经济区构建中原城市群，决定了中原城市群的建设发展，必须立足中原经济区特殊的区情，也决定了中原城市群必须遵循中原经济区发展战略确定的一些共性的理念。《国务院关于支持河南省加快建设中原经济区的指导意见》指出："积极探索不以牺牲农业和粮食、生态和环境为代价的'三化'协调发展的路子，是中原经济区建设的核心任务。"因此，在构建中原城市群的过程中，如何正确处理中原经济区与中原城市群的关系、如何正确处理城市群建设与经济区发展的关系，如何在推进新型城镇化、工业化的过程中更好推进新型农业现代化，成为中原城市群建设需着力思考的重大问题，迫切要求结合中原城市群的区情特征和国家的战略要求，积极推动信息化和工业化深度融合、工业化和城镇化良性互动、城镇化和农业现代化相互协调，切实走出一条"四化"同步发展的新路子。

四　2017年中原城市群引领河南新型城镇化发展的对策建议

作为一个新兴的城市群，与国内外其他较为发达的城市群相比，中原城市群发展仍存在一些问题和不足之处。发挥新型城镇化引领作用，中原城市群需要在进一步认识城市群发展规律的基础上，立足自身优势，充分利用现有机遇条件，打造成为与长江中游城市群南北呼应、共同带动中部地区崛起的核心增长区域和支撑全国经济发展的新空间。

（一）发挥市场主体功能

1. 发挥市场决定性作用

受过去计划经济体制和地区生产总值导向干部考核体制的影响，行政区经济的思维在中原城市群内部依然广泛存在，阻碍区域经济一体化的行政壁垒随处看见。城市群的培育和发展需要在整个区域内进行资源要素配置，允许资源要素在整个区域内自由流动，保证各类经济主体能够自由地进行产业布局选址，这些都需要统一开放、竞争有序的市场体系做保障。作为一个横跨五个省区30个城市的新兴城市群，中原城市群建设最大的难题是怎样处理好政府同市场的关系，让市场按照经济规律在区域内进行要素资源配置，解决人到哪里去的问题，由人们自动选择去哪里。加快制定中原城市群发展的负面清单，减少各城市政府的行政干预，消除行政壁垒，发挥市场资源配置的决定性作用，实现城市群内部基础设施、产业布局、公共服务、生态建设等方面的最优配置，发挥城市群最大潜力。

2. 构建一体化市场体系

围绕制约一体化发展的人、地、钱等核心要素，着力建设统一的人才、土地、金融等要素市场，促进各类要素按照市场经济规则在城市群内部优化配置。积极运用信息化手段提升人力资源服务水平，加快发展综合性和各种专业性人力资源市场，促进各类人才资源在城市群内部自由流动和高效配置。贯彻落实中央部署，继续推进农民土地承包权、宅基地使用权、集体收益分配权等方面改革，探索农村集体经营性建设用地入市，加快构建城乡统一的建设用地市场。依托中原银行、郑州商品期货交易所等金融机构，建设中原城市群公共资源交易平台，推动金融、期货、债券、产权交易等市场发展。依托中原地区交通区位优势，推动大市场、大流通、大物流建设，加快消费品市场、生产资料市场、农产品市场改造升级，构建中原城市群一体化商品市场。

（二）完善运行协调机制

1. 建立权威的城市群运行协调机构

行政区经济的影响长期存在，对跨行政区域的城市群的影响尤为突出，依靠单个城市政府的力量很难形成区域间稳定、良好的合作关系，城市群的运行和协调必须依靠更高层级政府或超越单个城市政府的权威机构来组织。中原城市群横跨河南、河北、山西、安徽、山东五个省的30个市，应当由中央政府组织，成立具有法定权力的机构，负责日常协调工作，并赋予协调机构相应的职权，以确保它的权威性，保证协调的高效率。加快制定城市群高效运行的有关组织协议、制度或法律，使协调机构的行为有法可依。此外，还应加快建立健全省际会商机制和工作推进机制，利用重大招商平台和节会活动举办年度专题推进会；建立城市联盟，实行重大设施统一规划、重大项目协调布局、重大改革统筹推进。

2. 建立行业性跨城市协调组织

随着专业化和分工的不断深化，各城市之间的利益冲突不可避免，作为政府权威协调机构的有益补充，行业之间的协调组织显得愈发重要。通过各种行业性的协调组织，可以有效协调城市之间的利益冲突，降低交易成本，促进跨城市问题的解决。中原城市群作为一个跨省域的城市群，仅靠区域协调机构的作用远远不够，还需要成立各种行业性的协调组织。通过各种行业性的协调组织来解决跨行政区域的产业布局、环境保护等问题，促进政府、企业与民间的合作与交流。各种行业性协调组织既可以是官方的，也可以是半官方或民间的，从而形成政府组织与非政府组织相结合、多方参与、体现各方意志的新城市群管理模式。

3. 建立跨区域利益协调机制

城市群的高效运行，最重要的是正确处理城市间的利益关系，找到城市间的利益平衡点。当前，要尽快建立有利于城市群合作发展的利益分享机制，其核心是跨区域的财税利益分配机制，将总部经济、企业兼并重组、项目合作共建、园区合作共建、飞地经济、企业迁建、招商引资等，均纳入城市群合作范围，实现城市群内部优质资源高效利用、区域市场相互开放、优势产业集聚发展。此外，还应积极探索跨城市和省域的利益补偿机制，通过规范财政转移支付制度、建立城市间补偿制度和城市协调发展专项资金等方式，对周边城市在协调发展过程中的利益损失予以补偿。

（三）推动空间布局优化

1. 构建“一核四轴四区”网络化空间格局

城市群的形成和培育，一个强有力的核心城市至关重要。通过郑州航空港经济综合实验区、郑洛新国家自主创新示范区、河南自由贸易试验区和跨境电子商务综合试验区建设，强化物流及商贸中心、综合交通枢纽和中西部地区现代服务业中心、对外开放门户功能，加快郑州国家中心城市建设，打造强有力的发展引擎。推动郑州与周边的开封、新乡、焦作、许昌等地融合发展，建设现代化大都市区。依托“米”字形综合交通网络，增强沿线城市辐射带动能力，打造“沿陇海发展主轴”、“沿京广发展主轴”、“济南—郑州—重庆发展轴”和“太原—郑州—合肥发展轴”。创新体制机制，突破行政区经济限制，促进省际相邻城市合作联动发展，培育北部跨区域协同发展示范区、东部承接产业转移示范区、西部转型创新发展示范区和南部高效生态经济示范区。

2. 完善城镇发展体系

依托郑州中心城区、航空港区等载体，强化交通和物流枢纽功能，打造郑州大都市区核心区。加快一体化综合交通网络建设，促进开封、新乡、焦作、许昌与郑州中心城区联动发展，形成网络化、组团式、集约型的大都市区空间体系。推动豫西北各市与洛阳联动发展，进一步提升洛阳副中心城市地位，打造新的区域经济增长极。以长治、邯郸、聊城、安阳、蚌埠、阜阳、商丘、南阳为重点，积极优化城市形态，提升承载和辐射能力，打造区域性中心城市。支持工业基础较好的漯河、济源等城市，周口、信阳、驻马店、菏泽、运城等传统农区城市，以及平顶山、鹤壁、濮阳、三门峡、宿州、淮北、亳州、邢台、晋城等资源型城市建设成为城市群重要节点城市。以50万人口以上的县城为重点，培育现代中小城市。选择区位条件优越、基础好、潜力大的小城镇，发展特色产业，传承传统文化，加强生态环境保护，建设特色小镇。

3. 推动人口分布与主体功能相适应

以“三个1亿人”的城镇化为重点，继续深化户籍制度改革，落实《国务院关于实施支持农业转移人口市民化若干财政政策的通知》，加快农业转移人口落户城镇。进一步明确了地方政府尤其是人口流入地政府对农业转移人口市民化负主体责任，推动一批有能力有意愿在城镇稳定就业和生活的农业转移人口举家进城落户。按照主体功能区规划，积极引导人口加快向重点开发区域集聚，增强重点开发区域产业集聚能力，提升城镇化核心地区综合功能，优化人居环境，推动人口和产业进一步向重点开发区城镇集中。务实推动重点生态功能区人口有序退出，以保护和修复生态环境、提供生态产品为首要任务，降低重点生态功能区人口占总人口的比重，减轻人口对生态环境的压力。

（四）深化产业分工合作

1. 联手打造优势产业集群

依托各地现有产业基础和比较优势，促进产业分工协作，引导产业集群发展，联手构建优势互补、协作紧密、联动发展的现代产业体系。推进新一代信息技术和制造技术融合发展，提升制造业基础能力和创新能力，努力打造电子信息、高端装备制造产业集群。以冷链食品、面制品、肉制品、休闲食品、饮料、油脂、果蔬等为重点，打造一批全国知名绿色食品产业集群。加大对钢铁、冶金、化工、建材、原材料等传统支柱产业改造升级和对过剩产能淘汰力度，打造精品原材料产业集群。发挥郑洛新国家自主创新示范区科技创新和引领示范作用，加快培育生物医药、机器人、新能源、新材料等新型产业集群。以促进产业转型升级和提高分工效率为导向，以现代物流、现代金融、现代商贸、文化旅游、健康养老为重点，加快发展现代服务业。围绕国家粮食生产核心区建设，巩固提升全国重要粮食生产基地地位，同时加快农业产业结构调整，推进农村第一、第二、第三产业融合发展，培育一批农业产业化龙头企业，发展壮大现代农业产业集群。

2. 有序承接产业转移

当前，有选择地承接产业转移仍然是加快中原城市群产业转型升级的重要途径。河南应当立足自身优势，创新承接产业转移的模式、路径，积极承接符合绿色发展理念和产业发展方向的国内外先进产业，推进城市群产业转型升级。建立产业转移跨区域推进对接机制，依托产业聚集区、商务中心区、海关特殊监管区等载体，建设一批承接高端产业转移的平台，增强承接能力和吸引力。积极走出去，到国内外经济发达地区招商引资，积极办好高水平的产业转移系列活动。此外，河南还应强化承接产业转移管理，加强对产业转移项目环境影响评价和节能评估审查，引导各地根据地区主体功能定位，优化产业发展环境，培育新的经济增长点。

3. 完善产业协同发展机制

中原城市群作为一个整体，各地产业间的协同发展至关重要，直接影响区域整体实力的提升。中原城市群中的各城市应该在《中原城市群发展规划》的统领下，加快制定各自的产业发展规划，加强对城市群产业发展的引导。从产业链重构的视角，建立区域产业链上下游联动机制，促进产业增量合理布局，存量有序调整。设立中原城市群重点产业发展引导基金，扶持符合规划方向的产业和项目加快发展。加快对各地现有产业聚集区、商务中心区改造升级步伐，形成区域性生产要素集聚高地。鼓励与国内外战略投资者通过联合出资、项目合作、技术支持、资源互补等多种方式共建产业园区，支持三门峡、商丘、鹤壁等省际交界城市合作共建产业园区，以优化资源配置，壮大地区经济。

（五）强化资源集约节约利用

1. 强化土地节约集约利用

土地是最珍贵的自然资源和最宝贵的物质财富。土地节约集约利用是新型城镇化的战略选择，是生态文明建设的根本之策。贯彻最严格的节约用地制度，大力推进节约集约用地，促进土地利用方式和经济发展方式加快转变，为中原城市群建设提供坚实保障。落实城乡建设用地总量控制制度，推动城镇和工业低效用地再开发，盘活存量建设用地，遏制对土地资源的过度开发。严格核定各类城市新增建设用地规模，按照城镇化人口流向合理分配土地利用指标，适当增加大城市新增建设用地规模，加强对人口流入少或净流出的县城和中小城市城乡建设用地控制。加强土地用途管制，在城市内部推动建设用地多功能、立体综合开发，严格控制工业用地和农村集体建设用地扩张速度和规模，严守耕地红线。

2. 全面推进节水型社会建设

贯彻落实最严格水资源管理制度，加强对城镇化过程中水资源消耗总量和强度“双控”。落实最严格的水资源管理制度，坚持以水定产、以水定城，将水资源开发、利用、节约和保护方面的指标体系引入地方经济社会发展考核评价体系，强化水生态环境刚性约束。实施全民节水行动计划，加快火电、石化、钢铁、造纸、化工等重点行业节水改造，加快城镇供水管网建设，普及新型节水技术和高效节水产品。实施雨洪资源利用、再生水利用工程，加快非常规水资源利用。积极开展水资源承载能力评价，强化水资源承载能力刚性约束，在经济和社会发展规划、城市总体规划编制以及重大项目建设过程中，加强水资源可持续利用论证。

3. 加强矿产资源节约利用

矿产资源是经济社会发展的重要物质基础和生态环境的构成要素。坚持保护优先，坚定保护就是节约的理念，把保护放在优先位置，坚持在保护中开发、在开发中保护，以最少的矿产资源消耗支撑经济社会持续发展。加强对矿产资源规划管控，严格实施分区管理、总量控制和开采准入制度，统筹协调区域内矿产资源开发利用。大力研发、推广、应用先进适用技术，加快矿山企业技术和工艺改造步伐。积极推广国家级和省级绿色矿山建设经验，大力实施矿产资源节约与综合利用示范工程、矿产资源保护和储备工程，提高矿产资源开采率、选矿回收率和综合利用率，为中原城市群发展提供可持续的资源支撑。

（六）加快基础设施互联互通

1. 加快构筑综合交通运输网络

提升郑州、洛阳、南阳、运城、邯郸、阜阳、长治等机场功能，有序推进信阳、商丘、邢台、菏泽、聊城、安阳、蚌埠、亳州、宿州、鲁山等机场建设，拓展国内航线和城市群内支线航线，优化航线网络，构建高效便捷的航空运输网络。加快推动“米”字形高速铁路网建设，积极推进“四纵六横”货运干线铁路建设，有序推进支线和地方铁路建设，构筑网络化现代化铁路运输格局。加快建设郑州机场至郑州南、郑州南至登封至洛阳、焦作至济源至洛阳城际铁路和郑开城际延长线；有序建设新乡至焦作、合肥至蚌埠至宿州至淮北、徐州至淮北至宿州至阜阳等城际铁路。加快推进淮河、沙颍河航道建设，打通中原内陆地区直通华东地区的水运通道。大力发展智慧交通，推进物联网、云计算、大数据等现代信息技术在交通运输领域的创新集成应用，提升交通服务水平。

2. 加快构建高效泛在的信息系统网络

以实现全域互联、智能感知、数据开放、融合应用为目标，推进信息基础设施演进升级和超前布局。发挥郑州作为国家级互联网骨干直联点综合带动作用，高效疏通河南、山东、山西、安徽等省网间流量。积极推动城际骨干网、城域网升级改造，优化信息通信网络结构。支持郑州、洛阳、邯郸等市开展5G 网络建设试点，实现无线局域网主要公共场所全覆盖，打造“无线城市群”。重点推动郑州、洛阳国家级大型数据枢纽建设，建设城市群统一的数据共享交换和开放平台，建立统一标准，开放数据端口，建设一体化公共应用平台，打造智慧城市群。

3. 完善现代能源支撑系统

大力推进能源供给侧结构性改革，加快建设清洁、低碳、安全、高效的现代能源供给体系。积极化解煤炭过剩产能，严格控制新增产能，晋中、晋东煤炭基地有序建设接续煤矿，控制煤炭生产规模；鲁西、冀中、河南、两淮等煤炭基地压缩煤炭生产规模。统筹城市群电源建设，有序规划建设高效清洁燃煤火电机组和热电联产机组。提升安全消纳疆电能力和省际电力交换能力，强化全国电力联网枢纽地位。依托国家骨干天然气管线布局建设配套支线，提升西北天然气、沿海进口液化天然气、蒙西煤制天然气等输送引进能力，实现全部省辖市和部分重点县（市）双管道供气。

4. 共建水利基础设施

构建水资源保障体系，提升供水保障能力，强化水资源安全保障。统筹推进骨干水源工程、水资源调配工程、应急备用水源工程、管网互联互通工程建设，加大城市再生水利用力度，提高城市饮水保障能力。稳妥推进跨流域引调水工程建设，提高水资源调配能力，推进城乡节水。重点推进引黄入冀补淀、引江济淮、淮水北调、山西小浪底引黄等引调水工程建设。围绕小浪底南岸、小浪底北岸等大中型灌区，深入实施大中型灌区改造建设工作。构建水利协作平台，完善上下游协调机制，形成共同保护和开发利用水资源的管理机制。

（七）努力缩小公共服务差距

1. 推动优质教育资源区域共享

统筹优化区域内教育资源，推进多种形式的教育合作，加快人力资源培养，为中原城市群建设提供强大智力支撑。加强中原城市群高校与国内外知名院校交流合作，支持建设高水平中外合作大学，鼓励举办中外合作办学机构。加快实施一流大学和一流学科建设工程，支持若干高校和学科进入国内一流行列。探索“互联网＋教育”新模式，鼓励中小学校利用数字教育资源，扩大优质教育覆盖面。因地制宜制定教育政策，确保农业转移人口随迁子女平等就学。积极创新人才培养机制，鼓励高等院校、职业院校与科研院所、企业共建创新战略联盟，联合培养高层次的创新型人才。

2. 加强医疗卫生资源合作交流

以服务“健康中原”建设为目标，积极优化医疗卫生机构布局，健全上下联动、衔接互补的医疗服务体系，促进医疗资源跨区域和向基层流动。支持河南省人民医院、郑大一附院等大型医院跨区域统筹设置分支机构，实现区域优质医疗资源共享。加强区域医疗机构合作和人才联合培养，开展疑难疾病联合攻关和重大疾病联合会诊。联合推进医药卫生体制改革，加强跨区域协同合作，加快基本医疗卫生制度建设，建立完善分级诊疗制度、现代医院管理制度、全民医保制度、药品供应保障制度、综合监管制度等基本医疗卫生制度。推动“互联网＋医疗健康”发展。加快医疗卫生信息化建设，尽快实现各级医疗服务、医疗保障、公共卫生服务信息共享和业务协同，联手打造健康中原。

3. 推动社会保障联动

实施全民参保登记计划，提高灵活就业人员、农民工等群体参加职工社会保险比例，实现区域内法定人员全覆盖。推动“互联网＋”社保模式，建立覆盖城乡的社会保障信息网络，加快推进基本医保异地就医结算，实现跨省异地安置退休人员住院医疗费用直接结算，逐步实现社会保障“一卡通”。加强区域养老保险、老年福利等方面制度对接，进一步简化养老保险跨区域转移接续等手续，逐步实现工伤保险省级统筹。加强应急管理合作，共建食品药品安全防控网络，完善突发公共卫生事件联防联控机制。积极开展社会救助转型治理，建立跨省域社会救助信息系统。建立健全社会治安综合治理和打防管控联动机制，推动社会治理由单个城市治理向城市群协同治理转变，形成全覆盖的社会管理和服务网络。

（八）全面深化综合配套改革

1. 深化体制机制改革

进一步理顺政府与市场的关系，加快推进简政放权、放管结合、优化服务，加快实现政府职能转变，统筹推进行政审批、收费管理、教科文卫体、招商引资等方面改革，着力解决跨领域、跨部门、跨层级的重大问题，加快形成区域统一大市场。加快构建城市群内部企业信用信息共享机制，实现统一社会信用代码、企业登记、纳税、合同履约、产品质量监管等政府信息共享。在跨区域基础设施建设、生态环境保护、公共服务等重点领域大力推广政府和社会资本合作（PPP）模式，最大程度激发社会资本活力。建立跨地区投资、地区生产总值、财税等利益分享机制，推动城市群内部产业分工、产业整合、园区共建。

2. 建立农业转移人口市民化成本分担机制

中原城市群所在地区城镇化水平不高，需要进行转移的农业人口数量巨大，任务异常艰巨，建立合理的农业转移人口市民化成本分担机制显得尤为重要。由政府组织专家团队科学测算农业转移人口市民化成本，建立健全由政府、企业、个人共同参与的农业转移人口市民化成本分担机制。建立财政转移支付同农业转移人口市民化挂钩机制，完善国家、省级财政对市、县（市）转移支付制度，逐步实现依据常住人口测算分配财政资金，增强农业转移人口流入地政府提供基本公共服务的财政保障能力。落实企业责任，相关企业要加大技能培训投入，依法为建立劳动关系的农业转移人口缴纳职工养老、医疗、工伤、失业等社会保险和住房公积金，落实农民工同工同酬权利。此外，农业转移人口要按规定承担相关社会保险费用，积极参加职业教育和技能培训，提升自我发展和融入城市的能力。

3. 建立多元化可持续的城镇化投融资机制

解决中原城市群和新型城镇化建设“钱从哪里来”问题，建立一个可持续多元化的投融资机制至关重要。结合中原城市群城镇化建设和政府财政现状，需要综合运用地方债、政策性金融工具、资产证券化等多种举措，通过设立政府引导基金、PPP 模式、政府购买等多种方式，全面拓宽融资渠道。发挥政府投资引导作用，政府新增建设资金优先投向吸纳农业转移人口较多地区的城中村改造、综合管廊建设、综合片区开发等项目；加强与政策性金融机构协调对接，对吸纳农业转移人口较多的城市基础设施建设项目给予金融支持。积极推动城镇化基础设施建设领域市场化改革，建立健全与市场化相适应的特许经营制度、价格形成机制、财政补贴方式和政府监管机制，引导社会资本参与城市公用设施建设运营，提高城市基础设施供给能力，为中原城市群建设提供广泛的资金支持。

参考文献

刘振锋、薛东前：《中国地级以上城市经济实力差异时空演变研究》，《河南科学》2015 年第 3 期。

刘邦凡、詹国辉、李向东：《我国地级城市投融资体制存在问题及成因分析——以秦皇岛为例》，《行政事业资产与财务》2014 年第 28 期。

方辉振、董若愚：《新常态下供给侧结构性改革助推新型城镇化》，《中共天津市委党校学报》2016 年第 4 期。

李全庆：《供给侧结构性改革背景下新型城镇化的困境与出路》，《求实》2016 年第 11 期。

陈修颖：《信息社会下中国区域经济空间结构模式的创新——兼谈新经济背景下中国城市与区域发展战略》，《中国软科学》2009 年第 3 期。

杨东援：《对长三角城市群综合交通规划的思考——目标、任务和理论》，《交通与运输》2016 年第 4 期。

宁越敏：《论中国城市群的发展和建设》，《区域经济评论》2016 年第 1 期。

方创琳：《长江经济带城市群建设需有一体化统筹机制》，《新重庆》2016 年第2 期。

孙斌栋、丁嵩：《大城市有利于小城市的经济增长吗？——来自长三角城市群的证据》,《地理研究》2016 年第 9 期。
周正、杜立柱、张毅:《新常态下哈长城市群发展战略研究》,《城市发展研究》2016 年第 6 期。
张桢禛:《长江中游城市群可持续发展对策研究》,《中国软科学》2016 年第 11 期。
齐喆、张贵祥:《城市群综合交通承载力研究——以京津冀为例》,《生态经济(中文版)》2016 年第 4 期。

B.2
2016年河南省城市信息化水平测评及2017年展望

河南省信息中心课题组*

摘　要：　信息化发展水平已经成为衡量一个国家或区域现代化发展程度和综合竞争能力的重要标志。在新型城镇化背景下对城市信息化发展水平进行测评，有利于推进信息化与工业化、城镇化的融合发展，全面提升城市运行效率。本文从信息经济、网络化社会、数字化生活、服务型政府四个维度，运用信息社会指数，将河南全省信息化发展水平放在全国、中部地区两个层面进行对比分析，并对河南各城市的信息化水平进行横向和纵向比较分析，进而提出提高河南信息化水平的对策建议。

关键词：　河南信息化水平　信息社会指数　对策建议

大力促进工业化、城镇化、信息化融合发展，对于全面建成小康社会、加快现代化进程具有重要意义。为了及时掌握我国信息化发展状况，准确把握信息化发展趋势，从 2013 年起，国家信息中心联合全国 24 个省（自治区、直辖市）信息中心，对我国信息化发展水平和发展趋势进行持续的跟踪和研究，将测评对象进一步拓展到 31 个省（自治区、直辖市）与 300 多个地

---

* 课题组负责人：刘文生。课题组成员：毕彦斌、于颖、王利娟、齐彦欣、许雯雯、王丰亚。

级及以上城市。当前，河南省信息中心已经与国家信息中心形成相对完善的联合研究机制，并按照国家信息中心关于信息化发展水平测评的理论框架与方法体系，对河南全省各城市信息化发展水平进行较为全面而深入的展示。

一　评价的基本理论

城市信息化发展水平以信息社会指数为衡量标准。根据信息化呈现出的信息经济、网络化社会、数字化生活、服务型政府等四个表现特征，将信息化发展水平划分为五个阶段。

表1　信息化发展阶段

发展阶段	准备期		发展期		
	起步期	转型期	初级阶段	中级阶段	高级阶段
信息社会指数(ISI)	0.3以下	0.3~0.6	0.6~0.8	0.8~0.9	0.9以上
基本表现	信息技术初步应用	信息技术应用扩散加速，实效开始显现	信息技术的影响逐步深化	经济、社会各领域都发生了深刻的变化	基本实现包容的社会
面临问题	基础设施跟不上需求	发展不平衡，各类矛盾凸显	互联互通问题，实用性问题	包容性问题	进一步的技术突破与应用创新
主要任务	加快基础设施建设，教育培训（提高认识）	加快调整与改革，逐步消除发展不利因素。加强教育培训，提高信息素质	改进体制机制	关注弱势群体、实施普遍服务	鼓励创新

二　评价的指标体系

城市信息化发展水平用信息社会指数（ISI）来度量，ISI的取值范围在0与1之间，ISI值越高表明信息化发展水平越高。将信息化基本特征设定为一级指标，即信息经济指数、网络化社会指数、数字化生活指数、服务型政府指数。信息社会指数 ISI 的计算公式为：ISI = 信息经济指数 ×30% + 网络社会指数 ×30% + 在线政府指数 ×10% + 数字生活指数 ×30%。本文深入剖析每个基本特征的内涵，设计出相应的二级指标，再根据二级指标对应的内涵设计出三级指标。①

表 2　2016 年城市信息化水平评价指标体系

一级指标		二级指标		三级指标	
指标名称	权重	指标名称	权重	指标名称	权重
信息经济指数	30%	经济发展指数	1/4	人均 GDP 指数	1
		人力资源指数	1/4	成人识字指数	1/3
				教育投入指数	1/3
				大学生指数	1/3
		产业结构指数	1/4	产值结构指数	1/2
				就业结构指数	1/2
		发展方式指数	1/4	研发投入指数	1/3
				创新指数	1/3
				能效指数	1/3
网络社会指数	30%	支付能力指数	1/2	固定宽带支付能力指数	1/2
				移动电话支付能力指数	1/2
		社会发展指数	1/2	人均寿命指数	1/3
				城镇化指数	1/3
				空气质量指数	1/3
在线政府指数	10%	—	—	—	—
数字生活指数	30%	移动电话指数	1/3	—	—
		电脑指数	1/3	—	—
		互联网指数	1/3	—	—

指标解释：

（一）信息经济指数

信息经济指数反映的是一个地区经济的发展水平、产业结构、发展方式

① 基础数据分别来自《中国统计年鉴》《河南统计年鉴》和国家信息中心评价报告。

以及人力资源情况，反映了信息社会经济的可持续发展潜力。信息经济指数由四个子指标构成：经济发展指数、人力资源指数、产业结构指数与发展方式指数。计算公式如下：

信息经济指数 = 1/4 × 经济发展指数 + 1/4 × 人力资源指数 + 1/4 × 产业结构指数 + 1/4 × 发展方式指数

1. 经济发展指数

经济发展指数反映的是一个地区经济发展水平对信息社会支撑能力的大小。研究表明，一个地区的信息化建设程度和信息技术应用水平与当地经济发展水平高度正相关。在一定意义上可以说，经济发展是信息社会建设的前提和基础。这里主要采用人均 GDP 指数反映经济发展水平。

使用人均 GDP 指标来反映经济发展水平主要出于两点考虑：一是尽管使用单一指标反映经济发展水平存在诸多问题（如不能反映经济增长的资源环境代价），但 GDP 毕竟仍是国际通用的反映经济规模水平的最佳指标，因而人均 GDP 是能够反映人均经济水平的恰当指标。二是在一国内进行地区间经济发展水平比较时，使用经济结构指标（如第三产业占 GDP 比重）存在一些问题——容易释放错误信号而导致各地区产业雷同，不利于发挥各地区比较优势、促进全国范围内产业合理布局。

确定经济指数的标准值遇到的难题是：经济发展水平不存在一个永恒的上限。解决这一难题的有效办法是按照国家发展战略目标，进行务实的设计。依据我国经济社会“三步走”的发展战略要求，到 2020 年要实现全面建成小康社会的目标，人均 GDP 要在 2000 年的基础上翻两番；到 2050 年，人均 GDP 再翻两番，人均水平达到中等发达国家水平。据此，我们以到 2050 年人均 GDP 达到 2000 年的 16 倍作为理想目标，并将其作为参照标杆。2000 年我国人均 GDP 为 7078 元，实现三步走战略目标后应增长到 113248 元（按照以 2000 年为准的不变价计算）。由于国际测评部分使用的数据是以 2005 年不变价计算的，为了保持国内和国际测评体系的一致性，笔者将其转化为以 2005 年不变价为准的标准值。由此，最终确定经济指标的标准值为 121092 元。人均 GDP 指数的计算公式如下。

人均 GDP 指数 = 人均 GDP/121092

2. **人力资源指数**

人力资源指数是衡量人力资源积累和劳动者素质提升的指标。在信息社会中，人的素质将决定信息技术应用的成效和知识驱动经济发展的强度，进而决定经济社会发展水平。识字意味着能从电脑等数字终端获取信息；教育可以提高人们获取、加工、使用信息的能力；受高等教育培养后，人的各项信息处理能力将进一步提高，并在自身专业领域发挥信息技术倍增作用。人力资源指数的计算公式如下：

人力资源指数 = 1/3 × 成人识字指数 + 1/3 × 教育投入指数 + 1/3 × 大学生指数

（1）成人识字指数。联合国和国际电信联盟等在进行人力资源知识水平评价时都使用成人识字率指标。其中，联合国开发计划署对成人识字率的定义是：15 岁及以上公民中能够读写与其日常生活相关的短文并能理解的人口比例。这一指标实际上反映的是国民能够基本使用信息技术尤其是互联网的基础能力。考虑到当前我国各地区成人识字率均已超过 88%，为避免指数的趋同性，我们对成人识字指数的计算采取无量纲化，上限标准值设为 100%，下限标准值设为 50%。达到 1，表明该地区所有 15 岁及以上的人口中已经不存在文盲或半文盲，都能够阅读各类数字终端传来的文字信息，并可以在生产生活中使用这些信息和知识。其计算公式如下：

成人识字指数 =（成人识字率 - 50%）/（100% - 50%）

其中，成人识字率 = 1 - 文盲率，文盲率是指 15 岁及以上人口中不识字或识字很少的比例。

（2）教育投入指数。一个国家或地区教育经费投入越大，说明其越重视知识、重视人才，人力资源也会因此建设得更好更快。本文用教育投入指数来衡量地区对教育的重视程度。由于教育经费来源不仅包括财政性的还包括民办及其他资金，教育经费总和不易准确掌握，因此选用财政性教育经费支出占地区 GDP 的比重作为教育投入指数，以地区政府对教育的投入表征该地区对教育事业的重视程度。

目前，财政教育经费占比最高的几个国家均达到7%，本课题以7%作为标准值。教育投入指数的计算公式如下：

教育投入指数 = 财政性教育经费支出占地区 GDP 的比重 /7%

（3）大学生指数。一般来说，国民受教育程度越高，掌握新技术、将之创造性地运用于工作的能力就越强。因此，大学生数量不仅反映国民信息技术应用能力，也是综合反映信息技术应用能力的重要指标。

大学生指数由教育程度在大专以上的人口数占劳动力人口数的比重来反映。目前少数步入信息社会发达国家行列的国家，大学生比重已经超过35%，甚至超过40%，未来随着高等教育的进一步普及，大专以上学历人口数占劳动力人口的比重会进一步提高，为此，我们将标准值设定为45%。大学生指数的计算公式如下：

大学生指数 = 大专及以上学历人口占劳动力人口的比重 /45%

3. 产业结构指数

产业结构指数反映的是一个国家或地区的产业结构适应信息社会需要的程度，由产值结构指数和就业结构指数构成。其计算公式如下：

产业结构指数 = 1/2 × 产值结构指数 + 1/2 × 就业结构指数

（1）产值结构指数。产值结构指数从货币方面反映产业结构的质量，主要变量是第三产业增加值占 GDP 的比重。服务业尤其是包括信息服务业在内的大量使用信息技术的现代服务业在经济中的比重不断提高，是信息社会的一个重要特征。

产值结构指数使用的基础数据是第三产业增加值占 GDP 的比重，标准值设为80%。从国际数据看，高收入国家（地区）第三产业增加值占 GDP 的比重基本在70%以上。因此，我们将信息社会产值结构指数的标准定为80%。计算公式如下：

产值结构指数 = 第三产业增加值占 GDP 的比重 /80%

（2）就业结构指数。就业结构指数反映就业人员在不同产业中的分配情况，决定了产业、经济、社会结构的水平和质量。从全球范围来看，除了欧美少数发达国家外，大部分国家和地区是从工业社会中后期向信息社会过渡的，第二、第三产业就业比重并不完全取决于信息社会发展的程度而呈现出一定的规律性。本报告中就业结构指数的计算是基于第一产业就业人员占总就业人口的比重，是逆指标，即第一产业就业比重越小，就业结构越优化。

第一产业从业人员占比不断缩小，劳动力不断向第二、第三产业转移也是信息社会的一个显著特征。第一产业就业比重的标准值设为10%。西方发达国家农业人口比重一般低于5%，因此，我们将就业结构的标准值定为5%。

就业结构指数 =（1/第一产业就业比重）/（1/5%）

4. 发展方式指数

发展方式指数主要衡量的是地区在研发、创新和能效方面的发展情况，信息社会应该注重创新能力的建设、绿色经济的发展。发展方式指数由研发投入指数、创新指数和能效指数构成。发展方式指数的计算公式如下：

发展方式指数 = 1/3 × 研发投入指数 + 1/3 × 创新指数 + 1/3 × 能效指数

（1）研发投入指数。研发投入指数计算基于研究与试验发展经费支出占 GDP 的比重，反映一个地区科研投入强度。对科研投入强度越高，表明这个社会越重视知识和科技发展，技术创新成绩也就越好，因而该指标是衡量信息经济水平的重要指标。考虑到发达国家均值基本低于3.5%，笔者以3.5%作为标准值。研发投入指数的计算公式如下：

研发投入指数 = 研发经费支出占 GDP 比重/3.5%

（2）创新指数。创新指数指的是地区创新的能力，代表信息社会可持续发展的潜力。我们用百万人专利申请数来代表创新能力。在国际测评部分，专利申请指标使用的是 PCT 专利申请数。根据最新数据，韩国的专利申请强度达到3778件/百万人，其次为日本2687.3件/百万人，为此，我们将国际测评的标准值设定为4000件/百万人。在国内指标体系中，使用的数据是在中国申请的专利数。为了保持国际国内测评结果的相对一致，笔者将历年中国申请的PCT专利与国内专利申请量进行了拟合分析，发现二者之间存在一定的倍数关系，在3.27~3.56，我们取3.4倍，将国内的标准值设定为13600件/百万人。由此，创新指数的计算公式如下：

创新指数 = 每百万人专利申请数/4000(国际)
创新指数 = 每百万人专利申请数/13600(国内)

（3）能效指数。信息社会应该是可持续发展的，节约、绿色环保成为信息社会的重要发展方式。能效指数的计算是基于每单位地区生产总值的能耗（吨标准煤/万元）。根据国际能源署的统计，当前，世界单位GDP能耗的平均水平为0.3吨标准油/千美元，美国和日本分别是0.2吨标准油/千美元和0.1吨标准油/千美元。据此笔者选择0.1吨标准油/千美元作为标准值，也由于国际通用的是以标准油来衡量能耗，将其换算成国内的能耗单位，标准值约为0.1725吨标准煤/万元。由此，能效指数的计算公式如下：

能效指数 = (1/万元GDP能耗)/(1/0.1725)(国内)
能效指数 = (1/千美元*GDP*能耗)/(1/0.1)(国际)

（二）网络社会指数

网络社会指数是从社会的视角考察信息社会发展水平的指标，包含支付能力指数和社会发展指数，各占1/2权重，指数计算公式如下：

网络社会指数 = 1/2 × 支付能力指数 + 1/2 × 社会发展指数

1. 支付能力指数

支付能力指数重点反映不同信息技术的使用成本，同时也反映了居民所具有的使用信息技术的支付能力。支付能力指数包括两个子指数：固定宽带支付能力指数、移动电话支付能力指数。支付能力指数的计算公式如下：

支付能力指数 = 1/2 × 固定宽带支付能力指数 + 1/2 × 移动电话支付能力指数

（1）固定宽带支付能力指数。该指数反映的是居民收入水平与宽带使用成本的倍数关系，倍数越大，支付能力越强。计算公式为：

固定宽带支付能力指数 =（城市固定宽带支付能力指数 + 农村固定宽带支付能力指数）÷ 2

其中，城市固定宽带支付能力指数 = 城镇居民人均可支配收入 ÷ 每位宽带用户年均资费 ÷ 100，农村固定宽带支付能力指数 = 农村居民人均纯收入 ÷ 每位宽带用户年均资费 ÷ 100

（2）移动电话支付能力指数。该指数反映的是居民收入水平与移动电话使用成本的倍数关系，倍数越大，支付能力越强。计算公式为：

移动电话支付能力指数 =（城市移动电话支付能力指数 + 农村移动电话支付能力指数）/2

其中，城市移动电话支付能力指数 = 城镇居民人均可支配收入 ÷ 每位移动电话用户年均资费 ÷ 100，农村移动电话支付能力指数 = 农村居民人均纯收入 ÷ 每位移动电话用户年均资费 ÷ 100

2. 社会发展指数

适应经济社会发展的需要，社会发展指数主要用人均寿命指数、城镇化指数和空气质量指数来反映，三个指标各占 1/3 权重。计算公式为：

社会发展指数 = 1/3 × 人均寿命指数 + 1/3 × 城镇化指数 + 1/3 × 空气质量指数

（1）人均寿命指数。人均预期寿命是衡量一个国家或地区经济社会发展水平及医疗卫生服务水平的综合指标。人均期望寿命的长短反映出一个社会生活质量。目前，发达国家的人均预期寿命已超过 80 岁，其中，日本的人均预期寿命已经达到 83 岁。在信息社会中，经济发展水平和医疗卫生条件将迈上更高的台阶，人均预期寿命也会更长。为此，笔者将人均寿命指数的标准值设定为 85，计算公式如下：

人均寿命指数 = 人均预期寿命 /85

（2）城镇化指数。城镇化是指农村人口不断向城镇转移，第二、第三产业不断向城镇聚集，从而使城镇数量增加、城镇规模扩大、生产力进一步提升的一种历史过程。本报告基于城镇人口在总人口中的比重计算城镇化指数。对应于就业结构指数的标准值5%，笔者设定95%为城镇化指数的标准值。当城镇人口比重达到95%时，该地区的城镇化水平符合信息社会标准。城镇化指数计算公式为：城镇化指数 = 城镇化率/95%

（3）空气质量指数。当今社会，每天的空气污染情况是大家普遍关心的话题，并与人类生活息息相关。其中，可吸入颗粒物 PM10 含量尤为引人注意，因此我们选择用 PM10 的年平均浓度作为空气质量指数的衡量指标。我们认为，在信息社会时代，大气污染的问题得到解决，每天的空气质量都是达标的。世界卫生组织将全年 PM10 的平均浓度指导值设定为 20 微克每立方米，我们将此作为标准值。为此，空气质量指数的计算公式如下：

$$空气质量指数 = (1/PM10\ 年平均浓度) \div (1/20)$$

（三）在线政府指数

在线政府指数反映的是一个国家或地区政府依法为民服务的能力和水平。在信息社会，在线政府主要考察的是政府如何通过信息技术（政府网站等）来为国民提供服务及其效率如何。当前政府网站已成为信息公开、在线办事、网络问政、政民互动、科学决策的重要渠道，考察政府网站绩效能够反映在线政府建设水平。

在国际测评部分，笔者使用的数据来自联合国发布的电子政务发展指数，国内测评报告采用中国软件测评中心发布的“中国政府网站绩效评估”中关于各级政府网站的测评结果。为了保持国际、国内测评结果的统一，笔者以联合国的电子政务发展指数作为标准，将国内的在线政府指数进行了相应的调整。

（四）数字生活指数

数字生活指数反映的是现代信息技术扩散应用对公众生活的影响，也反映了信息技术在居民中的扩散和普及程度。数字生活指数包括移动电话指数、电脑指数和互联网指数三个指标，计算公式为：

数字生活指数 = 1/3 × 移动电话指数 + 1/3 × 电脑指数 + 1/3 × 互联网指数

1. 移动电话指数

该指数根据移动电话普及率计算得出。移动电话普及率即每百人中移动电话用户数，反映的是公众使用移动电话的情况。2011 年诺基亚发布的《手机世界分布图》显示，欧洲和独联体是手机最普及的地区，平均每 10 人拥有 12.5 部手机。ITU 数据显示，2013 年发达国家每百人中移动电话用户数为 128.2，仍然呈现增长态势。考虑到未来一段时期的增长情况，笔者将移动电话指数的标准值设为 160，计算公式为：

移动电话指数 = 移动电话普及率 /160%

2. 电脑指数

该指数根据每百人平均电脑拥有量计算得出，反映的是公众使用电脑的情况。在国际测评部分，该指数使用的是“拥有电脑的家庭占比”，国内测评使用的是“每百人电脑拥有量”，考虑到基础指标含义的差别，笔者分别设定不同的标准值。在国际测评报告中，目前发达国家拥有电脑的家庭占比基本超过 90%，随着信息社会的不断发展，这一比例将不断提高，笔者将标准值设定为 100%，即在完全进入信息社会的时候，拥有电脑的家庭占比将达到 100%。从信息社会中“人人用得上电脑”的角度考虑，在国内测评报告中，笔者将每百人平均电脑拥有量的标准值设定为 100。电脑指数的计算公式如下：

电脑指数 = 每百人平均电脑拥有量 /100（国内）
电脑指数 = 拥有电脑的家庭占比 /100%（国际）

3. 互联网指数

互联网指数根据互联网普及率计算得出。采用的基础数据是每百人互联网用户占比，标准值设为 90%。标准值的设定考虑的是能够上网的人口比重，因为假设所有人上网是不现实的，所以这一指标不能设为 100%。国际电信联盟按照全世界 10 岁及以上的人口比例来确定互联网用户指数的标准值，最终定为85%。考虑到随着网络的进一步普及、电子学习的深化和网络环境的改善，未来网络人口年龄层次会有所降低，学龄儿童利用网络进行学习和娱乐是完全可能的。因此，笔者认为考虑这一标准值时，可以从6岁或7岁开始算起。我国2005年0～14岁人口比重为20.3%，可以推算出7岁以上人口比重为10%左右，因此互联网人口标准值可设为90%。

互联网指数 = 互联网普及率/90%

三　评价的测算方法

测算是一个“由下而上”的过程，分为两步：一是测算底层指标值，二是合成上级指标值。

测算底层指标值的关键是确定各底层指标对应基础数据的标准值。一般采用的是最大目标期望值。对于一些不易确定最大期望值的指标，则以信息社会建设的理想目标为参考进行研究确定，部分指标以国际现有最高水平为目标标准值。之后，以某地区该指标对应基础数据的实际数值除以标准值，就可以得到该地区该指标的指数值。某底层指标值 = 基础数据值/标准值。指数值设在0和1之间，数值越大说明实现程度越高。对于个别指标，如果实际数值超过标准值，则其指数选取最大值为1。

合成上级指标值笔者采用加权合成方法，生成上级指标值。即

上级指标值 = 次级指标值1 × 次级指标权重1 + 次级指标值2 × 次级指标权重2 + 次级指标值3 × 次级指标权重3 + ……

此处的关键是设计权重。在信息社会测度中，一般倾向于采用均权重。均权重有一个例外，由于服务型政府方面的统计数据存在缺陷，笔者将服务型政府权重设为10%，与此同时其他三个一级指标权重为30%。

四　河南省信息化发展总体概况

从近年来发展趋势看，河南信息化发展处于相对落后的水平，截止到

2016 年，河南省信息社会指数为 0.3743，居全国第 26 位，仍然处于信息社会转型期。但是，从 2012 年至 2016 年，河南省信息社会指数年均复合增长率为 8.36%，居全国第 5 位、中部六省首位，超过全国年均增速（6.98%）1.38 个百分点，呈现出良好的发展态势。

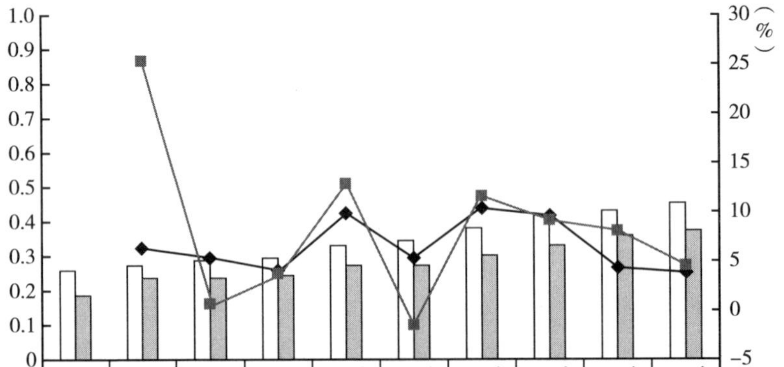

	2007年	2008年	2009年	2010年	2011年	2012年	2013年	2014年	2015年	2016年
全国ISI	0.2564	0.2725	0.2868	0.2981	0.3274	0.3450	0.3807	0.4170	0.4351	0.4519
河南ISI	0.1864	0.2340	0.2356	0.2441	0.2758	0.2715	0.3031	0.3309	0.3575	0.3743
全国同比增速	—	6.28	5.22	3.96	9.83	5.38	10.34	9.52	4.35	3.86
河南同比增速	—	25.51	0.66	3.63	12.99	1.58	11.63	9.20	8.04	4.69

图 1　2007～2016 年河南省、全国信息社会指数发展趋势

表 3　2012～2016 年中部六省信息社会指数年均复合增长率

区域	河南	湖北	江西	安徽	湖南	山西	全国
年均复合增长率(%)	8.36	8.01	7.15	6.94	6.53	5.5	6.98
全国排名	5	6	10	13	16	24	

从河南省各省辖市的情况看，2016 年河南 18 个省辖市中有 17 个处于信息社会转型期，只有周口的信息社会指数仍然低于 0.3，处于信息社会起步期。驻马店的信息化指数首次超过 0.3，步入信息社会转型期。郑州、济源、洛阳、焦作、三门峡、新乡、鹤壁、许昌等 8 个省辖市的信息社会指数高于全省平均水平，全省只有郑州的信息社会指数高于全国平均水平，无省辖市达到全球信息化水平。

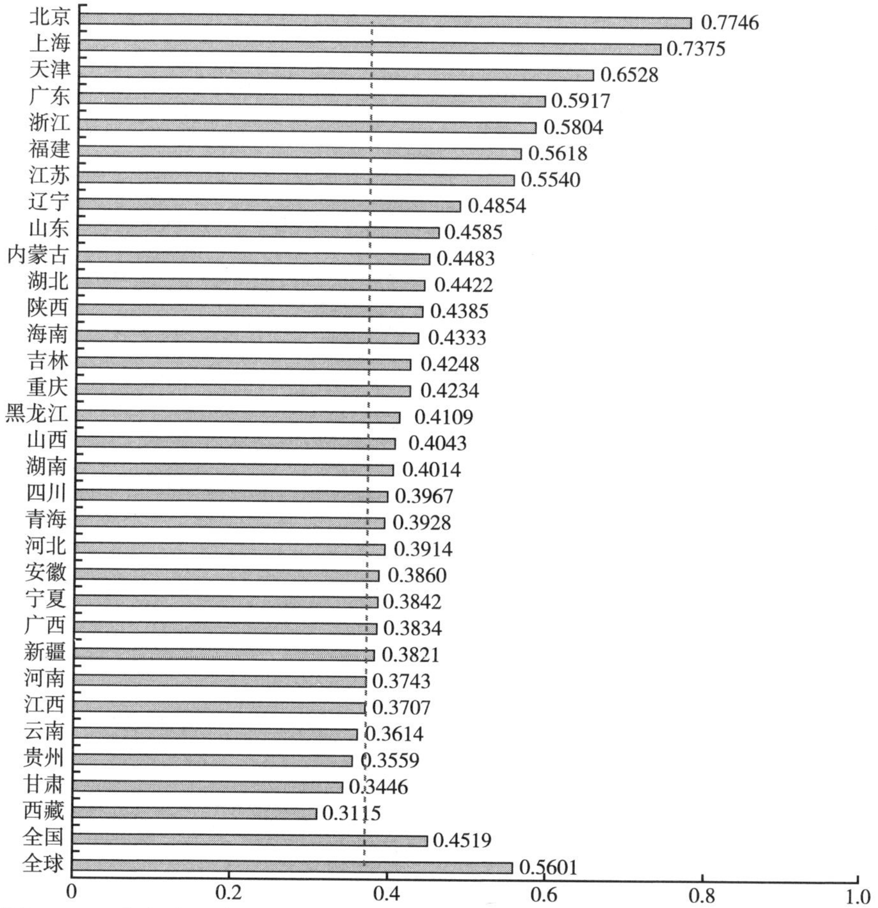

图2　2016年各省（自治区、直辖市）信息化发展水平与全国、全球平均水平对比

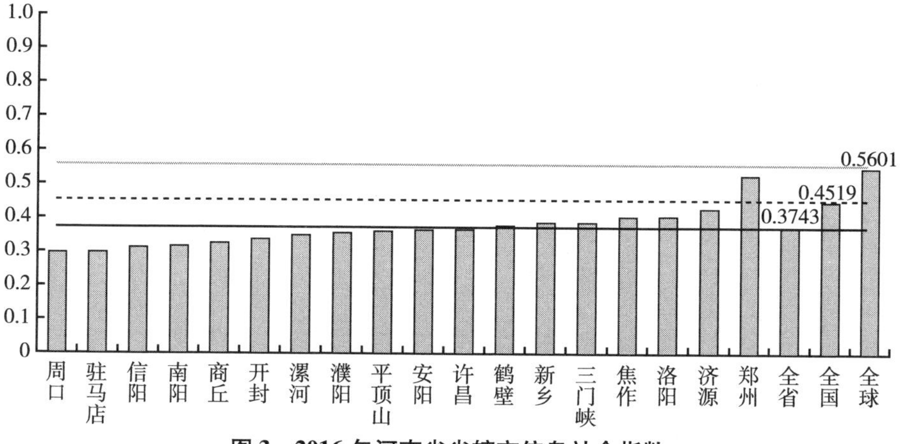

图3　2016年河南省省辖市信息社会指数

五　河南省信息化重点领域发展概况

在信息社会发展的四个重点领域中，河南省的数字生活领域发展最快，该项指数由2007年的0.0752升至2016年的0.4199，增长了4.58倍。信息经济指数则一直保持平稳上升态势，2016年比2007年增长了近57%。在线政府发展水平最高，最为接近信息社会的要求。2016年，网络社会指数同比增速为3.53%，较2015年下降了1.87个百分点，低于全国增速1.79个百分点。

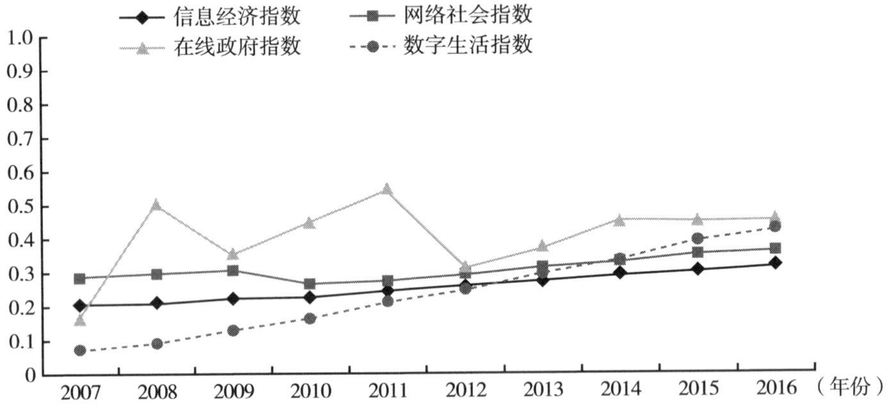

图4　2007～2016年河南省信息社会四大领域发展情况

（一）信息经济

1. 全省整体发展水平

2016年，河南省信息经济指数为0.3166，由全国第29位升至第27位，领先于河北、广西、云南和西藏，居中部六省末位。北京、上海、天津、江苏、浙江、广东、山东、辽宁等8个省份信息经济指数高于全国平均水平，其中，北京、上海、天津三市信息经济水平遥遥领先，分别比全国平均水平高96.08%、74.68%和57.22%。

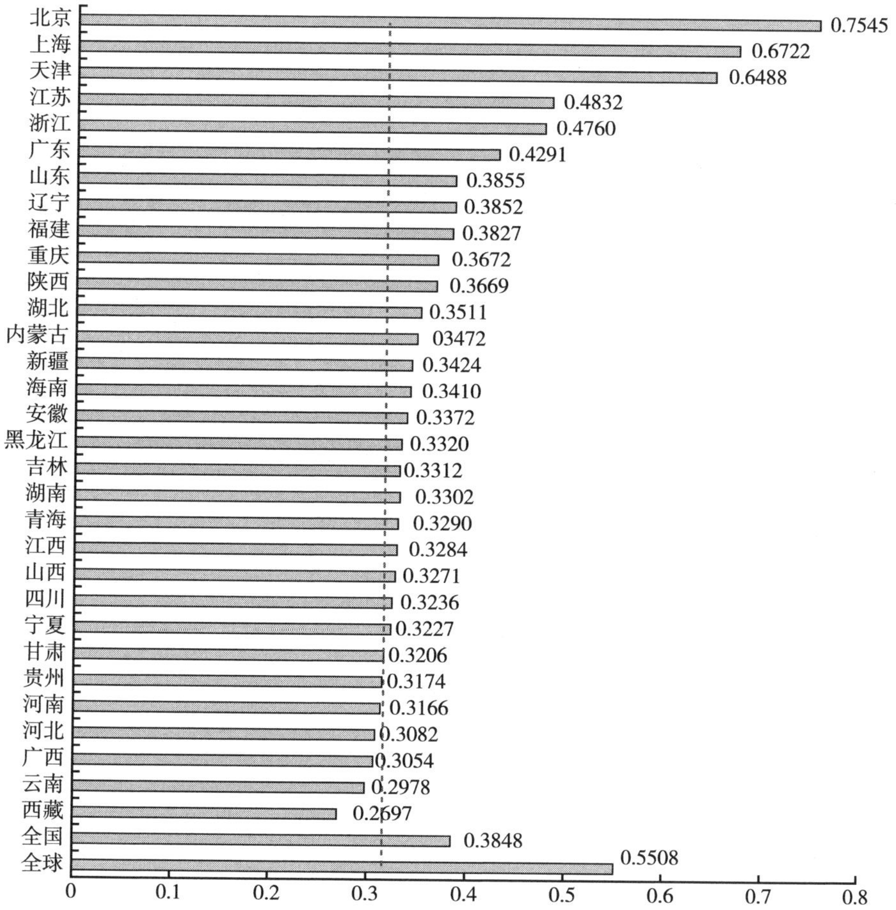

图5　2016年各省（自治区、直辖市）和全国、全球信息经济指数

2016年，全国信息经济同比增速出现下降，但在产业结构优化和创新驱动下，河南省信息经济在发展速度上表现优异。2016年全省信息经济指数同比增长5.22%，比上年高1.62个百分点，扭转了近两年增速下降的趋势，居全国第4位、中部六省首位。2012～2016年，河南信息经济指数年均复合增长率为5.1%，居全国第2位，居天津（8%）之后。

从衡量信息经济发展的四个重要领域看，2016年，全省经济发展指数、人力资源指数、产业结构指数、发展方式指数分别提高了6.36%、2.21%、11.82%、3.27%，说明经济发展和产业结构优化是推动信息经济发展的重

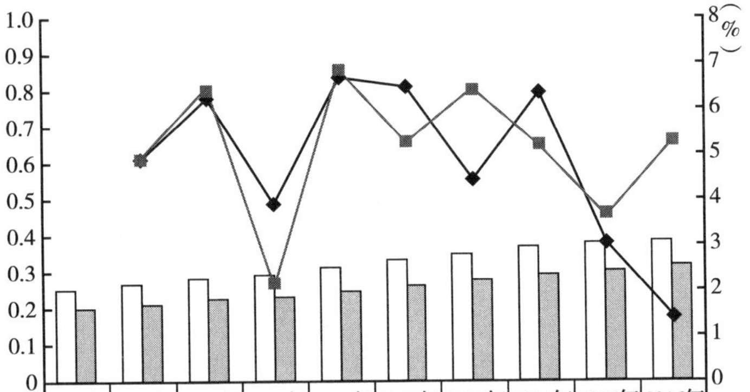

	2007年	2008年	2009年	2010年	2011年	2012年	2013年	2014年	2015年	2016年
全国信息经济指数	0.2521	0.2644	0.2809	0.2918	0.3114	0.3316	0.3462	0.3683	0.3795	0.3848
河南信息经济指数	0.2022	0.2121	0.2259	0.2307	0.2465	0.2594	0.2762	0.2905	0.3009	0.3166
全国同比增速	—	4.90	6.24	3.88	6.70	6.49	4.42	6.37	3.05	1.39
河南同比增速	—	4.92	6.50	2.10	6.85	5.26	6.46	5.16	3.60	5.22

图6　2007～2016年河南省、全国信息经济发展趋势

要因素。近年来产业结构调整政策，对经济发展及信息经济的推动作用比较明显。

2016年，全省创新指数、能效指数、研发投入指数、成人识字指数、教育投入指数、大学生指数均居全国前20名。从指数全国排名来看，2016年河南就业结构指数和教育投入指数的排名有所下滑，创新指数和能效指数的排名与上年持平，其他指数的排名均出现不同程度的上升，其中大学生指数和产值结构指数上升明显，分别上升了9和5个位次。教育投入指数增速下降将对就业、创新带来不利影响。

2. 各省辖市发展水平

2016年，全省有郑州、济源、洛阳、新乡、焦作、许昌等6个省辖市的信息经济指数高于全省平均水平。仅有郑州的信息经济指数超过全国平均水平，但低于全球平均水平。

从排名变化上看，省内排名相对稳定，濮阳、漯河分别较上年上升4、2个位次，驻马店、信阳、商丘分别下降1、2、3个位次，其他省辖市排名

表 4　2016 年河南省信息经济发展情况

单位：%

指标	指数值	同比增速	指数全国排名	排名变化
1 信息经济指数	0.3166	5.22	27	+2
1.1 经济发展指数	0.2341	6.36	22	+1
1.2 人力资源指数	0.5556	2.21	18	+3
1.2.1 成人识字指数	0.9092	0.75	15	+4
1.2.2 教育投入指数	0.4912	-5.63	16	-1
1.2.3 大学生指数	0.2663	28.15	17	+9
1.3 产业结构指数	0.2933	11.82	30	+1
1.3.1 产值结构指数	0.4637	15.93	26	+5
1.3.2 就业结构指数	0.1229	-1.44	21	-3
1.4 发展方式指数	0.1834	3.27	17	+1
1.4.1 研发投入指数	0.3257	2.71	17	+1
1.4.2 创新指数	0.0487	11.44	17	0
1.4.3 能效指数	0.1758	2.21	17	0

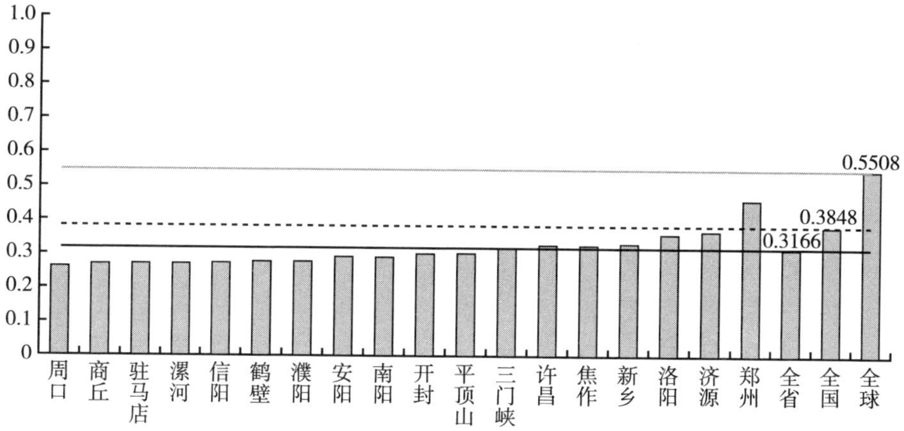

图 7　2016 年河南省省辖市信息经济指数

未变。国内排名中，18 个省辖市均出现不同程度的上升，其中许昌、濮阳上升明显，分别上升了 52、46 个位次。

发展速度上，许昌、洛阳、濮阳、郑州的信息经济指数同比增速居全省前四名，均在8%以上。驻马店、三门峡、济源、商丘、周口、信阳的同比增速低于全省增速，信阳的增速最低，仅为2.34%。

表5 2016年河南省省辖市信息经济指数增速、排名变化情况

省辖市	信息经济指数	全国排名	排名变化	省内排名	排名变化	信息经济指数同比增速(%)
许昌	0.3267	139	+52	6	0	8.78
洛阳	0.3572	93	+31	3	0	8.45
濮阳	0.2805	258	+46	12	+4	8.20
郑州	0.4601	39	+6	1	0	8.00
焦作	0.3268	137	+39	5	0	6.98
鹤壁	0.2797	264	+30	13	0	6.60
平顶山	0.3050	194	+28	8	0	6.38
开封	0.3035	195	+28	9	0	6.11
新乡	0.3327	128	+31	4	0	5.99
安阳	0.2912	229	+25	11	0	5.64
漯河	0.2734	280	+25	15	+2	5.53
南阳	0.2927	224	+20	10	0	5.42
驻马店	0.2721	283	+19	16	-1	4.76
三门峡	0.3116	178	+16	7	0	4.14
济源	0.3666	83	+9	2	0	3.64
商丘	0.2702	288	+7	17	-3	3.03
周口	0.2626	306	+6	18	0	2.86
信阳	0.2753	273	+6	14	-2	2.34

（二）网络社会

1. 全省整体发展水平

2016，河南省网络社会指数为0.3622，低于全国平均水平，居全国第24位，排名与上年持平，在中部六省中居第4位。中部六省中，湖北的网络社会发展水平最高，其网络社会指数达到0.4516，居全国第11位，是中部六省中唯一高于全国平均水平的省份。在全国，有13个省份

的网络社会指数超过全国平均水平，其中上海、天津和北京的网络社会指数超过0.6。

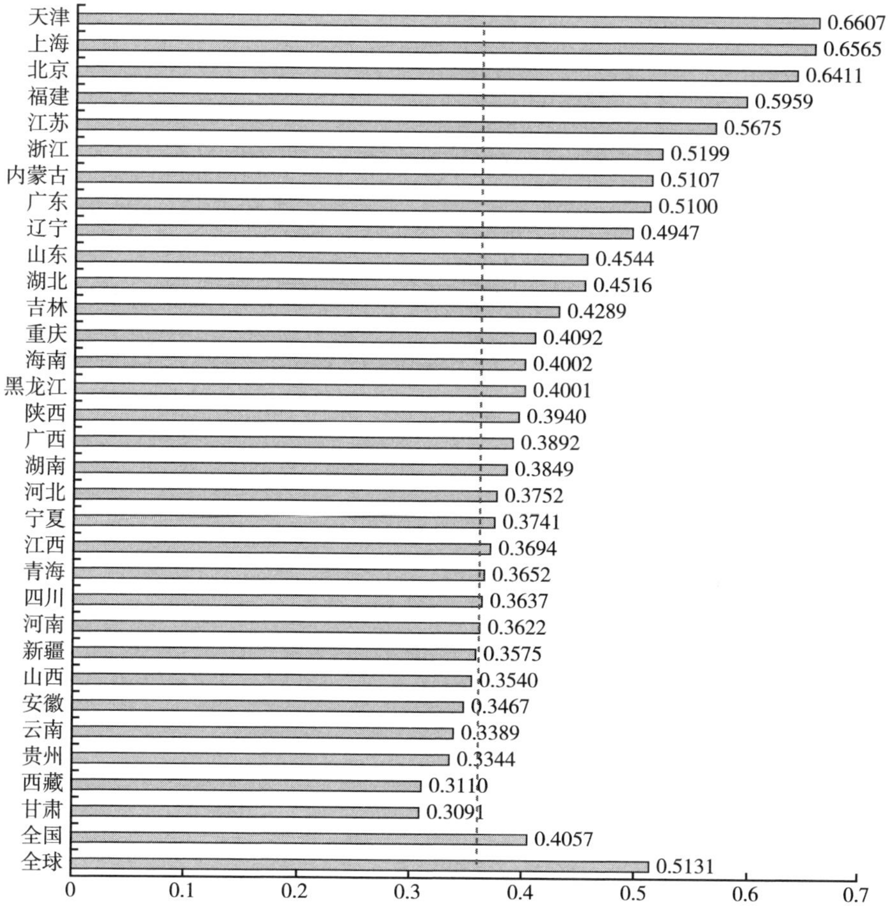

图8　2016年各省（自治区、直辖市）和全国、全球网络社会指数

2016年，河南省网络社会指数同比增速为3.53%，较上年下降了1.87个百分点，由上年全国第8位降至第14位，低于全国增速1.79个百分点。中部六省网络社会指数的同比增速均低于全国。其中，河南居第3位；湖北增速最高，为3.90%；山西增速最低，仅为1.12%，居全国第29位。

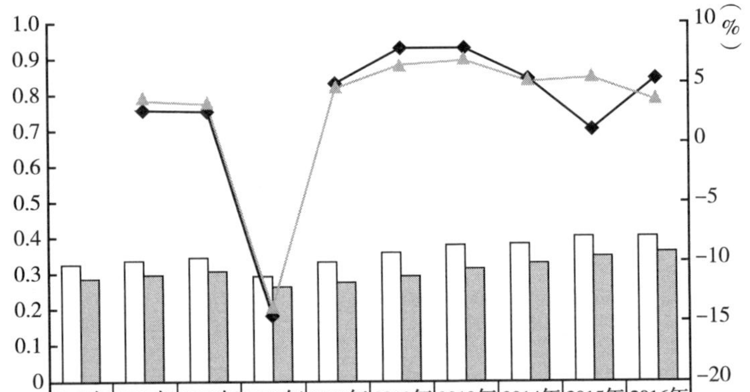

	2007年	2008年	2009年	2010年	2011年	2012年	2013年	2014年	2015年	2016年
全国网络社会指数	0.3289	0.3378	0.3466	0.2962	0.3109	0.3353	0.3617	0.3810	0.3852	0.4057
河南网络社会指数	0.2892	0.2993	0.3089	0.2658	0.2778	0.2958	0.3159	0.3320	0.3499	0.3622
全国同比增速	—	2.70	2.60	-14.54	4.93	7.85	7.89	5.33	1.11	5.32
河南同比增速	—	3.49	3.22	-13.94	4.49	6.48	6.82	5.07	5.40	3.53

图 9　2007～2016 年河南、全国网络社会发展趋势

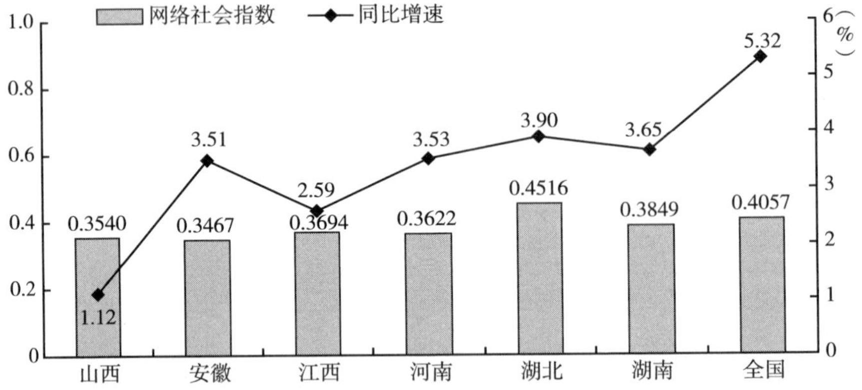

图 10　2016 年中部六省网络社会指数及同比增速

从衡量网络社会发展的几个重要领域看，河南省支付能力指数及移动电话支付能力指数增幅较大，同比增速分别为 8.04%、11.15%，但均低于全国平均增速，在中部六省中也均居末位。社会发展指数略有增长，其中城镇化率稳步提升，同比增速高居全国第五位；空气质量不升反降，值得关注。

在全国排名中，河南社会发展指数较上年上升3个位次，支付能力指数下降1个位次。其中，移动电话支付能力指数和空气质量指数均较上年上升了1个位次；人均寿命指数排名下滑明显，由上年全国第17位降至第22位；固定宽带支付能力指数和城镇化指数排名均与上年持平。

表6　2016年河南省网络社会发展情况

指标	指数值	同比增速(%)	指数全国排名	排名变化
2 网络社会指数	0.3622	3.52	24	0
2.1 支付能力指数	0.2662	8.04	17	-1
2.1.1 固定宽带支付能力指数	0.3012	5.76	14	0
2.1.2 移动电话支付能力指数	0.2312	11.15	24	+1
2.2 社会发展指数	0.4583	1.08	28	+3
2.2.1 人均寿命指数	0.7457	0	22	-5
2.2.2 城镇化指数	0.4758	3.19	27	0
2.2.3 空气质量指数	0.1531	-0.20	27	+1

2. 各省辖市发展水平

2016年，全省有郑州、济源、焦作、三门峡、鹤壁、许昌、洛阳、漯河、濮阳等9个省辖市的网络社会水平优于全省平均水平。郑州、济源、焦作、三门峡、鹤壁、许昌等6个省辖市的网络社会水平高于全国平均水平。无省辖市达到全球网络社会水平。

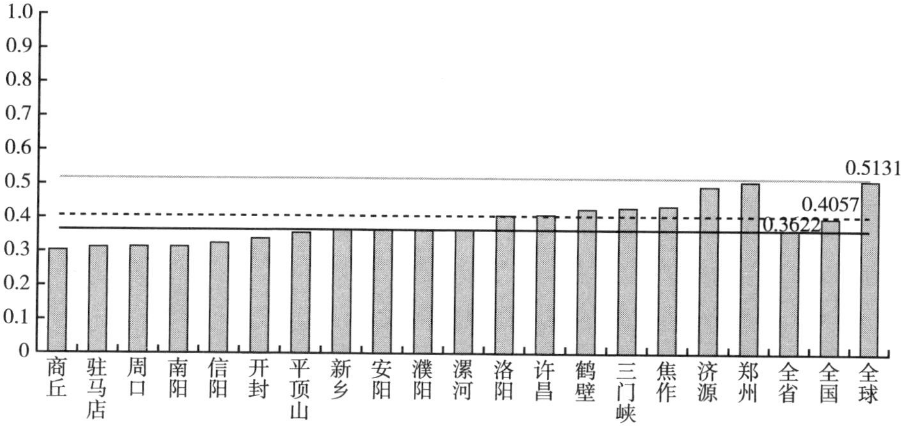

图11　2016年河南省省辖市网络社会指数

省内排名中，濮阳由上年的全省第12名升至第9名，周口由上年的倒数第一升至第16位，鹤壁、许昌、信阳、焦作均上升1个位次。漯河、开封、济源、郑州排名保持不变，其他省辖市排名下降。

国内排名中，濮阳、鹤壁、周口、许昌、商丘、信阳、漯河、驻马店等8个省辖市排名上升，其中濮阳上升39个位次。其他10个省辖市排名出现不同程度的下降。

发展速度上，18个省辖市之间差距明显。濮阳、鹤壁、周口的同比增速居全省前3名，分别高达10.66%、9.44%、8.19%，且均明显高于全国增速。而三门峡、郑州、洛阳等3个省辖市的网络社会指数却出现小幅负增长。此外，安阳、开封、平顶山、济源、南阳的同比增速也低于全省增速。

表7　2016年河南省省辖市网络社会指数增速、排名变化情况

单位：%

省辖市	网络社会指数	全国排名	排名变化	省内排名	排名变化	网络社会指数同比增速
濮阳	0.3627	207	+39	9	+3	10.66
鹤壁	0.4242	142	+18	5	+1	9.44
周口	0.3075	289	+18	16	+2	8.19
许昌	0.4066	159	+2	6	+1	5.03
商丘	0.3009	298	+5	18	-1	4.76
信阳	0.3220	272	+5	14	+1	4.33
漯河	0.3628	206	+2	8	0	4.10
驻马店	0.3027	295	+5	17	-1	3.88
新乡	0.3561	223	-2	11	-1	3.83
焦作	0.4337	130	-7	3	+1	3.55
安阳	0.3575	218	-2	10	-1	3.33
开封	0.3356	253	-3	13	0	2.74
平顶山	0.3518	228	-6	12	-1	2.71
济源	0.4920	90	-15	2	0	2.41
南阳	0.3141	282	-6	15	-1	1.66
三门峡	0.4295	135	-24	4	-1	-0.07
郑州	0.5057	79	-21	1	0	-0.24
洛阳	0.4043	163	-32	7	-2	-1.40

（三）在线政府

当前政府网站已成为信息公开、在线办事、网络问政、政民互动、科学决策的重要渠道，考察政府网站绩效能够了解在线政府建设水平。测评报告采用中国软件测评中心发布的“中国政府网站绩效评估”中关于各级政府网站的测评结果。

1. 全省整体发展水平

2016 年，河南省在线政府指数为 0. 4469，在四大一级指标中数值最高，

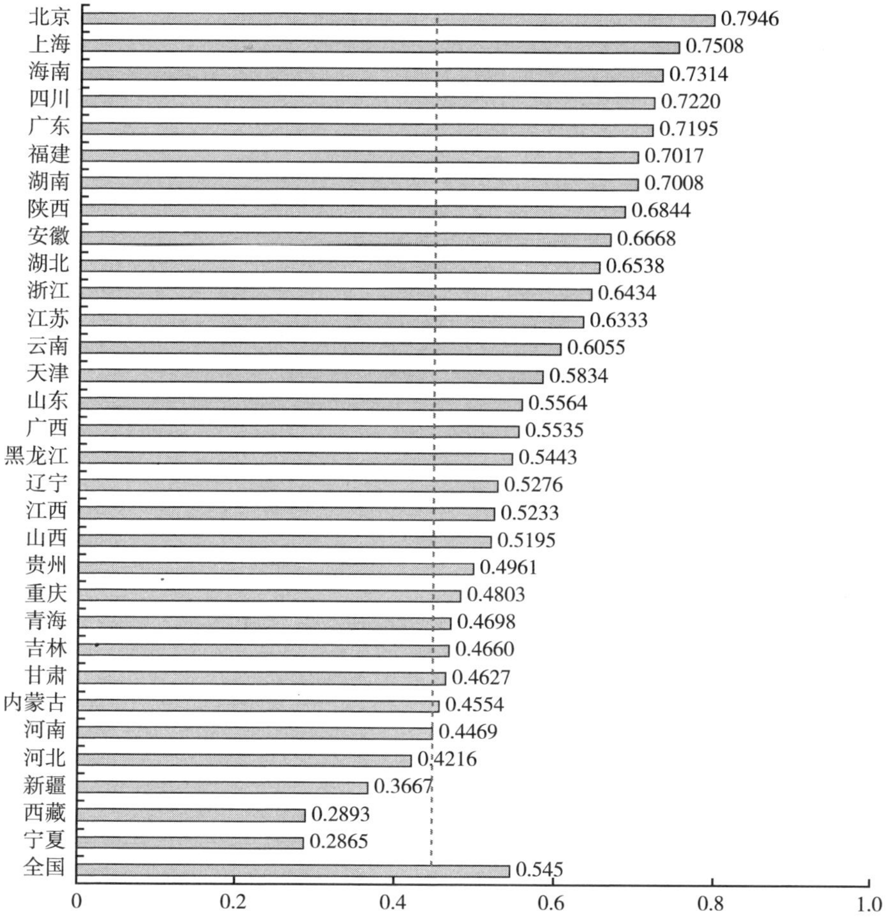

图 12　2016 年各省（自治区、直辖市）和全国在线政府指数

但较上两年没有提升，在全国平均水平（0.5450）之下，位居第27位。全国已有13个省份达到0.6以上。在中部六省中，河南低于其他五个省份，湖南、安徽、湖北在线政府指数表现突出，分别居全国第7、第9、第10位。

2. 各省辖市发展水平

2016年，全省18个省辖市的在线政府指数及其省内外排名均与上年相同。鹤壁、郑州、漯河、安阳、洛阳、新乡、商丘、濮阳、平顶山、焦作等10个省辖市的在线政府指数在全省平均水平之上。其中，鹤壁最高，达到0.5519，居全国第70位，为全省唯一高于全国平均水平的省辖市，但低于全球水平。

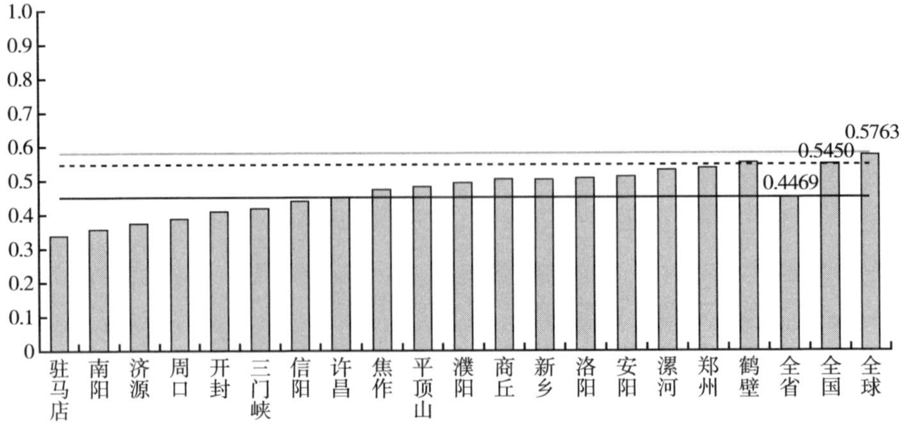

图13　2016年河南省省辖市在线政府指数

（四）数字生活

数字生活指数反映的是现代信息技术扩散应用对公众生活的影响，也反映了信息技术在居民中的扩散和普及程度。在信息社会发展过程中，伴随着经济发展水平的不断提高，人们对数字生活的向往和追求日益强烈，由此带动信息技术产品的快速普及。

1. 全省整体发展水平

2016年，河南省数字生活指数为0.4199，低于全国和全球平均水平。在全国，河南居第22位，排名与上年持平。北京、上海、广东、浙江、天津、福建的数字生活指数超过 0.6，其中北京、上海分别高达 0.9214、0.8795。中部六省中，河南居第 3 位，排名亦与上年持平；山西数字生活水平较高，居全国第 11 位。

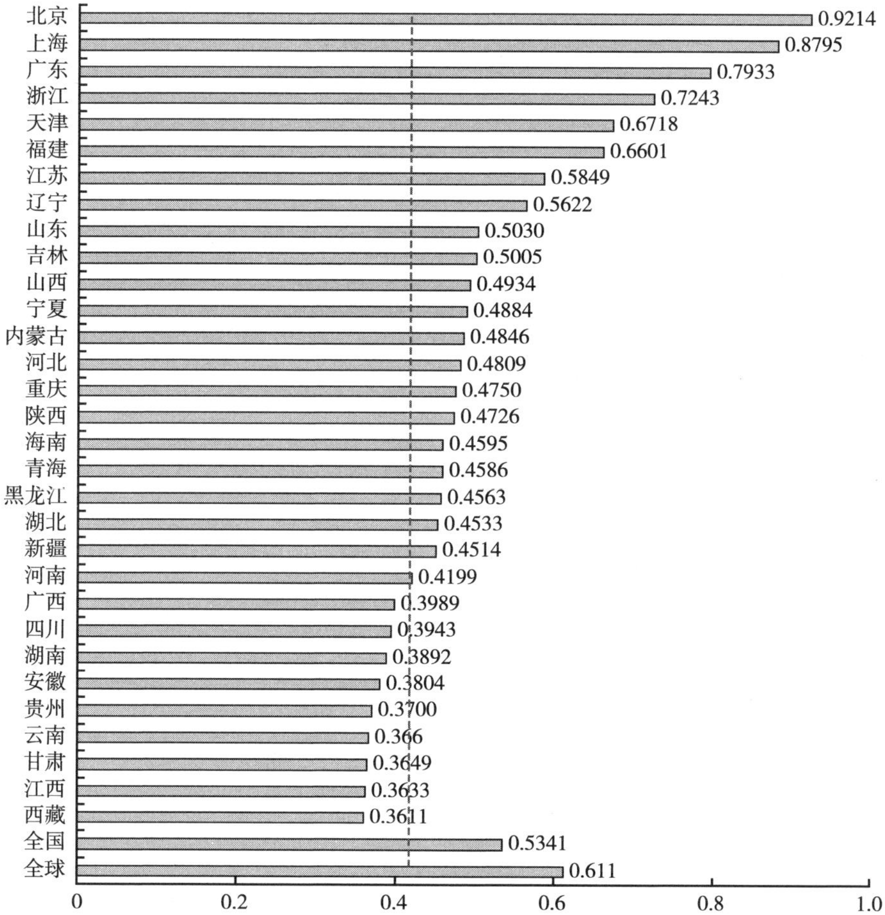

图 14　2016 年各省（自治区、直辖市）和全国、全球数字生活指数

与中部其他省份相比，2007～2016 年，河南数字生活水平节节提升，增速与安徽一样高于或平于全国平均水平；而数字生活水平较高的山西和湖北增速较低，分别仅为 2.9% 和 3.23%。

从二级指标看，2016 年河南移动电话指数、电脑指数和互联网指数分别为 0.5109、0.3388、0.4100，均在全国水平之下。三个指数在全国排名

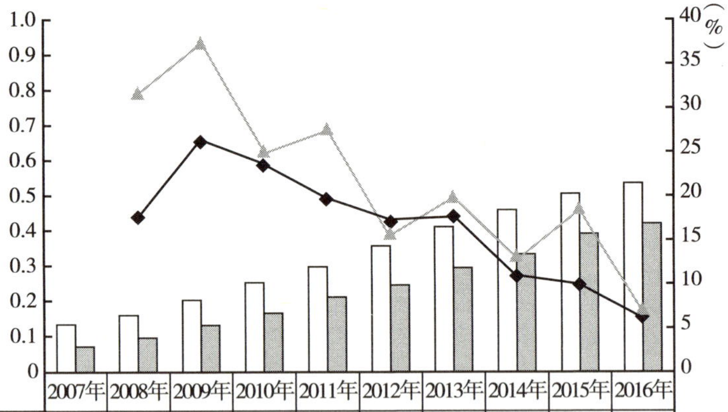

	2007年	2008年	2009年	2010年	2011年	2012年	2013年	2014年	2015年	2016年
全国数字生活指数	0.1377	0.1618	0.2041	0.2520	0.3015	0.3528	0.4141	0.4589	0.5038	0.5341
河南数字生活指数	0.0752	0.0979	0.1342	0.1674	0.2131	0.2459	0.2946	0.3318	0.3920	0.4199
全国同比增速		17.55	26.11	23.46	19.67	17.01	17.37	10.82	9.79	6.01
河南同比增速		30.17	37.06	24.74	27.35	15.38	19.81	12.60	18.16	7.11

图 15　2007～2016 年河南省数字生活指数发展情况

表 8　2016 年中部六省数字生活指数同比增速及排名

单位：%

省份	河南	安徽	湖南	江西	湖北	山西	全国
同比增速	7.11	6.01	5.63	4.71	3.23	2.9	6.01
全国排名	8	11	13	14	20	22	

上变化不大，移动电话指数、互联网指数均比上年上升了 1 个位次，电脑指数未发生变动。电脑指数同比增速最高，达到 9.21%，但低于全国水平（10.13%）；移动电话指数、互联网指数同比增速均高于全国增速。

表 9　2016 年河南省数字生活发展情况

单位：%

指标	指数值	同比增速	指数全国排名	排名变化
4 数字生活指数	0.4199	7.11	22	0
4.1 移动电话指数	0.5109	6.86	23	+1
4.2 电脑指数	0.3388	9.21	16	0
4.3 互联网指数	0.4100	5.73	26	+1

2007～2016 年，河南省移动电话指数一直高于电脑指数和互联网指数。其间，移动电话指数、电脑指数和互联网指数均经历了高速增长，但同比增速整体上呈现下降态势，这与移动电话、电脑和互联网的市场逐渐趋于饱和有关。2016 年，上述三项指数均为个位数增长，均为自 2007 年以来最低增速，降幅十分明显。

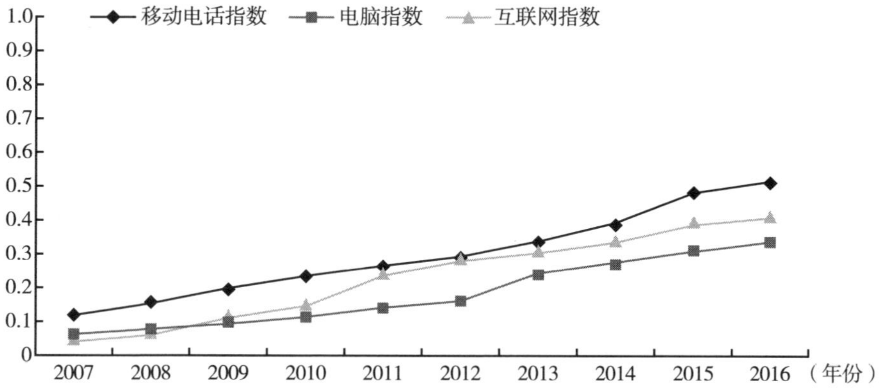

图 16　2007～2016 年河南省移动电话指数、电脑指数和互联网指数发展趋势

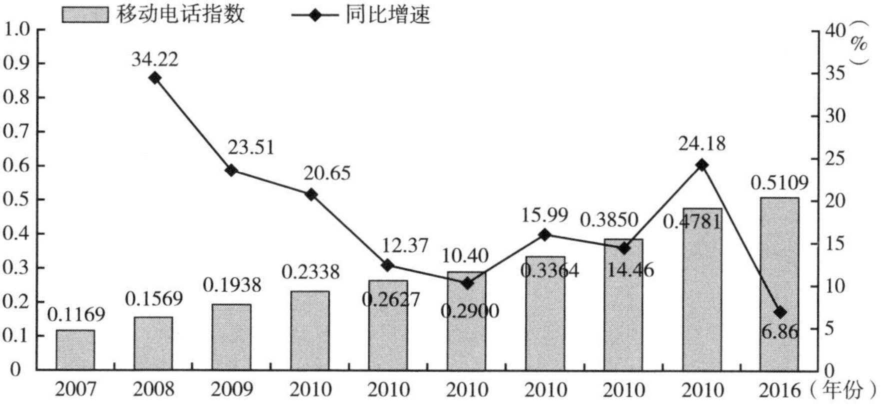

图 17　2007～2016 年河南省移动电话指数及同比增速

2. 各省辖市发展水平

2016 年，郑州、济源、新乡、焦作、安阳、洛阳、三门峡的数字生活

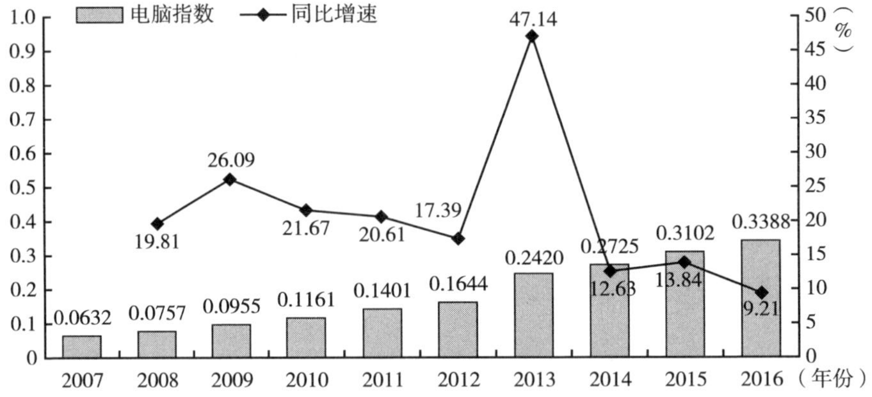

图 18　2007 ~ 2016 年河南省电脑指数及同比增速

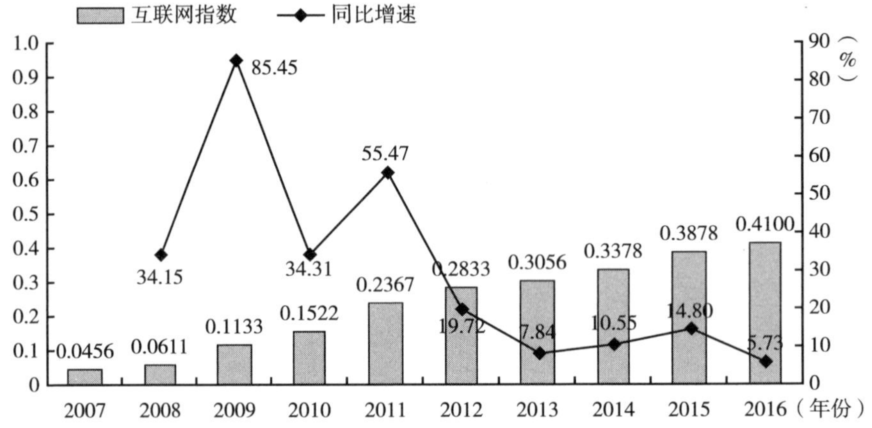

图 19　2007 ~ 2016 年河南省互联网指数及同比增速

水平高于全省平均水平。全省只有郑州一个省辖市的数字生活水平超过全国平均水平，同时，郑州的数字生活水平在全球平均水平之上。周口、南阳的数字生活水平居全省后 2 位，其数字生活指数在 0. 3 以下。

国内排名中，南阳、郑州、周口分别比上年下降了 1、2、3 个位次，许昌、濮阳与上年持平，其他省辖市排名均出现不同程度的上升。省内排名变化不大，商丘、开封、鹤壁均较上年上升 1 个位次，信阳、漯河、许昌均下降 1 个位次，其他省辖市未有变动。

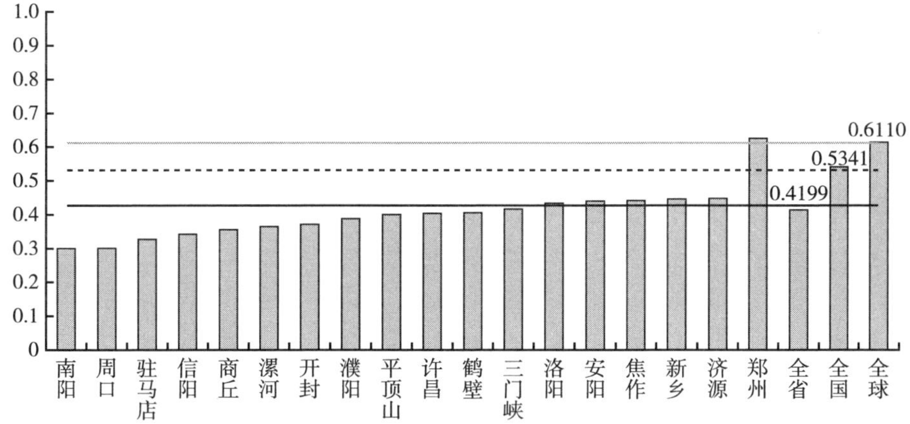

图 20　2016 年河南省省辖市数字生活指数

在发展速度上，2016 年商丘、开封、平顶山、驻马店、鹤壁、南阳的同比增速分别居全省前六位，且均高于全国增速（6.01%）。其中商丘、开封、平顶山的增速在全省增速（7.11%）之上。济源的增速最低，仅为 2.88%。

表 10　2016 年河南省省辖市数字生活指数增速、排名变化情况

单位：%

省辖市	数字生活指数	全国排名	排名变化	省内排名	排名变化	数字生活指数同比增速
商丘	0.3508	262	+11	14	+1	9.87
开封	0.3692	243	+15	12	+1	8.48
平顶山	0.3961	216	+8	10	0	7.18
驻马店	0.3244	282	+4	16	0	6.79
鹤壁	0.4055	210	+8	8	+1	6.21
南阳	0.2970	302	-1	18	0	6.02
濮阳	0.3843	229	0	11	0	5.11
安阳	0.4369	179	+9	5	0	5.04
信阳	0.3381	268	+3	15	-1	4.74
周口	0.2972	301	-3	17	0	4.34
三门峡	0.4206	194	+6	7	0	4.24
新乡	0.4433	172	+3	3	0	4.04
漯河	0.3621	249	+3	13	-1	3.99
洛阳	0.4303	186	+6	6	0	3.93
焦作	0.4379	175	+2	4	0	3.42
郑州	0.6219	55	-2	1	0	3.34
许昌	0.4011	212	0	9	-1	3.12
济源	0.4468	164	+4	2	0	2.88

六　河南城市信息化发展存在的问题及原因分析

从河南各城市信息化发展水平测评情况看，河南整体信息化发展水平不高，且不同城市之间发展不平衡，这和河南的产业结构、创新能力、经济发展、基础设施等方面存在的短板密切相关。

（一）信息社会发展总体水平较低

在全国范围内的信息化竞争中，虽然河南省信息社会发展速度位居前列，但在经济发展水平低、产业结构不合理、教育资源较少、人力资源水平不高、信息基础设施不完善等因素影响下，河南省信息社会发展总体水平不高。2016年，全省没有一个省辖市进入信息社会发展期，也仅有郑州市的信息社会指数（0.5298）高于全国平均水平（0.4519）。河南省亟待对信息社会建设投入更多的关注和资源，切实落实相关政策，夯实信息化基础建设能力，提升信息化服务和应用能力，努力发挥后发优势，早日摆脱信息化落后局面。

（二）信息化发展速度放缓

在网络社会和数字生活指数增速下降影响下，2016 年全省信息社会指数同比增速为4.69%，较上年下降3.35 个百分点，由上年的全国第2 位降至全国第4 位。信息社会发展放缓与宏观经济形势变化紧密相关。目前，全省进入经济从高速向中高速增长、产业从低端迈向中高端水平的新常态，经济增长减速从总体上导致全国信息社会发展放缓。

（三）信息化发展速度不平衡

各城市信息化发展速度存在明显的不平衡。从具体数值上看，13 个省辖市的信息化指数介于0.3 ~0.4 之间，0.5 以上的只有郑州，0.4 ~0.5 之间的有济源、洛阳和焦作，0.2 ~0.3 之间有1 个省辖市。其中，郑州信息化指数最高（0.5298），周口市最低（0.2989），前者是后者的约1.77 倍。

对那些信息化发展相对落后的城市，有关部门要在政策安排、资源配置等诸多方面，给予照顾或倾斜，促进省内相对均衡化发展。

（四）不同城市具有不同比较优势

18 个省辖市信息化水平参差不齐，但在某些领域部分省辖市也逐渐形成了自身的比较优势。比如，2016 年，鹤壁、漯河、安阳和商丘的在线政府建设水平相对较高，其在线政府指数分别位于全省第 1、3、4、7 名。新乡的研发投入指数，许昌的创新指数，安阳的移动电话指数，鹤壁的空气质量指数、就业结构指数，均表现优异。信息化水平居后的一些省辖市也正在部分领域奋起直追，如商丘、信阳、周口、驻马店的教育投入指数、产值结构指数、就业结构指数、能效指数、空气质量指数，开封的产值结构指数、就业结构指数、研发投入指数、能效指数，南阳的教育投入指数、产值结构指数、能效指数，其排名均明显好于其省内信息社会指数排名。

（五）创新能力明显不足

河南在教育投入、研发投入和专利密度等创新动力要素上均有待提高。2016 年，全国有 25 个省份的教育投入指数为负增长，其中河南教育投入指数同比下滑 5.63%。全省除了三门峡、洛阳、安阳外，其他 15 个省辖市教育投入指数均出现下滑，其中郑州、周口、焦作同比降幅均超过 1 成，这对今后全省人力资源的可持续发展带来负面影响。2016 年，河南省研发投入强度在中部六省中，居倒数第二位，仅领先于江西省，显著落后于安徽和湖北，更不及北京、上海的 1/3。河南省创新指数仅为 0.0487，是全省所有指数中分值最低的指标，不及全国平均水平的 1/2，已经成为其信息化发展水平提高的重要制约因素。

七　2017年河南城市信息化发展的展望

随着河南省全面建成小康社会加快现代化建设战略纲要、河南省国民经济和社会发展第十三个五年规划纲要、中原城市群规划、河南省“互联网+”行动实施方案等的落地实施，在国家大数据综合试验区、河南自贸区、中原经济区、郑州航空港经济综合实验区等建设的引领和带动下，2017年河南省信息化水平将进一步提升。

（一）信息经济水平增强，挖掘信息社会发展潜力

经济发展是信息社会建设的前提和基础。虽然省内经济发展进入新常态，但经济长期向好基本面没有改变，新的增长动力正在积极孕育形成，正逐渐对信息社会发展形成新的有力支撑。2017年，全省经济实力有望继续增强，人均地区生产总值继续增加。

发展方式加快转变，实现经济提质增效，服务业、高成长性制造业及高技术产业比重将有所增加，产业结构和就业结构持续优化。其中，为了补齐服务业短板，省政府发布了《关于印发河南省推进服务业供给侧结构性改革专项行动方案（2016～2018年）的通知》，根据方案，河南省力争到2018年，现代服务业强省建设取得显著成效，服务业质量、效率大幅提升，服务业增加值突破2万亿元，年均增长10%左右，服务业占GDP的比重达到45%左右，从业人员占比达到33%左右。随着方案的顺利实施，2017年河南省产业结构和就业结构将得到改善。

为激发全社会创新潜能和创业活力，打造发展新引擎，增强发展新动力，2016年6月河南省出台《河南省人民政府关于大力推进大众创业万众创新的实施意见》，努力在全省形成大众创业、万众创新的生动局面。另外，2016年河南省也正式获批成为支撑型知识产权强省建设试点省，《河南省建设支撑型知识产权强省试点省实施方案》已出台，提出了总体目标，河南省计划建成全国中部知识产权运营中心，设立重点产业知识产权运营基金，年度知识产权质押融资金额超过25亿元，建设36个专利导航产业发展实验区，培育25个知识产权密集型产业、100家知识产权强企，建设9个国家知识产权试点示范城市。可以预见，2017年，全省创新环境、研发投入强度、技术创新数量和质量或将明显提升，从而夯实全省信息社会发展的潜力。

（二）网络社会环境继续改善，加强信息化基础支撑能力

整体上看，河南省正处于城镇化快速发展时期，在不断健全城乡发展一体化体制机制、加快消除城乡二元结构的体制机制障碍、增强城市可持续发展能力方面，正在逐步走出一条具有河南特色、科学发展的新型城镇化道路。在此基础上，2017 年全省城镇化水平和质量将有所提升，城乡居民收入和数字产品支付能力有望增加。在全省大力整治下，城乡人居环境将有所改善，空气、水环境质量逐步好转。

河南省“十三五”规划明确提出建设网络经济大省，实施大数据发展战略。2016 年河南获批建设国家大数据综合试验区后，大数据产业发展更是进入快车道。《河南省信息通信业“十三五”发展规划》明确提出：“十三五”期间，河南省信息通信业围绕服务支撑网络经济强省建设，以“米”字形现代信息通信网络枢纽为核心，基本建成高速、移动、安全、泛在的下一代信息通信基础设施，信息通信业支撑经济社会发展的能力全面提升，网络与信息安全保障体系不断完善。所以，在 2017 年，随着固定宽带网络、新一代移动通信网和下一代互联网加快发展，网络访问速率和移动通信网络服务能力大幅提升，无线传感网、行业云应用和大数据平台等新型基础设施逐步完善，应用支撑和安全保障能力明显增强，全省信息化基础支撑能力将明显增强。

（三）在线政府建设水平提高，提升公共服务能力

河南省政府机构改革稳步推进，简政放权步伐加快，互联网在政务服务和政府管理领域的应用不断深化。2017 年，全省将继续推动政府管理和公共治理方式创新，借助大数据提升政府科学决策水平。推动公共数据资源开放共享，建设基于云计算的电子政务平台，构建在线公共服务体系，开展网上受理、审批、监督、查询等管理服务创新。积极利用互联网、移动互联网等技术，提升融资平台、土地平台和人力资源平台智能化水平。推动规划、建造、住房、城管、城乡基础设施等智慧应用，提升城市精细化管理水平。

加快推进政务新媒体建设发展，加强政府与公众的沟通交流，积极推行网上信访，进一步密切政府和群众的关系。探索开展社会治理互联网应用试点，创新公众参与的网络化社会管理服务模式，提升政府决策能力和社会治理水平。

（四）公众数字生活水平提升，享受高效优质服务

依照《河南省“互联网+”行动实施方案》，河南省将大力发展以互联网为载体、线上线下互动的新兴消费，加快发展基于互联网的健康医疗、教育、养老、旅游、社会保障等民生领域新兴服务，创新公共服务模式，提高资源利用效率，提升公共服务水平。到2018年，互联网在民生领域的应用更加广泛，将建成一批智慧民生服务、政务服务和社会治理平台，打造一批健康医疗、养老、教育、旅游等线上线下结合的示范点，公众可享受更加优质、高效、便捷、普惠的服务。另外，随着智能终端、智能家居、电子商务等的快速发展，可以预见，2017年河南省居民的数字生活水平将继续提高。

参考文献

张新红等：《中国信息社会测评报告》，经济管理出版社，2011。

周宏仁：《信息化论》，人民出版社，2008。

周宏仁：《信息化蓝皮书：中国信息化形势分析与预测（2015～2016）》，社会科学文献出版社，2016。

〔英〕维克托·迈尔·舍恩伯格、肯尼思·库克耶：《大数据时代》，盛杨燕、周涛译，浙江人民出版社，2013。

李广乾：《中国信息化建设的理论与政策研究》，电子工业出版社，2015。

《中国信息化年鉴》编委会：《中国信息化年鉴2015》，电子工业出版社，2016。

洪鼎芝：《信息时代：正在变革的世界》，世界知识出版社，2015。

洪鼎芝：《从工业文明到信息文明：中华复兴的历史机遇》，世界知识出版社，2016。

秦海等：《信息通信技术与经济增长》，中国人民大学出版社，2006。

韦伯斯特：《信息社会理论》（第三版），北京大学出版社，2011。

附表

表1　河南省ISI指标一览表（指数）

年份	2012	2013	2014	2015	2016
信息社会指数(ISI)	0.2715	0.3031	0.3309	0.3575	0.3743
1 信息经济指数	0.2594	0.2762	0.2905	0.3009	0.3166
1.1 经济发展指数	0.1747	0.1943	0.2082	0.2201	0.2341
1.2 人力资源指数	0.4907	0.5123	0.5326	0.5436	0.5556
1.2.1 成人识字指数	0.9151	0.8860	0.8928	0.9024	0.9092
1.2.2 教育投入指数	0.3770	0.4547	0.5340	0.5205	0.4912
1.2.3 大学生指数	0.1800	0.1962	0.1710	0.2078	0.2663
1.3 产业结构指数	0.2345	0.2432	0.2532	0.2623	0.2933
1.3.1 产值结构指数	0.3577	0.3709	0.3867	0.4000	0.4637
1.3.2 就业结构指数	0.1114	0.1154	0.1196	0.1247	0.1229
1.4 发展方式指数	0.1378	0.1550	0.1679	0.1776	0.1834
1.4.1 研发投入指数	0.2600	0.2800	0.3000	0.3171	0.3257
1.4.2 创新指数	0.0197	0.0267	0.0340	0.0437	0.0487
1.4.3 能效指数	0.1339	0.1583	0.1696	0.1720	0.1758
2 网络社会指数	0.2958	0.3159	0.3320	0.3499	0.3622
2.1 支付能力指数	0.1414	0.1746	0.2019	0.2464	0.2662
2.1.1 固定宽带支付能力指数	0.1434	0.1810	0.2043	0.2848	0.3012
2.1.2 移动电话支付能力指数	0.1395	0.1682	0.1995	0.2080	0.2312
2.2 社会发展指数	0.4501	0.4573	0.4620	0.4534	0.4583
2.2.1 人均寿命指数	0.7457	0.7457	0.7457	0.7457	0.7457
2.2.2 城镇化指数	0.4119	0.4271	0.4466	0.4611	0.4758
2.2.3 空气质量指数	0.1926	0.1990	0.1936	0.1534	0.1531
3 在线政府指数	0.3114	0.3702	0.4469	0.4469	0.4469
4 数字生活指数	0.2459	0.2946	0.3318	0.3920	0.4199
4.1 移动电话指数	0.2900	0.3364	0.3850	0.4781	0.5109
4.2 电脑指数	0.1644	0.2420	0.2725	0.3102	0.3388
4.3 互联网指数	0.2833	0.3056	0.3378	0.3878	0.4100

表 2　河南省 ISI 指标一览表（排名）

年份	2012	2013	2014	2015	2016
信息社会指数(ISI)	27	27	27	26	26
1 信息经济指数	31	30	30	29	27
1.1 经济发展指数	21	23	23	23	22
1.2 人力资源指数	27	22	25	21	18
1.2.1 成人识字指数	19	20	21	19	15
1.2.2 教育投入指数	20	17	18	15	16
1.2.3 大学生指数	26	25	28	26	17
1.3 产业结构指数	31	31	31	31	30
1.3.1 产值结构指数	31	31	31	31	26
1.3.2 就业结构指数	22	22	20	18	21
1.4 发展方式指数	18	18	16	18	17
1.4.1 研发投入指数	20	18	18	18	17
1.4.2 创新指数	17	17	18	17	17
1.4.3 能效指数	13	15	17	17	17
2 网络社会指数	26	25	27	24	24
2.1 支付能力指数	21	23	23	16	17
2.1.1 固定宽带支付能力指数	21	23	23	14	14
2.1.2 移动电话支付能力指数	21	23	23	25	24
2.2 社会发展指数	26	27	26	31	28
2.2.1 人均寿命指数	17	17	17	17	22
2.2.2 城镇化指数	27	27	27	27	27
2.2.3 空气质量指数	27	21	25	28	27
3 在线政府指数	20	21	25	25	27
4 数字生活指数	26	26	26	22	22
4.1 移动电话指数	28	30	29	24	23
4.2 电脑指数	24	23	23	16	16
4.3 互联网指数	24	26	28	27	26

表3　2016年河南省所辖地级市ISI主要指标（指数）

地区	ISI总指数	信息经济指数	网络社会指数	在线政府指数	数字生活指数
郑　州	0.5298	0.4601	0.5057	0.5347	0.6219
开　封	0.3430	0.3035	0.3356	0.4049	0.3692
洛　阳	0.4082	0.3572	0.4043	0.5071	0.4303
平顶山	0.3637	0.3050	0.3518	0.4784	0.3961
安　阳	0.3692	0.2912	0.3575	0.4354	0.4369
鹤　壁	0.3880	0.2797	0.4242	0.5519	0.4055
新　乡	0.3897	0.3327	0.3561	0.5004	0.4433
焦　作	0.4069	0.3268	0.4337	0.4736	0.4379
濮　阳	0.3572	0.2805	0.3627	0.4899	0.3843
许　昌	0.3844	0.3267	0.4066	0.4412	0.4011
漯　河	0.3524	0.2734	0.3628	0.5290	0.3621
三门峡	0.3903	0.3116	0.4295	0.4182	0.4206
南　阳	0.3219	0.2927	0.3141	0.5080	0.2970
商　丘	0.3265	0.2702	0.3009	0.4994	0.3508
信　阳	0.3159	0.2753	0.3220	0.3524	0.3381
周　口	0.2989	0.2626	0.3075	0.3867	0.2972
驻马店	0.3033	0.2721	0.3027	0.3352	0.3244
济　源	0.4287	0.3666	0.4920	0.3702	0.4468

表4　2016年河南省所辖地级市ISI主要指标（全省排名）

地区	ISI总指数	信息经济指数	网络社会指数	在线政府指数	数字生活指数
郑　州	1	1	1	2	1
开　封	13	9	13	14	12
洛　阳	3	3	7	5	6
平顶山	10	8	12	9	10
安　阳	9	11	10	12	5
鹤　壁	7	13	5	1	8
新　乡	6	4	11	6	3
焦　作	4	5	3	10	4
濮　阳	11	12	9	8	11
许　昌	8	6	6	11	9
漯　河	12	15	8	3	13
三门峡	5	7	4	13	7
南　阳	15	10	15	4	18
商　丘	14	17	18	7	14
信　阳	16	14	14	17	15
周　口	18	18	16	15	17
驻马店	17	16	17	18	16
济　源	2	2	2	16	2

表 5　郑州市 ISI 指标一览表（指数）

年份	2012	2013	2014	2015	2016
信息社会指数(ISI)	0.4180	0.4616	0.4933	0.5139	0.5298
1 信息经济指数	0.3695	0.4009	0.4190	0.4261	0.4601
1.1 经济发展指数	0.3335	0.3811	0.4101	0.4385	0.4610
1.2 人力资源指数	0.5760	0.6150	0.6331	0.6295	0.6741
1.2.1 成人识字指数	0.9570	0.9500	0.9496	0.9496	0.9496
1.2.2 教育投入指数	0.2380	0.2638	0.3192	0.3065	0.2623
1.2.3 大学生指数	0.5331	0.6314	0.6306	0.6323	0.8103
1.3 产业结构指数	0.3709	0.3703	0.3838	0.4002	0.4175
1.3.1 产值结构指数	0.5093	0.4955	0.5123	0.5209	0.5797
1.3.2 就业结构指数	0.2326	0.2451	0.2553	0.2794	0.2554
1.4 发展方式指数	0.1975	0.2373	0.2490	0.2361	0.2880
1.4.1 研发投入指数	0.3820	0.4177	0.4177	0.4367	0.4445
1.4.2 创新指数	0.0723	0.0903	0.1306	0.0594	0.1906
1.4.3 能效指数	0.1384	0.2038	0.1986	0.2122	0.2289
2 网络社会指数	0.4889	0.5281	0.5598	0.5070	0.5057
2.1 支付能力指数	0.2700	0.3424	0.3978	0.4908	0.4810
2.1.1 固定宽带支付能力指数	0.2736	0.3550	0.4025	0.5673	0.5069
2.1.2 移动电话支付能力指数	0.2663	0.3298	0.3931	0.4142	0.4552
2.2 社会发展指数	0.7077	0.7138	0.7218	0.5232	0.5304
2.2.1 人均寿命指数	0.7457	0.7457	0.7457	0.7457	0.7457
2.2.2 城镇化指数	0.6697	0.6820	0.6978	0.7061	0.7190
2.2.3 空气质量指数				0.1176	0.1266
3 在线政府指数	0.3107	0.4476	0.5347	0.5347	0.5347
4 数字生活指数	0.4314	0.4604	0.4872	0.6018	0.6219
4.1 移动电话指数	0.5692	0.6002	0.6800	0.8093	0.8541
4.2 电脑指数	0.2644	0.2929	0.2938	0.2946	0.2938
4.3 互联网指数	0.4606	0.4879	0.4879	0.7014	0.7178

表6　开封市ISI指标一览表（指数）

年份	2012	2013	2014	2015	2016
信息社会指数(ISI)	0.2628	0.2932	0.3204	0.3264	0.3430
1 信息经济指数	0.2441	0.2673	0.2742	0.2860	0.3035
1.1 经济发展指数	0.1416	0.1560	0.1713	0.1889	0.2050
1.2 人力资源指数	0.4545	0.4779	0.4858	0.4888	0.5056
1.2.1 成人识字指数	0.8682	0.8894	0.8580	0.8590	0.8590
1.2.2 教育投入指数	0.3229	0.3037	0.3739	0.3969	0.3988
1.2.3 大学生指数	0.1703	0.2018	0.2015	0.2021	0.2589
1.3 产业结构指数	0.2551	0.2640	0.2699	0.2760	0.3022
1.3.1 产值结构指数	0.4142	0.4250	0.4309	0.4341	0.4859
1.3.2 就业结构指数	0.0960	0.1031	0.1088	0.1178	0.1185
1.4 发展方式指数	0.1253	0.1714	0.1698	0.1905	0.2013
1.4.1 研发投入指数	0.2226	0.2805	0.2805	0.3432	0.3650
1.4.2 创新指数	0.0064	0.0110	0.0117	0.0128	0.0165
1.4.3 能效指数	0.1469	0.2227	0.2171	0.2155	0.2225
2 网络社会指数	0.3382	0.3559	0.3740	0.3266	0.3356
2.1 支付能力指数	0.1146	0.1402	0.1662	0.2114	0.2241
2.1.1 固定宽带支付能力指数	0.1162	0.1454	0.1681	0.2444	0.2459
2.1.2 移动电话支付能力指数	0.1131	0.1351	0.1642	0.1785	0.2024
2.2 社会发展指数	0.5618	0.5717	0.5818	0.4418	0.4470
2.2.1 人均寿命指数	0.7457	0.7457	0.7457	0.7457	0.7457
2.2.2 城镇化指数	0.3779	0.3976	0.4179	0.4326	0.4482
2.2.3 空气质量指数				0.1471	0.1471
3 在线政府指数	0.1947	0.2551	0.4049	0.4049	0.4049
4 数字生活指数	0.2289	0.2691	0.2848	0.3403	0.3692
4.1 移动电话指数	0.2583	0.2939	0.3311	0.4252	0.4639
4.2 电脑指数	0.1684	0.2290	0.2389	0.2441	0.2689
4.3 互联网指数	0.2599	0.2845	0.2845	0.3516	0.3747

表7　洛阳市 ISI 指标一览表（指数）

年份	2012	2013	2014	2015	2016
信息社会指数(ISI)	0.3312	0.3633	0.3935	0.3967	0.4082
1 信息经济指数	0.3001	0.3156	0.3265	0.3293	0.3572
1.1 经济发展指数	0.2532	0.2789	0.2995	0.3064	0.3121
1.2 人力资源指数	0.4803	0.5100	0.5249	0.5122	0.5385
1.2.1 成人识字指数	0.9464	0.9340	0.9344	0.9344	0.9344
1.2.2 教育投入指数	0.2740	0.3347	0.3795	0.3408	0.3459
1.2.3 大学生指数	0.2205	0.2611	0.2608	0.2615	0.3352
1.3 产业结构指数	0.2649	0.2637	0.2734	0.2857	0.3308
1.3.1 产值结构指数	0.3967	0.3896	0.4064	0.4292	0.5234
1.3.2 就业结构指数	0.1330	0.1377	0.1404	0.1422	0.1383
1.4 发展方式指数	0.2020	0.2098	0.2084	0.2129	0.2472
1.4.1 研发投入指数	0.4488	0.4137	0.4137	0.4544	0.4607
1.4.2 创新指数	0.0369	0.0549	0.0547	0.0131	0.1027
1.4.3 能效指数	0.1204	0.1608	0.1567	0.1714	0.1783
2 网络社会指数	0.4058	0.4331	0.4578	0.4100	0.4043
2.1 支付能力指数	0.2050	0.2506	0.2905	0.3429	0.3257
2.1.1 固定宽带支付能力指数	0.2077	0.2598	0.2939	0.3964	0.3432
2.1.2 移动电话支付能力指数	0.2022	0.2414	0.2871	0.2895	0.3082
2.2 社会发展指数	0.6067	0.6156	0.6251	0.4772	0.4829
2.2.1 人均寿命指数	0.7457	0.7457	0.7457	0.7457	0.7457
2.2.2 城镇化指数	0.4677	0.4855	0.5045	0.5204	0.5363
2.2.3 空气质量指数				0.1653	0.1667
3 在线政府指数	0.2964	0.3890	0.5071	0.5071	0.5071
4 数字生活指数	0.2991	0.3326	0.3583	0.4140	0.4303
4.1 移动电话指数	0.3438	0.3750	0.4416	0.5076	0.5389
4.2 电脑指数	0.2319	0.2756	0.2859	0.2963	0.2990
4.3 互联网指数	0.3217	0.3473	0.3473	0.4383	0.4530

表 8　平顶山市 ISI 指标一览表（指数）

年份	2012	2013	2014	2015	2016
信息社会指数(ISI)	0. 2856	0. 3276	0. 3525	0. 3475	0. 3637
1 信息经济指数	0. 2486	0. 2622	0. 2765	0. 2867	0. 3050
1. 1 经济发展指数	0. 1908	0. 2046	0. 2008	0. 2029	0. 2085
1. 2 人力资源指数	0. 4545	0. 4774	0. 5139	0. 5081	0. 5268
1. 2. 1 成人识字指数	0. 9210	0. 9000	0. 9010	0. 9010	0. 9010
1. 2. 2 教育投入指数	0. 2691	0. 3269	0. 4356	0. 4176	0. 4160
1. 2. 3 大学生指数	0. 1734	0. 2054	0. 2051	0. 2057	0. 2636
1. 3 产业结构指数	0. 2081	0. 2126	0. 2383	0. 2516	0. 2791
1. 3. 1 产值结构指数	0. 3115	0. 3160	0. 3670	0. 3916	0. 4509
1. 3. 2 就业结构指数	0. 1046	0. 1092	0. 1095	0. 1117	0. 1073
1. 4 发展方式指数	0. 1409	0. 1542	0. 1532	0. 1842	0. 2054
1. 4. 1 研发投入指数	0. 3236	0. 3188	0. 3188	0. 3957	0. 4255
1. 4. 2 创新指数	0. 0172	0. 0233	0. 0232	0. 0245	0. 0435
1. 4. 3 能效指数	0. 0818	0. 1205	0. 1175	0. 1323	0. 1472
2 网络社会指数	0. 3725	0. 3917	0. 4022	0. 3425	0. 3518
2. 1 支付能力指数	0. 1545	0. 1838	0. 1948	0. 2271	0. 2405
2. 1. 1 固定宽带支付能力指数	0. 1566	0. 1906	0. 1970	0. 2625	0. 2751
2. 1. 2 移动电话支付能力指数	0. 1524	0. 1771	0. 1925	0. 1917	0. 2059
2. 2 社会发展指数	0. 5905	0. 5997	0. 6096	0. 4579	0. 4630
2. 2. 1 人均寿命指数	0. 7457	0. 7457	0. 7457	0. 7457	0. 7457
2. 2. 2 城镇化指数	0. 4352	0. 4536	0. 4734	0. 4881	0. 7457
2. 2. 3 空气质量指数				0. 1399	0. 1399
3 在线政府指数	0. 2282	0. 3620	0. 4784	0. 4784	0. 4784
4 数字生活指数	0. 2550	0. 3175	0. 3369	0. 3696	0. 3961
4. 1 移动电话指数	0. 2926	0. 3241	0. 3729	0. 4596	0. 4755
4. 2 电脑指数	0. 1730	0. 3038	0. 3134	0. 2784	0. 3264
4. 3 互联网指数	0. 2993	0. 3245	0. 3245	0. 3706	0. 3864

表9　安阳市ISI指标一览表（指数）

年份	2012	2013	2014	2015	2016
信息社会指数(ISI)	0. 2772	0. 3150	0. 3404	0. 3548	0. 3692
1 信息经济指数	0. 2393	0. 2635	0. 2690	0. 2757	0. 2912
1. 1 经济发展指数	0. 1819	0. 1957	0. 2024	0. 2132	0. 2224
1. 2 人力资源指数	0. 4753	0. 4984	0. 5037	0. 5045	0. 5205
1. 2. 1 成人识字指数	0. 9384	0. 9220	0. 9226	0. 9226	0. 9226
1. 2. 2 教育投入指数	0. 3454	0. 4049	0. 4204	0. 4223	0. 4229
1. 2. 3 大学生指数	0. 1420	0. 1682	0. 1680	0. 1685	0. 2159
1. 3 产业结构指数	0. 2579	0. 2579	0. 2579	0. 2579	0. 2837
1. 3. 1 产值结构指数	0. 3886	0. 3886	0. 3886	0. 3886	0. 4523
1. 3. 2 就业结构指数	0. 1144	0. 1220	0. 1263	0. 1272	0. 1150
1. 4 发展方式指数	0. 0778	0. 1147	0. 1157	0. 1271	0. 1383
1. 4. 1 研发投入指数	0. 1502	0. 2198	0. 2198	0. 2518	0. 2761
1. 4. 2 创新指数	0. 0137	0. 0188	0. 0243	0. 0173	0. 0244
1. 4. 3 能效指数	0. 0695	0. 1056	0. 1029	0. 1121	0. 1145
2 网络社会指数	0. 3619	0. 3812	0. 3962	0. 3460	0. 3575
2. 1 支付能力指数	0. 1472	0. 1759	0. 1963	0. 2386	0. 2565
2. 1. 1 固定宽带支付能力指数	0. 1492	0. 1823	0. 1986	0. 2758	0. 2934
2. 1. 2 移动电话支付能力指数	0. 1452	0. 1694	0. 1940	0. 2014	0. 2196
2. 2 社会发展指数	0. 5765	0. 5865	0. 5962	0. 4534	0. 4586
2. 2. 1 人均寿命指数	0. 7457	0. 7457	0. 7457	0. 7457	0. 7457
2. 2. 2 城镇化指数	0. 4072	0. 4272	0. 4466	0. 4611	0. 4766
2. 2. 3 空气质量指数				0. 1534	0. 1534
3 在线政府指数	0. 2154	0. 3048	0. 4354	0. 4354	0. 4354
4 数字生活指数	0. 2510	0. 3038	0. 3244	0. 4160	0. 4369
4. 1 移动电话指数	0. 3109	0. 3618	0. 4205	0. 5327	0. 5551
4. 2 电脑指数	0. 1619	0. 2438	0. 2470	0. 2906	0. 3125
4. 3 互联网指数	0. 2801	0. 3056	0. 3056	0. 4246	0. 4432

表 10　鹤壁市 ISI 指标一览表（指数）

年份	2012	2013	2014	2015	2016
信息社会指数(ISI)	0. 3026	0. 3418	0. 3678	0. 3647	0. 3880
1 信息经济指数	0. 2331	0. 2474	0. 2547	0. 2624	0. 2797
1. 1 经济发展指数	0. 1953	0. 2148	0. 2277	0. 2507	0. 2687
1. 2 人力资源指数	0. 4682	0. 5052	0. 5123	0. 5183	0. 5267
1. 2. 1 成人识字指数	0. 9314	0. 9120	0. 9120	0. 9120	0. 9120
1. 2. 2 教育投入指数	0. 3133	0. 4141	0. 4358	0. 4533	0. 4248
1. 2. 3 大学生指数	0. 1600	0. 1895	0. 1892	0. 1897	0. 2432
1. 3 产业结构指数	0. 1837	0. 1838	0. 1932	0. 1993	0. 2323
1. 3. 1 产值结构指数	0. 2282	0. 2260	0. 2361	0. 2307	0. 2916
1. 3. 2 就业结构指数	0. 1393	0. 1416	0. 1503	0. 1678	0. 1730
1. 4 发展方式指数	0. 0850	0. 0860	0. 0856	0. 0812	0. 0912
1. 4. 1 研发投入指数	0. 1304	0. 1212	0. 1212	0. 0723	0. 1213
1. 4. 2 创新指数	0. 0177	0. 0311	0. 0328	0. 0569	0. 0313
1. 4. 3 能效指数	0. 1070	0. 1055	0. 1029	0. 1145	0. 1208
2 网络社会指数	0. 3912	0. 4145	0. 4326	0. 3876	0. 4242
2. 1 支付能力指数	0. 1581	0. 1930	0. 2209	0. 2806	0. 3543
2. 1. 1 固定宽带支付能力指数	0. 1603	0. 2001	0. 2235	0. 3243	0. 4432
2. 1. 2 移动电话支付能力指数	0. 1560	0. 1859	0. 2183	0. 2368	0. 2654
2. 2 社会发展指数	0. 6243	0. 6360	0. 6442	0. 4946	0. 4941
2. 2. 1 人均寿命指数	0. 7457	0. 7457	0. 7457	0. 7457	0. 7457
2. 2. 2 城镇化指数	0. 5028	0. 5263	0. 5427	0. 5562	0. 5699
2. 2. 3 空气质量指数				0. 1818	0. 1667
3 在线政府指数	0. 3135	0. 4090	0. 5519	0. 5519	0. 5519
4 数字生活指数	0. 2800	0. 3411	0. 3548	0. 3818	0. 4055
4. 1 移动电话指数	0. 2998	0. 3566	0. 3975	0. 4683	0. 5150
4. 2 电脑指数	0. 1945	0. 2900	0. 2904	0. 2891	0. 2939
4. 3 互联网指数	0. 3459	0. 3766	0. 3766	0. 3880	0. 4077

表 11　新乡市 ISI 指标一览表（指数）

年份	2012	2013	2014	2015	2016
信息社会指数(ISI)	0.2938	0.3333	0.3595	0.3749	0.3897
1 信息经济指数	0.2717	0.2890	0.2974	0.3139	0.3327
1.1 经济发展指数	0.1489	0.1784	0.1890	0.2006	0.2128
1.2 人力资源指数	0.5002	0.5256	0.5353	0.5427	0.5551
1.2.1 成人识字指数	0.9416	0.9260	0.9270	0.9270	0.9270
1.2.2 教育投入指数	0.3799	0.4385	0.4671	0.4887	0.4660
1.2.3 大学生指数	0.1792	0.2122	0.2120	0.2125	0.2724
1.3 产业结构指数	0.2450	0.2414	0.2559	0.2734	0.3075
1.3.1 产值结构指数	0.3638	0.3536	0.3811	0.3923	0.4574
1.3.2 就业结构指数	0.1263	0.1292	0.1308	0.1545	0.1577
1.4 发展方式指数	0.1925	0.2107	0.2095	0.2388	0.2553
1.4.1 研发投入指数	0.4476	0.4533	0.4533	0.5479	0.5583
1.4.2 创新指数	0.0216	0.0295	0.0295	0.0134	0.0496
1.4.3 能效指数	0.1084	0.1494	0.1456	0.1553	0.1580
2 网络社会指数	0.3550	0.3796	0.3957	0.3429	0.3561
2.1 支付能力指数	0.1206	0.1603	0.1833	0.2245	0.2455
2.1.1 固定宽带支付能力指数	0.1222	0.1662	0.1855	0.2595	0.2808
2.1.2 移动电话支付能力指数	0.1189	0.1544	0.1812	0.1895	0.2101
2.2 社会发展指数	0.5895	0.5988	0.6081	0.4614	0.4667
2.2.1 人均寿命指数	0.7457	0.7457	0.7457	0.7457	0.7457
2.2.2 城镇化指数	0.4332	0.4519	0.4704	0.4849	0.5009
2.2.3 空气质量指数				0.1534	0.1534
3 在线政府指数	0.2702	0.3873	0.5004	0.5004	0.5004
4 数字生活指数	0.2627	0.3134	0.3385	0.4261	0.4433
4.1 移动电话指数	0.3139	0.3560	0.4238	0.5525	0.5796
4.2 电脑指数	0.1762	0.2608	0.2683	0.2753	0.2832
4.3 互联网指数	0.2980	0.3234	0.3234	0.4504	0.4672

表 12　焦作市 ISI 指标一览表（指数）

年份	2012	2013	2014	2015	2016
信息社会指数(ISI)	0.3224	0.3573	0.3864	0.3917	0.4069
1 信息经济指数	0.2636	0.2821	0.2947	0.3055	0.3268
1.1 经济发展指数	0.2515	0.2771	0.2910	0.3127	0.3311
1.2 人力资源指数	0.4657	0.4834	0.5027	0.5073	0.5187
1.2.1 成人识字指数	0.9582	0.9500	0.9498	0.9498	0.9498
1.2.2 教育投入指数	0.2248	0.2467	0.3051	0.3183	0.2808
1.2.3 大学生指数	0.2140	0.2535	0.2532	0.2539	0.3254
1.3 产业结构指数	0.2101	0.2148	0.2291	0.2315	0.2663
1.3.1 产值结构指数	0.2903	0.2899	0.3081	0.3099	0.3847
1.3.2 就业结构指数	0.1299	0.1397	0.1501	0.1532	0.1480
1.4 发展方式指数	0.1271	0.1532	0.1561	0.1703	0.1911
1.4.1 研发投入指数	0.2744	0.2938	0.2938	0.3490	0.3760
1.4.2 创新指数	0.0239	0.0376	0.0495	0.0246	0.0551
1.4.3 能效指数	0.0830	0.1283	0.1250	0.1373	0.1422
2 网络社会指数	0.4124	0.4392	0.4610	0.4188	0.4337
2.1 支付能力指数	0.2036	0.2490	0.2822	0.3500	0.3819
2.1.1 固定宽带支付能力指数	0.2064	0.2581	0.2856	0.4045	0.4368
2.1.2 移动电话支付能力指数	0.2009	0.2398	0.2789	0.2954	0.3269
2.2 社会发展指数	0.6212	0.6293	0.6398	0.4876	0.4855
2.2.1 人均寿命指数	0.7457	0.7457	0.7457	0.7457	0.7457
2.2.2 城镇化指数	0.4966	0.5129	0.5339	0.5476	0.5603
2.2.3 空气质量指数				0.1695	0.1504
3 在线政府指数	0.2775	0.3516	0.4736	0.4736	0.4736
4 数字生活指数	0.3061	0.3525	0.3745	0.4235	0.4379
4.1 移动电话指数	0.3396	0.3951	0.4382	0.5106	0.5339
4.2 电脑指数	0.2372	0.2953	0.3184	0.3256	0.3280
4.3 互联网指数	0.3415	0.3670	0.3670	0.4342	0.4519

表 13　濮阳市 ISI 指标一览表（指数）

年份	2012	2013	2014	2015	2016
信息社会指数(ISI)	0. 2615	0. 2950	0. 3191	0. 3348	0. 3572
1 信息经济指数	0. 2275	0. 2477	0. 2523	0. 2592	0. 2805
1. 1 经济发展指数	0. 1539	0. 1709	0. 1828	0. 2028	0. 2204
1. 2 人力资源指数	0. 4755	0. 4951	0. 5141	0. 5152	0. 5185
1. 2. 1 成人识字指数	0. 8868	0. 8540	0. 8546	0. 8546	0. 8546
1. 2. 2 教育投入指数	0. 3897	0. 4537	0. 5104	0. 5132	0. 4729
1. 2. 3 大学生指数	0. 1499	0. 1776	0. 1773	0. 1778	0. 2279
1. 3 产业结构指数	0. 1732	0. 1976	0. 1858	0. 1834	0. 2432
1. 3. 1 产值结构指数	0. 2458	0. 2585	0. 2620	0. 2585	0. 3712
1. 3. 2 就业结构指数	0. 1006	0. 1366	0. 1096	0. 1083	0. 1153
1. 4 发展方式指数	0. 1074	0. 1270	0. 1267	0. 1355	0. 1397
1. 4. 1 研发投入指数	0. 2072	0. 2141	0. 2141	0. 2422	0. 2416
1. 4. 2 创新指数	0. 0191	0. 0263	0. 0289	0. 0201	0. 0238
1. 4. 3 能效指数	0. 0958	0. 1407	0. 1371	0. 1441	0. 1539
2 网络社会指数	0. 3313	0. 3512	0. 3677	0. 3278	0. 3627
2. 1 支付能力指数	0. 1246	0. 1536	0. 1773	0. 2270	0. 2906
2. 1. 1 固定宽带支付能力指数	0. 1263	0. 1592	0. 1794	0. 2624	0. 3635
2. 1. 2 移动电话支付能力指数	0. 1229	0. 1479	0. 1752	0. 1916	0. 2176
2. 2 社会发展指数	0. 5381	0. 5488	0. 5581	0. 4286	0. 4348
2. 2. 1 人均寿命指数	0. 7457	0. 7457	0. 7457	0. 7457	0. 7457
2. 2. 2 城镇化指数	0. 3304	0. 3519	0. 3705	0. 3865	0. 4054
2. 2. 3 空气质量指数				0. 1534	0. 1534
3 在线政府指数	0. 2931	0. 3696	0. 4899	0. 4899	0. 4899
4 数字生活指数	0. 2152	0. 2612	0. 2804	0. 3657	0. 3843
4. 1 移动电话指数	0. 2798	0. 3351	0. 3869	0. 4855	0. 5093
4. 2 电脑指数	0. 1384	0. 1967	0. 2026	0. 2404	0. 2584
4. 3 互联网指数	0. 3853	0. 3853	0. 3853	0. 3853	0. 3853

表 14　许昌市 ISI 指标一览表（指数）

年份	2012	2013	2014	2015	2016
信息社会指数(ISI)	0. 2967	0. 3379	0. 3585	0. 3670	0. 3844
1 信息经济指数	0. 2551	0. 2785	0. 2907	0. 3003	0. 3267
1. 1 经济发展指数	0. 2183	0. 2505	0. 2640	0. 2853	0. 3061
1. 2 人力资源指数	0. 4446	0. 4641	0. 4776	0. 4807	0. 4938
1. 2. 1 成人识字指数	0. 9302	0. 9120	0. 9126	0. 9126	0. 9126
1. 2. 2 教育投入指数	0. 2589	0. 3087	0. 3489	0. 3578	0. 3487
1. 2. 3 大学生指数	0. 1448	0. 1715	0. 1712	0. 1717	0. 2201
1. 3 产业结构指数	0. 1873	0. 1991	0. 2172	0. 2174	0. 2526
1. 3. 1 产值结构指数	0. 2512	0. 2666	0. 2828	0. 2851	0. 3799
1. 3. 2 就业结构指数	0. 1235	0. 1316	0. 1516	0. 1497	0. 1254
1. 4 发展方式指数	0. 1701	0. 2005	0. 2039	0. 2176	0. 2540
1. 4. 1 研发投入指数	0. 3429	0. 3652	0. 3652	0. 4335	0. 4552
1. 4. 2 创新指数	0. 0345	0. 0435	0. 0586	0. 0204	0. 0988
1. 4. 3 能效指数	0. 1331	0. 1930	0. 1881	0. 1991	0. 2082
2 网络社会指数	0. 3780	0. 4067	0. 4272	0. 3871	0. 4066
2. 1 支付能力指数	0. 1767	0. 2251	0. 2561	0. 3193	0. 3531
2. 1. 1 固定宽带支付能力指数	0. 1791	0. 2334	0. 2591	0. 3691	0. 4039
2. 1. 2 移动电话支付能力指数	0. 1743	0. 2168	0. 2531	0. 2696	0. 3023
2. 2 社会发展指数	0. 5792	0. 5883	0. 5983	0. 4548	0. 4601
2. 2. 1 人均寿命指数	0. 7457	0. 7457	0. 7457	0. 7457	0. 7457
2. 2. 2 城镇化指数	0. 4127	0. 4308	0. 4508	0. 4654	0. 4811
2. 2. 3 空气质量指数				0. 1534	0. 1534
3 在线政府指数	0. 2860	0. 3741	0. 4412	0. 4412	0. 4412
4 数字生活指数	0. 2606	0. 3165	0. 3301	0. 3890	0. 4011
4. 1 移动电话指数	0. 3100	0. 3520	0. 3868	0. 4789	0. 4864
4. 2 电脑指数	0. 1879	0. 2893	0. 2953	0. 3038	0. 3177
4. 3 互联网指数	0. 2839	0. 3083	0. 3083	0. 3843	0. 3993

表 15　漯河市 ISI 指标一览表（指数）

年份	2012	2013	2014	2015	2016
信息社会指数(ISI)	0.2840	0.3179	0.3397	0.3396	0.3524
1 信息经济指数	0.2274	0.2425	0.2536	0.2590	0.2734
1.1 经济发展指数	0.1907	0.1999	0.2063	0.2162	0.2297
1.2 人力资源指数	0.4436	0.4743	0.5062	0.5130	0.5248
1.2.1 成人识字指数	0.9230	0.9060	0.9060	0.9060	0.9060
1.2.2 教育投入指数	0.2320	0.3084	0.4046	0.4243	0.4010
1.2.3 大学生指数	0.1759	0.2083	0.2081	0.2086	0.2674
1.3 产业结构指数	0.1675	0.1721	0.1788	0.1831	0.2101
1.3.1 产值结构指数	0.2191	0.2279	0.2402	0.2465	0.3088
1.3.2 就业结构指数	0.1160	0.1163	0.1173	0.1197	0.1115
1.4 发展方式指数	0.1075	0.1237	0.1230	0.1239	0.1289
1.4.1 研发投入指数	0.1612	0.1881	0.1881	0.1688	0.1856
1.4.2 创新指数	0.1612	0.1881	0.1881	0.1688	0.1856
1.4.3 能效指数	0.1481	0.1668	0.1626	0.1755	0.1771
2 网络社会指数	0.3668	0.3836	0.3992	0.3485	0.3628
2.1 支付能力指数	0.1544	0.1796	0.2001	0.2420	0.2649
2.1.1 固定宽带支付能力指数	0.1565	0.1862	0.2024	0.2797	0.3031
2.1.2 移动电话支付能力指数	0.1523	0.1730	0.1977	0.2043	0.2268
2.2 社会发展指数	0.5793	0.5875	0.5983	0.4549	0.4606
2.2.1 人均寿命指数	0.7457	0.7457	0.7457	0.7457	0.7457
2.2.2 城镇化指数	0.4128	0.4293	0.4509	0.4657	0.4811
2.2.3 空气质量指数				0.1534	0.1550
3 在线政府指数	0.3118	0.4103	0.5290	0.5290	0.5290
4 数字生活指数	0.2484	0.2970	0.3031	0.3482	0.3621
4.1 移动电话指数	0.2920	0.3310	0.3504	0.4301	0.4518
4.2 电脑指数	0.1693	0.2527	0.2518	0.2554	0.2636
4.3 互联网指数	0.2839	0.3072	0.3072	0.3591	0.3709

表 16　三门峡市 ISI 指标一览表（指数）

年份	2012	2013	2014	2015	2016
信息社会指数(ISI)	0. 3216	0. 3511	0. 3736	0. 3816	0. 3903
1 信息经济指数	0. 2640	0. 2787	0. 2880	0. 2992	0. 3116
1. 1 经济发展指数	0. 2802	0. 3119	0. 3331	0. 3470	0. 3490
1. 2 人力资源指数	0. 4853	0. 5114	0. 5203	0. 5272	0. 5521
1. 2. 1 成人识字指数	0. 9698	0. 9640	0. 9650	0. 9650	0. 9650
1. 2. 2 教育投入指数	0. 2959	0. 3449	0. 3707	0. 3909	0. 4021
1. 2. 3 大学生指数	0. 1902	0. 2253	0. 2250	0. 2257	0. 2892
1. 3 产业结构指数	0. 1990	0. 1988	0. 2047	0. 2130	0. 2344
1. 3. 1 产值结构指数	0. 2934	0. 2914	0. 2998	0. 3167	0. 3563
1. 3. 2 就业结构指数	0. 1046	0. 1062	0. 1096	0. 1093	0. 1125
1. 4 发展方式指数	0. 0916	0. 0929	0. 0939	0. 1095	0. 1107
1. 4. 1 研发投入指数	0. 1523	0. 1290	0. 1290	0. 1565	0. 1725
1. 4. 2 创新指数	0. 0223	0. 0202	0. 0266	0. 0316	0. 0201
1. 4. 3 能效指数	0. 1001	0. 1295	0. 1262	0. 1405	0. 1396
2 网络社会指数	0. 4167	0. 4476	0. 4733	0. 4298	0. 4295
2. 1 支付能力指数	0. 2269	0. 2803	0. 3231	0. 3883	0. 3816
2. 1. 1 固定宽带支付能力指数	0. 2299	0. 2906	0. 3269	0. 4489	0. 4186
2. 1. 2 移动电话支付能力指数	0. 2238	0. 2700	0. 3193	0. 3278	0. 3446
2. 2 社会发展指数	0. 6065	0. 6149	0. 6234	0. 4713	0. 4774
2. 2. 1 人均寿命指数	0. 7457	0. 7457	0. 7457	0. 7457	0. 7457
2. 2. 2 城镇化指数	0. 4673	0. 4840	0. 5011	0. 5147	0. 5301
2. 2. 3 空气质量指数				0. 1534	0. 1563
3 在线政府指数	0. 2170	0. 3038	0. 4182	0. 4182	0. 4182
4 数字生活指数	0. 3188	0. 3427	0. 3447	0. 4035	0. 4206
4. 1 移动电话指数	0. 3986	0. 4144	0. 4200	0. 5092	0. 5279
4. 2 电脑指数	0. 2364	0. 2675	0. 2678	0. 2702	0. 2853
4. 3 互联网指数	0. 3214	0. 3463	0. 3463	0. 4311	0. 4486

表 17 南阳市 ISI 指标一览表（指数）

年份	2012	2013	2014	2015	2016
信息社会指数(ISI)	0. 2488	0. 2851	0. 3100	0. 3108	0. 3219
1 信息经济指数	0. 2329	0. 2556	0. 2655	0. 2776	0. 2927
1. 1 经济发展指数	0. 1359	0. 1474	0. 1526	0. 1590	0. 1683
1. 2 人力资源指数	0. 4608	0. 4932	0. 5165	0. 5312	0. 5379
1. 2. 1 成人识字指数	0. 9212	0. 8980	0. 8980	0. 8980	0. 8980
1. 2. 2 教育投入指数	0. 3304	0. 4266	0. 4968	0. 5405	0. 5169
1. 2. 3 大学生指数	0. 1307	0. 1548	0. 1546	0. 1551	0. 1987
1. 3 产业结构指数	0. 2223	0. 2271	0. 2378	0. 2487	0. 2785
1. 3. 1 产值结构指数	0. 3424	0. 3517	0. 3717	0. 3923	0. 4497
1. 3. 2 就业结构指数	0. 1073	0. 1073	0. 1073	0. 1073	0. 1073
1. 4 发展方式指数	0. 1127	0. 1546	0. 1553	0. 1716	0. 1860
1. 4. 1 研发投入指数	0. 1907	0. 2000	0. 2000	0. 2421	0. 2612
1. 4. 2 创新指数	0. 0101	0. 0141	0. 0225	0. 0070	0. 0227
1. 4. 3 能效指数	0. 1372	0. 2498	0. 2435	0. 2658	0. 2741
2 网络社会指数	0. 3283	0. 3444	0. 3573	0. 3089	0. 3141
2. 1 支付能力指数	0. 1100	0. 1325	0. 1480	0. 1780	0. 1941
2. 1. 1 固定宽带支付能力指数	0. 1115	0. 1373	0. 1497	0. 2058	0. 2221
2. 1. 2 移动电话支付能力指数	0. 1086	0. 1276	0. 1462	0. 1503	0. 1662
2. 2 社会发展指数	0. 5466	0. 5563	0. 5666	0. 4398	0. 4340
2. 2. 1 人均寿命指数	0. 7457	0. 7457	0. 7457	0. 7457	0. 7457
2. 2. 2 城镇化指数	0. 3475	0. 3668	0. 3875	0. 4028	0. 4164
2. 2. 3 空气质量指数				0. 1709	0. 1399
3 在线政府指数	0. 2328	0. 3761	0. 5080	0. 5080	0. 5080
4 数字生活指数	0. 1906	0. 2251	0. 2412	0. 2801	0. 2970
4. 1 移动电话指数	0. 2038	0. 2529	0. 2950	0. 3800	0. 4104
4. 2 电脑指数	0. 1289	0. 1599	0. 1660	0. 1693	0. 1738
4. 3 互联网指数	0. 2390	0. 2625	0. 2625	0. 2911	0. 3068

表 18　商丘市 ISI 指标一览表（指数）

年份	2012	2013	2014	2015	2016
信息社会指数(ISI)	0. 2444	0. 2801	0. 3046	0. 3106	0. 3265
1 信息经济指数	0. 2280	0. 2446	0. 2562	0. 2623	0. 2702
1. 1 经济发展指数	0. 1112	0. 1205	0. 1258	0. 1357	0. 1475
1. 2 人力资源指数	0. 4993	0. 5343	0. 5624	0. 5563	0. 5453
1. 2. 1 成人识字指数	0. 8554	0. 8140	0. 8150	0. 8150	0. 8150
1. 2. 2 教育投入指数	0. 5443	0. 6726	0. 7561	0. 7373	0. 6716
1. 2. 3 大学生指数	0. 0983	0. 1164	0. 1162	0. 1166	0. 1494
1. 3 产业结构指数	0. 2241	0. 2313	0. 2454	0. 2515	0. 2750
1. 3. 1 产值结构指数	0. 3411	0. 3520	0. 3765	0. 3860	0. 4325
1. 3. 2 就业结构指数	0. 1071	0. 1106	0. 1142	0. 1170	0. 1175
1. 4 发展方式指数	0. 0774	0. 0924	0. 0912	0. 1056	0. 1131
1. 4. 1 研发投入指数	0. 0970	0. 1105	0. 1105	0. 1431	0. 1493
1. 4. 2 创新指数	0. 0062	0. 0089	0. 0095	0. 0098	0. 0132
1. 4. 3 能效指数	0. 1290	0. 1577	0. 1537	0. 1638	0. 1767
2 网络社会指数	0. 3099	0. 3235	0. 3356	0. 2873	0. 3009
2. 1 支付能力指数	0. 0900	0. 1083	0. 1220	0. 1519	0. 1702
2. 1. 1 固定宽带支付能力指数	0. 0913	0. 1123	0. 1234	0. 1756	0. 1947
2. 1. 2 移动电话支付能力指数	0. 0888	0. 1043	0. 1205	0. 1282	0. 1457
2. 2 社会发展指数	0. 5297	0. 5388	0. 5491	0. 4226	0. 4317
2. 2. 1 人均寿命指数	0. 7457	0. 7457	0. 7457	0. 7457	0. 7457
2. 2. 2 城镇化指数	0. 3136	0. 3318	0. 3525	0. 3686	0. 3841
2. 2. 3 空气质量指数				0. 1534	0. 1653
3 在线政府指数	0. 2462	0. 3849	0. 4994	0. 4994	0. 4994
4 数字生活指数	0. 1949	0. 2370	0. 2572	0. 3193	0. 3508
4. 1 移动电话指数	0. 2403	0. 2913	0. 3449	0. 4342	0. 4974
4. 2 电脑指数	0. 1286	0. 1824	0. 1893	0. 1937	0. 2098
4. 3 互联网指数	0. 2157	0. 2374	0. 2374	0. 3301	0. 3453

表 19　信阳市 ISI 指标一览表（指数）

年份	2012	2013	2014	2015	2016
信息社会指数(ISI)	0.2545	0.2918	0.3095	0.3054	0.3159
1 信息经济指数	0.2357	0.2591	0.2711	0.2690	0.2753
1.1 经济发展指数	0.1279	0.1396	0.1477	0.1595	0.1736
1.2 人力资源指数	0.5087	0.5492	0.5843	0.5525	0.5554
1.2.1 成人识字指数	0.8744	0.8340	0.8338	0.8338	0.8338
1.2.2 教育投入指数	0.5239	0.6621	0.7678	0.6721	0.6379
1.2.3 大学生指数	0.1279	0.1515	0.1513	0.1517	0.1944
1.3 产业结构指数	0.2494	0.2577	0.2638	0.2668	0.2722
1.3.1 产值结构指数	0.3926	0.4016	0.4127	0.4127	0.4278
1.3.2 就业结构指数	0.1062	0.1139	0.1150	0.1209	0.1167
1.4 发展方式指数	0.0566	0.0900	0.0886	0.0971	0.0999
1.4.1 研发投入指数	0.0289	0.0704	0.0704	0.0831	0.0903
1.4.2 创新指数	0.0045	0.0083	0.0091	0.0111	0.0102
1.4.3 能效指数	0.1363	0.1911	0.1863	0.1971	0.1993
2 网络社会指数	0.3288	0.3443	0.3586	0.3087	0.3220
2.1 支付能力指数	0.1036	0.1254	0.1433	0.1785	0.2003
2.1.1 固定宽带支付能力指数	0.1050	0.1300	0.1449	0.2063	0.2291
2.1.2 移动电话支付能力指数	0.1022	0.1208	0.1416	0.1506	0.1714
2.2 社会发展指数	0.5541	0.5632	0.5739	0.4389	0.4438
2.2.1 人均寿命指数	0.7457	0.7457	0.7457	0.7457	0.7457
2.2.2 城镇化指数	0.1036	0.1254	0.1433	0.1785	0.2003
2.2.3 空气质量指数				0.1534	0.1534
3 在线政府指数	0.1649	0.2636	0.3524	0.3524	0.3524
4 数字生活指数	0.2288	0.2813	0.2846	0.3228	0.3381
4.1 移动电话指数	0.2389	0.2753	0.2890	0.3714	0.4030
4.2 电脑指数	0.1984	0.2962	0.2924	0.3046	0.3077
4.3 互联网指数	0.2492	0.2724	0.2724	0.2924	0.3036

表 20 周口市 ISI 指标一览表（指数）

年份	2012	2013	2014	2015	2016
信息社会指数(ISI)	0.2297	0.2597	0.2886	0.2860	0.2989
1 信息经济指数	0.2179	0.2391	0.2549	0.2553	0.2626
1.1 经济发展指数	0.0982	0.1066	0.1172	0.1311	0.1429
1.2 人力资源指数	0.4916	0.5139	0.5652	0.5542	0.5329
1.2.1 成人识字指数	0.8688	0.8260	0.8266	0.8266	0.8266
1.2.2 教育投入指数	0.5251	0.6201	0.7735	0.7401	0.6492
1.2.3 大学生指数	0.0808	0.0957	0.0956	0.0958	0.1228
1.3 产业结构指数	0.2064	0.2133	0.2155	0.2128	0.2457
1.3.1 产值结构指数	0.3102	0.3231	0.3237	0.3149	0.3784
1.3.2 就业结构指数	0.1027	0.1035	0.1074	0.1108	0.1130
1.4 发展方式指数	0.0755	0.1227	0.1215	0.1229	0.1287
1.4.1 研发投入指数	0.0764	0.0832	0.0832	0.0753	0.0786
1.4.2 创新指数	0.0033	0.0044	0.0081	0.0081	0.0070
1.4.3 能效指数	0.1469	0.2805	0.2734	0.2852	0.3006
2 网络社会指数	0.3045	0.3173	0.3313	0.2843	0.3075
2.1 支付能力指数	0.0795	0.0958	0.1137	0.1468	0.1884
2.1.1 固定宽带支付能力指数	0.0806	0.0993	0.1150	0.1697	0.2357
2.1.2 移动电话支付能力指数	0.0784	0.0923	0.1123	0.1239	0.1411
2.2 社会发展指数	0.5295	0.5387	0.5489	0.4217	0.4267
2.2.1 人均寿命指数	0.7457	0.7457	0.7457	0.7457	0.7457
2.2.2 城镇化指数	0.3132	0.3317	0.3520	0.3661	0.3810
2.2.3 空气质量指数				0.1534	0.1534
3 在线政府指数	0.1777	0.2418	0.3867	0.3867	0.3867
4 数字生活指数	0.1840	0.2288	0.2468	0.2848	0.2972
4.1 移动电话指数	0.1995	0.2323	0.2750	0.3602	0.3825
4.2 电脑指数	0.1371	0.2169	0.2282	0.2301	0.2341
4.3 互联网指数	0.2154	0.2373	0.2373	0.2642	0.2750

表 21　驻马店市 ISI 指标一览表（指数）

年份	2012	2013	2014	2015	2016
信息社会指数(ISI)	0. 2357	0. 2640	0. 2850	0. 2900	0. 3033
1 信息经济指数	0. 2300	0. 2413	0. 2511	0. 2597	0. 2721
1. 1 经济发展指数	0. 1042	0. 1190	0. 1295	0. 1436	0. 1545
1. 2 人力资源指数	0. 4939	0. 5192	0. 5444	0. 5493	0. 5509
1. 2. 1 成人识字指数	0. 9110	0. 8840	0. 8838	0. 8838	0. 8838
1. 2. 2 教育投入指数	0. 4759	0. 5614	0. 6373	0. 6517	0. 6251
1. 2. 3 大学生指数	0. 0947	0. 1121	0. 1120	0. 1123	0. 1439
1. 3 产业结构指数	0. 2399	0. 2390	0. 2436	0. 2468	0. 2791
1. 3. 1 产值结构指数	0. 3817	0. 3762	0. 3817	0. 3836	0. 4398
1. 3. 2 就业结构指数	0. 0980	0. 1018	0. 1054	0. 1100	0. 1184
1. 4 发展方式指数	0. 0821	0. 0880	0. 0870	0. 0992	0. 1039
1. 4. 1 研发投入指数	0. 0958	0. 0789	0. 0789	0. 0918	0. 1000
1. 4. 2 创新指数	0. 0047	0. 0065	0. 0081	0. 0103	0. 0104
1. 4. 3 能效指数	0. 1456	0. 1786	0. 1741	0. 1956	0. 2013
2 网络社会指数	0. 3069	0. 3227	0. 3372	0. 2914	0. 3027
2. 1 支付能力指数	0. 0843	0. 1070	0. 1256	0. 1607	0. 1782
2. 1. 1 固定宽带支付能力指数	0. 0855	0. 1109	0. 1271	0. 1858	0. 2038
2. 1. 2 移动电话支付能力指数	0. 0832	0. 1030	0. 1241	0. 1357	0. 1525
2. 2 社会发展指数	0. 5294	0. 5384	0. 5489	0. 4221	0. 4273
2. 2. 1 人均寿命指数	0. 7457	0. 7457	0. 7457	0. 7457	0. 7457
2. 2. 2 城镇化指数	0. 3130	0. 3311	0. 3520	0. 3673	0. 3828
2. 2. 3 空气质量指数				0. 1534	0. 1534
3 在线政府指数	0. 1831	0. 2493	0. 3352	0. 3352	0. 3352
4 数字生活指数	0. 1879	0. 2328	0. 2498	0. 3037	0. 3244
4. 1 移动电话指数	0. 2157	0. 2547	0. 2917	0. 3764	0. 4190
4. 2 电脑指数	0. 1327	0. 2069	0. 2210	0. 2310	0. 2389
4. 3 互联网指数	0. 2153	0. 2369	0. 2369	0. 3037	0. 3152

表 22　济源市 ISI 指标一览表（指数）

年份	2012	2013	2014	2015	2016
信息社会指数(ISI)	0.3562	0.3938	0.4117	0.4176	0.4287
1 信息经济指数	0.3041	0.3207	0.3338	0.3538	0.3666
1.1 经济发展指数	0.3609	0.3723	0.4121	0.4180	0.4218
1.2 人力资源指数	0.4923	0.5282	0.5370	0.5518	0.5771
1.2.1 成人识字指数	0.9722	0.9680	0.9672	0.9672	0.9672
1.2.2 教育投入指数	0.2296	0.2908	0.3185	0.3619	0.3458
1.2.3 大学生指数	0.2751	0.3258	0.3254	0.3263	0.4182
1.3 产业结构指数	0.2018	0.2003	0.2050	0.2151	0.2569
1.3.1 产值结构指数	0.2459	0.2574	0.2480	0.2568	0.3420
1.3.2 就业结构指数	0.1577	0.1433	0.1619	0.1735	0.1718
1.4 发展方式指数	0.1613	0.1819	0.1812	0.2301	0.2109
1.4.1 研发投入指数	0.3820	0.4368	0.4368	0.5114	0.5033
1.4.2 创新指数	0.0284	0.0316	0.0315	0.0998	0.0484
1.4.3 能效指数	0.0735	0.0774	0.0754	0.0792	0.0809
2 网络社会指数	0.4602	0.4891	0.5269	0.4804	0.4920
2.1 支付能力指数	0.2922	0.3345	0.3997	0.4679	0.4865
2.1.1 固定宽带支付能力指数	0.2961	0.3468	0.4045	0.5408	0.5565
2.1.2 移动电话支付能力指数	0.2882	0.3222	0.3950	0.3949	0.4164
2.2 社会发展指数	0.6283	0.6438	0.6541	0.4930	0.4976
2.2.1 人均寿命指数	0.7457	0.7457	0.7457	0.7457	0.7457
2.2.2 城镇化指数	0.5108	0.5418	0.5625	0.5769	0.5937
2.2.3 空气质量指数				0.1563	0.1534
3 在线政府指数	0.3114	0.3702	0.3702	0.3702	0.3702
4 数字生活指数	0.3191	0.3793	0.3881	0.4343	0.4468
4.1 移动电话指数	0.4038	0.4431	0.4685	0.5421	0.5985
4.2 电脑指数	0.2022	0.3071	0.3080	0.3106	0.2781
4.3 互联网指数	0.3513	0.3877	0.3877	0.4501	0.4637

一体化发展篇

Integrated Development Reports

B.3
中原城市群空间整合研究

彭俊杰*

摘　要：推动中原城市群一体化发展对提高城镇化发展质量，打造我国经济新的增长极，补齐发展短板，实现可持续发展意义重大。本文立足于中原城市群空间结构演变与现状，厘清中原城市群空间整合的总体思路，剖析空间演进的规律，并从优化城市空间布局、提升基础设施互联互通能力、促进产业分工协作、共建现代市场体系、共享基本公共服务、共创区域生态环境等六个方面提出协同推进中原城市群空间整合的调控策略。

关键词：中原城市群　空间整合　总体思路

* 彭俊杰，河南省社会科学院城市与环境研究所，助理研究员。

中原城市群地处全国“两横三纵”城市化战略格局路桥通道与京广通道交汇区域，承东启西，连贯南北，是沟通和促进全国各经济区交流合作的中枢之地。从空间上看，中原城市群位于全国经济的地理腹地，在国家区域发展格局中具有十分重要的地位。2016 年 12 月 30 日，《中原城市群发展规划》获批，中原城市群正式跻身于国家七大城市群，该《规划》成为河南省承接的又一个国家级战略规划。从具体范围来看，中原城市群范围涵盖河南省 18 个省辖市，以及河北省的 2 个市（主要包括邯郸和邢台），山西省的 3 个市（主要包括长治、晋城和运城），安徽省的 5 个市（主要包括宿州、淮北、阜阳、亳州和蚌埠），山东省的 2 个市（主要包括聊城和菏泽）。深入研究中原城市群空间结构的演变与现状，厘清中原城市群空间整合的总体思路，剖析空间演进的规律，并提出空间整合的调控策略，科学规划和积极推动中原城市群持续健康发展，引领中部地区在国家“一带一路”战略实施进程中发挥更大作用，在实现“两个一百年”奋斗目标的中国梦中更加出彩。

一　中原城市群空间整合的总体思路

结合主体功能区战略，根据中原城市群的发展现状和环境容量、现有开发强度和发展潜力，按照“核心带动、轴带发展、节点提升、对接周边”的原则，以生态为本底，以区域交通廊道为空间发展骨架，以交通时距圈层为空间发展依托，以推动中原城市群健康、绿色、可持续发展为基本原则，形成“一核、四轴、四区”的中原城市群空间结构，进一步明确区域功能定位，规范空间开发秩序，促进人口、产业集中集聚发展，加快形成布局合理、集约高效的城市群一体化发展格局。

二　中原城市群空间整合的基本原则

建设中原城市群，既要顶层设计、统筹谋划、积极推进，又要突出重点、把握关键、积极稳妥，切实把握和坚持以下基本原则。

——坚持市场主导、政府推动。遵循经济一体化发展的客观规律，立足资源、生态和环境承载能力，充分发挥市场在资源配置中的决定性作用，尊重企业和社会组织在区域一体化中的主体地位，促进生产要素高效流动和资源的优化配置。积极发挥政府引导和协调作用，加强规划引导，支持先行先试，强化政策扶持，打破行政壁垒，优化空间布局，促进产业分工，形成区域一体化发展新局面。

——坚持平等参与、互利共赢。着眼扩大区域共同利益，坚持以发展诉求为前提，以利益联结为纽带，坚持双方和多方积极谋划、自愿平等、共同推进原则，不断深化加强区域间的交流与合作，推动实现基础设施一体化、产业链上下游配套、合理的资源要素流动、公共社会服务共建共享、生态环境联防联控，着力形成区域发展共同体，实现互利共赢、良性互动、协同发展。

——坚持优势互补、良性互动。充分发挥中原城市群各地区比较优势，坚持特色化和差异化发展模式，合理空间布局和功能分区，推动产业合理布局和聚集发展，促进区域内大中小城市功能互补和组团式发展，探索重大项目、平台共建和利益共享机制，实现区域生产力的最优配置，最大限度发挥发展潜力，着力形成独具特色、协同发展的大都市区新格局。

——坚持全面推进、重点突破。积极寻找各方利益结合点，充分调动各方面的积极性，积极推进多领域、多层次、多形式合作，以重点领域、重大工程、重大项目为突破口，全面推进城乡建设、道路交通、环境保护、体制机制等对接合作，推进大都市区向深层次、宽领域、高水平发展，全面加快大都市区发展进程。

——坚持民生优先、和谐发展。坚持把保障和改善民生摆在郑州大都市区发展的优先位置，全面加强教育、医疗卫生、文化体育、社会保障、生态环境等民生事业发展，促进各个地区共建共享，提高基本公共服务均等化水平，让广大群众更多更公平地享受中原城市群一体化发展带来的成果。

三　中原城市群空间整合的发展格局

根据河南省及其周边河北、山西、安徽、山东等地区自然条件和现状基础，结合主体功能区规划、新型城镇化规划等相关规划，突出重点，合理布局，以郑州大都市区为核心、以“米”字形综合交通网络为轴带引领、以培育四大发展示范区为重要支撑，以点串线，以线带面，形成“一核携领、四轴贯通、四区联动”的空间发展格局。其中北部地区主要定位于跨区域的协同发展，东部地区主要承接先进地区的产业转移，西部资源型城市主要定位于转型创新，南部生态环境良好的地区主要立足自身优势发展高效生态经济。

（一）一核携领：郑州大都市区

“一核”即以郑州大都市区建设为核心，范围包括郑州中心城区、郑东新区、郑州航空港经济综合实验区、高新技术产业集聚区、经济技术产业集聚区、新郑、新密、荥阳、上街、登封等区域。按照“一主一城三区四组团26个新市镇”空间布局，围绕国家中心城市建设这一目标，重点提升郑州作为国家区域性中心城市的地位，积极推动郑汴、郑新、郑焦、郑许一体化发展，积极加强与洛阳市、平顶山市、漯河市和济源市等城市的合作与连接。以推进郑州航空港、郑洛新国家的自主创新示范区和河南自贸区郑州片区为突破口，按照建设大枢纽、发展大物流、培育大产业、塑造大都市和打造国家中心城市的发展方向，引智引力，创新服务，着力构建联通境内外、辐射东中西的国际物流中心，着力培育以开放经济和智慧经济为统领、先进制造业和高成长性服务业为主体的现代产业体系，着力塑造以现代、田园、智慧为主要特征的开放型国际大都市，持续提升郑州的国内辐射力、国内外资源整合力和国际影响力，走出一条符合中原实际、具有示范效应的区域中心城市现代化发展道路，将郑州大都市区打造成为国际性现代综合立体交通枢纽、中西部对外开放门户、全国重要的先进制造业基地，国际物流中心、国家区域性现代金融中心、具有国际竞争力的中原创新创业中心、华夏历史文明传承创新中心。

（二）四轴贯通

四轴，即陇海铁路发展轴、京广铁路发展轴、郑万铁路发展轴、郑合铁路发展轴。以“米”字形综合交通网络为依托，利用郑州承东启西、连贯南北的区位优势，加快推进京广、陇海铁路，郑机、郑汴、郑焦城际铁路，郑开大道、沿黄快速通道等区域通道建设，增加通道密度，提升通道功能，积极构建以高铁、城铁、地铁、高速公路、快速通道为主体的现代化综合交通运输体系，合力打造东西南北发展轴，形成支撑中原城市群发展的基本骨架。

——陇海铁路发展轴。充分发挥资源禀赋和区位优势，加强郑州，洛阳等重要城市功能，加强开封、三门峡、运城、商丘、淮北、苏州、菏泽等沿线城市经济人口承载力，联合建设电子信息、零部件、装备制造、有色金属加工、生物医药、能源化工产业集群，形成具有国际竞争力的制造业和城市集聚区，加强新欧亚大陆桥经济走廊战略支撑作用。

——京广铁路发展轴。依托107国道、311省道、京港澳高速、郑新城际铁路等京广复合交通走廊，发挥郑州辐射带动作用，加快郑新、郑许融合，以交通一体、产业协作、基础设施共建共享为突破口，积极对接郑州发展，提升河北邢台和邯郸，河南省境内的安阳、鹤壁、新乡、许昌、漯河、驻马店、信阳等中心城市辐射带动作用，加快建立食品精深加工、智能装备、电子信息、新材料等高端产业基地，大力发展高端制造业，加快发展航空物流业，谋划推进区域分销中心、电商配送基地等项目，构建物流、信息流与特色空运产品配套衔接的临空产业链，着力打造连贯南北的城镇产业密集带。

——郑万铁路发展轴。依托郑济、郑万高铁建设，进一步强化山东省聊城市，河南省境内的濮阳市、平顶山市和南阳市等节点城市和沿线中小城市的支撑作用，重点发展装备制造、新能源和战略新兴产业。其中，聊城定位于建设冀鲁豫三省交界综合交通枢纽城市、国家历史文化名城、中国北方高品质示范城市、中原城市群区域中心城市；濮阳定位于建设豫鲁冀三省交会综合交通枢纽城市、全国重要的新型化工基地、中原城市群重要节点城市；平顶山定位于建设豫中南地区中心城市、中部重要的能源化工和先进制造业基地，中原城市群重要节点城市；南阳定位于建设豫陕鄂省际区域性中心城市、新能源和装备制造业基地和全国高效生态经济示范市、国家历史文化名城。

——郑合铁路发展轴。依托郑合、郑太高铁建设，进一步强化山西省长治市和晋城市，河南省境内的焦作市、济源市和周口市，以及安徽省境内的阜阳市和蚌埠市等中心城市建设，加快装备制造、纺织服装、食品加工、生物医药、汽车及零部件等产业一体化发展，着力构建连接长三角城市群、太原都市圈的城镇和产业集聚带。其中，长治定位于建设晋冀豫三省交界地区门户城市、全国重要的新型能源基地、新型工业基地和转型试点城市；晋城定位于建设区域重要的能源、煤化工基地和旅游城市，具有太行山地特色的现代宜居城市；焦作定位于建设重要的区域经济转型示范市，新型工业城、区域中心城、知名旅游城、生态宜居城、太极文化城；济源定位于建设豫西北地区性中心城市、城乡一体化示范城市和工业旅游城市；周口定位于建设豫东南区域性中心城市、全国重要的农副产品精深加工和物流商贸基地；阜阳定位于建设豫东皖北区域性中心城市、国家重要的区域性交通枢纽、新兴加工制造业基地和能源基地；蚌埠定位于建设豫东皖北区域中心城市、淮河经济生态带核心城市、中原城市群重要创新示范基地。

（三）四区联动

依据不同区域的资源环境承载力、现有基础条件和开发潜力，中原城市群发展区域被划分为四大发展示范区。

——北部跨区域协同发展示范区。进一步发挥区域资源优势，加强和深化全面战略合作，分享中原城市群政策机遇，遵循市场经济规律，突破行政区划边界，大胆创新，率先探索区域协调发展的新路子，加强行业、物流、旅游、文化等领域的深度合作，实现优势互补，相互促进，联动发展，有效利用土地和空间，创建人与自然和谐的区域发展新模式，为促进中原城市群协调发展探索新路。

——东部承接产业转移示范区。充分发挥东西和南北各地区交通优势，依靠良好的资源环境，丰富的人力资源和周边市场，大力提高行业配套能力，优化发展环境，加快生产要素转移，建设现代工业体系，形成区域经济发展的新格局。

——西部转型创新发展示范区。依托丰富的能源资源和现有的产业基础，加强资源综合利用和循环经济的发展，建设具有国家影响力的煤、电、有色金属新材料基地。促进新产业、现代服务业和现代农业等与新型工业的对接配套，形成一系列优势互补、分工鲜明、具有强有力支撑的产业集群。加强技术引进和战略合作，大力发展高端制造业、航空物流、新能源等新兴产业，加快产业结构转型升级，建设现代装备制造业基地，建成资源型城市产业转型示范区。

——南部高效生态经济示范区。依托自身生态优势、独特的气候资源和环境、丰富的自然和文化景观，进一步加强生态建设，积极建设桐柏－大别山生态旅游区和沿淮生态保护区，促进城市周边森林保护和生态水系建设，建立区域生态网络。加强文化、教育、医疗、社会保障和环境保护等领域的交流与合作，优化区域经营环境和生活环境，共同建设重要的高效生态经济示范区。

四　中原城市群空间整合的调控策略

围绕中原城市群建设的空间布局和基本原则，突出重点领域，强化路径创新，协同优化城市空间布局，协同提升基础设施互联互通能力，协同促进产业分工协作，协同共建现代市场体系，协同共享基本公共服务，协同共创区域生态环境，协同开创中原城市群一体化发展新格局。

（一）协同优化城市空间布局

推进中原城市群区域中心城市、重要节点城市、现代中小城市、特色小城镇空间布局一体化，形成城市之间、城乡之间联动发展的生产力布局和层次清晰、结构合理的城镇形态。进一步深化规划体制改革，加强对各类规划的统一管理，强化各类规划的系统性、规范性、科学性和权威性，逐步建立相互配套、衔接、管理有序的规划体系。根据中原城市群建设的总体思路，全面制定中原城市群规划，城市系统、村镇规划，土地利用总体规划和水利建设规划，努力建设中原城市群的综合发展城市形态和发展格局。为了克服长期分割的影响，区域生产力分配、产业结构和城市功能不合理的现象逐步改变，进一步优化生产布局规划。在中原城市群范围内统一规划布局重大工业发展项目、重大公用事业项目、重大社会发展项目，进一步提高资源配置效率和设施共享水平。

（二）协同提升基础设施互联互通能力

按照统筹规划、合理布局、共建共享、互利共赢原则，以重大项目为抓手，充分发挥交通基础设施建设的先导作用，加快推进交通、能源、电力、水资源、信息资源等基础设施建设，进一步提升基础设施建设和管理的现代化水平，着力夯实中原城市群一体化发展的现实基础。共同完善高铁、城铁、地铁、民航、城际公交等综合交通运输体系，加强郑州大都市区、郑州国际商都等重大战略建设的交通规划，着力构建半小时、一小时、两小时交通圈和经济圈。协同增强能源保障能力，实施清洁能源生产与消费工程，提高能源利用效率和绿色化水平。努力推进水利工程建设，确保区域防洪安全、生态安全和粮食生产安全，促进黄河流域主要支流水利设施的开发利用。推进信息基础设施建设，统一规划，大力提升信息发展的数字化、宽带化、智能化，促进资源共享，使同一网络具有相同的收费。

（三）协同促进产业分工协作

充分发挥地区比较优势，以市场为导向，以企业为主体，以推进产业链跨区域布局、共建产业合作平台等为重点，促进城市间产业协作配套，推进产业跨区域布局，鼓励企业跨区域重组联合，构建横向错位发展、纵向分工协作的产业分工协作体系。联合提升工业发展水平，以优势产业和骨干企业为龙头，联手打造电子信息、装备制造、生物医药等优势产业集群，延长产业链，提升产业层次，合力建设全国先进制造业基地和战略性新兴产业基地。合力发展现代服务业，重点在创意文化、现代金融、高端商务、健康养老等领域合作共赢，全面提升中原城市群现代服务业发展水平。协同发展现代农业，共同应对气候变化与极端气候事件，以保障国家粮食安全为首要目标，积极推动粮食生产、都市农业、文化旅游等协调发展，努力打造田园综合体，构建区域共享的农业服务体系，建成特色农产品生产与加工基地。协同推进自主创新体系建设，联合组建产业技术创新联盟，加强创新平台共建和资源开放共享，联合攻关共性关键技术，推动科技成果转化运用。建立产业协同发展机制，建立健全产业转移推进机制和利益协调机制，搭建产业合作平台，共建产业集聚区，逐步统一土地、环保等政策。

（四）协同共建现代市场体系

突破行政区限制和体制障碍，全面清理阻碍生产要素和商品自由流动的各种不合理规定，统一市场规则，加快发展统一、开放的商品市场和要素市场。实行统一的市场准入制度，促进区域市场主体登记注册一体化。完善区域金融服务网络体系，支持地方金融机构设立分行，探索建立中原城市群一体化发展的存取款制度、支付和资金结算制度。完善人才评价体系和就业管理服务网络，完善区域统一的标准化劳动就业体系和就业信息渠道，共享人力资源市场体系，实现城市培训与认定结果的相互认可，加强跨区域人力资源的流动。建立技术交易市场的可操作性，实施统一的技术标准。建立互动共享的信息服务平台，依法实现信用信息披露和分享。鼓励建立区域贸易协会，取消商品流通、市场准入等限制，促进商品、生产等市场一体化。

（五）协同共享基本公共服务

秉持均衡共享理念，以保障和改善民生为重点，加强公共服务交流合作，合理配置基本公共服务资源，建立健全资源要素优化配置、共建共享、流转顺畅、协作管理的社会公共事务管理机制，加快推进区域教育、文化、医疗和社会保障等基本公共服务共建共享，推动城市基本公共服务均等化发展。积极推进教育合作，支持大中小学校、职业院校、技术学校等各类教育机构开放办学和跨区域合作，共建优质教育。推进医疗资源跨区域共享，引导郑州市、洛阳市、新乡市、焦作市、许昌市、聊城市、蚌埠市、邯郸市、长治市、阜阳市等市优质医疗资源向其他城市辐射，促进各市医疗卫生资源联系协作，推动重大疫情联防联控。推进文化、体育等公共设施共享。推动医疗保障、养老保险的区域统筹和无障碍转移接续，实现基本医疗保险定点医疗机构互认和就医医疗费用联网结算。协同创新社会管理，构建区域协调一致的社会公共事务管理机制，重点加强在人口联动管理、社会治安综合治理、防灾减灾、安全生产、应急处置等方面的合作，形成社会服务和管理合力，为区域和谐发展提供有力保障。

（六）协同共创区域生态环境

建立健全跨区域生态环保联动机制，编制实施中原城市群发展环境总体规划，严格按照主体功能定位推进生态一体化建设，加强生态环境综合治理，推动区域绿色化发展，共建天蓝、地绿、水清的生态文明家园。加快生态环境建设，共建以黄河、伊河、洛河、南水北调为重点，以山地、森林、湿地等生态系统为主体，以自然保护区、森林公园和风景名胜区为支点的生态保护屏障。加强跨区域生态工程建设，联合开展重点流域水污染治理，加强跨区域大气污染防治。提高资源利用水平，大力发展循环经济，倡导绿色低碳生活方式，共促区域绿色发展。建立区域生态环境保护合作机制，完善环境污染联防联治机制，建立区域生态补偿机制，健全生态环境监测、信息沟通、联合执法、重大环境事件协调处理机制。

参考文献

张秀生、王鹏：《经济发展新常态与产业结构优化》，《经济问题》2015 年第 4 期。

魏杰、张林：《经济新常态下的产业结构调整及相关改革》，《经济纵横》2015 年第 6 期。

李伟、刘鹤、卢中原、隆国强：《发达国家再制造业化战略及对我国的影响》，《管理世界》2013 年第 2 期。

江飞涛、李晓萍：《直接干预市场与限制竞争：中国产业政策的取向与根本缺陷》，《中国工业经济》2010 年第 9 期。

宣烨、余泳泽：《生产性服务业层级分工对制造业效率提升的影响——基于长三角地区 38 城市的经验分析》，《产业经济研究》2014 年第 3 期。

张占仓等：《河南经济发展报告（2016）》，社会科学文献出版社，2016。

B.4
中原城市群产业分工协作研究

左　雯*

摘　要：　产业发展是中原城市群全面发展的基石，中原城市群产业发展基础良好，但还存在产业结构不合理、产业层次低、城市间产业同质化竞争、城市间经济联系弱等问题。中原城市群各城市按照重点发展先进制造业集群、战略性新兴产业集群、现代服务业和现代农业集群的思路，明确城市功能定位，围绕产业发展方向进行产业分工协作，发挥各地的比较优势，坚持政府引导，强化郑州中心城市的地位和作用，避免重复布局、重复建设、重复投资、同质化竞争和城市间的内耗，实现资源和优势互补、利益共享、共同发展。

关键词：　中原城市群　产业分工　产业协作

随着工业化和城镇化的持续加速推进，中原城市群对中部地区经济社会发展的辐射带动作用越来越强。加快推进中原城市群发展，必须有强大的产业支撑。《中原城市群发展规划》明确提出："深化产业分工协作，突出新兴产业和新业态培育、传统产业转型升级、产业深度融合创新，有序承接产业转移，引导产业集群发展，构建优势互补、协作紧密、联动发展的现代产业体系。"只有城市群各城市明确城市功能定位和产业分工，才能更好地发挥各地的比较优势，避免重复布局、重复建设、重复投资、同质化竞争和城

---

* 左雯，河南省社会科学院城市与环境研究所副研究员。

市间的内耗，才能实现资源和优势互补、利益共享、共同发展。中原城市群要按照规划的定位和要求，在中原城市群内部按照产业链条进行合理的产业分工定位，明确各自的产业发展重点和方向，推动中原城市群一体化发展。

一 中原城市群产业发展现状

（一）城市经济发展差异较大

中原城市群经济总量较大，2015 年区域生产总值达到 5.61 万亿元，仅次于长三角城市群、珠三角城市群、京津冀城市群，居全国第四位。但区域城市间经济实力差异较大，位于中原城市群中心地位的郑州市，2015 年 GDP 达到 7311.52 亿元，GDP 在 3000 亿 ~4000 亿元的只有洛阳市、邯郸市，GDP 在 2000 亿 ~3000 亿元的有南阳市、聊城市、菏泽市、许昌市、周口市 5 市，GDP 在 1000 亿 ~2000 亿元的有新乡市、焦作市、信阳市、安阳市、商丘市、驻马店市、邢台市、平顶山市、开封市、濮阳市、阜阳市、蚌埠市、三门峡市、宿州市、长治市、运城市、晋城市 17 市，GDP 在 1000 亿元以下的有漯河市、亳州市、淮北市、鹤壁市、济源市 5 市。可以看出，中原城市群除郑州外其他城市经济总量大多集中在 1000 亿 ~3000 亿元，但是人均 GDP 较低，中原城市群人均 GDP 为 3.51 万元，而同年全国人均 GDP 为 5 万元，只有郑州市、济源市、三门峡市、焦作市、洛阳市、许昌市 6 市达到或超过全国平均水平，且各城市间人均 GDP 差异较大，人均 GDP 最低的城市为阜阳市，仅有 1.6 万元，地方间经济发展的不均衡也反映了各城市产业发展的差异性。

（二）中原城市群产业结构不合理

2015 年，中原城市群三次产业结构比重为 12.1∶48.9∶39.0，仍然是“二三一”的产业结构类型，全国三次产业结构比重为 8.9∶40.9∶50.2，可以看出，中原城市群仍然是以工业为主的产业结构类型，农业偏重，服务业

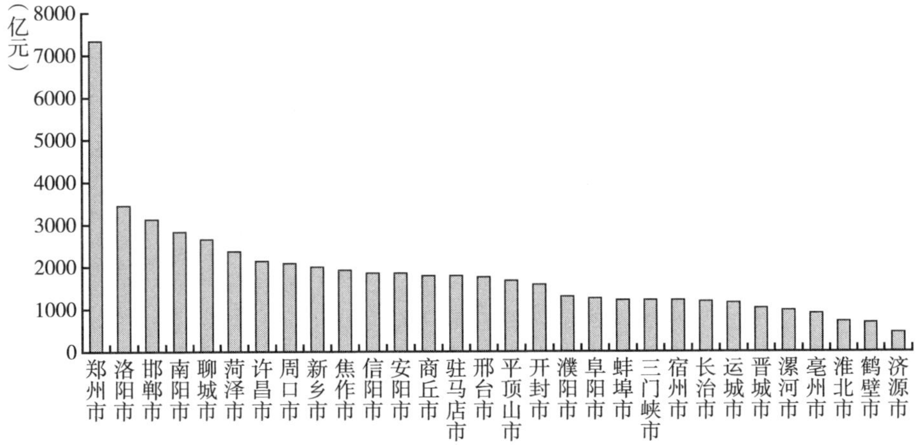

图 1　2015 年中原城市群各城市 GDP 排名

资料来源：《河南统计年鉴 2016》，各城市 2015 年国民经济和社会发展统计公报。

发展严重不足。分城市来看，各城市大多数为“二三一”的产业结构类型。其中，第一产业比重较高，商丘市、信阳市、周口市、驻马店市、阜阳市、宿州市、亳州市农业比重超过 20%，从地域上看，这些区域是中原城市群东南部地区，是传统农区，肩负保障国家粮食安全的重任，农业比重较高。第二产业比重较高，2015 年，中原城市群工业化率达到 48.9%，分城市来看，工业化率超过 50% 的城市有 13 个。从发达国家的发展历程来看，第三产业已经成为经济发展的主要力量，而中原城市群第三产业发展明显滞后，只有 7 个城市的第三产业占 GDP 的比重超过 40%，且产业内部结构不合理，第一产业多集中在种植业，粮食生产比重较大；第二产业中，工业结构偏重；第三产业多为传统服务业，新型服务业比重较低。

（三）产业基础较好

中原城市群传统优势产业实力逐步增强，产业集群集聚效应显现，对城市群发展的贡献在逐步增强。2015 年，装备制造产业集群和食品产业集群均突破万亿规模，成为两大万亿产业集群，中原城市群内已建成全球重要的

表1　2015年中原城市群各城市国内生产总值构成

单位：亿元，%

地区	国民生产总值	第一产业增加值	第二产业增加值	第三产业增加值	国内生产总值构成		
					第一产业	第二产业	第三产业
郑州市	7311.5	150.9	3604.2	3556.4	2.1	49.3	48.6
开封市	1605.8	283.9	657.4	664.5	17.7	40.9	41.4
洛阳市	3469.0	236.4	1695.1	1537.6	6.8	48.9	44.3
平顶山市	1686.0	167.0	853.8	665.2	9.9	50.6	39.5
安阳市	1872.3	204.7	926.8	740.8	10.9	49.5	39.6
鹤壁市	715.7	61.9	468.2	185.6	8.6	65.4	25.9
新乡市	1975.0	222.8	982.7	769.6	11.3	49.8	39.0
焦作市	1926.1	137.1	1151.0	638.0	7.1	59.8	33.1
濮阳市	1328.3	157.5	751.2	419.7	11.9	56.6	31.6
许昌市	2171.2	169.6	1280.9	720.7	7.8	59.0	33.2
漯河市	992.6	106.4	624.7	261.4	10.7	62.9	26.3
三门峡市	1251.0	118.5	727.9	404.7	9.5	58.2	32.3
南阳市	2866.8	501.7	1268.7	1096.4	17.5	44.3	38.2
商丘市	1812.2	377.0	757.2	678.0	20.8	41.8	37.4
信阳市	1879.7	453.9	750.1	675.7	24.1	39.9	36.0
周口市	2089.7	454.0	959.6	676.1	21.7	45.9	32.4
驻马店市	1807.7	402.5	720.2	684.9	22.3	39.8	37.9
济源市	492.5	21.7	324.0	146.9	4.4	65.8	29.8
邯郸市	3145.4	402.8	1500.7	1241.9	12.8	47.7	39.5
邢台市	1764.7	275.6	793.6	695.5	15.6	45.0	39.4
聊城市	2663.6	316.4	1360.3	987.0	11.9	51.1	37.1
菏泽市	2401.0	270.1	1267.4	863.4	11.2	52.8	36.0
长治市	1195.1	58.6	610.7	525.8	4.9	51.1	44.0
运城市	1174.0	192.5	440.4	541.0	16.4	37.5	46.1
晋城市	1040.2	49.2	576.3	414.7	4.7	55.4	39.9
阜阳市	1267.4	286.3	516.4	464.8	22.6	40.7	36.7
蚌埠市	1253.1	188.6	601.0	463.5	15.0	48.0	37.0
宿州市	1235.8	268.3	468.9	498.7	21.7	37.9	40.4
亳州市	942.6	195.0	370.2	377.4	20.7	39.3	40.0
淮北市	760.4	59.3	441.6	259.5	7.8	58.1	34.1
中原城市群	56096.5	6789.9	27451.0	21855.5	12.1	48.9	39.0

资料来源：《河南统计年鉴2016》，各城市2015年国民经济和社会发展统计公报。

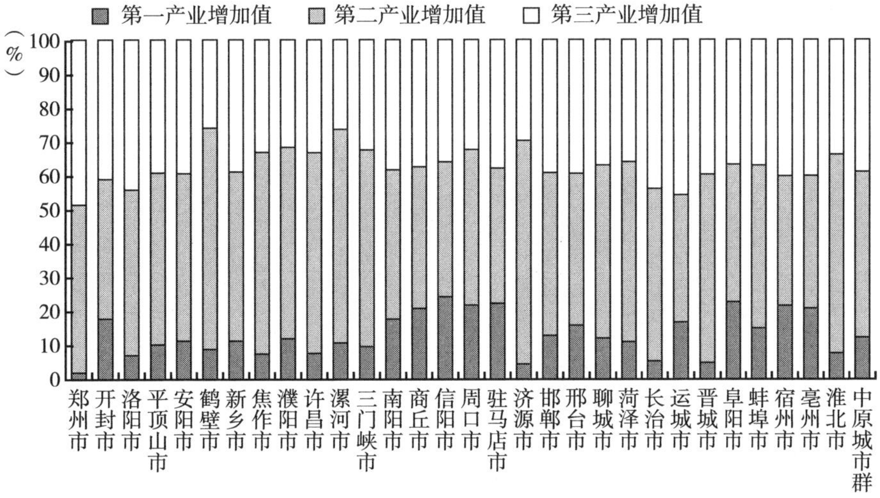

图 2　2015 年中原城市群及各城市三次产业结构

资料来源：《河南统计年鉴 2016》，各城市 2015 年国民经济和社会发展统计公报。

智能终端生产基地、全国重要的抗生素原料药和血液制品生产基地、全国最大的新能源客车生产基地等。电气装备、智能装备、矿山装备、冷链产品等产业集群也具有较强竞争力，此外，中原城市群资源原材料丰富，铝深加工、非金属矿物制品、精品钢等资源原材料产业集群具有一定的规模和实力。

二　中原城市群产业分工协作模式：全产业链分工协作

（一）产业分工与产业结构趋同

中原城市群的各城市间存在产业竞争和产业冲突，表现最为突出的是，各城市规划发展同一产业而出现产业结构趋同的现象，在招商引资、承接产业转移等方面展开激烈竞争，同时还有基础设施等重复建设。对于产业结构趋同，在过去的讨论中，大多数学者认为产业结构趋同是一种负面的影响，会带来区域同质性竞争、资源浪费和效率低下，容易造成重复投资建设和产能过剩，影响产业优化升级。但是国际和国内发达地区的经验表明，产业结构趋同不会弱化区域间产业分工和专业化程度。随着经济全球化和科技进步，城市群内的产业分工呈现出由传统部门间的分工转向部门内分工和产业链分工的特点。在城市群产业分工新格局下，出现了产业结构趋同的现象，同时也出现了产业分工的深化和专业化程度的提高，这说明产业结构趋同和产业分工深化并不冲突，可以同时并存。从美国的经验来看，大城市的管理职能、设计职能、营销职能等在不断增强，中小城市却在生产制造上不断强化，产生了产业链分工。经验表明虽然城市间出现了产业结构趋同的态势，但是城市间的分工仍然在深化。

以浙江省服装产业为例，浙江省纺织服装产业集群呈现出高度集聚的特点，主要在宁波、杭州、绍兴、温州、嘉兴、湖州等地集聚，城市之间的产品发展方向不同，产品间分工深化，专业化程度也在提高，比如杭州重点生产女装；宁波主要生产男装，是大品牌西装、衬衫的生产销售基地；温州重点生产休闲服装；湖州织里主要生产童装，是我国最大的童装生产销售基地。在长三角城市群分工模式是按照全产业链不同阶段和环节进行的，大型跨国公司和江浙企业在上海中心城区建立公司总部、区域总部和研发中心，把其生产制造等环节布局在上海的郊区或靠近上海的江浙地区，已经形成一体化的全产业链分工协作模式。

如果城市群内部城市是在低水平上不断重复建设，大多发展同一产业甚至生产同一产品，这种由于过度的恶性竞争造成的产业结构趋同，会导致区域内的资源配置效率低下和产业分工弱化。比如郑州市食品工业产业集群，三全和思念两大速冻食品龙头企业产品同质化现象严重，导致企业间过度竞争。政府对这种产业结构趋同现象，应当加以引导。

（二）产业链分工与城市合作

从产业链分工来看，中心城市和其他城市之间围绕产业链条，形成明确清晰的分工和定位构建起相互依存、联系密切的产业体系。现代产业集聚主要表现在以下两方面：一是同一产业环节的企业有集聚发展的意向，二是产业上下游环节集聚发展。在产业集聚发展的过程中，产业链上的不同环节可以设立在不同的城市，如企业总部、产品研发和设计、原材料采购、零部件生产、装配、成品储存和运输、市场营销、售后服务等环节可以放在不同的城市进行。单个城市并不追求完整的产业链条，而是按照自身的资源禀赋和产业优势发展整个产业链条中的某一环节，形成各城市的特色产业。中心城市拥有人才、资金优势，可进行产业链的设计、研发等高端环节，其他城市可以按照其自身发展需要，利用土地资源丰富、劳动力成本低等优势，发展产业链的中端或低端环节，形成城市间的产业链分工合作，实现优势互补、共同发展。

产业分工促进了城市群城市间联系的紧密性。产业集群的内部会形成产业链条，产业链上各环节之间不存在地域上的必然联系，随着通信技术的发展和交通网络的形成，各城市之间的地域上的松散状态正在优化，正在形成以产业链为基础的城市间的合作，使城市间的联系更加紧密。由于相邻城市资源禀赋、文化地缘的相近性，因此相似的特色产业链布局在几个相邻的城市之间更为合理和高效。相邻城市按照产业链分工形成产业集群，各城市也由于产业链分工而紧密地联系在一起，形成城市群产业分工合作的基础。

三　中原城市群产业发展定位

按照《中原城市群发展规划》的定位，中原城市群将着力发展先进制造业集群、战略性新兴产业集群、现代服务业和现代农业集群。其中，先进制造业产业集群要加强产业分工协作，促进产业链上下游深度合作，重点打造装备制造业集群、消费品产业集群和精品原材料产业集群；战略性新兴产业集群要发挥郑州、洛阳、新乡、南阳、蚌埠、聊城、邯郸、邢台、运城、长治等城市创新优势，强化国家高技术产业基地的引领作用，统筹区域布局和加强分工协作，打造一批战略性新兴产业基地，重点培育生物医药、先进材料、电子信息产业、机器人、新能源、新能源汽车、基因检测等产业集群。现代服务业集群要促进产业转型升级，提高区域间分工效率，重点发展现代物流、现代金融、现代商贸、旅游、文化产业和健康养老产业。城市群之间要建立和健全产业分工合作机制，政府要加强对中原城市群产业发展的规划和引导，支持各城市建立特色优势产业。建立区域间的产业链上下游联动机制，鼓励在城市间建立区域产业链，重点建设千亿级产业集群。

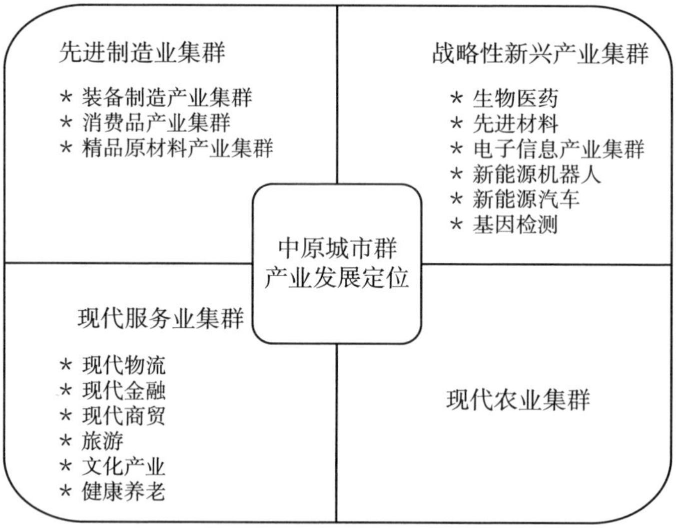

图3　中原城市群产业发展定位示意

四　中原城市群产业分工协作对策建议

（一）坚持政府引导

中原城市群产业分工协作的发生和发展是城市群内不同主体为了降低交易费用而产生的，需要不同区域不同的利益主体共同推动才能实现，必须有政府的正确引导。

建立政府层面的产业协调机制。建立中原城市群统一、高效、顺畅的政府协调协商、交流沟通机制，通过各城市政府的积极引导和相应的制度安排、政策支持，突破行政区划的制约和体制机制障碍，完善中原城市群产业协调机构的定位和职责，形成区域内合理的产业分工协作机制，形成上中下游产业分工协作的产业格局。加强省级政府间的沟通协作，探索建立河南省、河北省、山东省、山西省、安徽省五省省级政府间的沟通协调机制，定期举行会议对中原城市群产业发展的重大问题进行沟通协调。建立中原城市群各城市政府参与的协调机制，定期不定期举行和召开城市群协调发展会议，共商城市群产业协调发展问题。

制定切合实际的产业发展规划。防止中原城市群各城市的产业规划出现产业发展雷同、盲目重复建设的现象，出台《中原城市群产业发展规划》，协调各城市间产业发展。

建立政府间信息资源共享体制。加强信息交流，在中原城市群内部建立动态信息系统，建立城市群合作信息资源库，推动中原城市群内信息化基础设施和服务体系建设，打破目前各城市独立成网、相对封闭的状态，鼓励各城市的政务信息、医疗信息、文化教育信息、交通信息、旅游信息等资源互联互享，为城市群内的政府和企业提供各种信息，减少决策的盲目性。

（二）发挥郑州中心城市作用

从产业整合和发展的角度看，单纯的经济规模的增长不一定会带来中心城市的扩散和辐射带动效应，如果中心城市仅仅是经济总量大，而缺乏与周边城市的经济势能差和产业联系，就很难形成中心城市和周边城市之间的人口和资源的相互流动，也难以形成有效的分工协作。而单纯地发展和壮大城市规模，对城市群产业整合作用很小，因为如果城市间缺乏有效的分工，城市间的经济联系就会很小，只是单纯的各自发展，难以有效整合区域资源，形成 1 +1 >2 的效应。所以，郑州市作为中原城市群的中心城市，不能单纯地发展壮大规模，它的作用不是一般的参与者，而是要起到组织者和推动者的作用，不是追求“大而全”，而是要在某些产业领域形成有高度的中心，由此来组织和引导中原城市群其他城市按照自身优势形成特色和功能并重的专业中心，实现中原城市群内多中心网络化的发展。郑州市努力发展成为中原城市群重要的经济中心，服务中心、高端制造中心和创新中心。

建设现代服务中心。郑州将作为服务中心，实现中心城市与中原城市群其他城市的产业错位互补发展，使郑州具备组织经济协作和协调的能力，通过为中原城市群内各城市提供有效的生产性服务来推动各城市之间的产业分工协作的深化。一是构建“买全球、卖全球”的大物流体系，着力强化国际物流、区域分拨、本地配送三大体系建设，加快建设国际性物流中心。推进建设郑州航空、铁路国际枢纽口岸，努力打造全国重要的国际邮件转运口岸、国际航空邮件集疏分拨中心和郑欧班列对欧运邮集疏分拨中心。二是构建以郑州航空港、国际陆港为核心的国际物流网络，完善郑州国际和国内双枢纽的集疏体系，重点发展食品冷链、钢铁、医药、家电、汽车流、纺织服装等物流。三是打造服务全省、影响全国的“新商都”。四是建设区域性金融中心，增强郑州市金融业综合竞争力和区域带动力。五是建设商务中心，积极发展会展业，培育一批知名会展品牌。

建设先进制造中心。在未来较长一段时期内，制造业仍在郑州占据重要地位，只有郑州形成高端制造业中心，才能与城市群内其他城市错位发展，避免重复投资和低水平建设，同时辐射带动城市群整体产业水平和竞争力提升。依托郑州航空港经济综合实验区、郑州经济开发区，重点发展智能终端产业、新能源汽车产业、高端装备制造产业、精密制造产业、生物及医药产业等；依托郑州高新区、金水区，发挥科教研发优势，重点发展北斗设备产业、电子信息产业、软件信息产业、智能装备产业等；依托中原区、二七区、管城回族区和惠济区，推进新型工业化转型升级，改造提升品牌服装制造产业、食品加工产业等。

建设创新中心。创新的能力是中原城市群实力的根本体现，中心城市的示范引领作用将主要通过创新来传导。以郑州高新区为核心区，辐射带动郑州航空港经济综合实验区、郑东新区、金水科教园、郑州经济开发区等区域，加快推进郑洛新国家自主创新示范区建设。

（三）加强产业分工与合作

中原城市群建设要在城市群内形成合理的分工，解决城市间产业结构同质化、过度竞争、缺乏合作的问题，充分发挥各地的自身优势，推动产业优化升级，形成中原城市群产业竞争优势。比如在中原城市群内，铝精深加工、食品加工等工业部门在各城市的产业结构中基本上呈现水平分工而不是垂直分工的状态，呈现结构同质化—过度竞争—降低价格—利润下降—成本提高—升级困难—产业趋同的恶性循环，产业互补性不足，制约了城市间产业分工协作。

推动区域产业整合，就分工模式来说，在经济技术发展水平差距较大的城市间主要采用垂直分工的产业协调分工模式，在经济发展水平相近或者同一产品在相邻地域生产的城市间采用水平分工的产业协调分工模式。中原城市群内，郑州和其他城市间的分工将采用垂直分工模式，发挥周边各城市资源和自身产业优势，按照产业链分工打造不能功能的产业集群，将其总部和研发环节设在郑州。而中原城市群其他城市经济发展程度相近，主要是水平分工模式，重点在于细分产品市场，注重产品的差异化生产。

（四）重视企业发展和区域创新

企业的发展壮大是城市群产业分工协作的内在动力。以龙头企业带动为重点，不断激发中小企业的创造力和竞争力，鼓励龙头骨干企业在城市群内优化产业布局，成立子公司或控股公司，通过联合开发，按照产业链或者产权链等分工协作方式，在城市群内建立若干制造中心、零售中心、研发中心等上下游企业，实现企业在中原城市群的整体布局。

培育企业创新能力。在中原城市群内，在创新这一层面实现企业间合作与共享，实现创新信息及时更新、创新要素和信息在城市群内自由流动，提高城市群内各企业创新的效率和竞争力。构建中原城市群创新收益共享机制，积极突破行政区域间各自经济利益的束缚，加快推进制度创新和体制机制创新，制定创新收益在各合作城市间的收益溢出和共享原则，在“合作博弈”理念的指导下，“算小账”和“算大账”结合，使城市群内各创新合作主体均能获得发展的红利。各地方政府积极为区域内企业和各创新主体搭建创新合作平台，增强区域间企业创新合作机会，为企业在创新合作及信息共享中获得利益。

参考文献

魏后凯：《大都市区新型产业分工与冲突管理：基于产业链分工的视角》，《中国工业经济》2007 年第 2 期。

万宇艳：《中原城市群与产业群耦合发展研究》，《地域研究与开发》2016 年第6 期。

张鹏岩、张倩倩、杨丹、秦明周：《中原城市群核心—外围经济联系潜力与地缘经济关系类型分析》，《河南大学学报》（自然科学版）2015 年第 9 期。

李学鑫、苗长虹：《城市群产业结构与分工的测度研究——以中原城市群为例》，《人文地理》2006 年第 4 期。

刘媛、胡忆东：《长江中游城市群产业研究进展及其发展趋势》，《城市发展研究》2016 年第 10 期。

王颂吉：《丝绸之路经济带国内段中心城市产业合作研究：基于价值链分工视角》，《西北大学学报》（哲学社会科学版）2016 年第 6 期。

柴志贤、何伟财：《城市功能、专业化分工与产业效率》，《财经论丛》2016 年第 11 期。

杜建军、刘学华、张军伟：《长三角城市群产业结构的时空演变研究》，《经济问题探索》2016 年第 9 期。

B.5

中原城市群公共服务一体化研究

易雪琴*

摘　要：　公共服务一体化是加速区域各种要素实现自由流动、各类资源实现优化配置的重要保障，也是推动城市群经济一体化的重要基础。中原城市群作为国家级城市群，从近年来的经济总量、公共基础设施建设、居民整体收入水平、公共服务水平等方面看，其公共服务一体化发展具有良好基础，但同时也存在诸多制约因素。未来，中原城市群要以教育、就业与社会保障、医疗卫生、公共文化服务共建共享为重点，通过加强政府之间的协调合作、消除公共服务一体化的制度壁垒、创新多元化公共服务供给模式和完善公共服务供求利益表达机制，实现健康可持续发展。

关键词：　中原城市群　公共服务　对策建议

公共服务一体化是加速区域各种要素实现自由流动、各类资源实现优化配置的重要保障，也是推动城市群经济一体化的重要基础。区域间公共产品及服务的差距导致其发展基础条件的差距，进而加剧区域发展不平衡。从某种意义上说，区域经济一体化的重要内涵就是实现区域间基本公共产品及服务的均等化。近年来，中原经济区建设的加快和城市群的快速发展，使中原城市群公共服务一体化发展具备了良好基础，但是也存在诸多制约因素。

---

* 易雪琴，河南省社会科学院城市与环境研究所，实习研究员。

“十三五”时期，我们必须全面贯彻落实国家和省里对区域发展的战略部署，以教育、就业与社会保障、医疗卫生、养老、文化体育为重点任务，积极探索应对之策，加快实现中原城市群公共服务一体化，推动中原城市群健康可持续发展。

一　中原城市群公共服务一体化发展的现状

随着经济全球化和城市组团发展的快速推进，城市群正在成为区域经济发展的主体空间形态。目前，从经济基础、基础设施等方面来看，中原城市群公共服务一体化具有良好的发展基础，但地区之间发展的不平衡现象比较突出。

（一）经济总量稳步增长，但地区之间经济发展水平存在较大差距

公共服务供给依靠地区的经济发展和地方政府的财政实力提供物质保障。近年来，中原城市群内各大城市的经济呈现稳步增长的趋势，为公共服务供给提供了强大的经济基础。2011～2015年，中原城市群的30个城市总的生产总值从41671.09亿元增长到56096.52亿元，年平均增长率达到7.7%（见图1）。三次产业绝对量呈现大幅增长，2015年中原城市群各大城市的第一、第二、第三产业产值占GDP比重分别为12.1%、48.9%、39%，第三产业在产业结构中的主导作用越来越明显，在推动经济增长、带动区域经济发展方面发挥了重要作用。然而，城市群各个城市的经济发展水平显现出不平衡的趋势。2015年，中原城市群30个城市的人均生产总值相差较大，其中人均生产总值最高的郑州市是最低的阜阳市的4.8倍（见图2），地区间经济水平的巨大差距给中原城市群公共服务一体化发展造成较大影响。

（二）公共基础设施建设较快，但地区间对接不够畅通

城市发展以完善的公共设施为先决条件，经济发展也需要以基础设施为

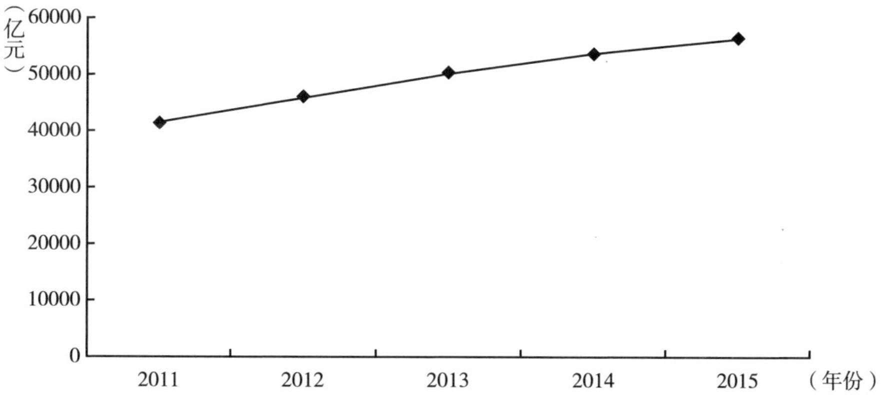

图 1　2011 ~ 2015 年中原城市群地区生产总值增长趋势

资料来源：2012 ~ 2016 年《河南统计年鉴》《安徽统计年鉴》《山东统计年鉴》，2011 ~ 2015 年邢台、邯郸、晋城、长治、运城国民经济和社会发展统计公报，2016 年长治、运城政府工作报告。

基石。近年来，中原城市群在公共基础设施建设方面不断加大力度，城市群内城际和区域之间的差距在不断缩小。城市群内各个城市首先坚持干线公路和铁路齐建并举，逐渐实现了城市之间的多条通道环网相连。郑汴、郑新、郑焦、郑许之间的高速公路、铁路和城际铁路网建设取得了明显成效，以京广、郑西、郑徐、郑万、郑合等线路组成的“米”字形高速铁路网正在加快建设，以郑州市为核心的半小时核心圈、一小时都市圈和一个半小时辐射圈正在逐步形成。公共交通的互联互通为公共服务一体化发展提供了重要保障。然而，各个地区的基础设施建设不均衡现象比较突出，而且无论是从政策文件还是从实际操作层面来说，城市群内城际的水、电、气等公共基础设施对接进展还很缓慢，区域内其他公共基础设施的共建机制还没有形成，对接不够畅通。

（三）居民收入整体增速较快，但地区间、城乡间存在差距

中原城市群居民的收入整体增长速度较快，生活水平得到了进一步改善。居民收入不但增长迅速，而且来源呈现多样化趋势，除了常规的工资性收入和经营性收入外，财产性和转移性收入增长较快，非农收入在农民总收

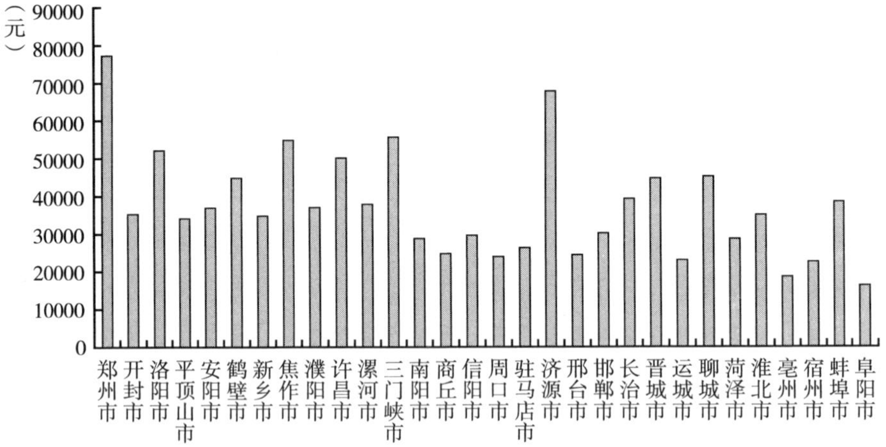

图 2　2015 年中原城市群各城市人均生产总值情况

资料来源：2016 年《河南统计年鉴》《安徽统计年鉴》《山东统计年鉴》，2015 年邢台、邯郸、晋城国民经济和社会发展统计公报，长治、运城数据为 2014 年统计公报数据。

入中的比重不断增加。但是，地区间的居民收入水平差距仍然较大。2015 年，在中原城市群的 30 个城市中，城镇居民人均可支配收入最高的郑州市与最低的菏泽市分别为 31099 元和 20370 元，前者是后者的 1.53 倍；农村居民人均可支配收入最高的郑州市和最低的周口市分别为 17125 元和 8576 元，前者是后者 2 倍（见图 3）。地区间、城乡间居民收入的较大差距，使城市群各地居民之间消费出现断层，进而影响经济增长速度和生活水平的提高，给城市群就业、社会保障等方面的衔接带来不小的阻力。

（四）教育、医疗等公共服务基础较好，但地区间不平衡现象明显

相对于经济发展水平，中原城市群各地坚持以人为本提高城乡公共服务水平，公共服务的基础较好。从教育事业来看，各地的教育财政性经费逐年增加，各个城市正在加快整合各种教育资源，有力地提高了教育资源的集聚效应和整体教育质量。比如，2011 ~ 2015 年，河南 18 个城市的教育财政性经费从 932.45 亿元增加到了 1367.86 亿元，年均增长率为 10.1%；河南大学在开封和郑州两地建立了校区，实现两城跨区办学。从医疗卫生来看，2011 ~

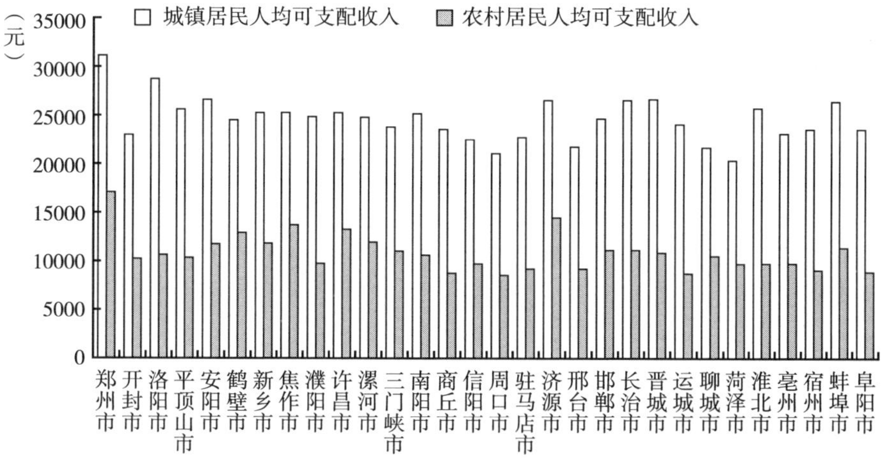

图3　2015 年中原城市群各城市城乡居民人均可支配收入情况

资料来源：2016 年《河南统计年鉴》《安徽统计年鉴》《山东统计年鉴》，2015 年邢台、邯郸、晋城国民经济和社会发展统计公报，2016 年长治、运城政府工作报告。

2015 年，中原城市群 30 个城市总的医疗卫生机构数从 106577 个上升到 120423 个，卫生技术人员从 672252 人上升到 865064 人。各地的医疗卫生体系已经形成并在不断完善，城镇居民的卫生保健基本达到较高层次，卫生保障制度也逐步完善，医疗服务质量明显提高。从文化事业来看，各地以农村为重点实施了文化惠民工程和文化信息共享工程，推进了农村基层公共文化事业的蓬勃发展。从社会保障来看，各地的城乡医疗养老保险制度、最低生活保障制度也不断完善，社会救助水平稳步提高。然而，地区之间的公共服务水平还存在着明显的差距，优质公共服务资源分布极不均衡，社会保障制度存在差异，要建立统一的医疗、养老、失业等各类社会保险结算平台存在困难。

二　中原城市群公共服务一体化的制约因素

中原城市群公共服务共享发展具有良好的基础，但同时还存在如行政区划壁垒、公共服务投入不平衡、综合配套政策不完善、供求不对等等一些制约因素，给公共服务一体化发展带来障碍。

（一）行政区划产生刚性约束

随着区域经济一体化快速发展，行政区划的经济独立越来越淡化，经济功能界限逐渐模糊，这需要与之相辅相成的其他功能做出相应调整，协同发展的需求也就日益明显。然而，中原城市群跨越了 5 个省份 30 个地级市，行政边界跨幅巨大，形成复杂的行政区划格局，行政区划壁垒十分明显。基于行政管辖权的考虑和本位主义思想，加之缺乏统一有效的协调机构，各地政府没有形成坚定的合作意识和有力的协调机制，在实务操作上协调不够顺畅，很难满足城市群公共服务一体化需要。各大城市在铁路、公路等交通一体化建设方面取得了一定成就，但是在教育、医疗、就业、社保以及城市管理等方面多角度、全方位、深层次合作的进展还比较缓慢。各地政府大多致力于为本地提供公共服务，使整个城市群的公共服务供给呈现碎片化状态。不同的城市由于财政水平的悬殊，其在公共服务的总量、质量和结构之间的差距在拉大，行政管辖权的归属还成为各地政府推卸责任和义务的借口，一旦涉及如交通干线布局、生态环境共治、就业与社会保障对接等关键利益问题，各个城市之间想要取得实质性合作就非常困难。

（二）公共服务投入不平衡

目前，各个城市的基本公共服务主要依靠地方政府财政投入，财政收入水平制约着基本公共服务的生产和供给能力，而经济发展水平制约地方财政收入。在现有的财政转移支付制度下，地区税收收入越多，得到的返还额度就越大，财力就充裕；反之，地区财力就会相对不足。这就对经济发展相对较好的地区（如郑州）有利，对其他地区则不利。从纵向上看，各地区的财力悬殊，加上自然、区位及其他条件的差异，导致地方政府对公共服务的支撑能力参差不齐，进而加剧公共产品及服务的地区差异。各地政府财政投入机制的孤立导致难以形成城市群统一和合理的财政投入结构，阻碍了城市群公共服务一体化进程。从横向上看，虽然城乡间基本公共服务的均等化水平逐步改善，但农村公共服务仍较为薄弱，特别是在群众文化生活、体育设施、医疗卫生等方面，城乡之间的差距依旧很大。在分税制财政制度下，城区的公共服务设施经费来源基本是财政经费，农村公共服务设施的财政投入相比而言十分有限，甚至有很大一部分支出不同程度地转嫁到农业人口身上，影响了城乡经济社会协调发展，阻碍了城市群公共服务一体化的进程。

（三）综合配套政策不完善

从法律法规方面来看，针对城市群公共服务发展的法律规定还非常缺乏，具有针对性和可操作性的城市群一体化制度安排还是空白。各个城市根据自身实际制定了一些地方性法规制度，但是其中大多数法规制度在整个城市群范围内并不适用，甚至在一定程度上成为地区一体化发展的障碍。从供给内容和标准来看，区域内各城市的公共服务标准和内容存在较大差别。比如，2016 年，中原城市群涵盖的 5 个省份的最低工资标准根据行政区域划分为多个档次，跨度比较大（见表 1）。不同的最低工资标准必然会影响区域内劳动力要素的流动，对中原城市群的就业和社会保障一体化进程甚至是产业发展造成影响。而且，城市发展水平的差距导致公共服务供给的内容存在差距。发展水平低的城市侧重于农业人口转移就业、脱贫、城乡医疗统筹、义务教育等公共服务，而发展水平较高的城市侧重于交通、通信网络、文化娱乐设施、养老服务、高等教育等公共服务。从户籍制度来看，城市群内各行政区域内的居民只能在户籍所属的辖区内享受同样的公共服务，不同地区户籍的居民不能跨区享受医疗保险、养老保险等公共服务。如果落后地区的公共服务得不到有效供给，民众会将自身较低的收入和有限的消费能力用于如子女的基础教育、基本医疗等，这会加剧“贫困恶性循环”，削弱落后地区居民消费能力和地区经济发展动力。如果在综合配套的政策制度设计中不能充分考虑公共服务在城市群各地区之间的有效对接，就很难实现要素的自由流动，进而阻碍城市群一体化进程。

表 1　2016 年中原城市群各地区最低工资标准比较

单位：元

地区	一档标准		二档标准		三档标准		四档标准	
	月工资	小时工资	月工资	小时工资	月工资	小时工资	月工资	小时工资
河南	1600	15	1450	13.5	1300	12		
河北	1650	17	1590	16	1480	15	1380	14
山西	1620	17.7	1520	16.6	1420	15.6	1320	14.5
山东	1710	17.1	1550	15.5	1390	13.9		
安徽	1520	16	1350	14	1250	13	1150	12

资料来源：人力资源和社会保障部网站，http：//www. mohrss. gov. cn。

（四）供求偏好存在偏差

就公共服务的供给偏好而言，受政绩考核机制和晋升压力的影响，各地政府热衷于将资金、资源投入能够带动产业发展、增加生产总值、更容易出显像政绩的基础设施建设，而对公共服务的投入相对较少，这种现象在区域间政府竞争中更加突出。当前，中原城市群呈现的是郑州“一城独大”，在区域不平衡下，郑州市更偏向于市场分割，而其他急需加快发展的城市更愿意加快一体化进程。就公共服务的需求偏好而言，公共服务需求随着经济社会发展水平的上升变得更加多元化和动态化。针对低收入群体与不发达地区居民而言，他们急需一些诸如基础教育、社会保障、医疗卫生等之类的基本生活保障；针对高收入群体与经济发达地区居民而言，他们可能对基础设施建设、公共文化、教育质量、市场环境、生态治理等一些更高质量的公共产品追求较多。城市是市民的城市，不是政府的城市。只有在政府与市民之间建立起有效的协调与对话机制，政府才能够掌握整个区域内市民的真正需求和偏好，进而实现城市群公共服务的有效供给。

三　中原城市群公共服务一体化的重点任务

未来一个时期，有必要牢固树立以人民为中心的发展思想，弘扬中原大文化，提升人民健康水平和人口素质，强化社会保障和社会治理，增强中原城市群公共服务有效供给能力，推进制度对接和协同配合，全面提升城市群公共服务一体化共享水平。

（一）提升教育服务质量和共享水平

提高城市群的整体配置水平，提高基础教育的均等化水平。加大乡镇及农村地区的基础教育投入力度，逐步向城市地区配置标准靠拢，从而增强城镇的集聚能力。建立远程教学网络，定期向网络平台提供优秀教师的优质教学内容，实现城市群内基础教育资源的交流共享，并通过远程教学，将优质教育资源送达农村和边远地区，以缩小城乡和地区的差别。集中各大城市的优质教育资源，增强高等教育吸引力。依托城市群内已有的高校建设和大学城建设基础，加大整合力度，集中优质教育资源，在政策支持、财政投入、企业合作、生源等方面给予更加宽松的环境和平台，培育形成一批在国内外具有较强影响力的强势学科，提高高校的教育吸引力，增加人才聚集度，实现高等教育人才的就地吸收和转化，实现城市群内教育差异化与均等化相结合发展。组织共建一批职业技能培训基地，开展高素质技能人才的联合培养。发展“互联网+”教育，开展名家名师网络课堂，缩短因为空间和时间因素导致的教育资源差距，培育各类网络学校，扩大城市群内居民的受教育面，特别是要围绕城市群各地的产业结构和经济发展需求，有针对性地加快培养技能型实用人才，实现城市群内教育软设施的均衡共享。

（二）加快就业与社会保障服务一体化

打破就业区域壁垒，建设统一共享的人力资源市场，建立健全城市群就业服务体系。打造统一的公共就业信息共享平台，完善市、县、镇和用工单位四级信息网络，实现区域内人力资源信息共享和资质互认。依托产城融合发展目标，开展用人单位劳动力需求状况调查，开展有针对性的就业培训，提高劳动力与产业的匹配度。制定城市群创新型人才引进与培养的5~10年规划，加快建设科技创新服务平台，依靠人才开发利用的信息资源，完善智力支撑体系，提高城市群信息服务与管理能力，为城市群产业转型与产业对接提供优质人力资源。鼓励中高端人才自主创新创业及在城市群企业范围内自由流动，充分发挥出人才价值。

实施全民参保登记计划，根据城市群各地的经济发展能力和居民承受能力，逐步提高社会保险统筹层次，坚持资金多方筹集、个人缴费为主、政府适当补贴的原则，增强统筹调剂能力。建立自然增长机制，确保社会保障标准随着经济发展不断上升，以提高灵活就业人员、农业转移人口社会保障水平。打造社会保险一体化合作平台，拓宽城市群社会保险工作的合作空间，逐步实现同区同待遇。加快推进社保体系并轨和基本医保异地就医结算，实现城市群内跨省异地住院医疗费用直接结算。加强区域养老保险、老年福利等方面制度的对接，简化养老保险跨区域转移接续等手续，促进养老制度一体化。积极开展社会救助转型治理，搭建跨省域社会救助信息系统，提高社会救助、社会福利和社会优抚水平。

（三）推动医疗卫生服务共建共享

加快优化医疗卫生机构布局，加强省级—市（县）级—乡镇（社区）医疗机构三级配备，鼓励发展区域医疗联合体，建设一批规模较大、质量水平较高的综合医院及高标准卫生院。加强医药卫生体制改革和基本医疗卫生制度建设，推动在分级诊疗、医院管理、医保衔接、药品供应、综合监管等制度方面的改革和创新。加快医疗服务市场化改革，鼓励社会力量举办医疗机构，形成投资主体和投资方式丰富多样的办医格局。推动医疗资源跨区域和向基层流动，加强区域医疗机构合作和人才联合培养，支持大型医院跨区域统筹设置分支机构，开展疑难疾病联合攻关、重大疾病联合会诊和专家医生轮流坐诊，实现区域优质医疗资源共享。推进“互联网＋”医疗和“智慧医疗”工程，加快建立区域人口健康信息平台、医疗电子档案全区通用数据库和网络会诊平台，实现各级医疗保障信息共享、医疗业务协同和医疗服务共担。鼓励联建或跨市共建医疗、养生、保健、康复、休闲相结合的医疗健康服务小镇或社区，联手打造健康中原，着力提升全民健康水平。

（四）推进区域公共文化服务建设

深入推进城市群的现代公共服务建设，加快共建一批区域内的公共文化服务项目，提高基本公共文化服务标准化、均等化水平，建设全覆盖、多联通的公共文化设施网络。优化场馆设施布局，加大省级、市级大型场馆建设在城市群空间范围内的统筹规划力度，避免优质文化体育资源过于集中。建立公共文化服务供需机制，鼓励社会资本进入文化体育服务供给领域。鼓励文化单位联合举办公益性文化活动，形成城市群全方位、宽领域、多层次文化交流合作的良好局面，全面提高公共文化体育服务的均等性和便利性。整合城市群内的文化旅游资源，在实现交通互联互通的基础上，增强各个城市的居民相互之间的人文互动交流。充分发挥各个城市之间地域相近、文脉相亲的优势，开展跨区域文化遗产连片成线的保护开发利用，增强地域文化融合和认同。加强历史文化名城、名镇、名村和名街保护，整合区域人文自然资源，共建华夏历史文明创新区域。通过整合传统文化，增强公众的认同感和归属感，在城市群范围内营造共建共享共荣的良好发展氛围。

四　加快中原城市群公共服务一体化的对策建议

为加快完成公共服务一体化发展的重点任务，有必要加强各级政府组织的协调合作，着力消除阻碍一体化的制度壁垒，创新多元供给模式，完善供求利益表达机制，以顺利实现中原城市群公共服务一体化发展。

（一）加强政府组织之间的协调合作

协同发展的关键在于能否形成利益共同体，达到 1 +1 >2 的发展效果。实现城市群公共服务一体化发展，加强各行政层级政府组织之间的协调合作是基础。一要加快出台中原城市群规划。在中央层面统筹协调的基础上建立城市群统一的规划管理体制，出台中原城市群发展的总体规划，并对城市群内各个行政区域进行适度调整，给予城市群各行政区域更加宽松的政策环境。可以考虑对城市群各城市的规划职能进行垂直管理，对全域范围内的公共基础设施进行统一规划，对重大基础公共设施项目选址和项目布局进行协调和审查。二要建立高层次的政府协调机构。明确各省级政府在中原城市群协调治理过程中的角色定位，建立一个高级别的城市群政府间协调议事机构，负责制定相关的政策措施，对整个城市群内跨行政区域的发展任务进行组织管理，协调各个城市之间的内部关系及各个城市与上级部门的沟通，重点要加强规划、城市建设、产业发展、社会事业等部门的沟通协调。三要成立公共服务一体化发展基金，建立有效的城市群协调机构，就需要有一定的资源和权力作为基础，因此要成立一体化发展基金，对各级政府的财政支出范围进行合理的规定和划分，在公共服务财政支出方面应当由协调机构统一进行核定和分配。

（二）优化公共服务一体化的体制机制

制度经由一系列正式和非正式的规则对产权和交易成本产生影响，以减少活动的不确定性，实现利益最大化。一要在积极争取中央层面支持的基础上，由河南省政府牵头，加强与其他省政府沟通，编制中原城市群发展规划纲要和实施意见，为城市群各方面的建设提供必要的法律和政策依据，也是城市群公共服务一体化发展的制度保障。二要加快完善城市群内部财政转移支付制度。各相关省份应逐年提高对中原城市群的一般性转移支付的比重，并在城市群内依据公共服务的覆盖层级确定各级政府的事权与财权，根据两项权利相对等的原则来进行转移支付。建立起区域间按公共服务成本计算的转移支付制度和内部返还制度，重点是加大对财力较弱地区的转移支付力度，以保证城市群内所有公众能享受到均等的公共服务。三要进一步逐步剥离依附在户籍制度上的各种社会权益，可以依托中原城市群建设开展试点，实现城市群户籍制度同城同权。在当前改革还不够彻底的情况下，可以建立区域内户籍制度捆绑下的公共服务共享制度，在公安、民政、计生、社会保障等相关部门统筹协调的基础上，实现户籍辖区内的公共福利共享。

（三）创新城市群公共服务供给模式

城市群是一个存在多元利益偏好的复合体，单一的公共服务供给模式很难满足多元化的公共服务需求，因此要创新公共服务的多元化供给模式。一要加大各级政府财政资金投入力度，积极争取国家、省级相关社会发展专项资金扶持，同时运用城市群发展基金，重点加强发展薄弱地区的基本公共服务供给，实现城市群内公共服务供给能力整体性均衡。二要加快构建跨行政区域的多个主体共同参与的协调合作机制，鼓励市场、社会组织及公众参与到社会事业建设过程中来，引入市场竞争机制，实现城市群公共服务供给的多元化，以其高效灵活的优势，满足各类居民多元化、多层次、大批量的需求。三要构建投资与补贴的协同机制，逐步降低民间资本投入的准入门槛，通过特许经营、外包、公私合营、购买服务等形式，加强政府、企业、社会组织的资本合作，积极推进一批采用 PPP 等模式的公共服务项目。通过完善市场化投融资机制，弥补城市群大规模公共服务和基础设施的资金缺口，提高公共服务供给效率。

（四）完善公共服务供求利益表达机制

城市群的公共服务应考虑到区域经济发展水平的差异和各地区居民对公共产品的需求差异，这需要公共服务部门加强与市民的沟通，因此要进一步完善共公共服务供求利益表达机制。一方面，建立开放性的公共服务需求表达机制并通过法律的形式确认下来，以公众需求为出发点，采取传统渠道与新兴渠道相结合的方式，尤其注重网络渠道的力量，使公众参与到公共服务供给的决策中来，使全域范围内的公众都有平等合理的、具有回应性的权利进行利益表达。通过这样的“风向标”对城市群公共服务供给进行调整，以督促政策的制定和执行都不产生偏离。另一方面，研究制定公共服务重大行政决策程序规则，把“公众参与 - 专家论证 - 风险评估 - 合法性审查 - 集体讨论”确定为中原城市群公共服务决策的法定程序。通过完善听证、公证、问责、举报等制度和民意调查机制，提升基本公共服务供给的透明度。各城市每年应向城市群协调机构报告重大基础设施改造、新建或功能转换的各项需求，由协调机构提出规划布局与建设方案，避免以行政区为界限盲目建设。在政府的绩效考核体系中纠正“重经济指标，轻公共服务”的倾向，并通过完善考核指标，以公共服务结果为导向，加强对城市群整体公共服务供给结果和质量的考核，增强公共服务供给的针对性和实效性。

参考文献

张建清、王艳慧：《长江中游城市群基本公共服务均等化现状评价与对策研究》，《当代经济管理》2016 年第 1 期。

王艳慧、王亚东：《长江中游城市群基本公共服务一体化战略选择》，《北方经济》2015 年第 3 期。

曹海军、刘少博：《京津冀城市群治理中的协调机制与服务体系构建的关系研究》，《中国行政管理》2015 年第 9 期。

马雪松：《推动城市群公共服务协调发展》，《江西日报》2015 年 6 月 29 日第 3 版。

王德利、游霭琼、杨维凤、赵弘：《中国区域经济发展报告（2015 ~ 2016）》，社会科学文献出版社，2016。

梁志峰、唐宇文：《2015 年湖南社会发展报告》，社会科学文献出版社，2015。

B.6
中原城市群生态环境共建共治研究

李建华*

摘　要：　中原城市群是中部地区经济发达和人口密集地区，也是生态退化和环境污染较为严重的地区。目前，中原城市群升级为国家城市群，其未来的发展必须坚定不移贯彻落实五大发展理念，切实把生态环境建设放在突出重要位置，强化水污染、大气污染、土壤污染等关键领域的污染联合防治，建立生态共建机制，带动区域生态环境质量全面改善，在污染治理、生态修复、宜居环境建设等方面走在中部地区前列，为中部崛起、河南振兴提供新支撑。

关键词：　中原城市群　生态环境　共建共治

中原城市群包括河南 18 个省辖市以及山西的晋城市、长治市、运城市，安徽省的亳州市、宿州市、阜阳市、淮北市、蚌埠市，河北省的邯郸市、邢台市，山东省的聊城市、菏泽市等 30 个城市。中原城市群规模大，人口密集度高，整体经济实力较强，交通区位优势也非常突出，在国家现代化建设大局和全方位开放格局中具有重要的战略地位。中原城市群经济取得较快发展，与此同时也面临环境污染、生态退化等问题，近几年，城市雾霾、水体污染等生态环境问题成为公众高度关注的热点。为了满足公众对优质生态环境的需求，中原城市群区域内部迫

* 李建华，河南省社会科学院城市与环境研究所助理研究员。

切要求实施生态环境共建共治，共同破解生态环境问题带来的瓶颈制约。

一 生态环境共治是中原城市群可持续发展的必然选择

（一）生态环境保护战略地位更加重要

国家高层高度重视生态环境保护，习近平总书记指出："良好生态环境是最公平的公共产品，是最普惠的民生福祉"，"建设生态文明，关系人民福祉，关乎民族未来"。国家相继提出将生态文明建设纳入"五位一体"总体布局、建设美丽中国、"创新、协调、绿色、开放、共享"五大发展理念等战略，都说明了生态环境保护在总体发展中的地位日益重要。国家修订环境保护法，制定三大污染防治行动计划，出台生态文明体制改革"1+6"总体方案等举措，也充分体现了国家加快推进生态文明建设的决心，生态环境保护作为重要抓手，将成为生态文明建设的主阵地。河南省委省政府也高度重视生态环境保护，先后出台实施了一系列加快环境保护和生态建设的政策措施，不断提高中原城市群的生态环境质量。目前，中原城市群上升为国家级城市群，必将为生态环境保护创造更加有利的条件。

（二）生态环境保护与治理力度持续加大

在生态环境领域，将有更多的资金投向生态建设和环境保护。党的十八届三中全会在全面深化改革的战略部署中提出，国有资本要更多投向保护生态环境领域，意味着未来我国生态环境领域投入力度将会大大增加。"十三五"期间，生态补偿标准有望提高。国家已经发布大气、水、土壤污染防治三大行动计划，在生态环保领域将会有更多的融资渠道。另外，国家也制定了激励社会资金进入战略性新兴产业的具体政策，引导有实力的企业与高新技术进入环保产业，在资本市场上环保企业比例将会大幅增加，为环境管理、污染治理、生态建设提供更多的资金和技术保障。随着“一带一路”和中部崛起战略深入实施，中原城市群在全国对外开放大格局中的地位更加凸显，为从整体上优化资源环境配置和要素布局创造了有利条件。未来中原城市群产业由中低端向中高端水平提升，环境保护的投资规模将会持续提高。《河南省国民经济和社会发展第十三个五年规划纲要》提出，将促进投资向生态环保等领域倾斜，同时在政府和社会资本合作（PPP）等新模式逐步推进下，中原城市群环境保护和生态建设投入将持续增加。

（三）全社会对良好生态环境的追求日益增强

良好的生态环境是大自然赐予人类最公平的公共产品，是最普惠大众的民生福祉。我们的发展，既需要金山银山，也需要绿水青山。以牺牲生态环境为代价的发展已经被证明是一条涸泽而渔的道路。随着经济水平的提高，公众的环境权益观日益增强，公众对自然生态产品要求也不断提高，对清新空气、干净饮水、安全食品、优美环境的要求越来越强烈，对生态文明建设的关注度越来越高，对环境问题的重视程度前所未有。公众对环境公平正义诉求与环境质量改善要求日益提升，全社会参与环境保护和生态建设的气氛更加热烈，参与环境保护的范围与程度逐步扩大和加深。低碳绿色的生活方式得到更多人的推行，中原城市群的各级政府、企业、民间组织团体以及公众在环境保护领域将逐步形成强大合力，成为生态环境保护的不竭动力。

二　中原城市群生态环境现状

中原城市群各城市政府按照全省在大气污染防治、水污染防治、环境监管和生态环保改革等方面的部署和要求，深入推进环境治理和生态建设，生态环境质量得到有效改善。

（一）中原城市群生态环境现状

一是大气环境方面：2016 年中原城市群环境空气质量形势总体呈改善

趋势，空气质量达标城市数和空气优良天数不同程度增加。2016 年，中原城市群中的河南省 18 个省辖市空气质量优良天数比例达到 53.6%，比 2015 年上升了 3.4 个百分点。2016 年山东的聊城市和菏泽市空气质量优良天数比例分别达 39.3% 和 61.4%，比上年分别增加了 11 天和 38 天。山西的晋城、长治、运城三市环境空气质量综合指数比上年有所上升，河北省的邢台市、邯郸市环境空气质量综合指数分别为 8.14 和 8.56，与去年同期相比分别下降了 9.4% 和 1.83%。安徽省各市空气质量差异较大，部分城市大气污染趋势没有好转，其中，亳州、淮北空气质量优良天数比例较上年分别上升 4.6 个和 3.3 个百分点，宿州、阜阳则较上年下降 1.2 个、22.2 个百分点。二是水环境方面：2016 年中原城市群地表水环境质量总体保持稳定，城市群内的 4 大流域中，长江流域水质良好，黄河、淮河流域为轻度污染，海河流域为重度污染。中原城市群内 30 个城市的集中式生活饮用水水源地水质全部达标。三是声环境方面城市各功能区声环境质量有所改善，但在环境投诉中，关于噪声污染的投诉仍然占很大比例，其中噪声污染主要来自社会生活、交通、工业以及建筑施工。四是生态建设方面，积极开展打击违法破坏自然保护区资源的专项行动，依法保护林地资源，严厉打击破坏林地资源、野生动物资源的违法犯罪活动，不断提升生态林地的建设、保护和管理水平。2016 年，中原城市群共有自然保护区 52 个，森林面积达 6792 千公顷。

（二）中原城市群生态环境共建共治面临的主要问题

中原城市群的生态环境质量在各级政府和全社会的重视下正在逐渐得到改善，但在现阶段还存在一些问题，主要表现为：一是中原城市群在生态环境建设方面存在区域差距，不同城市之间差异明显，信阳、济源生态环境建设水平较高，驻马店、周口、邯郸、长治、阜阳等城市生态环境建设水平较低。二是中原城市群在制度建设和顶层设计方面还缺乏统筹规划，生态环境建设没有硬性约束和制度保障，没有一个统一的生态化标准，生态建设执行力度较弱。地方政府和企业更注重经济发展指标，往往会弱化环境保护指标的落实。三是区域生态文明建设一体化在全社会层面还没有形成共识，不同区域和城乡之间缺乏联动，还未能形成共建共治的局面。目前中原城市群的生态环境建设，还停留在各自为政的层面，没有建立不同城市之间的生态有机联动。

三　中原城市群生态环境共建共治的重要任务

（一）共守中原城市群生态安全格局

1. 共筑生态屏障

坚持区域生态建设一体化，推动中原城市群生态建设联动，加快推进与中原城市群生态安全关系密切的周边重点生态功能区建设，筑牢中原城市群生态安全屏障。以山川、水系、平原生态绿网为重点，构建中原城市群生态网络。山地生态屏障主要依托桐柏—大别山地、伏牛山地、太行山地，建设三大山地生态屏障。水系主要依托南水北调中线工程、明清黄河故道、淮河、黄河等河流水系，统筹推进流域治理和防护林带建设，打造水系生态景观带。平原生态绿网建设主要推进城镇绿化和农田林网建设，改造提升城市群交通干线两侧绿化带及城镇绿化隔离带，构建以区域绿道、城市绿道、社区绿道为主体的城市绿道体系。

2. 建设重点生态功能区

贯彻落实国家主体功能区制度和河南省主体功能区规划，强化主体功能区的功能定位，按照主体功能区规划、省域国土空间总体规划和环境功能区要求，从生态环保的角度对城市空间实行分区差别化管理。在重点生态功能区和生态环境敏感区、脆弱区等区域建立生态保护红线体系，为维护人类生存的基本环境质量、有效保护自然资源、保障生态安全提供重要支撑。实施黄土高原沟壑丘陵区、豫西山区、丹江口库区及上游地区、太行山区、大别山区等水土保持工程，加强对自然保护区、地质公园、世界文化和自然遗产、森林公园等的保护和监管。共同推进太行山和豫南大别山水土保持功能区、豫西伏牛山生物多样性维护、桐柏山及丹江口水库水源涵养功能区、沿淮调蓄洪区生态保护建设。

3. 加强生态修复

推进河流湿地修复治理。加强淮河、海河、黄河、重点水源涵养区、各类自然保护区和生态脆弱区的保护，积极推进重点河流湖泊生态环境修复试点。全面保护所有自然湿地，促进城市周边的滨河、滨湖等天然湿地恢复湿地自身的生态平衡和原有生态功能。加强河流、水系的生态保护，系统推进城市群内的河流水系进行流域整治和生态修复建设，实施城市内部生态水系和外部河流湖泊的连通工程，不断提高水生态系统结构和功能的稳定性。对那些自然生态遭受严重破坏的河流，要积极进行生态修复，加快实施这些水系的“清水”工程。加强生态脆弱地区的修复治理。开展水土流失、坡耕地及清洁型小流域、破损山体、煤矿塌陷区、工矿废弃地等的综合整治，减少水土流失。建立生态补偿机制，减少因水土流失造成的面源污染。加快国家森林城市建设，推进县级市（县）森林城市创建工作。加强农田林网、滨河林带建设，提高森林草地覆盖率和森林质量。

（二）推进中原城市群环境共治

1. 联手防治大气污染

推进中原城市群共同实施大气污染联防联控。建立区域协作、地市联动、统一协调的大气污染联防联控机制，共同推进大气污染防治信息共享、联合执法。深化工业、交通、能源等重点行业的大气污染治理。加强对石油化工、钢铁建材等高耗能行业排放的大气污染物的治理和监管，提高其清洁生产水平，推广清洁能源，加快对中原城市群内燃煤电厂和燃煤锅炉的低碳化改造，减少大气污染物排放。完善挥发性有机物产品准入标准和监控体系，全面开展挥发性有机物污染综合治理。全面整治机动车排气污染，加大高污染车辆淘汰力度，鼓励发展电动汽车等新能源汽车。综合整治城市扬尘和生活性污染。全面推行绿色施工，正在进行工程建设的工地要禁止敞开式作业，运输渣土的车辆全部要采取密闭措施，严禁抛撒。市内道路清洁推行低尘作业方式，推动道路保洁扫、洗和收集一体化。对有装卸作业业务的仓储、车站等场所和物料堆场采取扬尘防治措施。对市区建成区内和城乡接合部地区的裸露地面进行绿化。加大城市餐饮油烟治理。防控秸秆焚烧造成的大气污染。推广有利于秸秆资源化综合利用的技术，从源头上治理秸秆焚烧污染。

2. 深化流域水污染联防联治

以改善水质、保护水系为目标，全面实施多污染物协同控制和企业全部达标排放行动计划，大力实施水环境综合整治工程，强化工业废水污染治理，系统推进水环境治理和水生态保护，确保中原城市群水环境质量根本好转。加强工业污水治理。严格环境准入，在水污染防治重点控制区域内限制耗水量大、废水排放量大的新建项目和单纯扩大产能的项目建设。实施工业污染物减排工程，对重点工业企业治污设施进行提标改造，进一步削减化学需氧量、氨氮排放量。全面开展水环境综合整治。严控流域源头污染，协同开展区域内淮河、海河、黄河、丹江口库区流域的综合治理工作，严禁在这些河流湖泊的源头和集中式饮用水水源保护区及其上游进行开发建设，推进淘汰产业加快退出这些敏感区域。提高骨干河道水质，强化中小河道和城市黑臭水体治理力度。提高污水处理水平。加强污水管网改造与建设，促进雨污分流、清污分流，提高污水处理率。加强跨界水环境质量管理，确保跨界水环境水质达到水功能区水质目标要求，加强跨省（市）界水环境污染纠纷协调，提高流域水环境监管能力。

3. 加强固废危废污染联防联治

坚持预防为先，着力消除固废危污染隐患，强化城市间固体废弃物联合处理处置，鼓励跨区域合作共建危废处理设施，健全生态环境事件应急网络，妥善处置环境突发事件，维护生态环境安全。严防重点区域和重点行业的固废危废污染。石化与化工行业是固废危废污染发生的重要监管领域，要在这些行业推广绿色化学的工艺及产品，实施有毒污染物的污染预防与控制示范工程，清查和消除危险化学品在生产、使用及存储等环节的风险隐患。提高危险废物安全处置水平。规范危险废物处置设施建设，鼓励跨区域合作共建危废处理设施，促进危险废物利用和处置行业的产业化、规模化发展。

逐步加强实验室危险废物等非工业源危险废物的管理，重点在移动通信、电动自行车销售、机动车维修等行业，开展废铅酸、废铁锂等各类废电池的回收工作。加强其辐射安全监管。加强废弃放射源收贮工作，对用于医疗、科研、工业等领域的放射源实施远程在线监控，确保放射性污染物得到安全处置和监管。

4. 推动土壤污染防控

以农用地和重点行业用地为重点，开展土壤污染综合防治。开展农用地土壤环境监测与评估，以重要农产品产地、特色农产品基地、基本农田，尤其是“菜篮子”基地为监管重点，加强农用地土壤污染调查。加强产业集聚区、专业园区等重点区域的土壤污染监控。对一些化工行业周边区域的土壤进行环境监测与风险评估，预防和治理土壤重金属污染。加强对企业旧址、废弃地等污染场地的土壤污染防控，对已经搬迁的污染企业旧址进行土地再开发利用时，要进行环境风险评估，对污染场地进行综合治理后再改变土地用途，确保土地利用安全。

（三）建设绿色城市

1. 提高城市资源利用效率

提高循环经济发展水平，对产业集聚区进行循环化改造，提高农业、工业、服务业的资源产出率，促进资源绿色高效利用。大力发展城市低碳经济，促进节能减排。重点推动交通、建筑等高碳行业利用清洁能源、先进工艺进行低碳发展，建立低碳城镇、低碳社区试点示范，树立节能减排典范。推进生活垃圾资源化利用，提高垃圾分类收运、处置水平。优化土地利用结构，实行建设用地总量控制，合理开发城市地下空间，建设地下综合管廊，提高土地资源利用效率。节约利用水资源，推广高效节水技术和产品，提高中水利用率，加快建设节水型社会。

2. 发展城市循环经济

推行绿色生产方式，发展绿色工业园区，实现生产低碳化、循环化和集约化。制定循环发展引领行动计划，重点打造有色、煤矿、非金属矿、再生资源等领域循环产业链，积极创建国家循环经济示范区，推进“城市矿产”示范基地建设。推进鹤壁、洛阳、新乡等国家循环经济示范市（县）建设，大力发展再制造产业，推动再生资源回收利用体系建设，逐步推行城市垃圾分类回收处理，加快形成跨区域再生资源回收网络，加强城市低值废物资源化利用，创建一批资源循环利用基地。推动污水处理再生利用，将再生水纳入区域水资源统一配置。

3. 推动城市绿色低碳发展

强化碳排放总量控制，尤其是对市区内的电力、化工、建材等重点高碳行业进行碳排放总量控制。大力加强碳汇能力建设，提升绿地、湿地等固碳水平。提高建筑节能标准，推广绿色建筑和建材，推进城市老旧小区节能宜居及绿色化改造，结合旧城改造、棚户区改造、城市修补等工作推进建筑节能改造，提高绿色建筑比例。推广装配式建筑，提高建筑工业化水平。加强公共建筑节能管理，提升能源利用效率，因地制宜推广太阳能、浅层地热能等可再生能源。建设绿色交通，构建方便快捷的公共交通网络体系，倡导绿色出行。倡导居民生活方式低碳化，鼓励形成绿色低碳的消费习惯。支持低碳城市、低碳社区、低碳产业园、低碳城镇建设。

参考文献

张文磊、张思颖：《区域生态共建的理论和制度设计探讨》，《环境科学与管理》2009 年第 4 期。

郭荣朝、苗长虹等：《城市群生态空间结构优化组合模式及对策——以中原城市群为例》，《地理科学进展》2010 年第 3 期。

王玉明、刘湘云：《区域环境治理中的政府合作机制》，《2011 中国可持续发展论坛论文集》。

民革天津市委会课题组：《京津冀协同发展格局下生态环境保护合作机制研究》，《天津政协》2015 年第 3 期。

崔木花：《中原城市群 9 市城镇化与生态环境耦合协调关系》，《经济地理》2015 年第 7 期。

B.7
郑州组合型大都市区建设研究

王新涛*

摘　要：　国家从促进中部崛起的高度支持郑州建设国家中心城市，既为郑州提供了难得的发展机遇，也要求郑州必须正视与北上广深等其他国家中心城市的发展差距。加快建设郑州组合型大都市区，推进郑州与新乡、开封、焦作、许昌等周边地区的融合发展，优化郑州核心职能，拓展郑州发展空间，增强其辐射带动能力，使其更好地承担起其作为国家中心城市、中原城市群核心城市的功能，构筑中部地区核心增长板块，促进东中西部协调发展。

关键词：　郑州大都市区　发展基础　总体思路

2016 年 12 月，国家发改委正式发布《促进中部地区崛起“十三五”规划》，明确支持武汉、郑州建设国家中心城市。郑州作为“一带一路”重要节点城市和中原经济区、中原城市群的核心城市，在诸多国家战略规划和国家战略平台叠加效应持续增强过程中，加快建设郑州大都市区，不仅有利于增强其辐射带动中原经济区发展的能力，而且有利于打造中部崛起北部核心增长极、推动全国东中西部协调发展。

* 王新涛，河南省社会科学院城市与环境研究所副研究员。

一　加快建设郑州组合型大都市区的背景和现实基础

加快建设郑州组合型大都市区，既是郑州加快建设成为国家中心城市的必由之路，也是支撑中原城市群发挥国家级城市群作用的客观要求，更是打好四张牌，让中原更出彩的根本路径。

加快建设郑州组合型大都市区，是支持郑州建设成为国家中心城市的必由之路。国家中心城市是处于一个国家城镇体系中最高级别的城市，不仅要求在省域范围内发挥辐射带动作用，而且要求在全国范围内具备引领、辐射、集散功能，甚至是国家参与国际竞争的主要平台和载体。但是，就当前中心城市具备的五大功能来讲，郑州市现在具备一定的综合服务功能、产业集群功能、物流枢纽功能、开放高地功能和人文凝聚功能，但是无论从自主创新示范、文化传承创新、自贸区建设等方面的发展来看，还是从武汉、成都等此次获批的国家中心城市的发展基础来看，郑州在经济总量、创新能力、文化软实力方面，都存在相当的差距。按照大都市区的理念，推动郑州与周边区域的整合发展，将有利于增强郑州的综合带动能力。

加快建设郑州组合型大都市区，是支撑中原城市群发挥国家级城市群作用的客观要求。当前，中原经济区已经上升为国家战略，《国家新型城镇化规划》也将中原城市群定位为中西部地区推动国土空间均衡开发、引领区域经济发展的四个重要增长极之一，迫切需要按照国家级城市群的发展定位、发展要求和发展思路，按照扩展至河南 18 个省辖市以及安徽、山东、山西、河北等省部分城市的范围来考虑中原城市群的空间整合。和原来 9 城市中原城市群的空间范围相比，扩大后的中原城市群空间范围更广，对核心城市的辐射带动能力要求更高。而核心城市带动能力相对较弱，郑州与广州、武汉、成都等城市相比，经济实力和总人口都处于劣势，一直是中原城市群与其他城市相比的明显短板，在此背景下，加快建设郑州组合型大都市区，推进郑州与开封、许昌、新乡、焦作等地融合互动发展，有利于打造形成中原城市群乃至中部地区的核心增长极，推动中原城市群加快发展成为支撑中西部地区跨越发展的增长板块。

表 1　2016 年郑州与国内其他城市主要指标比较

单位：亿元，万人

地区	地区生产总值	总人口
广　州	20004	1667
武　汉	11756	1061
成　都	11721	1573
长　沙	9309	743
郑　州	7920	957

加快建设郑州组合型大都市区，是打好“四张牌”、让中原更出彩的根本路径。习近平总书记在河南视察指导工作时指出，河南要打好“四张牌”，在实现中华民族伟大复兴的中国梦中更加出彩。其中，就明确指出，河南要以人为本推进新型城镇化。加快建设郑州组合型大都市区，有利于破解河南推进新型城镇化过程中存在的两大问题：一是人口过多向郑州市区集中的问题。从“十二五”时期人口流动趋势看，河南的农业转移人口主要集中在省会郑州和发展基础较好的县级城市，其中，郑州净流入人口超过 180 万，位居全国前列，虽然这让郑州继续享受人口红利，但是也造成其交通拥堵、房价上涨、环境恶化等城市病。加快建设郑州组合型大都市区，有望推进郑州非核心功能疏散，引导人口、产业在都市区内部合理布局。二是新常态下新型城镇化保持较快增速问题。在经济新常态下，城镇化发展将会出现动力转换等新的特征，在新旧动力转换之际，如果城镇化缺乏新的增长动力，将会影响城镇化的推进。加快建设郑州大都市区，将有利于河南在 2017 年城镇化率提高约 1.6 个百分点，缩小与全国平均水平的差距，缩小与中部地区的差距，使河南更好地承担全国 3 个 1 亿人城镇化战略的落实。

二　郑州组合型大都市区的空间范围和总体思路

当前，郑州组合型大都市区的建设，首先要在充分考虑都市区发展需要和现实发展基础上，科学界定都市区的空间范围，并根据郑州作为国家中心城市所承担的任务与使命，明确总体发展思路，提出基本发展路径。

（一）郑州组合型大都市区的空间范围界定

按照建设国家中心城市和打造中原城市群核心增长极的要求，充分考虑国内外关于都市区的概念内涵和数量指标依据，也充分考虑郑州与相邻区域如开封、新乡、焦作、许昌等市县已有的经济社会联系和文化交流状况，界定郑州组合型大都市区的空间范围（见表2）。

表2　郑州大都市区空间范围

中心城区	郑州中心城区、开封中心城区、新乡中心城区、焦作中心城区、许昌中心城区、郑州航空港经济综合实验区
郑州所辖县市	中牟县、荥阳市、新密市、登封市
焦作所辖县市	温县、武陟县
新乡所辖县市	平原示范区、原阳县
许昌所辖县市	禹州市、长葛市
开封所辖县市	尉氏县
省直管县市	巩义市

其中，郑州中心城区和郑州航空港经济综合实验区是带动郑州组合型大都市区发展的双核，新乡、焦作、开封、许昌的中心城区是次一级的增长极，这几个中心城区以集成资源、优势产业、文化底蕴等的互动融合为纽带，促使都市区内跨城市的产业组合更为紧密，资源整合和要素流动更为密切，使都市区内部建立起一种专业化功能互补、基础设施建设一体化、产业配置一体化、市场一体化的强势合作。

（二）郑州组合型大都市区的总体发展思路

郑州组合型大都市区建设，要把握几个要点：一是坚持创新、协调、绿色、开放、共享五大发展理念，特别是利用国家赋予的一系列战略规划和战略平台，推动体制机制创新，拓展对外开放的深度和广度。二是坚持把郑州中心城区和航空港经济综合实验区建设作为拉动郑州组合型大都市建设的双引擎，积极推动开封、新乡、焦作、许昌等城市与郑州中心城市和航空港经济综合实验区的对接融合发展。三是强化互联互通基础设施网络体系的战略支撑作用。互联互通基础设施网络体系是保障人流、物流、资金流、技术流、信息流在郑州大都市区内部顺畅集散的基础条件，特别是快速交通运输体系以及无缝衔接换乘等方式是重点中的重点。四是加快构建合理产业分工体系。合理产业分工体系是建设郑州大都市区最重要的一环，关系能否打破行政区划，按照社会主义市场经济的要求，推动都市区经济一体化发展，最终实现经济、社会、生态、文化、基础设施的都市区一体化。五是牢牢把握四大战略目标。郑州大都市区的战略目标，要结合其战略定位，努力将其建设成为职能分工明确、经贸联系密切、产业层次较高、空间结构优化、资源利用集约、生态环境良好的全国重要的产业创新中心、内陆开放门户、综合物流枢纽和综合改革试验区。

产业创新示范基地。按照国家和全省经济科技发展要求，抢抓“中国制造2025”机遇，以郑洛新国家自主创新示范区中的郑州片区和新乡片区为核心载体，完善支持双创的财税、金融、人才等政策体系，最大限度调动双创主体积极性，加快建设科技企业孵化器、众创空间等各类双创载体，努力打造要素集聚、载体丰富、服务专业、资源开放的双创生态体系，总结双创成功经验并向大都市区内复制推广，加快形成三次产业协调、创新驱动主导、绿色低碳发展的新格局。

内陆对外开放门户。抢抓河南自贸试验区获批机遇，根据国家“一带一路”战略规划走向，东向重点连接青岛、连云港、日照、烟台、威海、天津、上海等沿海港口，与海上丝绸之路连接；西向密切与西北、东北、西南等区域合作，积极参与中蒙俄、中国—中亚—西亚、中国—中南半岛、中巴、孟中印缅经济走廊建设，加快在更广领域、更大范围形成各具特色、各有侧重的试点格局，推动全面深化改革扩大开放。

综合交通物流枢纽。落实国家关于河南自贸区加快建设贯通南北、连接东西的现代立体交通体系和现代物流体系的要求，加快国际商都与国家中心城市的目标路径的对接融合，依托郑州航空港经济综合实验区建设国际航空货运枢纽，依托郑州国际陆港建设国际铁路中转枢纽，提升郑欧班列运营水平，完善口岸功能，健全多式联运体系和大通关服务体系，形成“铁公机海”四港联动综合枢纽，打造陆空高效衔接的国际物流中心。

体制机制创新先导区。以郑州航空港经济综合实验区、国家自主创新示范区郑州片区和新乡片区、自贸区郑州片区和开封片区的创新发展为导向，以开放倒逼改革，重点在口岸通关、航线航权、财税金融、土地管理、服务外包、商事登记、贸易监管、技术转移、成果转化等方面进行制度创新，力争在全国率先打造一个兼具对外开放、自主创新、转型升级的创新型大都市区域。

三　2017年郑州组合型大都市区建设要破解的五大难题

推进郑州组合型大都市区建设，当务之急是按照都市区发展的要求，以明确城市之间的功能定位为前提，以交通互联互通建设为基础，以协同发展机制为保障，着力破解五大发展难题，推进都市区从“浅表合作”迈向“深层合作”。

明确核心城市的核心功能。郑州大都市区的建设，和中原城市群、中原经济区一样，郑州中心城区和郑州航空港经济综合实验区都是核心增长极；同时，新乡、开封、焦作、许昌的中心城区也在其中承担次一级增长极的功能。但是，当前的情况是，在郑州大都市区内部，郑州中心城区和郑州航空港经济综合实验区的虹吸效应仍然十分明显，其他区域的基本生产要素和高端创新、金融要素也源源不断地流入两大核心增长极，造成增长极的实力迅速提高，周边区域发展受到影响，从而不利于郑州大都市区内部各功能板块的协调发展。因此，郑州要按照有所为有所不为的原则保留核心功能，疏散非核心功能，通过向外转移非核心功能，为其他城市发展提供机会，而且也为自身产业结构转型升级和经济结构的转型预留下巨大空间。当前一个时期，郑州的核心功能应该定义为管理、信息、文化、创新、流通五大功能，制造功能等要积极向外疏散。

推进基础设施互联互通。基础设施一体化是构建郑州大都市区的基石，只有实现区域的路网、管网、信息网等基础设施全方位快捷畅通，才能加快都市区互联互通。郑州中心城区、郑州航空港经济综合实验区要加强与新乡、开封、焦作、许昌中心城区以及县城等周边衔接，提高内联外接程度，重点是解决交通发展过程中的“一公里问题”。当前，郑州大都市区内虽然形成了包括高速公路、高速铁路、城际铁路、国道、省道在内的综合交通运输通道，但是“最后一公里”问题、各种交通设施的“无缝对接、零距离换乘”问题、交通设施的建设次序与人流物流匹配问题等还没有很好地解决。尤其是城际轨道交通与郑州中心城区内部交通的无缝衔接问题，在很大程度上影响了城际各种生产要素的流通。只有解决好这些问题，才能真正发挥交通基础设施促进区域联通的作用，推动城市群内部的合理分工。

建立利益补偿和共享机制。郑州大都市区内部的利益补偿和共享机制实质上是郑州与周边的新乡、焦作、许昌、开封等次一级中心城市、县级城市和特色小镇之间的利益分配合理化制度。郑州作为核心城市，在“湖泊效应”作用下，将从都市区一体化发展中获取相对最大的收益。因此，郑州首先要树立让渡部分利益的观念，从都市区一体化发展的大局和整体利益出发，切实发挥核心城市的作用，推动都市区内部形成以共同利益为联结的利益共同体，构建一种可持续的协同发展模式。比如，在承接国内外产业转移的过程中，立足形成合理的产业分工体系，推动收益分成。在都市区内部产业转移过程中，转出区与转入区可以协商，将企业在转移后创造的产值税收实行共同分享。特别是郑州在疏散非核心功能的过程中，要与产业转移承接地探索建立稳定的利益分配机制，构建新的税收合作机制。

注重发挥市场主体功能。郑州大都市区的利益联结归根到底要以企业和社会组织这两大类市场主体的行为决策为依据。企业是社会主义市场经济体制下最重要的市场主体，往往会根据成本收益以及市场、区位等原则进行生产、销售布局，也会统筹考虑都市区内参与集群或链式发展。建设郑州大都市区，要充分突出企业这一市场主体的作用，立足给企业创造一个公平、公正、透明的市场环境，规范市场秩序，推动生产要素自由无障碍流动，通过企业自主选择激发市场经济活力，推动都市区由行政区经济向经济区经济发展。另外，要充分发挥社会组织推动都市区内部协同发展的力量。通过民间渠道建立跨城市的非官方行业协调组织，如民间商会、民间智库、咨询机构、中介组织等社会组织，调动社会力量共同参与都市区的建设和治理。

缩小公共服务水平落差。郑州在大都市区内部仍然具有较强的虹吸效应，究其根源不仅在于郑州中心城区和航空港经济综合实验区的产业配套基础好、区位交通优势突出等条件，还在于这两大核心增长区域具有较高的公共服务水平。这是大都市区内部各种资源向郑州中心城区聚集的关键因素。要实现都市区内部的协调有序发展，必须以推行公共服务均等化为目标，努力实现社会领域的协同。特别是通过普惠性政策实施，疏解郑州中心城区的优质公共资源，增强周边次一级中心城区和县级城市的公共服务供给能力，提高周边中小城市的吸引力和居民幸福感。目前国内大都市区都正在积极探索推进公共服务一体化建设，如医保、社保、公交卡异地互认互通。比如长江中游城市群中的武汉、长沙、合肥、南昌 4 个城市在全国率先实现公积金互提互贷。相比于这些先行一步的都市区，郑州都市区还比较落后，跨市统筹的问题尚未完全解决，从而影响了人力资源、工商业资本在都市区内部的自由流动。

参考文献

洪世键、黄晓芬：《大都市区概念及其界定问题探讨》，《国际城市规划》2007 年第

5 期。

王国霞、蔡建明：《都市区空间范围的划分方法》，《经济地理》2008 年第 2 期。

孟晓晨、马亮：《“都市区”概念辨析》，《城市发展研究》2010 年第 9 期。

曾群华：《关于区域同城化的研究综述》，《城市观察》2013 年第 6 期。

朱惠斌、李贵才：《深港联合跨界合作与同城化协作研究》，《经济地理》2013 年第 7 期。

魏旭红、孙斌栋：《我国大都市区就业次中心的形成机制——上海研究及与北京比较》，《城市规划学刊》2014 年第 5 期。

杨姝琴：《广州增强国家中心城市辐射力研究》，《城市观察》2014 年第 6 期。

张欣炜、宁越敏：《中国大都市区的界定和发展研究——基于第六次人口普查数据的研究》，《地理科学》2015 年第 6 期。

詹荣胜、刘兴景、孙立锋：《把握区域发展都市区化趋势，以宁波为极核城市打造都市区》，《宁波日报》2016 年 5 月 12 日。

关联发展篇

Related Development Reports

B.8

豫西北各市与洛阳联动发展研究

郭志远*

摘　要：联动发展已经成为时代发展的必然趋势。地处河南西北的洛阳、三门峡、焦作、济源四市，地缘相近、山水相连，产业互补性强，交通便利，具有联动发展的良好基础和广阔空间。当前，豫西北各市与洛阳联动发展仍处于起步阶段，存在中心城市带动能力弱、产业同构严重、行政壁垒依然存在、基础设施联通水平不高、内部开放程度不够等制约因素。为推动豫西北各市与洛阳联动发展，各地应当建立联动发展的协作机制，完善统一开放、竞争有序的现代市场体系，构建优势互补、联动发展的现代产业体系，加强基础设施互联互通。

* 郭志远，河南省社会科学院城市与环境研究所助理研究员。

关键词： 豫西北 联动发展 副中心城市

联动的智慧，源于中国对人类社会发展规律的深刻认识。处于“一荣俱荣、一损俱损”的全球化时代，协同合作才是必然选择，互利共赢方是发展之道。正是基于联动发展的“中国经验”，习近平总书记在G20杭州峰会上提出，要在世界经济共振中实现联动发展。随着京津冀协同发展、长江经济带、“一带一路”三大国家战略的深入实施，我国区域经济发展进入联动发展的新时期。河南省十次党代会提出“推动豫西北各市与洛阳联动发展，形成带动全省经济发展新的增长极”。推动豫西北各市与洛阳联动发展，是省委、省政府对全省区域经济发展格局的深刻认识，是应对国内外区域竞争日益加剧做出的重要战略部署，是打造中原经济区副中心城市的现实要求，是培育全省经济发展新增长极的重要战略举措，是提升中原城市群整体竞争力的客观需要，是顺应时代发展的必然选择。

一 豫西北各市与洛阳联动发展的基础和背景

（一）豫西北各市经济社会发展现状

地处河南西北的洛阳、三门峡、焦作、济源四市，地缘相近、山水相连，产业互补性强，交通便利，具有联动发展的良好基础和广阔空间。洛阳作为华夏文明的发源地之一，是国务院首批公布的历史文化名城之一，是中部地区重要的工业城市，也是中原经济区和中原城市群副中心城市，在带动全省经济发展中承担着重要作用。中原城市群核心区之一的焦作市，与洛阳隔河相望，距离洛阳仅120公里，两座城市不管从历史上，还是从现实中都有着千丝万缕的联系。洛阳市的吉利区，原本归属焦作市的孟县，20世纪80年代为发展石油化工产业，吉利区筹备处成立，划归洛阳管辖。三门峡东与洛阳相邻，市区直线距离约120公里，在历史上曾同属洛阳地区管辖，

1957 年因三门峡水利枢纽工程建设需要，经国务院批准设立三门峡市，经过几代人的共同努力，现在的三门峡已经发展成为豫陕晋三省交界地区重要的中心城市。济源位于黄河北岸，南与洛阳紧密相邻，焦作至济源至洛阳的城际铁路建设正在加紧谋划，已经被列入河南省“十三五”规划。

表 1　豫西北四市经济社会现状

地名	辖区面积（平方公里）	常住人口（万人）	城镇化率（%）	地区生产总值（亿元）
洛　阳	15230	674	52.7	3469
焦　作	4071	353	54.9	1926
三门峡	10309	225	51.6	1251
济　源	1931	73	58	492

资料来源：《河南统计年鉴 2016》。

（二）豫西北各市与洛阳联动发展的背景

1. 联动发展成为大势所趋

当前，国内外环境正在发生复杂而深刻的变化。一方面，随着经济全球化和市场一体化的发展，地区之间的协作和联动发展逐渐成为大势所趋；另一方面，能源资源、生态环境和土地空间对地区经济社会发展的约束日益严重。经过改革开放三十多年的快速发展，我国单个城市的人口越来越多，经济规模和占地面积也越来越大。而城市之间的联动发展，有利于打破行政区划的限制，在更大范围内实现土地、人才、资金、技术等资源要素的自由流动，提高要素配置水平和效率；有利于克服低水平重复建设，在合理分工的同时实现优势互补和叠加，推动产业转型升级和拓展发展空间；有利于构建跨行政区的利益协调机制，促进不同城市之间交通、水利、能源等基础设施和教育、医疗、文化等公共服务资源的整合共享，实现区域经济社会协调发展。在新常态背景下，单个城市的独立发展能力和空间却越来越有限，而通过相邻城市间的协作和联动发展往往能产生“1 +1 >2”的效应。

2. 区域经济新格局正在加快形成

我国地域辽阔，不同地区之间地理环境、资源禀赋差异明显，发展基础也各不相同，实施促进各区域协调发展的国家战略是实现中国经济转型的重要保障。在过去，中央相继提出了西部大开发、东北振兴、中部崛起发展战略，这些战略与东部优先发展战略一起构成我国区域发展的总体战略，对全国区域间的协调发展产生了显著成效。在新的历史时期，在原来“4 大板块”战略的基础上，中央又提出了“一带一路”、“长江中游经济带”和“京津冀协同发展”“3 个支撑带”发展战略，区域经济新的发展格局正在快速形成。随着新的区域发展战略的深入实施，开放与合作成为现阶段区域经济发展的主旋律，各个城市和地区都在通过合作或者联动来扩大发展空间，提升区域整体实力。在“4 大板块”和“3 个支撑带”这些大的区域板块之外，也需要在中西部地区培育和发展一批具有强大带动和辐射能力的新增长极，加快形成多引擎共同驱动国民经济发展的新格局。以开放和合作为主要特征的区域经济新棋局正在加快布局，推动豫西北各市与洛阳联动发展顺应区域经济发展大势。

3. 中部崛起战略深入推进

为促进中部地区加快发展，2004 年时任国务院总理温家宝提出“中部崛起”战略，2006 年国务院出台了《关于促进中部地区崛起的若干意见》，2009 年 9 月经国务院常务会议审议通过《促进中部地区崛起规划》，中部地区发展进入快车道，包括河南在内的中部地区不甘落后奋发图强，经济社会发展取得了巨大的进步，在全国经济版图中的地位更加突出。为将中部崛起深入推进，2016 年 12 月国家发改委出台了《促进中部地区崛起“十三五”规划》，其中提出，“依托综合运输通道，着力完善城镇体系和优化产业布局，推动形成多轴多极多点的网络化空间开发格局”，“继续做大洛阳区域性中心城市”。洛阳作为全国重要的工业基地和河南省第二大城市，其发展水平、发展速度和发展质量，在全省发展大局中具有重要作用。洛阳是国家老工业基地，科研机构众多，是全国重要的科技研发基地，同时又是郑洛新国家自主创新示范区、河南自贸区两个“国字号”战略覆盖区、受益区，未来洛阳“副中心”地位会得到进一步强化，可为周边城市发展提供强有力的科技支撑。

4. 中原城市群上升为国家战略

作为一个传统的农业大省和人口大省，河南的城镇化水平长期落后于全国平均水平，城镇化任重道远。经过近些年的努力，河南的城镇化进入快速发展阶段，每年转移上百万人口进入城市，城镇化率年均提高1个百分点以上，与全国平均水平的差距在逐渐缩小，2015年全省城镇化率达到46.85%。从世界城市化发展规律来看，城市群是城镇化发展到成熟阶段的高级空间组织形式。从全国看，城市群已成为当前我国区域发展的主要空间形态，城市间的联动发展不仅对实现新型城镇化具有巨大推动力，在一定意义上也将成为未来中国经济发展新的增长极。中原城市群规划在河南“酝酿”已久，2003年《河南省全面建设小康社会规划纲要》正式将“中原城市群”确定为河南今后一个时期带动经济社会发展的重点区域，并将其打造为我国中部地区最具影响力的经济隆起带。经过十几年的努力，2016年12月，国务院正式批准《中原城市群发展规划》，标志着中原城市群正式跻身国家级城市群行列，成为第七个国家级城市群，河南正式迈入城市群时代。洛阳作为中原经济区和中原城市群的副中心城市，通过与豫西北各市的联动发展，打造新的增长极，应时而生、顺势而为。

二　豫西北各市与洛阳联动发展存在的制约因素

目前，豫西北各市与洛阳的联动发展仍处于起步阶段，在区域合作方面各地虽有意愿和共识，但由于缺乏合作协调机制，各地都从自身发展的角度出发制定发展规划和政策，导致联动发展困难重重，难以向纵深推进。

（一）中心城市洛阳综合实力较弱

中心城市是地区经济发展的增长极，对周边地区经济发展具有龙头和引擎作用，实力强大的中心城市可以发挥自身经济的吸引力和辐射力，通过市场机制的作用，来带动和协调周边区域的经济活动，从而使区域内资源要素通过自由流动得到合理配置，进而促进全区产业结构合理分工和优化，达到区域整体效益最大化。洛阳作为中原经济区和中原城市群的副中心城市，虽然经济总量依然居河南第二位，但是从其近些年的发展势头来看，洛阳还未能达到副中心城市的要求。“十二五”以来，除 2012 年洛阳市经济总量在全省占比达到 10.07% 外，其余年份均不足 10%，而且呈下降趋势，2015 年洛阳 GDP 为 3469 亿元，占全省比重只有 9.4%。与国内其他省份的副中心城市相比，洛阳也有不小的差距，像深圳、青岛、苏州 3 个副中心城市 GDP 占所在省份的比重分别达到 24%、14.9% 和 20.5%。由于自身经济规模所限，洛阳对豫西北各市的辐射带动作用还远未发挥出来，与名副其实的“副中心城市”的目标尚有不小差距。

（二）产业同构现象严重

产业结构雷同是制约豫西北各市与洛阳联动发展的主要因素，由于资源禀赋相近，各地经过长期发展形成的产业结构基本类似。洛阳作为老工业基地，传统型、资源型、初加工型产业占工业的比重过高，经济发展的新动力严重不足，在经济下行压力日益增大的今天，长期积累的问题与短期存在的困难交织叠加愈发突出。焦作是一座典型的因煤而兴、因煤而困的资源型城市，受煤炭资源枯竭的影响，焦作较早开始进行转型升级，但是产业结构升级缓慢、创新能力不足、环境制约加剧等问题长期存在。2015 年，焦作六大高耗能行业增加值占全市规模以上工业的 34.4%。济源是一座新兴的工业城市，工业在国民经济中占绝对主导地位，第二产业产值占比长期在 70% 左右。济源的工业是从解放初的小煤矿、小冶炼、小电力、小建材和小化肥“五小工业”起步，形成了今天以电解铅、电解锌和金、银、铜、锑、铋等贵金属为主的有色及深加工工业为主导的产业结构，近年来受世界经济复苏乏力、国内经济增速放缓、市场有效需求不足、自身结构性矛盾等多种因素叠加影响，济源经济下行趋势明显，转型升级迫在眉睫。三门峡主导产业以原材料加工和初加工为主，产业层次低，产品附加值不高，与中高端水平还有较大差距，2015 年有色金属矿采选业完成工业增加值 241. 71 亿元，占全部工业增加值的近 40%，新兴产业培育不足，接替产业规模偏小，对经济社会发展的支撑作用有限。

（三）行政壁垒依然存在

受长期以来计划经济体制的影响，区域内各行政主体都存在守好自己“一亩三分地”的思维定式。目前，豫西北各市与洛阳联动发展的水平总体来看依然较低。在联动发展成为大势所趋的今天，这种思维定式以及行政区经济特色显然不合时宜。在市场经济发达的今天，一些地方政府仍从自身利益出发，对辖区内的产业通过各种优惠政策和手段鼓励其发展，而对外地企业则通过各种手段进行限制或打压，使其在市场竞争中处于不利地位；对于那些对当地发展有利的资源要素限制流出，而对那些有可能对本地带来竞争的资源要素则限制其流入，通过行政壁垒人为地造成市场分割。此外，受区域竞争加剧的影响，一些地方在引进外来投资时，竞相压低地价，甚至“零价供地”，导致各类产业集聚区、开发区盲目扩大，造成土地资源的极大浪费。地方政府的这种短期不当行为还会造成低水平的重复建设，前些年全国各地同时上马太阳能光伏项目，造成光伏产品严重过剩即是最好的证明。“十二五”期间，仅洛阳地区就有 55 个太阳能光伏项目上马，2016 年全国半数以上的光伏企业处于停产或半停产状态。为贯彻“共享”发展理念，保证豫西北各市与洛阳联动发展顺利实现，防止出现新的区域利益冲突，各地应当尽快制定既有利于市场机制发挥基础性作用，又能调动地方政府发挥主观能动性的合作机制。

（四）基础设施互联互通水平较低

不同地区之间的联动发展有赖于铁路、公路、城铁等运输方式的协调，只有依靠基础设施的完善和高度一体化才能发挥联动的集聚能力。尽管近年来豫西北各地在基础设施建设方面投入巨大，基础设施建设取得巨大的进步，但是，从互联互通的要求来看，完善高效的基础设施网络还远未形成。与东部发达地区相比，豫西北地区交通体系还不够完善，骨干通道存在缺失路段，不少通道通而不畅，等级低、路况差、安全隐患大，尤其是在偏远山区，基础设施建设仍然滞后，远不能满足联动发展的要求。在一些跨城市的交通建设项目上，有关地方从本位主义出发，对跨区域通道建设态度消极，甚至一些已经达成协议的项目也会受到拖延。此外，受地方财政实力有限的制约，一些联动的关键路段建设条件复杂，资金需求大，运营盈利预期低，筹融资困难。

（五）区域内部开放程度不够

开放是国家繁荣发展的必由之路，封闭只会窒息生机。开放不仅是对外部的开放，更是内部之间的联通。豫西北各地在区域内的互相开放水平不高，各地之间经济联系较少。受过去行政区经济思想和统筹发展能力不足等原因的影响，豫西北地区的经济联系处于一种自然松散的状态，区域经济发展整体性不强，造成区域整体的发展潜力未能充分发挥。经济活动多以行政范围为界，各自构成相对封闭的经济体，联动发展还停留在行政口号和地理区域的意义上。不仅各地在经济上的联系不多，而且缺乏深层次的文化、科技、人才等方面的交流。由于缺乏具有强大辐射带动作用的中心城市，豫西北各地经常受其他经济区的吸引，客观上造成其对外联系多过内部联系的现状。虽然洛阳一直在努力打造中原经济区“副中心”城市，但是洛阳本身经济规模有限，而且自身发展困难重重，地区影响力有限。在周边较大规模经济体的影响下，豫西北各地出现了经济协作上的分化，在发展方向和战略上，焦作提出主动对接郑州，推动“郑焦融合”发展；三门峡则想融入晋陕豫黄河金三角。由于缺乏区域经济联动发展的协调机制和手段，相关各地尚未设立区域间经济协作的协调机构，在地区之间联动发展中政府没有发挥应有的作用，而市场的基础性作用也由于行政壁垒的存在而大大减弱。

三　推动豫西北各市与洛阳联动发展路径选择

当前，全国经济发展进入新常态，竞争与合作成为区域经济关系主旋律，地区之间联动发展成为大势所趋。为推动豫西北各市与洛阳实现联动发展，各市要树立区域整体发展战略观，通过区域合作机制、基础设施联通、产业结构优化、完善市场体系等方面，积极探索和推动区域整合与联动发展，从而在河南西部地区培育新的经济增长板块，为中原崛起河南振兴富民强省战略实施做出新的贡献。

（一）建立联动发展的合作机制

当前，影响豫西北各市与洛阳联动发展的一个重要原因就是缺乏统一、有效的利益协调机制，缺乏制定和执行规则的权威性机构。每个城市都有自身的相对优势，从自身利益出发，对资本、项目竞争激烈。要实现豫西北各市与洛阳之间的联动发展，首先必须建立一个权威的区域利益协调机构，通过制定一系列制度化的协调、决策、管理机制，来增强各城市之间的合作共识，实现各地在竞争中合作，在合作中共赢。其次，要理顺政府与市场的关系，由当前政府主导的单一行政协调机制向政府引导、市场主导、企业为主体的协调机制转变，形成政府组织、社会组织协调、多元参与的管理合作模式。为克服各地之间由于地方保护主义而带来的低水平重复建设、区域利益冲突等现象，必须建立政府间的协作和沟通机制。一方面，加快建立各城市部门间的政策会商机制，放大政策的正面外溢效应，减少负面外溢效应；另一方面，建立政府间信息资源共享机制，建立洛阳与豫西北各市动态信息系统和合作信息库，及时为各级政府、相关部门和企业提供全面及时的各类信息，真正实现信息共享。

（二）完善统一开放、竞争有序的现代市场体系

党的十八届三中全会指出，要发挥市场在自由配置中的决定性作用，着力清除市场壁垒，提高资源配置效率和公平性。城市之间的联动发展需要在整个联动区域内进行资源配置，因此必须打破行政壁垒的限制，允许资源要素在整个区域内自由流动，同时保证各类经济主体能够自由地进行产业布局选址，这些都需要统一开放、竞争有序的市场体系做保障。当前，豫西北各

市与洛阳虽然地缘相邻，各地政府也有了推动联动发展的意愿，但是由于所在区域整体市场经济水平不发达，地方保护主义和市场割裂的情况在不同程度上仍然存在，能够满足联动发展的现代市场体系仍不完善。因此，要建立统一开放、竞争有序的市场体系必须多管齐下，需要政府、媒介、学术界共同努力营造“联动发展”的舆论氛围；省级层面要多措并举引导各城市共同制定有利于建立统一开放、竞争有序市场体系的政策体系。

（三）构建优势互补、联动发展的现代产业体系

产业合作是联动发展的主要内容和实现途径。在今后的发展中，机关各地应当抢抓中国制造2025、“互联网＋”行动计划等重大战略机遇，从区域整体效益最大化的角度出发，突出新兴产业和新业态培育，加快传统产业转型升级，构建优势互补、协作紧密、联动发展的现代产业体系。洛阳市积极发挥老工业基地和国家重要科研基地的优势，大力发展先进装备制造、高端石油化工、电子信息、新材料等主导产业，同时积极发展生物医药等新兴产业，实现产业结构向产业链和价值链高端转变。焦作市坚持高端化、智能化、服务化发展方向，重点发展矿山装备、现代化工、食品工业，打造现代工业强市。三门峡市坚持以高端化、高科技化、高附加值化为方向，加快铝化工、煤化工等传统产业改造升级，同时积极发展新能源汽车、绿色食品、现代旅游业。济源市应突出比较优势，坚持培育发展高端产业和改造优势产业并举，重点发展高端智能装备、节能与新能源汽车产业、电子信息、新材料等产业。

（四）加强基础设施互联互通

基础设施互联互通是区域联动发展的基础和保障。豫西北各地区要协同推进交通、信息、能源、水利等基础设施建设，提升互联互通和现代化水平，推动形成布局合理、功能完善、衔接高效的基础设施网络，增强对联动发展的支撑保障能力。以实现内部畅通、外部通达为目标，各地加快推进航空、铁路、公路、运输枢纽场站等交通基础设施建设，建成现代综合交通系

统。支持洛阳机场发挥一类口岸功能，适时开辟国际客运航线，提升洛阳机场对周边地区的带动和辐射作用；加快焦作至济源至洛阳城际铁路建设。以实现全域互联、智能感知、数据开放、融合应用为目标，推进信息基础设施演进升级和超前布局，构建泛在高效的信息网络。大力推进能源供给侧结构性改革，推动能源革命，优化能源结构和布局。统筹推进骨干水源工程、水资源调配工程、应急备用水源工程、管网互联互通工程建设，稳妥推进跨流域引调水工程建设，提高水资源调配能力。

参考文献

陈启明：《推动洛阳与豫西北各市联动发展》，《洛阳日报》2016 年 12 月 20 日。

段进军：《长三角经济带联动发展的战略思考》，《地域研究与开发》2005 年第1 期。

谷人旭：《日本都市经济圈产业联动发展及其启示》，《现代城市研究》2000 年第 2 期。

葛立成：《长三角地区联动发展新思路研究》，《浙江学刊》2004 年第 3 期。

胡艳、丁玉敏、孟天琦：《长江经济带城市群联动发展机制研究》，《区域经济评论》2016 年第 3 期。

石晓利：《中部地区经济联动发展研究》，南昌大学硕士学位论文，2007。

廖富洲：《构建和完善城市群跨区域联动发展机制——以中原城市群为例》，《学习论坛》2014 年第 11 期。

张占斌、周跃辉：《两个百年战略节点与中国经济强国梦研究》，《中共党史研究》2014 年第 11 期。

B.9
资源型城市转型发展研究

柏程豫*

摘　要：　中原城市群中有数量众多的资源型城市，其转型发展是中原城市群全面提升竞争力和影响力过程中必须高度重视的一个问题。目前这些资源型城市都面临着经济发展缺乏稳定性和可持续性、城市发展活力不足、城市建设基础薄弱、生态环境破坏严重等困境，需要从大力培育接续替代产业、强化科技创新和人才支撑、促进中小企业繁荣发展、建立稳定的转型资金支持机制、加强城市的软实力建设等方面入手积极推进城市转型发展。

关键词：　中原城市群　资源型城市　转型发展

资源型城市指的是以本地区所富藏的森林、矿产等各类自然资源的开采、加工作为主导产业的一种城市类型。资源型城市为地区乃至全国的经济快速发展提供了极为重要的基础能源和原材料支持，贡献可谓重大。但是，由于资源型城市的经济往往依赖单一的行业，导致城市经济不稳定，极易出现大的波动，而且资源终会耗竭以及会有替代产品的出现，再加上资源开采加工对生态环境带来的破坏，这些因素决定了资源型城市难以为继，要实现其可持续发展，转型势在必行。中原城市群所处之地拥有良好的资源禀赋，因而该城市群拥有众多的资源型城市，要全面提升中原城市群的竞争力和影响力，资源型城市转型是一个无法回避的重大问题。

---

* 柏程豫，河南省社会科学院城市与环境研究所副研究员。

一 资源型城市的发展困境

2013 年 11 月国务院发布了《全国资源型城市可持续发展规划（2013 ~ 2020 年）》，将我国 262 个城市确定为资源型城市，其中属于中原城市群的城市如表 1 所示，仅地级市就有 17 个，超过中原城市群地级城市总数的一半。这些城市不但对中原城市群的生产总值做出了巨大贡献，也为其他城市的能源供给提供了保障，在中原城市群的经济社会发展中发挥着重大的作用。但是，这类资源型城市有其发展的局限性，面临着以下几方面的困境。

表 1 中原城市群资源型城市名单

所在省（区、市）	地级行政区	县级市	县（自治县、林区）
河南省	三门峡市、洛阳市、焦作市、鹤壁市、濮阳市、平顶山市、南阳市	登封市、新密市、巩义市、荥阳市、灵宝市、永城市、禹州市	安阳县
河北省	邢台市、邯郸市		
山西省	长治市、晋城市、运城市		
安徽省	宿州市、淮北市、亳州市、淮南市		
山东省	泰安市		

资料来源：《全国资源型城市可持续发展规划（2013 ~ 2020 年）》（国发〔2013〕45 号）。

第一，经济发展缺乏稳定性和可持续性。追溯历史，资源型城市的兴建和发展是源于资源开发的需要，因此在这类城市的产业结构中，占据主导或支柱产业地位的都是资源型产业。特别是在计划经济时期，资源型城市基本上被定位为矿产和能源基地，其城市建设也是围绕这一定位来展开的，过分强调其专业化功能而忽视城市原本应具备的多功能作用，从而导致城市的产业结构十分单一且层次也一般较为低下，多处于开采和初级加工环节，这样的主导产业很难形成较强的关联效应从而带动城市经济的全面发展。而且很多资源特别是矿产类资源具有不可再生性，随着资源趋于枯竭，开采成本会不断上升，效益不断递减，资源开采产业的式微必然导致资源型城市经济的不稳定和不可持续。

第二，城市发展活力不足。资源型城市中，由于当地企业仅凭借本地所具备的先天的自然资源优势就可以从市场上获取丰厚回报，因此企业缺乏开拓创新的内在动力，即使对研发进行投入，也都集中于资源型产业内部，对其他产业较少产生外溢效应，这样就无法满足城市经济转型发展对技术创新的需求。同时，无论是企业还是劳动者也都缺乏动力投资于人力资源开发，人才队伍结构单一化，在此环境下人才思维意识也容易受到桎梏，导致整个城市经济发展固化在资源依赖型的经济增长路径上。当原有的资源型产业不景气或者出现衰退，大量的失业人口会在短时期内产生，而资源型城市的产业单一致使就业渠道十分有限，再加上资源型产业中的劳动力大多技能单一，再就业能力不足，劳动力的社会流动性受到抑制，整个城市因而缺乏发展活力。

第三，城市建设基础薄弱。中原城市群中的资源型城市多起于计划经济时期，计划经济体制下，为国家经济发展提供矿产品及其初加工产品是资源型城市主要甚至唯一的功能，因此承担生产职能的国有大中型矿产、能源企业成为城市的主体，也是政府最主要的财政来源，“大企业，小政府”的现象十分突出，城市发展对企业的依赖度极高，哪里有资源，企业就延伸到哪里，城市就建设到哪里，城市建设按照资源分布来定位，缺乏统一规划，大多形成大分散小集中的城市空间布局，功能孱弱，效率低下，从而无法发挥城市的集聚经济效应，阻碍城市健康成长。

第四，生态环境破坏严重。采伐业和工矿业本来就是严重的环境污染和破坏产业，而在以往粗放型增长模式的主导下，很多地区对资源实施的是掠夺性开发而不重视环境保护，此举除了致使资源快速枯竭外，更产生了一系列恶劣的环境问题，比如地表塌陷、水质恶化、大气污染、耕地被侵占等等，使这类地区的生态变得十分脆弱，给资源型城市的居民生活和社会安定带来了很大危害。而更为深远的影响是，生态环境一是个复杂的巨系统，遭到破坏之后，其修复过程将十分漫长且需要巨大的财力、物力投入，这给资源型城市带来了沉重的压力。

二　资源型城市转型的内涵、原则与目标

综上所述，资源型城市最本质的问题就是高度依赖于自然资源产出而没

有形成自身内生的发展动力和活力。基于这一思路，笔者尝试梳理、阐释资源型城市转型的内涵、原则和目标。

资源型城市转型的内涵。资源型城市要顺利实现转型，关键在城市经济的转型，而这取决于城市支柱产业是否可持续发展，也就是说城市的支柱产业必须摆脱对区域自然资源的过度依赖，实现产业结构的优化升级，具体路径：一是要在原有产业基础上进行改造升级，从拉长产业链入手，推进城市支柱产业向纵深发展，从而继承和发扬已积累的知识、人才和技术等优势，提升资源型城市在资源禀赋以外的其他竞争优势，使其从中获取更大的产出和效益。二是要积极发展其他产业，比如高新技术产业、旅游业、现代服务业等，实现城市支柱产业的多元化和有序接替，从根本上规避城市经济衰退的风险。而资源型城市转型的根本目的是要实现城市的可持续发展，也就是说无论选择何种方法、哪条路径发展，资源型城市都必须把节约利用资源、保护生态环境和以人为本作为基本准则，使资源型城市成为一个人与自然、人与人和谐共处的良性循环系统。

资源型城市转型的原则。资源型城市转型是一个长期的过程，更是一个极为复杂的系统工程，其间必然会受到多方面因素的影响，比如资源禀赋、市场规律、城市区位以及宏观政策等。在如此复杂的环境下，该类城市必须坚持一定的原则，才能确保发展路径的正确：一是要坚持市场主导同时发挥政府的引导作用。产业转型升级首先必须基于市场规律，作为市场行为的主体，企业要能够在转型方向和产业选择上进行独立判断和决策，充分发挥市场配置资源的基础性作用，同时政府要发挥政策导向和规划引导作用，通过优质的公共服务和严格市场监管，为产业转型升级创造良好的市场环境。二是要坚持发展优势特色、突出重点，以资源型城市的特色禀赋为基础，选择具有比较优势的重点领域，科学确立转型发展的定位、目标、战略以及对策，发展壮大特色经济，把资源优势和已经积累的知识、人才、技术等优势转化为竞争优势，从根本上增强资源型城市的可持续发展能力。三是要坚持以创新驱动转型，将创新贯穿于资源型城市转型的全过程，用观念创新引领行动，破除各种体制机制障碍，为创新打造良好的环境，从而助推科技创新，形成经济转型强劲的内在动力，拓展接续产业的发展空间，于创新之中实现发展转型。四是要坚持以民生为本，加快健全社会保障体系和基本公共服务体系，千方百计扩大经济容量，解决好产业转型升级过程中的人员再就业问题，积极改善人居环境，使广大人民群众能够分享发展红利，确保社会和谐稳定。五是要坚持生态文明理念，以规模化、集约化为目标严格规划与管理对资源的开发利用，推进绿色、循环、低碳的发展模式，确保资源利用效率切实得到提高，把生态保护和环境整治落到实处。

资源型城市转型的目标。基于前文所阐释的资源型城市转型的内涵，笔者认为资源型城市转型其总目标应是：以城市产业结构优化升级为核心，带动经济、社会和生态建设全面转型，激发城市发展的内生动力，实现城市健康可持续发展。这个总目标可以分解为多个分目标：一是经济建设转型，彻底转变资源型产业一枝独大的局面，通过延伸支柱产业的产业链条，提升产品附加值，同时培育发展新的主导产业以备接续替代原有产业成为未来的支柱产业，全面建立起产业多元化格局，并形成较强的区域产业竞争力。二是社会建设转型，以多元化的产业格局为依托，实现就业渠道的多元化，就业规模扩大，失业率有效降低，“大企业，小政府”的现象被彻底破除，城市基础设施和基本公共服务体系得以不断完善，综合服务功能进一步增强，社会保障水平不断提高，居民住房条件得到改善，低收入群体的基本生活得到切实保障。三是生态建设转型，矿山地质环境和土地损毁的历史遗留问题得到有效恢复与治理，新建和生产矿区避免再出现老问题，重金属污染得到有效控制，主要污染物的排放总量大幅度减少，重点地区生态功能得到恢复，人居环境显著改善。

三　资源型城市转型的对策建议

从世界范围来看，资源型城市转型是一个普遍性的难题，借鉴国外城市的转型经验，结合中原城市群资源型城市的实际情况，其转型可以从以下几个方面推进。

大力培育接续替代产业。资源型城市转型，接续替代产业的发展是关键。转型城市产业结构的调整必须紧密结合自身比较优势和未来产业的发展趋势，建立起接续替代产业第四，发展的扶持机制，以培育不同生命周期的产业来支持城市经济的可持续发展。一是推进原有产业的深化和链条的延伸。培育接续替代产业并不是要完全放弃原有的产业，而应是在资源条件允许的情况下推进产业的深化和链条的延伸，进一步挖掘资源优势的潜在价值。更新改造技术装备并提升原有的资源型产业，推进循环经济发展，着力提高资源的综合利用水平和效率，以充分放大其经济价值；延伸资源产业链条，大力推进初级资源产品精深加工产业的发展，比如煤炭资源丰富的城市可以发展以化工新材料、现代煤化工和精细化工为核心的现代煤化工产业，打造煤化工产业基地；围绕资源开采、利用和运输发展与之相关联的中高端装备制造业。二是积极发展其他产业，比如资源型企业一般基建项目多、资金需要量大、设备维修要求也高，根据此特点可加快发展建筑安装、修造、勘探和金融等一批生产性服务业；也可对工业传统资源进行再开发，拓展区域产业新功能，比如学习德国鲁尔区，以博览会、旅游区等形式对传统工业资源实现重新利用，积极发展工业旅游。

强化科技创新和人才支撑。科技创新是经济发展的不竭动力，高素质人才则是经济社会高质量发展的坚实基础，资源型城市转型离不开科技创新的动力和人才基础。一是要为创新营造良好的环境和氛围，必须大力加强对知识产权的有效保护，切实维护好科技创新者的合法权益；加大金融、财政对科技创新的支持力度；通过建设科技创新投融资平台、成立创新风险投资基金等多种方式带动社会资金投入科技创新领域。二是加快科技成果转化为现实生产力的速度，加强企业与高等院校及科研院所的对接与合作，建设服务于促进科研成果转移转化的公共平台，发展中介服务市场，打造科研开发——成果转化——科技服务的产业链条。三是加强人才支撑，根据产业转型的需求有针对性地引进能够突破关键技术的科技领军人才，组织专业技术人员到国内先进技术机构参加培训，结合自身需求引进对应的重点高校在资源型城市设立分校，就地培养更多人才。

促进中小企业繁荣发展。相对大型企业，中小企业可以更有效地吸纳大规模就业，其蓬勃发展也对提高区域创新能力、促进产业多元化有着举足轻重的作用，繁荣中小企业发展对于资源型城市转型会有很大的助力。而从历史现实来看，一个国家或地区的繁荣很大程度上取决于中小企业的繁荣，中小企业的这种作用即使是世界五百强的大企业也无法替代，资源型城市也不例外。因此资源型城市政府应高度重视这一问题，要为中小企业发展积极创造良好的条件，加强创业扶持力度，放松对中小企业的某些管制和行业准入限制等，在土地、融资、减免税费、简化税收申报程序、产学研合作等方面为其提供帮助，并且在资助研究开发、政府采购等方面对中小企业采取倾斜政策。同时，还要积极发展服务中小企业的中介市场，其服务领域包括帮助企业办理注册手续、贷款、税收减免手续以及制定可行性方案等。此外，资源型城市中有很大比例的劳动力一直在从事传统的资源开采及初加工行业，生产技能相对单一，经济转型会出现大量的失业人口。借鉴法国洛林地区的经验，政府应与企业紧密配合，根据实际情况、结合城市产业发展规划有针对性地制定劳动力培训计划，加大财政支持失业人口再培训、再就业的力度，将中小企业发展与劳动力培训相结合，一方面为中小企业的发展提供人力资源，另一方面有效解决转型中出现的失业问题。

建立稳定的转型资金支持机制。必须加快建立和完善资源价格形成机制，确保其能准确反映资源的稀缺程度和市场的供求状况，积极推进资源有偿使用制度改革，为生态补偿奠定可持续的资金基础。同时，要加快建立科学的环境管理绩效制度与生态环境评估体系，使生态环境补偿成本能够定量化，以完善生态环境补偿金制度。特别需要指出的是，资源型城市转型需要弥补沉淀成本并支付转型成本，而这一成本相当高昂，仅凭市场或地方政府之力显然是远远不够的，需要来自其他方面力量的支持和推动。基于资源型城市为区域乃至国家做出的历史贡献，中央政府和省级政府应当在资金扶持方面承担起一定的义务，以帮助资源型城市建立衰退产业援助机制、区域资源开发补偿机制和生态补偿机制，并制定出台相关政策，积极推动包括社会资本和外资在内的各方资金参与资源型城市的生态治理与补偿，为资源型城市的转型发展提供多元化的资金支持。

加强城市的软实力建设。城市的软实力具体包括城市的人文环境、文化水平和体制机制等方面。随着社会进步，软实力建设对城市发展的影响在不断加大，城市软实力和硬实力共同成为城市核心竞争力的重要组成部分。加强城市软实力的建设，一方面要从教育、文化等多方面着手，努力提高城市居民的素养，提升市民的文化层次，培育传承城市独特的文化，提炼城市精神；另一方面要重点提高政府部门的服务意识和行政效率，通过创新行政管理机制，为企业和居民提供良好的政府服务，以有力地支持大众创业、万众创新。

参考文献

尹牧：《资源型城市经济转型问题研究》，吉林大学博士学位论文，2012。

陈荣平：《资源型城市现代化转型的概念性分析框架》，《城市规划汇刊》2003 年第 5 期。

丁朵：《资源型城市的转型路径——基于河南省的实证研究》，河南大学硕士学位论文，2015。

张生玲等：《路径依赖、市场进入与资源型城市转型》，《经济理论与经济管理》2016 年第 2 期。

田红娜：《中国资源型城市创新体系营建》，经济科学出版社，2009。

支大林：《我国资源型城市转型与可持续发展的困境及破解对策》，《福建论坛》（人文社会科学版）2015 年第 4 期。

曾万平：《我国资源型城市转型政策研究》，财政部财政科学研究所博士学位论文，2013。

郭海霞：《资源型城市转型的国际镜鉴》，《重庆社会科学》2015 年第 11 期。

张复明：《资源型经济与转型发展研究》，经济科学出版社，2011。

宋冬林、汤吉军：《资源枯竭型地区发展接续产业研究》，《学习与探索》2005 年第 4 期。

B.10

河南省传统农区城市跨越发展研究

韩　鹏*

摘　要：　传统农区农业比重高、农村人口基数大、工业基础相对薄弱，成为河南省科学推进新型城镇化的薄弱环节。在对实现传统农区城市跨越发展对河南省在优化空间开发格局、科学推进新型城镇化和全面打赢脱贫攻坚战等方面的重大意义进行深入探讨的基础上，本文通过系统分析河南省传统农区城市实现跨越式发展的现实基础、环境条件和所面临的突出问题，提出了以优化城镇化形态和布局、强化产业支撑能力、提升城市综合承载能力和管理水平以及有序推进农业转移人口市民化等为重点，构建传统农区城市实现跨越式发展有效路径的对策建议。

关键词：　河南省　传统农区城市　跨越发展

南阳市、商丘市、信阳市、周口市和驻马店市是河南省典型传统农区城市，在农业比重高、农村人口基数大、工业基础相对薄弱的情况下，区域经济社会总体发展水平相对低下，贫困发生率相对较高，成为河南省加快经济和社会发展的薄弱地带和关键环节。如何充分发挥传统农区自身优势，通过创新发展模式强化城市综合承载力，加快产业发展和吸纳农村转移人口，从而实现城镇化跨越式发展，成为加快优化空间开发格局和科学推进新型城镇化的重要任务，具有重大的理论意义和现实意义。

---

* 韩鹏，河南省社会科学院城市与环境研究所助理研究员。

一 河南省传统农区城市实现跨越式发展的重大意义

（一）加快传统农区发展优化空间开发格局的重要部署

河南省传统农区主要集中在黄淮海平原、豫南山地和南阳盆地，其中南阳市、商丘市、信阳市、周口市和驻马店市等五市由于资源基础相对薄弱、工业基础相对较差，当地经济发展长期以农业生产尤其是粮食生产为主，第一产业产值在国内生产总值中占比较大，成为全省经济社会发展相对落后的地区。2015 年，河南省各地市人均生产总值中，郑州市和济源市超过 60000 元，位于第一方阵；三门峡市、焦作市、许昌市、洛阳市在 50000 到 60000 元之间，鹤壁市为 4.47 万元，漯河市、濮阳市、安阳市、开封市、新乡市、平顶山市等市在 30000 元到 40000 万元之间，分别列第二、三、四方阵。然而，传统农区五市（含五市地域中省直管县，除永城市外）人均生产总值均不足 30000 元，远低于河南省其他地市，成为河南经济发展中的“塌陷地带”（见图 1）。

然而，河南省传统农区在全省乃至全国经济社会发展中具有重要地位。这里不仅是重要粮食生产核心区，同时也是重要生态功能区。该区域总人口（常住人口，下同）高达 3946 万，占全省总人口的 41.62%，是全省经济社会发展的重要删除板块。与此同时，它还是全国重要的粮食生产基地，同时又是淮河发源地和南水北调工程水源地的重要组成部分，在全国粮食安全和生态安全中占据一定的重要地位。

当前，在国家优化国土开发格局、推动中部地区振兴崛起的背景下，河南省提出促进传统农区城市跨越发展，是当地走上以产兴城、以城促产、以业兴人产城融合良性发展的道路，是加快传统农区经济社会发展的必由之路，是优化全省空间开发格局的重大战略部署。

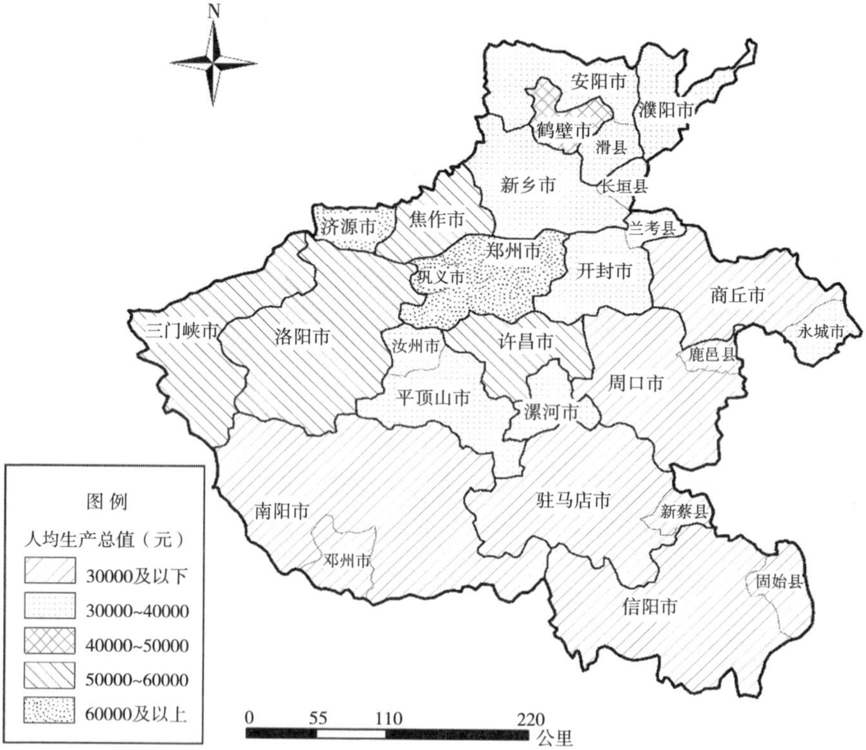

图1　2015年河南省各地市和省直管县人均生产总值分布示意

资料来源：《河南统计年鉴2016》。

（二）克服薄弱环节科学推进新型城镇化的重大抉择

当前，河南省正处于城镇化加速发展阶段。科学推进新型城镇化，新型城镇化引领带动经济结构转型、需求动力再造、发展方式转变、人民生活水平提升，成为促进新型工业化、信息化、城镇化、农业现代化同步发展关键突破口。河南省科学推进新型城镇化所面临的各种问题中，发展水平低、发展不均衡问题是两个重要的制约因素。

从数量和结构来看，实现传统农区城市跨越式发展，是破解河南省发展水平低和发展不均衡问题的关键环节。从城镇化发展水平来看，郑州市高达69.7%，济源市达58%，鹤壁市、焦作市、洛阳市和三门峡市处于50%～

56%，平顶山市、新乡市、许昌市、漯河市、安阳市和开封市处于44%~50%，分别处于第一、二、三、四梯队；而研究区域的五个传统农区省辖市均处于全省最低水平（除濮阳市略低于南阳市和信阳市外），城镇化率甚至尚未达到2012年全省平均水平（见图2）。从区位条件来看，这五个传统农区城市均远离全省经济社会发展中心，直接受到的辐射作用和带动作用相对有限。

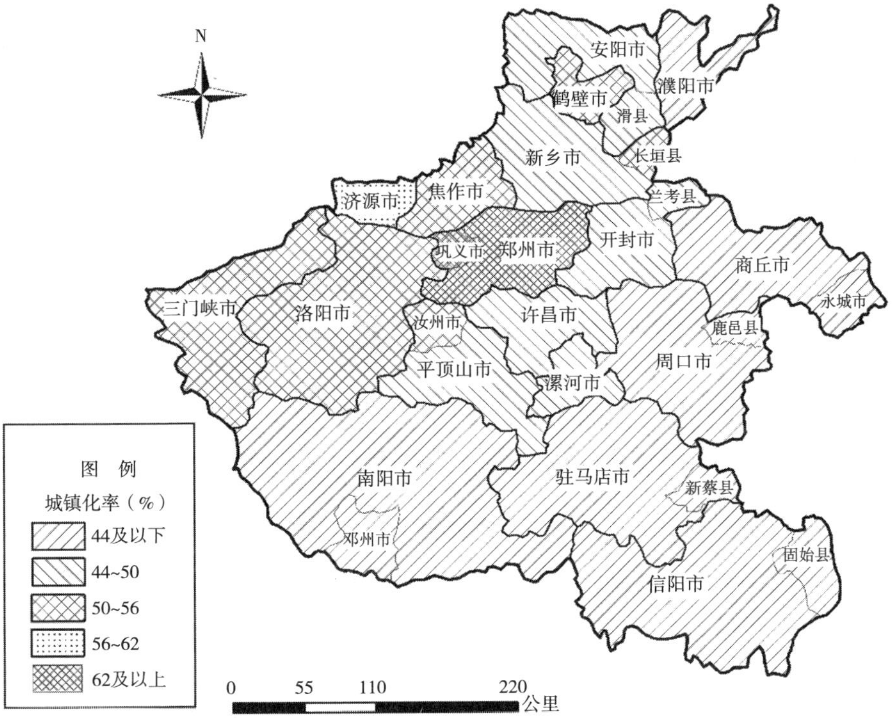

图2　2015年河南省各地市和省直管县城镇化发展水平分布

资料来源：《河南统计年鉴2016》。

面对传统农区城镇化发展水平低、发展任务重、限制因素多的不利条件，再加上这些地区在全省经济社会总量中所占比重大的客观事实，通过实施传统农区城市跨越式发展，带动区域大中小城市和城镇协调发展，成为今后河南省克服薄弱环节科学推进新型城镇化的重大战略抉择。

（三）实现强产富民全面打赢脱贫攻坚战

河南省传统农区是全省贫困发生率相对较高区域之一。在全省53个贫困县中，传统农区五市（南阳市、商丘市、信阳市、周口市、驻马店市）就占34个，占总数量的64.15%。截至2015年底，河南省尚有6492个贫困村、430万农村贫困人口未实现脱贫，其中传统农区五市贫困人口即高达209.9万（数据时效略有差异），占全省将近一半，略高于这五个省辖市人口占全省总人口的比例（见表1）。

表1　河南省传统农区五市贫困分布情况（截至2016年）

地区	国家级贫困县（个）	省级贫困县（个）	贫困村（个）	贫困户（万户）	贫困人口（万人）
南阳市	6	1	—	17.1	46.2
商丘市	5	1	575	—	40.3
信阳市	6	2	527	11.95	35.99
周口市	5	2	630	14.89	49.61
驻马店市	3	3	600	11.069	37.8

说明：贫困县数据来自河南省人民政府公告；贫困村、贫困户、贫困人口数据来自当地媒体报道除商丘市外，其他数据均为精准识别数，数据截止日期略有差异。

河南省传统农区贫困发生率高，其深层次原因在于当地经济社会发展水平总体偏低。城镇化、工业化发展程度不足导致当地就业容量不足、劳动力流出相对严重并进一步产生了两方面影响。一方面，导致当地群众缺乏足够的就业机会，难以通过从事非农工作以获得更多家庭经济收入的机会；另一方面，当地城镇发展、财政收入有限，难以给予农村农业发展足够的经济和财政支持，从而可能实现以城带乡发展。此外，城镇化和工业化发展不足，导致当地农业优势也难以充分发挥作用，农业经营总体水平低，农业生产附加值不高，也使当地实现农业富农、农村发展受到进一步限制。

推动传统农区城市实现跨越式发展，积极引导农村转移劳动力市民化，成为加快强产富民的重要选项，对于当地乃至全省全面打赢脱贫攻坚战都具有十分积极的意义。一方面，加快构建大中小城市和小城镇协调发展的城镇化发展格局，有利于引领产业集中布局、人口有序转移，为农村劳动力提供更加广阔的出路；另一方面，也有利于当地农业生产资源特别是土地资源的适度集中经营，有利于提高农业生产经营水平和农产品附加值，直接增加农民收入。更进一步地说，城镇化、工业化的跨越式发展，有利于构建更加合理的城乡关系，形成当地以城带乡、以工补农、强产富民的经济社会发展条件，从根本上铲除穷根，实现脱贫致富。

二　河南省传统农区城市实现跨越式发展的基础条件与面临问题

（一）河南省传统农区城市实现跨越式发展具备一定的现实基础

进入21世纪以来，面对区域间日益明显的不协调问题和东部产业向外转移趋势，国家适时提出了中部崛起战略，河南省也出台了一系列政策措施，鼓励传统农区加快城镇化、工业化进程。在这些政策措施的作用下，传统农区经济社会出现了快速发展的局面，经济持续保持高位增长、城镇体系日趋完善、各类科学发展载体迅速发展，为传统农区实现跨越式发展奠定了一定的基础。

首先，经济持续保持高位增长，为传统农区城市实现跨越式发展奠定了一定的基础。“十二五”期间，五市（南阳市、商丘市、信阳市、周口市、驻马店市）生产总值平均增速均达到10%以上，高于全省平均水平1个以上百分点。截至“十二五”末，南阳市、商丘市、信阳市、周口市和驻马店市生产总值分别达到2875.02亿元、1803.93亿元、1877.75亿元、2082.38亿元和1807.09亿元，一般公共预算支出分别达到515.84亿元、381.70亿元、374.81亿元、433.74亿元和383.72亿元，国民经济发展和财政支出能力得到大幅提升，为实现跨越式发展奠定了基础。

其次，城市建设大踏步迈进，城镇体系日趋完善，形成了较好的发展条件。截至2015年末，南阳市、商丘市、信阳市、周口市和驻马店市城市建成区面积分别达到 149、63、89、68 平方公里和 75 平方公里，分别相当于“十一五”期末的 1.62、1.05、1.31、1.33 倍和 1.44 倍及“十一五”初期的 1.94、1.13、1.93、1.7 和 1.97 倍，城市承载能力大为加强。各地逐步完善了市域城镇体系规划和城市总体规划，以市辖区为中心、县城为主体，积极发展重点镇和特色镇，城镇体系日趋完善。

最后，各地产业集群培育取得明显成效，各类科学发展载体逐步完善，播撒了实现跨越式发展的种子。各地把推进工业化、发展产业放在加快新型城镇化的突出位置，以产业集聚区、服务业两区（服务业两区指商务中心区，商业中心区）等科学发展载体为平台，大力推动城镇第二、三产业集聚发展，以产业集聚促进人口集中、城镇发展，以城镇发展为产业集聚创造条件，努力实现产城互动、产城融合发展，培养了一大批具有地方特色、凝聚当地发展优势的产业集群，各类科学发展载体也逐步完善，为传统农区城市播撒了实现跨越式发展的种子。

（二）河南省传统农区城市实现跨越式发展面临良好的环境条件

目前，国家优化国土空间开发格局和东部产业向中西部转移的总体趋势下，有利于河南省传统农区城市充分发挥自身人力资源优势，在国家开发、开放格局重构过程中，通过加快承接东部产业转移，创新发展模式和机制，实现跨越式发展。

一是我国正在实施新的区域发展战略，大力优化国土空间开发格局，为河南省传统农区城市实现跨越式发展构建了良好的外部环境。经过改革开放以来的长期高速发展，我国已经步入经济发展新常态，区域发展也呈现明显的差异化，加快中西部地区发展，成为保持经济中高速增长的重要支撑。为此，我国相继实施了包括科学推进新型城镇化、长江经济带、中部崛起等重大国家战略，力图通过全面深化改革和扩大开放，构建新的国土空间开发格局。河南省传统农区作为我国重要的劳动力输出大省，借力产业转移的有利趋势和这些国家战略，通过加快城镇化、工业化，有利于实现城市的跨越式发展。

二是河南省正在统筹推进粮食生产核心区、中原经济区、郑州航空港经济综合实验区、郑洛新国家自主创新示范区、河南自贸区和中原城市群等国家战略，这些国家战略的实施，将为传统农区城市实现跨越式发展提供良好的发展机遇。这些战略中，一些战略如粮食生产核心区、中原经济区和中原城市群将直接作用于河南传统农区，有利于推动传统农区城市加快城市发展、促进产业和人口集聚；另外一些战略虽然不直接作用于这些传统农区城市，但是对于其城市发展具有十分重要的辐射带动作用，有利于传统农区城市提升发展质量、开放水平，从而获得更多的发展要素。

三是重大交通基础设施的加快推进，为改善传统农区城市区位条件奠定了坚实的物质基础。从空间来看，河南传统农区城市大多位于历史上重要的交通要道，区位优势都十分明显，但是由于缺乏一些重要交通基础设施的支撑，难以充分发挥其区位优势。当前，国家和全省层面都正在推动一批重大交通基础设施建设加快实施，以郑州为中心的米字形高速铁路网、商（丘）合（肥）杭（州）高铁、蒙华铁路、三洋铁路、信阳机场、商丘机场以及沙颍河航道等一大批重大交通基础设施正在加快推进，宁（南京）西（安）高铁、呼（和浩特）南（宁）高铁豫西通道、洛阳至平顶山至漯河至周口至商丘城际铁路、南阳至周口至商丘铁路也在积极规划或者研究之中。这些重大交通基础设施建设的加快实施，都有利于强化传统农区与郑州和其他经济发达区域之间的联系，将为改善传统农区城市区位条件、充分发挥其区位优势奠定坚实的物质基础。

四是当地干部群众有谋发展求跨越的发展热情，形成了良好的社会环境。面对与全国和省域发达地区之间的巨大发展差距，面对前所未有的良好发展机遇，传统农区干部群众干事业、谋发展、求跨越的发展激情空前迸发。各地都将加快城镇化、工业化发展放在突出位置，积极谋划，努力争取，尽量创造出更优的招商环境，大量外出务工人员积极返乡创业，形成了良好的社会氛围。在此基础上，许多传统农区城市通过加快优势产业转型升级、新兴产业培育，形成了当地特色鲜明、优势突出的主导产业和支柱产业，并通过延链补链发展成为规模优势明显、竞争力强的特色产业集群，为城市实现跨越式发展奠定了良好的产业基础。

（三）河南省传统农区城市实现跨越式发展还存在较为突出的现实问题

尽管经过持续稳定的快速发展，许多传统农区城市具备了实现跨越式发展的扎实基础和较好的发展条件，但是仍然面临着诸多风险挑战和现实问题亟待化解。一是国内外经济发展环境还面临一定复杂性和不确定性。当前全球经济复苏存在不确定性，发达国家正在加大争取实体经济回归力度，一些新兴经济体竞争优势开始显现。如何在全球范围内树立竞争优势，克服不利影响因素，是当前传统农区城市实现跨越式发展所面临的最大风险挑战。二是当地产业基础还不够牢固，总体竞争力偏弱。河南传统农区城市产业总体规模仍然偏小、发展水平相对偏低、创新能力还不够强，缺乏高端和高附加值产业的强力支撑，并且还需要在一些关键环节和关键技术上加快突破。如何加快开放创新发展，尽快提升当地产业发展竞争优势，成为当前传统农区城市实现跨越式发展所面临的突出难题。三是基础建设薄弱，城市发展面临诸多困境。河南传统农区城市产业基础薄弱、财政支出能力相对仍然弱，导致基础设施建设和城镇体系优化普遍面临着较大的资金压力，在当前我国进入经济发展新常态下，这些压力将日益突出。与此同时，随着国家对粮食安全的日益重视、公众对生态环境问题的日益关注，资源环境压力也成为传统农区城市发展难以绕开的问题。此外，传统农区城市区位交通条件改善还需假以时日，既有交通基础设施还未充分发挥应有作用，一些重大交通基础设施的建成投用还需要一定时间，一些交通项目谋划还存在不确定性。如何破解资金压力、资源环境约束和区位交通瓶颈，加快城市建设以提升城市综合承载能力，成为当前传统农区城市实现跨越式发展所面临的突出问题。四是当地发展环境还有待进一步优化。政府效率低、劳动力技能水平不足、开放发展意识薄弱等问题，在河南传统农区发展仍然或多或少地存在。如何进一步破除保守思想、提升政府服务能力和劳动力素质，也成为传统农区城市优化发展环境、实现跨越式发展亟待解决的重要问题。

三　构建河南传统农区城市跨越式发展有效路径的对策建议

（一）优化城镇化形态和布局

中心城市带动能力弱、县城承载能力不足、小城镇发展不充分，是河南传统农区城市发展的普遍问题。实现传统农区城市跨越式发展，首先需要进一步优化城镇化形态和布局，构建起科学合理的城镇化体系，以实现对区域经济社会发展的强力引领。一是做强做大中心城区，实施大城市带动战略。区域经济社会的发展水平，取决于经济中心带动和辐射能力。当前河南传统农区城市中，只有南阳市建成区超过100平方公里，周口市和驻马店市中心城区人口尚不过百万，吸纳和聚集人口、资源要素能力十分有限。除了规模上的不足，更重要的是这些城市在发展质量和效益上也存在明显不足，对区域的辐射带动能力弱，难以支撑区域经济社会的高水平发展。因此，对于传统农区来说，要实现城市跨越式发展，首先要加快中心城市通过撤县设区或者与周边县城组团式发展实现扩容提质，以增强其创新发展和辐射带动能力。二是增强县城承载能力，积极培育现代中小城市。以县城建设为重点，加强产业布局引导，提升基础设施条件，完善公共服务体系，增强县城对农业转移人口的吸引力，实现承载县域40%以上常住人口的能力。积极完善传统农区县城分类发展支持政策，推动基础条件好、经济实力强、发展潜力大的县城加速聚集人口、优化产业结构、增强辐射带动作用，使其加快发展成为拥有50万以上人口的中等城市，完善区域空间发展格局；其他县城（除正阳、确山、遂平、新县、商城、枳城等山区县及其他城镇和产业基础过于薄弱县）发展成为30万以上人口的小城市，使之成为县域人口就近就地城镇化的主承载地；积极推动行政区划调整，支持具备行政区划调整条件的县改市，稳妥推进部分与地级市中心城区相连的县改区。三是做精做优特色小镇，积极发展小城镇。选取具有一定资源、区位、文化等基础优势，产业发展特色明显、培育潜力大的小城镇，积极发展特色产业，加强生态环境保护，建设一批科技教育、旅游休闲、传统文化传承、先进制造、电子信息、商贸流通魅力小镇；加强其他小城镇基础设施和公共服务设施建设，增强其服务周边、支持农村农业发展的能力。

（二）强化产业支撑能力

产业发展基础弱、发展水平相对较低，是河南传统农业城市实现跨越式发展的最大短板。为此，传统农业区城市需要进一步依托自身优势，借助国内外产业格局优化调整的有利趋势，加快发展优势产业集群，夯实城市跨越式发展的经济基础。一是要进一步壮大先进制造业集群。各地要充分依托农业资源、劳动力资源、细分行业传统优势，加快推动传统优势行业升级，高水平承接产业转移，努力培育战略性新兴产业，强化与郑州、武汉等国家中心城市协同发展能力，加强与京津冀、长三角、珠三角等先进发达地区联系，建设一批国家级和省级承接产业转移示范区，争取每个省辖市培育一到两个优势产业集群，每个县培育一到两个特色产业集群。二是加快发展现代服务业。各地要根据自身资源优势、区位优势、产业优势，一方面选择若干细分行业领域，以现代物流、现代金融、产品研发、创意设计、商务服务等为重点，加快发展生产性服务业，努力提升自身在现代产业分工中的地位，壮大生产性服务业；另一方面，加快发展农业休闲、健康养老、文化旅游、商贸流通等生活性服务业，更好地发挥服务业集聚人口、服务社会、支撑产业发展的能力。三是积极发展现代农业。以稳产、高附加值为目标，以绿色、高效、优质、特色化为途径，通过培育壮大龙头企业、积极发展多种形式适度规模经营、大力推进第一、第二、第三产业深度融合，打造一批优势农产品产业带，兴建一批现代农业产业化基地，推出一批设施完善、服务规范的都市生态农业园区和连绵区，充分拓展农业多种功能，使传统农业逐渐发展成为兴农富民、惠及民生福祉的响亮品牌。

（三）提升城市管理水平和综合承载力

城市综合承载能力弱、管理水平低，是传统农区城市实现跨越式发展的一个重要瓶颈。为此，需要进一步提升以城镇基础设施和公共服务为依托的城市综合承载能力，加快提升城市管理水平。一是创新体制机制，突破资金瓶颈和资源瓶颈，加强城镇基础设施建设。各地要基于产业发展和人口集聚的科学预测，围绕改善民生、保障城市安全、投资拉动效应明显的重点领域，完善以道路交通、城市管网、环境保护、生态园林为重点的城镇基础设施建设规划，加大财政投入，积极推动政府和社会资本合作，加快重点区域重点领域建设，提高城镇公共基础设施建设水平和覆盖水平。二是完善城镇公共服务体系。以医疗、教育、养老等社会关注焦点和民生痛点问题为重点，进一步完善公共服务网络体系建设，提高城镇公共服务供给能力和供给水平，增强城镇吸引人才、集聚人口的能力。三是加快提升城市管理水平。以城市管理体制改革、综合执法体制改革和经营模式创新为契机，加快推进智慧城市建设，实现城市管理法治化、信息化、精细化，提高城市运营效率和服务水平。

（四）有序推进农业转移人口市民化

统筹推进户籍制度改革和基本公共服务均等化，全面放开城镇落户限制和推行居住证制度，积极鼓励农业转移人口在城镇落户，努力实现城镇基本公共服务覆盖全部常住人口。一是积极推进农业转移人口在城镇落户。河南传统农区城市应贯彻落实国家和省户籍制度改革精神，在尊重农业转移人口意愿、保障其在农村合法权益的基础上，鼓励有能力、有意愿的农业转移人口及其家属进城落户，把目前已在城镇稳定就业的农业转移人口转为城镇居民。二是强化住房和教育两牵动。支持传统农区城市及其县域加强公共租赁住房建设，鼓励当地具备条件的园区和大中型企业利用自有土地配建公寓楼、集体宿舍，多途径解决进城务工人员住房需求，积极完善住房保障体系；加大对传统农区城市及其县域公共服务转移支付力度，鼓励当地政府将外地务工人员随迁子女纳入公共教育体系和财政保障范围，逐步完善随迁子女异地中高考制度和招生制度。三是完善社会保障，引导农业转移人口及早在城镇参保并连续参保，出台城乡居民基本养老保险与城镇职工基本养老保险之间的转移接续办法。四是建立健全农业人口转移促进机制，建立健全由政府、企业、个人共同参与的农业转移人口市民化成本分担机制。

参考文献

王宇燕：《产业转移与传统农区工业化——以周口市为例》，河南大学博士论文，2009。

河南省委政研室、驻马店市委联合调研组：《传统农区跨越式发展的成功探索——河南省平舆县县域经济发展调查》，《农村工作通讯》2010 年第 16 期。

刘晓亭、代克斌：《商丘市传统农区推进城镇化进程路径分析》，《2011 年河南经济形势分析与预测》，社会科学文献出版社，2011。

苏存欣：《新型工业化道路是传统农区经济跨越发展之路》，《北方经贸》2012 年第 8 期。

喻新安：《传统农区新型工业化道路的内涵与实证分析——以河南黄淮四市为例》，《河南大学学报》（哲学社会科学版）2007 年第 47（6）期。

雒佩丽：《河南省传统农区贫困问题调查与思考——以黄淮四市为例》，《河南农业科学》2010 年第 39（6）期。

李道军：《正确认识基本市情始终保持清醒忧患》，《商丘日报》2016 年 8 月 1 日，第 1 版。

刘翔、王凌云：《因户施策精准发力——我市精准扶贫工作综述》，《信阳日报》2016 年 10 月 20 日，第 6 版。

李辽、王河长、高洪驰：《“组合拳”打出我市脱贫攻坚新局面》，《周口日报》2016 年 10 月 17 日，第 1 版。

邓思婕：《为了这 37.8 万人的笑脸——驻马店高位驱动扶贫攻坚》，http://www.zmdtvw.cn/showinfo-48-72707-0.html。

冉园园：《脱贫攻坚众志成城》，《南阳日报》2016 年 10 月 17 日，第 2 版。

B.11
省际交界城市提升发展研究

李建华*

摘　要：　省际交界地区的城市发展曾经被边不断缘化，加剧了区域发展的不平衡。近年来省际交界地区的发展问题受到政府层面和理论界的高度关注。本文通过分析省际交界地区城市提升发展的障碍制约因素，以商丘、信阳等城市为例提出了省际交界地区城市的功能定位，并提出了省际交界地区城市提升发展的具体对策建议。

关键词：　省际交界城市　提升发展

省际交界地区是指相邻的两个省或者两个以上省（自治区、市）之间的连接区域。目前我国陆路省际交界地区县（市）级行政区面积已经超过全国总面积的1/3。对河南省来说，其18个省辖市中就有9个省辖市与湖北、陕西、山东等省交界。这些省际交界地区在本省经济发展过程中不断被边缘化，容易成为经济发展的“洼地”，加剧区域发展的不平衡。目前，我国区域协调发展进入新阶段，省际交界地区的城市拥有交通区位优势、资源成本优势等有利条件，为其带来了发展机遇，如何利用这些有利条件来提升省际交界城市发展具有重要的现实意义。

---

* 李建华，河南省社会科学院城市与环境研究所助理研究员。

一　省际交界城市提升发展面临的机遇

（一）省际交界城市的发展问题受到高度关注

我国国土面积幅员辽阔，处于省际交界地区的城市有多个。目前省际交界地区共有57处，若按每个省际交界地区对应3个省份的3个地级市计算，这57个省际交界地区就涉及全国285个地级市中的171个。省际交界地区是一种比较特殊的区域类型，无论是计划经济时期还是市场经济时期该类区城都曾是被忽视的区域。在计划经济时期省际交界地区是政府投资的边缘区，在市场经济时期该类区城又成为外商投资的边缘区。由于长期处于投资的边缘区，省际交界地区积累了较多矛盾和问题。这些矛盾和问题日益受到国家和各省的重视，一些省际交界地区的省份探索实行跨区域合作，搭建了打破省级壁垒的区域合作平台，如内蒙古乌兰察布、河北省张家口和山西省大同市共同建立的“长城金三角”合作区。河南省委省政府也高度关注省际交界地区城市的发展问题，在河南省“十三五”规划中，提出要强化省际交界地区中心城市功能，河南省十次党代会报告也提出要支持省际交界城市提升跨区域竞争力和吸引力。国家层面和省级层面对省际交界地区城市发展问题的高度关注为这些地区的发展带来了政策机遇。

（二）区域经济格局调整加速省际边界地区跨区域合作

区域经济也正由传统的省域经济与行政区经济向经济带、城市群经济转变，经济区、经济带、城市群已成为中国区域经济拓展发展空间的主要形式。近年来，区域协调发展越来越受到社会重视，我国先是实施了西北大开发、中部崛起、东北振兴等重大区域协调发展战略，东、中、西部地区发展不平衡的趋势得到初步遏制，区域发展差距进一步缩小。目前，我国重点实施“一带一路”、京津冀协同发展、长江经济带三大战略，推动区域发展形成新的增长极。“一带一路”、城市群等总体发展战略有利于促进国内不同省份跨地区合作的积极开展，省际交界地区城市是跨地区合作的重点，随着区域经济格局的调整该类地区必将迎来合作发展的黄金期。

（三）交通格局的调整为省际边界地区城市发展提供了现实条件

交通是连接城市的重要纽带，是城市发展运送人流、物流的重要通道，作为城市发展的主要动力，交通条件的优劣对生产要素的流动、城镇体系的发展有着决定性的影响。在古代由内河航运引导城市布局，在近代是铁路交通促进了城镇的迅速崛起，现在则是高铁影响城市经济布局，有效扩大核心城市的辐射范围。我国现在正在大力实施高铁战略，《中长期铁路网规划》（2016～2030）规划了“八纵八横”的高速铁路网，河南也正在构建以郑州为中心的米字形高铁网络。商丘、信阳、安阳、三门峡等省际交界城市融入京港（台）高铁、京九高铁、郑西高铁等国家和省级高铁网，高速铁路对于促进城镇人口大量流动、发挥中心城市对周边城市的辐射带动作用、强化相邻城市的“同城”效应，具有重要作用。随着省际交界城市交通条件的革命性变化，城市空间格局和城市产业也将发生变化，其在区域经济发展中的地位和重要性将会进一步增强。

二　省际交界城市提升发展的主要障碍

（一）行政区划影响

省际交界地区的这些城市因分属不同省份，受行政区管辖的影响，各机关城市对交界地区的行政管理无利益就互相推诿，有利益就实行地方保护主义。省际边界各城市之间的合作还存在观念、合作机制、体制、制度等方面的障碍。山西省的临汾市、运城市，陕西省的渭南市，河南省的三门峡市共同构建的晋陕豫三省边缘“黄河金三角区域”，就受制于行政壁垒。晋陕豫黄河金三角早在“八五”期间就初步形成，但受制于不同区划的行政壁垒，区域经济一体化进展缓慢，区域多边合作成果较少，地区产业雷同严重。曾经有一些大型项目要建在黄河金三角地区，但在征地和配套基础设施建设手续办理过程中，金三角地区的4个城市都从各自行政区利益角度考虑，利益协调推进很难，最终使得这些很有前景的大型项目无法落地，另选其他城市。

（二）各城市功能定位不明确

省际交界地区城市资源禀赋相近，产业发展雷同，因此在城市功能定位上目标趋同，容易导致恶性竞争。比如“黄河金三角区域”的三个城市，都想定位为这个区域的中心城市。三门峡市在黄河金三角地区内，在资源环境、区位交通条件、产业发展基础等方面优势都较为突出，理所当然应成为黄河金三角区域的中心城市，河南省制定的《晋陕豫黄河金三角区域合作规划实施方案》对此有明确定位，但陕西的渭南拥有晋陕豫黄河金三角区域内唯一的国家级高新区，山西省有运城、临汾两座城市被纳入黄河金三角规划，陕西和山西两省在省级层面也分别在为渭南和运城成为黄河金三角的中心城市做出具体战略规划。几个城市都想做区域的中心城市，容易导致各城市的特色功能不明确，定位不准确，互相弱化，最终使整个省际边界区域整体性功能难以形成和发挥。

（三）区位及交通因素

省际交界地区城市由于都处在所在省的边缘，在铁路、高速公路、高铁等交通布局上往往被忽视，导致道路等级低、密度小，交通条件远远落后于同省内其他地区。由于基础设施、交通等不利因素增加了省际边界地区内各城市之间的市场交易成本，导致省际边界区经济活动效率低下，很大程度上影响了城市间的经贸关系。如果省际边界区域内各城市间互联互通很顺畅高效，无疑会极大地密切相互间的经贸往来，为整个边界地区的经济发展提供强有力的保障。

三　省际交界主要城市的功能定位

提升省际交界地区城市发展水平，应从城市自身的资源禀赋、发展基础和特色去进行城市功能定位和产业分工，避免产业同质化竞争，形成产业互补、竞争有序的边界城市经济圈。下文主要以商丘、三门峡、信阳等主要边界城市为例，探讨城市的功能定位问题。

（一）商丘功能定位

商丘位于河南省最东部、豫鲁皖三省交界地区。无论是中原经济区规划还是最新的中原城市群规划，都把商丘市定位为豫鲁苏皖省际交界地区的中心城市。商丘依托交通区位优势，要大力发展枢纽经济，打造枢纽经济大市。巩固提升交通枢纽功能，打通各种交通通道，着力建设连通省内外、辐射东中西的河南省综合交通枢纽副中心城市；着力发展物流经济，全面打造豫鲁苏皖四省交界最大的商贸物流中心、仓储物流中心、冷链物流中心、豫东综合物流产业集聚区，形成规模化的区域物流中心；加快产业转型发展，着力发展与交通枢纽相关联和相匹配的产业，大力发展高端装备制造、电子信息、新能源、新材料等战略性新兴产业和金融保险、商贸物流、休闲旅游等现代服务业，带动和辐射豫鲁皖交界地区经济转型提升发展。

（二）信阳功能定位

信阳位于河南最南部、鄂豫皖三省交界处。信阳有交通区位优势、生态环境优势、资源成本优势，这些优势使它有条件成为鄂豫皖三省交界区域的中心城市。信阳要深度融入中原城市群一体化发展，加强与南阳、驻马店、黄冈、六安、随州等市的区域协作，推进交通一体、产业链接、服务共享、生态共建，把信阳建成全国人与自然和谐相处的示范区和推进生态文明建设先行区，使信阳成为鄂豫皖交界地区中心城市，成为河南省南部地区经济发展的重要增长极。建设交通、信息、物流三大枢纽中心。交通枢纽方面，通过加快航空、铁路、公路、水运等港口建设，推进“四港”联动发展，打造“公铁空水”综合交通网络，打造覆盖鄂豫皖、辐射全国的现代综合交通枢纽；信息枢纽方面，通过强化信息网络、人才智力等基础支撑，加快“三网融合”，大力发展“电商＋物流”，引进互联网企业，在信阳建设关系全国的大数据中心、云计算中心或容灾备份中心等大型信息工程；物流枢纽方面，通过打造以潢川物流产业集聚区、金牛物流产业集聚区、信阳空港物流园、淮滨港综合经济示范区，以及以羊山、工业城和上天梯为物流中心的“四区三中心”，把信阳打造成为辐射鄂豫皖边界地区的重要物流枢纽城市。

（三）三门峡功能定位

三门峡位于河南省最西部、晋陕豫三省交界处，其东依中原经济区，西连关中—天水经济区，向北呼应太原城市群和经济圈，是连接东西、沟通南北的桥梁和纽带，在区域经济板块中占据着特殊的重要位置。三门峡要坚持“一带一路”重要节点城市、黄河金三角地区中心城市、转型发展示范城市、休闲文化城市四大战略定位。打造“一带一路”重要节点城市，要抓住郑州建设航空港经济综合实验区、郑欧班列等发展机遇，建设几个标志性物流项目，把三门峡建设成“一带一路”上重要的节点城市。加快建设黄河金三角区域中心城市，依托高铁枢纽，发挥海关、商检等机构的通关优势，加强与国内外其他地区的市场联系，提升三门峡市的现代化水平。打造休闲文化城市，突出生态文化特色，加快建设重点旅游项目，叫响“黄河三门峡·美丽天鹅城”城市品牌，提升城市的休闲底蕴和文化气质，真正打造休闲文化城市。

（四）安阳功能定位

安阳位于河南省北部晋、冀、豫三省交汇处，是河南省的北大门、国家重要的区域交通枢纽城市。国务院办公厅印发的《关于批准安阳市城市总体规划的通知》，明确了安阳的城市定位为国家历史文化名城和豫晋冀三省交界地区区域性中心城市，国家最新批复的中原城市群规划对安阳的城市定位是豫晋冀省际区域性中心城市、新型工业基地、国家交通物流区域性节点城市、国家历史文化名城。安阳要不断加强与邯郸、长治、濮阳、鹤壁等周边城市的区域协调发展，建设豫晋冀三省交界地区的商务信息中心、交通物流中心、教育科研中心和文化旅游中心。依托区位优势，安阳应着力构建集铁路、公路、航空港、陆路港于一体的现代区域综合交通枢纽，大力发展现代物流和生产性服务业，建成中原城市群北部重要的商贸物流中心。改造提升传统制造业，做大做强先进制造业，培育发展战略性新兴产业，建设以先进制造业为基础的新型工业城市。发挥独特的文化旅游资源优势，着力建设华夏历史文明传承创新市，建设国际旅游城，带动豫晋冀三省交界地区文化旅游业发展。

（五）南阳功能定位

南阳位于河南的西南部、豫鄂陕三省交界地带，是郑州、武汉、西安、合肥四省会城市中心交会区，具有建设区域性中心城市的区位优势和优越条件。国家最新批复的中原城市群规划对南阳的城市定位是豫鄂陕省际区域性中心城市、新能源和装备制造业基地，全国高效生态经济示范市、国家历史文化名城。南阳要发展壮大装备制造、食品、纺织服装、新能源等产业，形成以生态农业、新型工业和现代服务业为支撑的环境友好型产业体系，完善航空、高速铁路、高速公路、干线公路、水运等交通网络，形成现代综合交通体系和区域性交通枢纽，努力构建全国重要区域流通节点城市和区域性现代物流中心、研发中心、商贸中心和金融中心，提升其在豫鄂陕区域发展中的核心带动能力。

四　省际交界城市提升发展的对策建议

（一）加强区域顶层规划设计，提升城市发展空间

省际交界地区城市通过与周边区域加强合作，实现优势互补，不仅可以拓展每个城市自身产业的发展空间，也有利于整个省际交界区域产业进行深度的整合发展。省际交界区域内的城市要以地域分工和利益共享、均衡发展为目标，结合短期与长期发展需求，制定省际交界地区的总体发展战略规划，并在此基础上协调各自的总体发展规划，引导省际交界地区统一、协

调、高效发展。在制定各自总体发展规划上，各城市要立足于各自的资源环境条件和现实发展基础，从区域整体角度去制定总体发展规划和产业发展规划，统筹划与实施重大建设项目，淡化行政边界对区域整体发展的影响，促使边界地区城市定位更加明确，产业结构更趋合理，更好地推动省际交界地区共同发展。

（二）加强产业对接与协作，提升城市综合竞争力

产业是支撑城市经济发展的核心和基础，提升省际交界地区城市的综合竞争力就要加强周边城市间经济的分工和合作。利用省际交界地区城市产业相近的特点培育一批有地方特色优势的产业集群，利用省际交界地区资源要素成本低的优势和连接东西、沟通南北的边缘区位优势，积极承接国际和东部沿海地区装备制造企业产业转移，大力发展纺织服装、农副产品加工、电子产品、玩具等劳动密集型产业，巩固和扩大产业发展对就业的带动作用。构建现代商贸物流体系，做大做强商贸物流产业。发挥省际交界地区的资源和通道优势，着力发展工业供应链物流、农产品物流、商贸物流、口岸物流、城市配送物流，提升省际交界地区的商贸物流产业发展水平。加强旅游资源整合和旅游产业协作，联合构建旅游同线，合力打造旅游品牌，提高省际交界地区城市整体知名度。

（三）加快交通互联互通，提升城市对外通达度

提升省际交界地区城市发展水平离不开便捷的交通网络，构建交通网络要突破行政区“藩篱”，打通断头路，跨省实现交通互联互通，使整个省际交界地区的各种要素流动都能顺畅高效。加强铁路运输网络建设。抓住国家正在大力建设高铁枢纽网的历史机遇，大力推进以城际客运为基础的高速铁路网建设，加快推进区域内的铁路运输网络主动对接国家高速铁路网，强化与周边大城市的联系。完善公路运输网络。打通不同行政区划之间的断头路，建设城市间的快速通道，提高城市之间道路等级，使公路客运、公交等道路交通和铁路实现无缝对接。提高内河通航能力，如加强淮河干流、沙颍

河、京杭运河等内河航道建设和航道治理，完善码头基础设施。拓展航空运输网络。加强省际交界地区内信阳、商丘、安阳等机场建设，提高南阳机场航线与航班密度，带动省际交界地区旅游开发和经济发展。

（四）实施生态环境联防联治，提升城市宜居度

宜居是城市发展的根本目标，城市的外部生态环境决定了城市的竞争力和宜居度。省际交界地区一般容易成为生态脆弱地区和生态功能保护区，经济发展与环境保护之间的矛盾较为突出，一旦这些地区的生态环境受到破坏，往往会引发不同行政区域之间激烈的矛盾和冲突。加强省际交界区域生态环境保护，必须在整个区域内实行生态环境联防联治，共享发展绿色经济带来的效益。根据国家和各省的主体功能区规划，立足城市的环境容量、资源城镇承载能力、目前的开发强度和未来的发展潜力，划定城市的生态保护红线和城市增长边界，通过空间规划管制方式加强生态环境保护。共同构建省际交界地区的生态屏障，加强造林、绿化等生态建设，修复治理废弃矿山、矿区的生态环境，保障自然生态安全。共同治理省际交界地区的环境污染，推动污水处理、垃圾处理等环保基础设施共建共享，加强各类点源和面源污染联防联治，建设绿色低碳城镇，提升城市宜居度。

（五）构建省际沟通机制，提升城市分工协作效率

应加快完善地方有效沟通机制，加强信息交流，降低合作交易成本，重点解决城市分工协作中产生的分歧和矛盾。构建省际交界区域统一开放、竞争有序的共同市场，清除各种限制资源要素产品流动的障碍。构建政府间的交流合作机制，建立市长联席会议制度，协商解决省际交界地区协作发展的重要问题，推进经贸、旅游、生态等各领域的合作。建立健全民间沟通协调机制。发挥社会组织的协调作用，允许跨地域组建、合并组建行业协会、市场中介等组织机构，联合组织举办经贸洽谈、招商引资等活动，共建招商项目库，开展共同参与、共同受益的大型合作活动，共同分享统一市场。

参考文献

朱传耿：《我国省际边界区域的研究进展及展望》，《经济地理》2007 年第 2 期。

尚正永等：《省际边界区域中心城市定位研究——以江苏省徐州市为例》，《淮阴师范学院学报》（自然科学版）2008 年第 1 期。

梁华石等：《冀鲁豫省际边界城镇区域协调的几点认识》，《小城镇建设》2009 年第 10 期。

陈潇潇等：《省际边界区域城市化研究的进展与展望》，《经济与管理研究》2009 年第 10 期。

韩雨薇等：《省际边界区域城市发展的途径分析——以商丘为例》，《区域经济》2011 年第 12 期。

何丹等：《省际边缘城市的发展路径研究——以阜阳市为例》，《地域研究与开发》2012 年第 5 期。

韩跃：《省际边界区域的经济发展状况分析——以冀鲁豫交界区为例》，《特区经济》2012 年第 12 期。

王印传：《省际边界城镇发展研究——首都经济圈省际边界城镇类型探讨》，《城市发展研究》2014 年第 1 期。

王友云等：《省际边界城市建设：定位与路径》，《开放导报》2015 年第 1 期。

曾冰：《边界效应与省际边界区经济发展——基于新经济地理视角》，《财经科学》2015 年第 9 期。

腾飞：《中心城市互动引领省际交界地区合作发展——以苏鲁豫皖交界地区为例》，《经济研究参考》2016 年第 4 期。

城市转型篇

Urban Transformation and Development Reports

B.12

河南打造健康城市研究

吴旭晓*

摘　要：　健康城市是卫生城市的升级版，是河南省未来城市发展的方向。打造健康城市是建设健康中原、推进新型城镇化和打造美丽河南的要求。在梳理健康城市内涵变迁脉络与基本特征的基础上，本文深入分析河南省18个城市健康建设中存在的问题，最后从指导思想、主导力量、服务体系和产业基础等四个方面提出河南打造健康城市的策略与建议。

关键词：　健康城市　城市升级　政府主导

自2005年河南省城镇化率超过30%以来，河南省城镇化步入快速发展

* 吴旭晓，河南省社会科学院城市与环境研究所副研究员。

的阶段，到了2015年，河南省的城镇化率达到46.85%，预计在最近的几年内河南省的城镇化率将达到50%，届时河南省将由农村社会转型为城市社会。城镇化的快速推进，释放了巨大的内需，引领着河南省经济社会跨越式发展。城镇化为河南省的经济社会发展做出了巨大贡献，但也伴随着日益严重的城市健康问题。城市，特别是省辖市，由于城镇化的快速推进，人口密度高、交通拥堵、房价上涨、空气雾霾、生态恶化、医疗能力不足、城镇新型贫困等问题不断涌现，亚健康城市所占的比例较高。健康城市作为国家卫生城市的升级版，是河南省未来城市发展建设的主流方向。2016年8月河南省健康城市建设工作全面启动。河南打造群众生产生活环境日益优化、市民健康素质不断提升以及经济、社会、环境协调发展的健康城市正契合当前新型城镇化发展的新形势。

一 健康城市的内涵演变及时代特征

（一）健康城市的内涵演变

健康城市的内涵演变是一个与时俱进的过程，由于地域、经济、文化、社会观念等方面的差异，人们对健康城市内涵的界定有所不同。最初主要从医学护理角度出发重点关注个人健康。随着城市不同相关专业、部门观念和体系的相互包容和渗透融合，健康城市的内涵不断丰富，人群健康和社会健康就成为健康城市的重要内容。健康城市的内涵演变进程如图1所示。

（二）健康城市基本特征

近年来，随着新型城镇化的快速推进和健康城市建设的有序开展，健康城市呈现出明显的系统复杂性、地域差异性和以人为本的时代特征。

1. 系统复杂性

健康城市建设是一个复杂的系统工程。其系统复杂性主要由开放性和协同性引起。健康城市建设从一开始就是一个开放系统，通过不断地总结经验

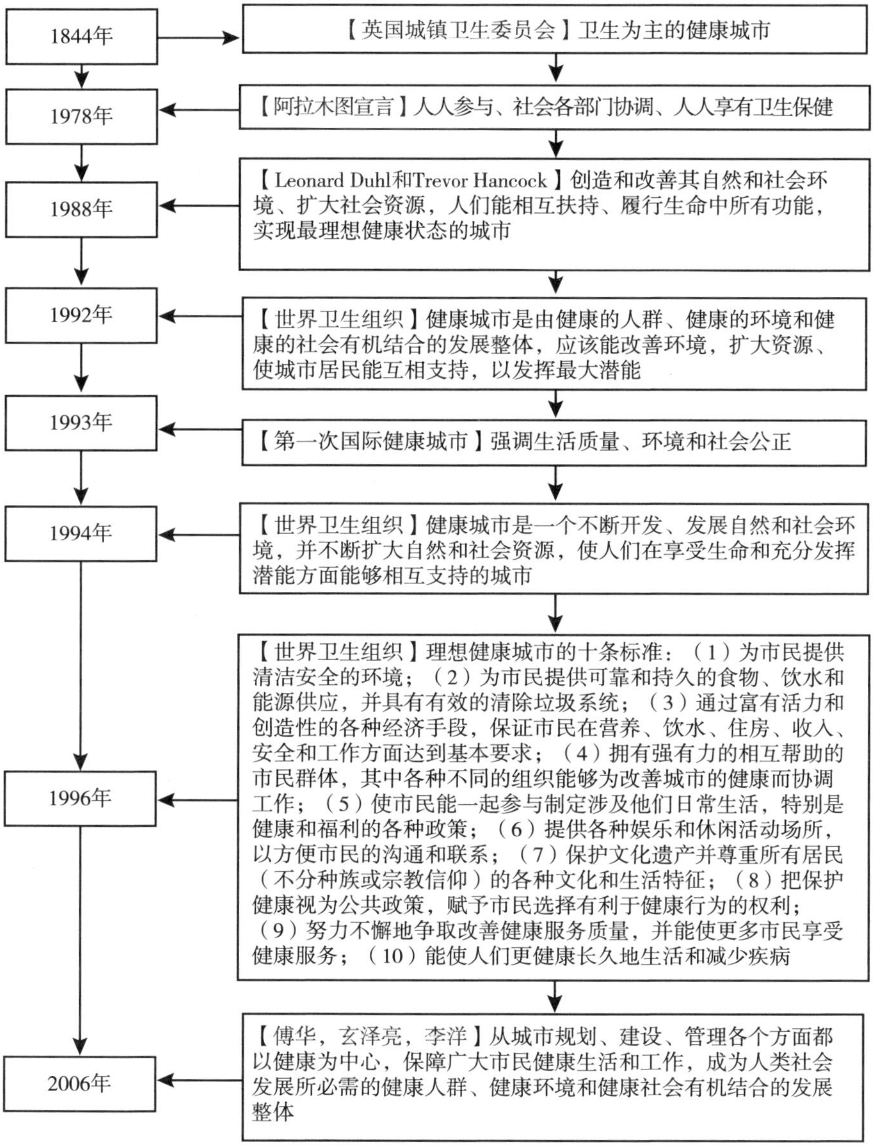

图1　健康城市内涵演变示意

和借鉴、吸收最新的发展成果，与时俱进地调整和丰富健康城市的内涵，推动健康城市网络化创新发展。健康城市不仅包含健康人群，还包含健康环境和健康社会，为了应对城市健康问题，学界与政府必须突破学科和部门之间的壁垒，需要综合环境学、生态学、医学和社会工程学等学科来共同推进，需要整合行政部门、NGO、城市社区以及商业机构的力量，采取综合措施来实现健康人群、健康环境和健康社会之间的协同发展。

2. 时空差异性

从时间上来看，由于不同时期各地对健康城市建设重视程度的不同，加上健康城市建设的新观念和新方法不断涌现，健康城市呈现出时间上的明显差异性。从空间上来看，同一时期，不同地区由于经济水平、社会意识、文化背景等方面的差异，健康城市建设的着重点也存在明显差异，健康城市在发展观念、规划原则、实施方法等方面呈现明显的“地方化”特征。

3. 以人为本

打造健康城市是新型城镇化的现实要求，城市是经济聚集和人们工作的地方，更是市民生活的乐园，要从市民全面的身心健康需求和科学的生态环境诉求来合理谋划城市的可持续发展，必须牢固树立“以人为本”的发展理念，以生态宜居为根本目标，从有利于市民的健康出发，发动和依靠市民广泛参与，实现城市人口、经济、环境和社会的协同发展。

当然，这三种特征是相互联系、相互作用的关系。健康城市发展面临的问题具有系统复杂性，解决不同复杂性问题的不同路径必然会导致健康城市建设成效的时空差异性，而时空差异性是参与健康城市建设的不同主体通力协作的根源，健康城市的建设需要全社会各方力量的协同合作，这样也会带来发展性，而前两种特征均统一于以人为本，因为健康城市建设必须依靠市民的广泛参与才可能顺利实现。

二　河南省打造健康城市的必要性

（一）建设健康中原的时代要求

在2016年11月的河南省第十次党代会上，省委书记谢伏瞻明确提出了建设健康中原的战略构建，强调要“着力保障和改善民生，夯实人民幸福之基"，要求全省树立"大健康观念"，提出了"加强心理健康服务，提升全民健康素养"的工作方针。健康城市中的"健康"不仅包含了市民的身体健康和心理健康等两个方面的内容，还包含环境健康的内容。市民的身心健康程度受城市的环境友好水平、市民的生活质量以及经济发展方式等因素制约。健康城市建设的出发点和突破点来自市民对全面健康发展的迫切要求。健康城市建设是构建健康中原的战略平台和主要载体，河南省全面打造健康城市是落实省党代会精神的必然选择，是建设健康中原的时代要求。

（二）推进新型城镇化的新追求

河南省正处于城镇化"S"形曲线的第二阶段，提质增效是当前新型城镇化发展的根本要求，但只有健康的城镇化进程才是可持续发展的城镇化模式，才是河南省新型城镇化的目标。新型城镇化是以人为本的城镇化，而健康是城市居民第一财富，城市居民在享受社会经济发展成果的同时，对良好的生命质量更为关注。通过政府和市民、非政府组织的共同努力，打造持续发展的经济模式、洁净低碳的生活环境、和谐共处的社会环境，必将提升市民的身心健康水平和生活质量，培育市民对健康活动的参与意识。河南省打造健康城市是新型城镇化的新追求，是解决由于传统城镇化进程带来的人情冷漠、心理扭曲、过度注重经济效益等问题的基础，它必将加快河南省新型城镇化向优质高效稳步前行。

（三）打造美丽河南的内在要求

健康城市是"田园城市"、"生态城市"和"卫生城市"的集合体和升级版。打造河南健康城市是打造美丽河南的内在要求。"美丽河南"要求推进绿色发展实现"天蓝、地绿、水净"，要求广大市民实施绿色、低碳、文明、健康的生活方式，让生态环境美丽与经济社会发展同行。2016 年河南省多个省辖市长期处于雾霾的笼罩之下，12 月河南中北部地区甚至出现重度霾，导致郑州等省市的 PM2.5 值出现爆表情况，以至于部分航班被迫取消，城市快递严重延迟。打造健康城市要求经济社会发展不能以牺牲生态环境、市民健康和城市文明为代价。健康城市不仅仅是一个经济集聚区，更是市民生活、呼吸、健康成长的空间理想载体，是最宜居宜业的城市，城市各种活动为“健康”所主宰。

三　河南健康城市建设中存在的问题

目前河南省的经济发展仍处于重化工业化时期，社会正处于由农村社会步入城市社会的门槛，尽管经过多年推进城镇化和工业化的努力，河南省的城市无论是在核心功能的完善和城市特色文化的塑造等领域均取得了长足发展，但在打造健康城市过程中河南还面临以下问题。

（一）健身场地设施建设发展不均衡

当前，河南省各城市大力推进全民健身的网络体系、服务体系和保障体系的构建，但由于各地政府相关部门的重视程度存在明显的差异，各类健身场地设施发展缓慢，各城市的健身场地设施建设发展不均衡的特征明显。

表1　2015年健身场地设施建设情况

单位：个

省辖市	各类健身场地设施数		
	全民健身活动中心	乡镇体育健身场所	村级农民体育健身场所
郑州市	1	20	206
开封市	0	28	299
洛阳市	2	8	345
平顶山市	2	14	473
安阳市	1	17	375
鹤壁市	0	9	168
新乡市	1	23	280
焦作市	2	8	180
濮阳市	0	12	340
许昌市	0	6	135
漯河市	0	3	277

续表

省辖市	各类健身场地设施数		
	全民健身活动中心	乡镇体育健身场所	村级农民体育健身场所
三门峡市	1	8	198
南 阳 市	2	49	518
商 丘 市	1	49	655
信 阳 市	1	59	439
周 口 市	0	29	654
驻马店市	0	49	394
济 源 市	0	3	49

资料来源：《河南统计年鉴 2016》。

在全民健身活动中心方面，核心城市郑州仅有一个，与其在全省的经济社会地位严重不匹配；开封市、鹤壁市、濮阳市、许昌市、漯河市、周口市、驻马店市、济源市竟然连一个全民健身活动中心都没有，全民健身活动中心空白的城市占省辖市总数的 4/9，将近一半。就乡镇体育健身场所而言，传统农区的南阳市、商丘市、信阳市、驻马店市均在 49 个以上，遥遥领先于郑州和洛阳这两个河南省核心城市；更有甚者，乡镇体育健身场所个数在 10 个以下的城市居然有 7 个之多，它们分别是洛阳市、鹤壁市、焦作市、许昌市、漯河市、三门峡市和济源市，信阳市乡镇体育健身场所个数位居全省首位，达到 59 个，约是漯河市和济源市的 20 倍，分布极其不均匀。村级农民体育健身场所的分布也失衡，村级农民体育健身场所个数在 500 个以上的有南阳市、商丘市和周口市，在 250 ~ 500 个的城市有 9 个，分别为开封市、洛阳市、平顶山市、安阳市、新乡市、濮阳市、漯河市、信阳市和驻马店市；在 250 个以下的城市有 6 个，分别是郑州市、鹤壁市、焦作市、许昌市、三门峡市和济源市。各城市的健身场地设施建设发展不均衡，严重制约了城乡居民健身运动的有效开展，影响健康城市建设成效。

（二）健康服务发展水平相对低下

虽然河南省城市的医疗卫生服务网络正在日益健全，城乡协同发展的医药卫生服务体系逐步形成，医疗保障率逐步提升，医疗服务质量不断提高，为打造健康城市奠定了相对有利的基础，但城市的健康服务水平仍然相对低下，在很大程度上制约了健康城市的建设速度。

表 2　2015 年河南省健康服务情况

城市	万人执业医师数（人）	万人执业护士数（人）	万人卫生机构床位数(张)	医疗卫生支出占预算支出比例(%)
郑　州	28.61	42.85	81.77	7.36
开　封	15.92	23.73	54.00	12.49
洛　阳	18.52	25.82	59.23	9.20
平顶山	14.15	20.73	53.07	12.72
安　阳	14.24	18.52	49.00	12.55
鹤　壁	15.75	20.05	49.60	9.49
新　乡	16.96	24.21	55.31	12.01
焦　作	18.72	22.79	63.96	12.37
濮　阳	14.58	21.01	51.82	14.44
许　昌	14.26	19.02	42.16	10.32
漯　河	14.40	21.69	51.04	10.84
三门峡	17.50	23.22	59.73	10.81
南　阳	11.31	17.79	43.07	12.65
商　丘	11.13	16.74	45.05	13.54
信　阳	9.66	13.65	35.91	12.11
周　口	10.34	14.45	41.75	15.56
驻马店	10.99	16.65	44.29	14.09
济　源	16.68	20.37	40.92	14.31

资料来源：《河南统计年鉴 2016》。

就万人执业医师数来说，河南整体不高，有 17 个城市在 20 人以下，显然医疗人才难以有效满足病人的需求，看病难在短期内难以得到有效解决；即便是医疗人才最集中的城市郑州市也仅有 28.61 人，与其经济发展水平严重不相称；甚至存在万人执业医师数在 10 人以下的城市，那就是信阳市，只有 9.66 人。健康护理人才不足的情况也比较突出，城市每万人口注册护士数较少，仅有郑州市的每万人口注册护士数在 40 人以上，40 人以下 20 人以上的城市有 10 个之多，20 人以下的城市达到 7 个。就万人卫生机构床位数而言，郑州市最高，达到81.77张，而信阳市最低，只有35.91张，不管哪个城市，每100人都占不到一张床位。健康服务投入的比例较低，医疗卫生支出占预算支出比例中，周口市最高也只有15.56%，最低的省府城市郑州市，只有7.36%。

（三）健康环境水平有待大力改善

健康城市环境的必备条件主要包含几个方面：污水处理率在85%以上，人均公园绿地面积不低于8.5平方米，建成区绿化覆盖率在36%以上，城市生活垃圾无害化处理率在90%以上。只要以上任意一个条件不达标，考核就不达标。

表3　2015年河南省城市健康环境评估情况

单位：%，平方米

城市	污水处理率	人均公园绿地面积	建成区绿化覆盖率	生活垃圾无害化处理率
郑州市	96	7.1	40.3	100.0
开封市	94	9.1	32.4	100.0
洛阳市	94	9.2	39.3	92.4
平顶山市	95	10.4	40.7	92.9
安阳市	98	10.6	40.1	100.0
鹤壁市	93	14.6	39.6	92.9
新乡市	90	10.5	40.0	100.0
焦作市	90	11.1	40.0	97.5
濮阳市	93	14.3	38.1	99.1
许昌市	97	10.5	38.4	96.5
漯河市	96	14.6	36.3	97.7
三门峡市	74	11.3	29.9	90.2
南阳市	98	16.7	25.6	85.3
商丘市	91	6.9	41.8	90.5
信阳市	90	14.1	42.5	97.0
周口市	93	11.3	39.4	98.1
驻马店市	93	11.1	40.4	92.5
济源市	97	12.3	42.0	100.0

资料来源：《河南统计年鉴2016》。

河南省18个省辖市的污水处理率均值为92.81%，人均公园绿地面积的均值达到11.43平方米，建成区绿化覆盖率平均为38.14%，而生活垃圾无害化处理率达到95.69%。就平均水平来说，达到健康城市的基本标准。但具体到每个城市来说，有5个城市不能入选健康城市，它们分别是：郑州市（人均公园绿地面积不达标，只有7.1平方米）、开封市（建成区绿化覆盖率不达标，只有32.4%）、三门峡市（污水处理率和建成区绿化覆盖率均不达标，分别只有74%和29.9%）、南阳市（建成区绿化覆盖率和生活垃圾无害化处理率均不达标，分别只有25.6%和85.3%）、商丘市（人均公园绿地面积不达标，只有6.9平方米）。

四　河南打造健康城市的策略与建议

健康城市是城市内涵式发展的内在要求和出发点，河南省城市加快从卫生城市向健康城市跨越，是河南省推进新型城镇化的必然选择。打造健康城市是一项复杂的系统工程，需要政府、广大市民和社会力量的共同参与。在充分借鉴国内外健康城市建设的成功经验的基础上，从河南省城市发展的具体情况出发，本文就打造健康城市提出了如下策略与建议。

（一）在城镇化进程中坚持大健康的指导思想

健康不仅仅是身体健康，还包括环境健康和心理健康，而且影响健康的因素是多维度的，不同的影响因素对居民健康的作用方式存在明显差别，因此打造健康城市并非仅仅是卫生部门的责任。打造健康城市需要社会学、医学、环境工程学、城市生态学、组织行为学和生物学等多学科来协同推进，必须整合政府相关部门、城市居民、非政府组织和商业机构等各方面的力量，采取法律、行政、经济等方面的有效手段来应对城市健康问题。因此，在推进全省新型城镇化进程中必须坚持大健康的指导思想，坚持身心健康、环境健康和社会健康有机结合，营造出健康城市的良好社会氛围，在城市规划、城市发展和城市管理等方面以市民的健康为中心，确保市民健康生活和舒心工作。

（二）构建政府主导的河南健康城市建设联盟

打造健康城市是一个涉及面广的长期的正外部性的工作，难以依靠市场机制的力量来完成，否则可能会背离健康城市的建设目标。在健康城市建设进程中，必须发挥政策的指引作用，以政府机构为主导，创新城市管理模式，全面提升政府的城市管理能力，形成全省的健康城市建设联盟。建立健康城市联合管理机构，推行矩阵式网络化的城市管理单元，以有效解决健康城市建设面临的技术支持、资金筹集等方面的问题。对打造健康城市需要的公共服务政府不一定非得亲力亲为，可以通过政府购买企业提供的产品和服务来实现。环境污染，特别是跨市的环境污染，必须通过健康城市联盟来协同治理，按照污染源所在地以及所造成的跨市污染程度，科学合理地分摊环境治理成本。

（三）构建“互联网＋”智慧化健康服务体系

以饮水卫生、空气清新、食品安全、医疗保障、设施完善、全民健身为目标，以互联网为依托，实现城市健康服务全自助、全覆盖、智慧化。建立饮用水和食品曝光网站，强化对饮用水和食品的信息化监督，确保“舌尖上的安全”。构建节能减排监督网络，及时披露空气雾霾的情况。运用“互联网＋医疗”技术强化城市健康服务，开通支付宝疾病在线预约挂号，实现市民的健康卡网上充值，社区卫生服务中心与城市各大医院全面联网，并嵌入世界健康城市网络，加快城市“智慧医疗”步伐。与全面小康社会建设同步推进城乡一体化养老保障体系建设。完善居民健康素养监测体系，加大城乡健身场地设施的财政投入，形成与人口分布相匹配的健身场地设施网络，全面提升城乡居民的健康水平。

（四）发展健康产业，夯实健康城市建设基础

完善健康产业扶持政策，搭建健康产业融资平台，推动健康产业跨越式发展，培育经济新增长点，实现产业结构战略性转型。加快健康产业顶层政策设计，构建结构互补、门类科学、技术含量高、地方特色突出、层次分

明、服务多样化的健康产业体系，避免恶性竞争和重复建设，使之成为打造经济升级版的重要抓手。要充分发挥各个城市的自然资源优势，加快产业融合步伐，建设一批中原特色的养生度假村和优质养老服务产业基地，在医养一体、生命健康、生态养老、智能康复、老年精神慰藉、天然氧吧旅游等领域培育出一批龙头企业。推动传统产业园区向生态产业园区转型，引进健康产业高端人才，建设健康产业创新驿站，构建连接全省各市的健康产业创新网络，提升城市健康产业的综合竞争力。

参考文献

普蕾米拉·韦伯斯特、丹尼丝·桑德森、徐望悦、赵晓菁：《健康城市指标——衡量健康的适当工具?》，《国际城市规划》2016 年第 4 期。

阮师漫、岳大海、成刚、孟庆跃：《健康城市视角下的国家卫生城市创建》，《环境与健康杂志》2014 年第 9 期。

贾红、张俊辉、李爱玲、叶运莉、周显刚、汤燕、熊伟、蒋学君：《健康城市建设满意度多水平模型评价》，《中国公共卫生》2012 年第 4 期。

于海宁、成刚、徐进、王海鹏、常捷、孟庆跃：《我国健康城市建设指标体系比较分析》，《中国卫生政策研究》2012 年第 12 期。

张琼、曹承建、李金涛：《2008 ~ 2011 年杭州市健康城市建设对居民健康素养的影响》，《中国健康教育》2012 年第 11 期。

杜微、郑金贵：《福州市健康城市建设的思路与策略》，《福州大学学报（哲学社会科学版)》2012 年第 6 期。

罗勇：《中国健康城市发展现状、问题及对策》，《中国公共卫生》2011 年第 10 期。

宁德强、何定军：《“健康城市”发展模式视角下的健康重庆建设》，《重庆邮电大学学报》（社会科学版）2010 年第 4 期。

吕东旭：《体育健康促进在建设健康城市中的作用研究》，《北京体育大学学报》2009 年第 7 期。

杜立柱、刘德明：《从理想城市到健康城市的角色认知》，《哈尔滨工业大学学报》（社会科学版）2008 年第 1 期。

袁爽秋、李立明：《健康城市建设的理论与实践》，《环境与职业医学》2008 年第 2 期。

宋言奇：《世界健康城市建设的新趋势》，《国外社会科学》2008 年第 4 期。

李娜、许冰、许从宝：《基于可持续发展的健康城市运动》，《生态经济》（学术版）2007 年第 2 期。

B.13
河南城市公共文化服务分类供应研究

文 瑞*

摘 要： 随着城市化进程的加快和人民生活水平的提高，均等化、标准化的城市公共文化服务已经不能满足城市居民异质化的需求。多元化、精细化的城市公共文化服务更能反映出城市的文化品格和特色。城市公共文化服务分类供应迫在眉睫。从供应主体的层次、服务对象的分类来看，未来城市公共文化服务的分类供应应该从加大人才资金投入、吸引多元供应主体、重点关注特殊弱势群体入手，依托“互联网+文化”合作模式，创新公共文化服务手段，提升公共文化服务效能，共同打造河南城市发展中的文化高地。

关键词： 河南省 城市公共文化服务 分类供应

一 引言

关于公共文化服务的供应，现有文献大多依托城乡一体化视角研究城乡公共文化服务的均等化问题，“分类供应”研究并不多见，仅有的一些研究，其视角多集中于区域、产业层面，例如城市与农村、东中西部分类，且

* 文瑞，河南省社会科学院区域经济研究中心，助理研究员。

已有研究在进行分层次研究时，主要关注文化产业、文化事业，然而，文化产业、文化事业与公共文化具有显著不同的概念。随着城市经济发展水平的提升和城市规模的扩大，公共服务及公共文化供应的必须化、社会主体的多元化、人们需求的异质化和精细化必然要求公共文化服务更有针对性。因此，对城市公共文化服务进行分类供应研究迫在眉睫。

本文借鉴学界对“公共文化服务”的普遍定义进行研究，即公共文化服务是一种基于友好的合作精神理念，在良好的沟通、互动氛围下，由社会多元主体包括政府、企业、社会组织和个人等参与的，提供具有文化性质的包括有形的或无形的产品和服务的活动，视角视域聚焦河南城市发展，尤其是代表性城市，如郑州、洛阳等，并重点关注河南城市公共文化服务中供应主体和服务对象的分类研究。

二 城市公共文化服务分类供应的标准和框架

公共文化服务作为一种公共物品，根据是否具有竞争性和排他性，可分为纯公共文化服务和准公共文化服务。其中，前者在使用上具有强烈的非排他性和强烈的非竞争性，如公共广播、公共电视等。后者在使用上不具有强烈的非排他性和非竞争性，例如图书馆、博物馆、少年宫、文艺馆等。对于城市公共文化服务的分类供应研究，笔者着重从供应主体和服务对象两个方面进行。

（一）按照供应主体划分的公共文化服务

以公共文化服务供应主体为视角，可将公共文化服务的供应方式分为以下几类：（1）政府供应。目前政府仍然是我国公共文化服务的最重要供应主体。公共文化服务作为一种集体的或公共享用的资源，政府供应具有特殊的政治权力优势和财政投入能力，可以综合调动各种资源，保障公共文化服务的均等化、精细化，但同时也存在“政府失灵”的缺点。（2）市场供应。主要指私人部门供应，此种供应方式的优点在于效率高，能够及时反映和捕捉民众的最新需求，并相应调整供应方向。缺点是市场主体以营利为目的，因而在公共文化供应上具有选择性，以利益最大化为导向，有可能会导致公共文化服务的非均衡发展。另外，特殊弱势群体会因为没有支付能力而无法获得这种公共文化服务。（3）民间供应。这往往是一种志愿公益行为，以非营利组织的行动为主，以民间为主导，可以最广泛、真实地把握居民需求，真正实现供需匹配。缺点在于我国民间组织发展相对滞后，并且在诸多方面受到行政管理限制，民间组织对丰富公共文化服务供应的实际作用十分有限。（4）多元供应。此种模式下，政府、企业、社会多元化合作，从而实现公共文化服务分类供应的协作发展。其综合了三方共同优势，但实践过程中往往也会因为三方利益协调难度大，从而导致多元合作模式的不稳定性和局限性。几种供应模式的优缺点比较见表1。

表1　不同公共文化服务供应主体的比较

供应主体	优势	不足
政　　府	动员能力强、财政支持有力度	服务效能低，不能满足多样性需求
市　　场	效率高、反应灵敏	具有排他性、容易造成私人垄断
民间组织	准确把握民众需求	民间组织发展滞后
合　　作	优势互补	协调难度大

（二）按照服务对象划分的公共文化服务

对我国城市公共文化服务进行分类供应，可以从人的年龄、职业以及特殊弱势群体三方面分别予以研究。

如果以自然差别中的“年龄”作为分类供应的标准，城市公共文化服务的对象可分为：（1）青少年群体。当前针对青少年群体，城市公共文化服务主要以提高学生的综合素质为出发点。政府部门应与城市各文化艺术、广播影视、新闻出版等单位进行沟通，引导这些部门更多提供具有针对性的公共文化服务。另外，政府部门应充分利用公共文化场所及设施资源，努力创造适合青少年群体的公共文化享受环境。（2）中年人群体。中年人是社会生活中极具特殊性的群体，工作和家庭生活几乎占据其日常时间，因此他们很难再有多余的精力参与公共文化活动。一般性意义上的公共文化服务供应很难获得这一群体青睐。（3）老年人群体。一方面，随着我国城市老龄化趋势的不断加剧，老年人的公共文化服务需求与日俱增；另一方面，城市老年人群体，例如大量的退休职工群体，具有充足的闲暇时间，因此对城市公共文化服务存在迫切需求。然而实践中，因为城市公共文化服务分类供应机制的缺乏，适合老年人需求的文化服务供应不够充足，这一市场空白甚至被一些不法分子所利用，例如，遍布城市社区的各种讲座宣传活动，以卖假药保健品、理疗设备为目的，吸引大量老年人参与，骗取其钱财，甚至损害其健康，极大地污染了城市公共文化服务环境。这种违法行为诚然需要法律来制裁，但其与城市公共文化服务活动分类供应体系滞后、活动空间备受城市发展挤压等也有密切关系。

（三）按照服务对象职业划分的公共文化服务

在现代社会，职业具有显著的区分群体性的特征，因为职业往往成为反映某一群体收入、社会地位和偏好的重要指标。实际工作中，职业大体分为以下8类：（1）国家机关、党群组织、企业、事业单位负责人；（2）专业技术人员；（3）办事人员和有关人员；（4）商业、服务业人员；（5）农、林、牧、渔、水利业生产人员；（6）生产、运输设备操作人员及有关人员；（7）军人；（8）不便分类的其他从业人员。实践表明，职业不同，从事该职业的群体对公共文化服务的需求和关注点也会有显著差异。因此，在公共文化服务的供应上，文化活动的设置应当充分考虑到不同职业人群的需求特点。此外，考虑到城市的地域、区域差别以及居民的职业构成、年龄构成差异，在公共文化服务供应的微观角度上应该分区域予以不断调整。

（四）面向弱势群体的公共文化服务

一般而言，农民工和残疾人是城市公共文化服务分类供应需要重点关注的两类弱势群体。公共文化服务体系已经覆盖农民工群体，但是在分类供应上，目前的均等化并未充分考虑特殊群体的差异化需求。在实践中，由于农民工工作流动性大、文化水平普遍较低、公共参与意识缺乏等诸多原因，使得农民工并未真正获得公共文化服务。因此，服务供给主体应明确这一事实，由于年龄、受教育程度、从事工作以及来自地区的不同，农民工这一特殊群体对公共文化服务的需求与其他群体是有显著差别的，尤其是在新生代农民工逐渐增多的当下，我们更应关注这一特殊群体的特殊性，在公共文化服务的供应上不能搞“一刀切”。

针对残疾人提供的公共文化服务，实践和研究均表明，城市中的残疾人群并没有充分享受到公共文化服务。造成这种现象的原因是显而易见的，即城市公共文化服务对残疾人的参与存在物质条件上的制约。因此，政府及社会如何创造“无障碍”的公共文化服务参与环境，残疾人如何“无障碍”地获得公共文化服务是城市公共文化服务分类供应应该解决的重要问题。

三　河南城市公共文化服务分类供应发展状况

文化是城市的灵魂，决定着城市的格局和气质。随着城市规模的日益扩大和城市化进程的不断加快，城市发展正在从功能城市走向人文城市，人们对城市公共文化服务的需求和要求也从均等化、标准化开始转为特色化、分类化。河南是传统的文化大省，具有深厚的历史文化底蕴，因此，在城市公共文化服务分类供应方面具有先天优势和资源优势，近年来，河南城市发展在公共文化服务分类供应方面也走出了自己独特的路子。

（一）城市公共文化服务分类供应的投入快速增长

自党的十八大提出到2020年基本建成公共文化服务体系的战略目标以来，河南省紧紧围绕构建现代公共文化服务体系这一核心任务，不断增加公共文化服务投入，积极构建覆盖城乡的服务设施网络，城市公共服务效能明显提高，人民群众精神文化生活不断改善。整体上看，河南省城市公共文化服务体系建设已进入整体推进、科学发展、全面提升的新阶段。河南省通过设立各种专项资金，有效确保了城市公共文化服务各领域的分类供应。“十二五”期间，中央财政和河南省财政相继设立了艺术创作生产、舞台艺术送农民、文化产业发展、非遗保护、文物保护等多个文化发展专项资金，全省各级财政投入文化文物经费160多亿元，其中：2011年25.65亿元，2012年29.54亿元，2013年32.14亿元，2014年37.14亿元，2015年超过40亿元。2015年较2010年增长近一倍（2010年20.22亿元）。同时，河南省财政厅等部门相继出台了省非物质文化遗产项目保护、新型文化业态发展、省级艺术创作生产扶持等专项资金管理办法，切实加强专项资金监管，加大监督检查力度，资金使用效益不断提高。以郑州市为例，郑州市在公共文化服务建设过程中，成立了由主要领导牵头的创建工作领导小组，投入20多亿元用于新建、改建和提升公共文化服务设施，形成了布局合理、功能完备、覆盖城乡的网络体系，郑州市财政连续5年每年投入公共文化发展专项资金3000万元，对城市公共文化服务分类供应体系的建设提供了较为充足的资金保障。

（二）城市公共文化服务分类供应的产品不断丰富

一是公共文化服务分类供应机构持续增加。2015年，河南省共有艺术表演团体173个，文化馆206个，图书馆175个，博物馆268个，乡镇文化站（含街道文化中心）2399个，其中，新增民营博物馆20个。“四馆一站”免费开放连续列入省委、省政府“十项民生工程”，全部实现零门槛免费开放，年均接待观众8860多万人次。河南拥有全国重点文物保护单位358处。入选国家级非物质文化遗产名录113个。有线电视用户1016.99万户。广播人口覆盖率98.28%，电视人口覆盖率98.43%。全年图书出版总印数2.04亿册，期刊出版总印数0.96亿册，报纸出版总印数21.05亿份。年末共有综合档案馆177个，已开放各类档案436.09万卷（件）。二是公共文化服务分类供应产品更加丰富。河南省以政府为主导，吸引社会力量广泛参与，组织开展形式多样的群众文化活动，涌现出了一批公共文化服务品牌。黄帝故里拜祖大典、中国洛阳牡丹文化节、开封菊花花会、安阳航空运动文化旅游节、三门峡黄河文化旅游节、南阳玉文化节、信阳茶文化节等一批重大文化活动的成功举办，在海内外产生了广泛影响。这种立足区位优势，顺势而为，以城市特色为基础打造的城市公共文化服务活动，在丰富城市居民精神文化生活的同时，也显著提升了城市的文化品格和软实力。

（三）城市公共文化服务分类供应的主体日趋多样

随着改革的深入推进，公共文化服务的供应主体也从以往的以政府为主导逐渐转变为政府和市场共同参与，且市场主体在公共文化服务领域参与度越来越高。一方面是政策扶持力度不断加大。河南省财政设立新型文化业态发展专项引导资金，年投入达4000万元，并撬动相当于前者近30倍的社会投入。同时河南还出台了《大力推进文化金融合作促进小微文化企业特色文化产业发展的若干意见》，创新文化与金融合作模式，面向全省文化企业累计投放贷款150多亿元。“十二五”时期，全省文化市场主体达11万家，文化产业增加值年均增长速度超过15%，高出同期GDP增长速度。2015年，全省建成国家级文化产业示范园区1个、文化产业基地12个，省级文化产业示范园区9个、文化产业基地87个，从业人员达35万，总资产320多亿元，营业收入近280亿元。全省7家企业、2个项目分别进入国家文化出口重点企业、重点项目目录，8个项目入选“国家文化金融扶持计划”。另一方面政府通过深化改革、简政放权等吸引和鼓励市场主体进入公共文化服务分类供应领域。河南省严格落实文化部“先照后证”制度，部署开展文化市场行政审批标准化试点工作，放宽市场准入，简化行政审批，2011~2015年全省新增文化市场主体5000多个。同时，河南省还以“经营性文化单位改出竞争力、文化事业单位改出新活力、文化职能部门改出执行力”为目标大力推进公共文化服务机构改革。2015年，河南歌舞演艺集团等5个厅直单位完成转企改制。全省188家国有文艺院团中，58家转企改制，22家划转为非物质文化遗产保护单位，108家转为公益性文化事业单位。

四　河南城市公共文化服务分类供应存在的问题

（一）城市公共文化服务分类供应意识不足

一直以来，坚持以人为本，加快构建均等标准的现代公共文化服务体系，保障人民群众普遍的、基本的文化权益都是河南省城市公共文化服务体系建设的重要内容。学界和政府对城市公共文化服务分类供应问题虽然有所关注，但并未充分、全面地认识到其重要性。例如，河南省文化厅曾提出要创新政府购买公共文化服务方式，促进公共文化服务提供主体和提供方式的多元化，并会同其他部门共同出台《关于做好政府向社会力量购买公共文化服务工作的实施意见》。这也说明，河南省对公共文化服务供应主体的分类问题有所重视，但对公共文化服务对象的分类供应问题关注较少。事实上，均等化和分类供应并不冲突，二者可以统筹规划，同步推进，且单一地考虑公共文化服务均等化，而忽视对公共文化服务供应主体、服务对象以及公共文化产品的分类和定位，大一统的均等化要求最终将导致公共文化服务的效能得不到发挥。

（二）公共文化服务人均水平较低

在公共文化服务供应方面，河南总体规模和水平都在持续扩大和提升。以公共图书馆数量、图书馆总藏量等指标来看，河南拥有公共图书馆157个，总藏量2312万册，在中部地区位居前列，如果再考虑到河南人口基数绝对数量远超其他省份这一现实情况，河南省每十万人拥有图书馆数量远低于中部其他省份（见表2）。对比国外经验，河南省在公共文化服务供应人均水平上的差距更为明显。以英国为例，在图书馆建设方面，英国目前实现了每一个城镇和社区都建有公共图书馆，方便公众就近阅读，全国共有208家图书馆管理机构以及4800家图书馆，平均每1.28万人拥有一家图书馆（对比河南省，这一数据为每70万人拥有一家图书馆，为了计算方便，这里采用的是总人口数据，不分城镇和农村），公民可以在图书馆免费借阅图书和上网。英国的博物馆也非常发达，英国成年人中有 32% 的人是博物馆的常客。从 2001 年开始，英国实现了博物馆、美术馆和画廊免费开放。参观博物馆成为绝大多数英国人一生中重要的文化体验。由此也显示出，从总体来看，我国城市居民在公共文化服务获取的层次上还远低于发达国家。

表 2　2014 年中部重点省份公共文化服务相关指标对比

地区	公共图书馆数量	总藏量（万册）	图书馆总流通人次（万人次）	公共图书馆总支出（万元）	人口总量（万人）
河　南	157	2312	1968	28727	10662
湖　北	112	2822	1868	45054	5816
安　徽	113	1753	1545	22278	6949

资料来源：各省 2015 年统计年鉴。

（三）公共文化服务分类供应效能较低

近些年，在河南城市发展过程中，公共文化服务的基础设施建设步伐持续加快，图书馆、文化广场、会展中心、湿地公园诸多公共文化服务设施投入使用，先进的外观设计、高端的室内配置，使得许多公共文化设施成为城市发展的新地标、新景观。但许多场馆设施的服务效能不高，人气不足也一直是舆论关注的焦点。一方面传统的甚至是老旧的文化服务设施对城市居民的吸引力不足；另一方面广场舞规模日益壮大，棋牌室则遍布街头巷尾。民众对此类休闲娱乐活动的偏好无可厚非，但公共文化服务活动的单一性和不接地气也是实情。笔者实地调研河南省诸多图书馆、美术馆、博物馆、文化馆等发现，除了一些新馆之外，大多数馆所尤其是图书馆存在藏书陈旧、管理效率低下、管理规定不合理不够人性化等诸多弊端。相对而言，书店则人流量更大、新书更多，但囿于盈利要求，书店无法提供充足的可供免费阅读的空间和便利设施。二者资源不能有效整合，从而使得公共文化服务的效果大打折扣。此外，公共文化服务设施运营不规范、信息化水平低、从业人员缺乏激励机制也是公共文化服务群众满意度调查中反映的突出问题。

（四）城市公共文化服务分类供应供需脱节

互联网与经济社会各领域的深度融合发展，对公共文化服务提出了新要求。一方面，公共文化服务产品要满足人民群众多层次、多方面、多样化的需求；另一方面，在服务水平上也要通过科技融合，提升公共服务享受的便利化水平。然而，在实际操作过程中，由于公共文化服务分类供应体系建设缺乏大量专业人才，尤其是具备先进计算机技能、文化传播手段和意识的高端人才的缺乏，严重制约了河南省城市公共服务水平的提升。河南省城市公共文化服务在供需匹配上仍然存在如下问题：一是数量上，总体供应规模难以满足总体需求；二是质量上，公共文化服务分类供应供需脱节；三是水平上，公共文化服务水平较低、服务种类较少、服务机构尤其是基层公共文化服务单位活力不足。公共文化服务机构对互联网的认识、了解和运用还停留在表层，对如何实现“互联网+文化”跨越发展，还缺乏深入的研究、深层次的谋划、创造性的举措和突破性的进展。

五　提升河南城市公共文化服务分类供应水平的对策建议

（一）持续加大公共文化服务要素投入

针对河南城市公共文化服务分类供应意识不足、人均水平较低的问题，我们首先要提高分类供应意识，加强对分类供应问题的研究，积极探索分类供应的措施和做法，真正将公共文化服务分类供应与公共文化服务均等化、标准化放在同等重要的位置，统筹规划，协调推进。在此基础上，一要加大对公共文化服务分类供应的资金投入。要紧密对接中央财政和省财政关于文化投入的新方向、新重点，适应财政预算管理和改革的新要求，积极争取中央财政和省财政支持。要依照文化发展利好政策文件，探索社会资金投入文化建设的新渠道、新途径，增强资金保障能力。要严格遵照专项资金管理办法，切实管好用好各类文化资金。二要严格做好城市公共文化服务分类供应空间保障。城市化进程的加快，使得城市管理者更加注重高楼大厦和GDP，有时会忽视了城市公共文化服务的配套。城市的高速发展在一定程度上挤压了公共文化服务的空间。城市规划往往优先建设体育公园、豪华体育馆等一些政绩工程和形象工程，但对于最适应居民群体公共文化需求的社区空间建设严重不足。因此，要把公共文化分类供应纳入城市发展规划中，使其和城市建筑、城市环境共同成长，相得益彰，从而为城市居民创造一个具有人文内涵和艺术品位的高质量人居环境。三要加强文化人才队伍建设。落实《河南省文化系统人才发展规划》及《河南省文博青年人才培养计划》，继续实施“青年人才培养工程”“艺术名家推介工程”和“三区人才”支持计划文化工作者专项，统筹抓好各类文化人才队伍建设。从引入高端领军人才到培养专业人才两方面入手，确保公共文化服务供应的人才支撑。

（二）不断丰富公共文化服务供应主体

全面深化改革和治理体系现代化的深入推进，对文化治理能力提出了新要求。政府作为公共文化服务的供应主体和治理主体，存在主体单一、针对性差、效率低等天然缺陷，对此，一方面可以引进当前国际流行的“合作治理”，积极引入社会力量，努力实现市场、社会组织与政府间的多元合作机制，从而为人们提供具有异质性、针对性的公共文化服务。加快建设多层次文化产品和文化要素市场，重点发展演出、娱乐、网络文化、艺术品等市场，鼓励、扶持和规范民营艺术表演团体发展。另一方面要创新政府购买公共文化服务方式。要树立“大文化”的理念，把民办博物馆、民办图书馆、民营演艺机构、民办非遗展示馆传习所、民办上网服务场所等提供的优秀公共文化服务，纳入政府购买范围，力争在促进公共文化服务提供主体和提供方式的多元化方面取得突破。各地政府可充分借鉴发达地区的先进做法，例如，深圳图书馆在运营过程中探索建立法人治理机构，让社会力量参与公共文化机构管理，从而激发传统图书馆的活力。河南文化资源十分丰富，应充分利用区位特色，发挥政府供应、市场供应各自优势，在各自具有比较优势的领域大力发展文化事业和文化产业，分类供应，逐个击破，合力确保城市公共文化服务的健康、有序发展。

（三）创新公共文化服务分类供应手段

互联网时代和信息技术快速发展的当下，人们的文化审美品位越来越高，对公共文化体验的要求也越来越高。这就迫切需要公共文化服务不断提高分类供应效能，不断创新公共文化服务手段，进而提升人们获得公共文化服务的便利性。一要通过科技融合，借鉴先进经验，创新公共文化服务方式。例如，内蒙古自治区图书馆建立了新型公共图书馆服务方式，把读者阅读置于流程最前端，成功实施公共图书馆服务“阅读—采访—分类—编目—典藏—再出借”的“流程再造”，通过先行了解读者需求，指导图书馆服务和工作。浙江等地探索发展流动图书馆、博物馆，微型图书馆和街头图书馆，从而使群众能够随时随地享受阅读体验。广东省通过整合部门资源，降低成本，连续4年举办“高雅艺术进剧场”活动，使得高雅艺术也成为公共文化服务的重要内容。二要以“互联网+文化”为依托，推进公共文化与科技融合发展。要紧紧围绕省第十次党代会提出的打造“全国重要的文化高地”奋斗目标，以“互联网+文化”提升现代文化生产传播水平，加快推进全省现代公共文化服务体系、文艺产品生产与传播体系、优秀传统文化保护传承体系、文化产业发展体系、现代文化市场体系、对外文化交流合作体系等“六大体系”建设，努力把文化资源优势转化为文化发展优势，使河南省文化建设在“十三五”时期获得大的发展。三要拓展公共文化服务发展空间。按照省委、省政府提出的深度融合“一带一路”战略工作部署，借助上合会议在河南省成功举办的契机，依托丝绸之路文化资源得天独厚的优势，通过建设丝绸之路文化交流中心、成立遗产保护联盟、互办陈列展览、合作保护研究、打造文化产业带、开发文化衍生产品和服务等方式，加强与沿线国家的人文交流。此外，河南通过计划与美国、加拿大、德国、意大利、奥地利、瑞典、日本等国家文物机构进行合作，深化文物保护工作；邀请港澳青年学生来豫开展“情系中原”活动，深化河南与港澳台的文化交流等活动都将是公共文化服务多元化的重要途径。

（四）公共文化服务分类供应要重点关注特殊弱势群体

城市公共文化服务分类供应要重点关注城市生活中的特殊弱势群体，例如残疾人、低收入人群、儿童、老人、农民工等，这几个群体受制于个体地位结构因素、区域经济发展水平、社会政策倾斜性配置水平以及无障碍环境等因素，普遍面临文化消费水平低或缺乏享受文化服务的条件。因此，要想确保这一特殊群体的文化权利，一是实施普惠加特惠原则，实行一般性制度安排与特殊专项制度安排相结合。在构建公共文化服务均等化体系的同时，建立定向服务弱势群体的特殊惠民工程。不断加大公共文化服务分类供应向弱势群体倾斜性配置的力度，提升弱势群体公共文化服务资源的可获得性和公共文化享受的便利性。二是设立特殊弱势群体公共文化补贴。地方政府应积极创新文化惠民手段和方式，向残疾人、低收入人群、老人、留守儿童、农民工等弱势群体发放文化消费补贴，并保证补贴的连续性。鼓励和支持弱势群体提升公共文化服务参与度，使得弱势群体有能力享受到文化大发展大繁荣的成果。三是积极推进公共环境和基础设施无障碍改造。在全省推进公共文化服务设施、交通设施、标识、社区环境的无障碍改造。改进公共文化服务供应对特殊弱势群体的不利因素和制约条件，打造公共文化服务参与的“无障碍”环境。

参考文献

河南省统计局、国家统计局河南调查总队：《河南统计年鉴（2014）》，中国统计出版社，2014。

河南省统计局、国家统计局河南调查总队：《河南统计年鉴（2015）》，中国统计出版社，2015。

姜涵：《我国城市公共文化服务的分类供给研究》，青岛大学硕士学位论文，2014。

叶继红：《农民工文化需求与城市公共文化服务体系构建——来自江苏的调查与思考》，《中州学刊》2015 年第 6 期。

杨松、孟兰：《北京西城区：打造城市公共阅读空间的创新实践》，《国家图书馆学刊》2015 年第 4 期。

颜玉凡、叶南客：《城市社区居民公共文化服务弱参与场域的结构性因素》，《南京师范大学学报》（社会科学版）2016 年第 2 期。

B.14
河南城市 PPP 模式发展研究

王元亮*

摘　要：PPP 模式是政府部门与社会私人组织之间通过签署合同来明确双方的权利和义务，为提供某种公共产品和公共服务而建立的合作共赢伙伴关系，最终能够使合作双方达到比预期单独行动更为有利的结果。目前，河南省正在通过设立多种基金推动 PPP 项目建设。但是，新增的 PPP 项目现金流尚不能达到资金本息收入。对此，本文提出四点对策建议：强化顶层设计，完善法律法规体系；弘扬契约精神，增强政府部门公信力；支持金融介入，发挥金融服务 PPP 项目作用；注重教育培训，加强专业技术人才培养等，以期为推动河南城市 PPP 模式发展提供参考。

关键词：河南省　公私合营模式

目前，PPP 模式（公私合营模式）受到国内外广泛关注，正在进行较大规模和较大范围地实施。PPP 模式的提出是贯彻《中共中央关于全面深化改革若干重大问题的决定》，发挥市场在资源配置中的决定性作用的一项重要变革。十八届三中全会以来，党中央、国务院高度重视发挥民间资本的参与性和积极性，大力推行 PPP 模式，先后出台了一系列鼓励的支持政策和措施。以《关于市政公用领域开展政府和社会资本合作项目推介工作的通知》（以下简称《通知》）为例，《通知》要求在城市给排水、垃圾处理、

* 王元亮，河南省社会科学院科研处助理研究员。

道路桥梁、公共交通、公共停车场、地下综合管廊等市政公用领域开展 PPP 项目推介工作。《基础设施和公用事业特许经营管理办法》，要求进一步开放基础设施和公共事业的特许经营。

一 PPP 模式的内涵

PPP 模式的雏形是形成互动、交易的“公”“私”关系。PPP 模式最早源于英国政府部门在 17 世纪推行的公路收费政策。PPP 模式第一次正式出现在 20 世纪 90 年代初。PPP 模式定义有广义与狭义之分。国外文献侧重于广义 PPP 模式的定义和阐释。广义 PPP 模式是指由公共部门与私人部门为提供某种公共服务而建立合作关系的方式。国内文献以论述狭义 PPP 模式为主。狭义 PPP 模式主要是指公共部门与私人机构共同建立项目的融资模式，包括 BOT、TOT、DBFO 等。不同组织和团体对 PPP 模式的理解各有侧重，但都立足于平等协商原则前提下的公营部门与私营机构的合作关系或合作方式。联合国培训研究院认为，PPP 模式是公共部门与私人部门之间建立合作关系以满足社会对公共产品的需求。欧盟认为，PPP 模式是为了更有效地提供公共产品，公共部门和私人部门之间建立的一种合作共赢关系。美国 PPP 国家委员会认为，PPP 模式是介于政府服务外包与项目私人化之间并结合二者相对优势的公共服务供给方式。加拿大 PPP 国家委员会将 PPP 模式定义为，是为实现公共部门与私人部门之间资源共享，更加高效地解决事先界定清晰的公共需求的一种合作经营关系。

二 PPP 模式对城市发展的现实意义

（一）有利于缓解城市发展建设的债务压力

目前，城市建设和发展面临诸如存量债务、土地财政转型压力和城镇化建设等突出问题，尤其是城市发展和建设需要大量的资金，引入社会资本参与城市发展和建设迫在眉睫。而 PPP 模式即是引用社会资本有效缓解地方政府债务压力，而同时不减少公共基础设施建设和公共服务供给，产生更大正面效应的主要方式。

（二）有利于改善城市公共产品供给效率

当前，由于多种原因的影响和制约，我国大多数城市的公共产品的供给尚处于一种低效的循环状态。而且 PPP 模式由于公共产品和公共服务的特殊性，需要城市政府部门进行授权，但是，只有授权还远远不够，公共部门和私人机构双方还必须以利益共享和风险分担为基础，并以显著提高公共产品或公共服务供给效率为最终目标，实现城市经济的进一步发展和人民生活水平的不断提升。

（三）有利于提高城市社会治理能力

PPP 模式是政府部门和社会资本的互利共赢合作方式。规范 PPP 模式能够使政府部门更加将重点集中于发展规划、市场监管、公共服务等宏观管理职能，不断减少政府部门微观事务管理范围，提高政府部门的管理效率，同时进一步发挥社会资本的管理效率以及技术创新动力的优势。

三　河南城市推进 PPP 模式的现状

目前，河南 PPP 模式全国领先。2015 年 9 月，河南入选财政部第二批示范项目 41 个，总投资 736 亿元，位居全国第一。河南 PPP 模式总结出了洛阳模式，而且在基金模式、公司管理等方面也走在前列。

（一）积极贯彻落实国家相关政策

2014 年 11 月，为拓宽城镇化建设融资渠道，河南省人民政府出台《关于推广运用政府和社会资本合作模式的指导意见》（豫政〔2014〕89 号）。2015 年 2 月，为促进政府部门和社会资本相互合作，河南省人民政府和社会资本合作（PPP）管理中心成立，加挂“河南省财政厅政府和社会资本合作管理中心”牌子。2015 年 5 月，为贯彻落实《国务院关于创新重点领域投融资机制鼓励社会投资的指导意见》（国发〔2014〕60 号）等文件精神，河南发布了《关于推进开发性金融支持政府和社会资本合作的（PPP）有关工作的通知》，初步确定 PPP 示范项目 106 个，其中 78 个项目已落实社会投资主体。

（二）设立引导基金支持 PPP 项目

通过设立多种基金撬动社会资本，推动 PPP 项目建设。2014 年 12 月，设立总规模为 3000 亿元的城镇化发展基金（建信豫资城镇化建设发展基金、交银豫资城镇化发展基金、浦银豫资城市运营发展基金）。目前，这批城镇化发展基金已经完成母基金注册，基金募集规模 550.2 亿元，已批复授信 452.6 亿元。2015 年 1 月 23 日，省人民政府正式公布全省首批 PPP 项目 29 个，涉及交通、供水、供气、垃圾处理、医疗、养老，项目总投资达 805 亿元。2015 年 6 月，为帮助市县规范 PPP 项目前期运作，更好发挥示范项目带动作用以及解决部分市县资金不足问题，省财政厅设立 PPP 开发性基金 50 亿元，吸引社会资本参与公共服务建设。

（三）金融机构逐步参与 PPP 项目

调查结果显示，河南省发改委、河南省财政厅 PPP 管理中心、河南省交通厅等部门与国家开发银行、中信银行和光大银行郑州分行等多家金融机构保持有机衔接，成立由规划、经营、评审等部门组成的协调小组以及试点首个信贷支持 PPP 模式项目，及时跟踪并有效介入 PPP 模式项目。

四 河南城市推进 PPP 模式的主要问题

（一）体制机制不健全制约 PPP 项目融资

PPP 模式在我国尚处于探索阶段，完善的体制机制尚未建立。一是只有

《合同法》《特许经营法》是目前我国 PPP 项目能够依据的主要法律。特许经营权对企业的生产经营发挥着举足轻重的作用，但当前制度下，特许经营权还无法确保企业获得相应权益，企业无法在整个生命周期拥有完全所有权。二是缺失灵活的退出机制，政府部门、社会资本、市场等 PPP 项目主体之间完善的谈判机制还没有建立，影响了其深度参与 PPP 项目的积极性。三是相关部门侧重点不一致，导致政策可操作性打折。发改委规范 PPP 项目侧重项目质量，财政部规范 PPP 项目侧重项目流程。这种不一致性一定程度上导致相关部门责权利划分不清，降低了 PPP 项目的实施效率。四是 PPP 项目的财政支持方式的限制，增加了社会资本、商业银行等对项目融资安全的顾虑。

（二）PPP 项目与商业银行授信模式不匹配

有关数据显示，90% 以上的新增 PPP 项目融资与传统商业银行信贷模式不匹配，主要是没有明晰的收益以及未来现金流也难以覆盖投资领域或环节。河南 PPP 示范备选项目多数运营期限在 20 年以上，投资规模多达上百亿元，这造成 PPP 项目筛选和评审难度比较大。这种政府补贴的政策不明确性以及项目收益的不确定性，很大程度上影响了商业银行融资 PPP 项目的积极性。

（三）项目论证难以达到商业银行的行业要求

目前，多数 PPP 模式项目还没有完全得到商业银行的积极融资。调查数据清晰显示，2015 年 5 月，河南首批 PPP 模式推介项目中，进入项目识别阶段的有 13 个，进入准备阶段的有 4 个，进入采购阶段的有 5 个，进入执行阶段的有 6 个。当前，PPP 模式仍处于起步发展期，大多数 PPP 项目尚未得到信贷资金的有效支持。绝大多数 PPP 项目缺失诸如规划、环评、可行性报告等关键材料，有些甚至已经落地的 PPP 项目也存在融资要件不完整、可行性论证不严谨的情况和问题。多数 PPP 项目的投资规模测算存在不合理的地方，公共服务定价机制和财政补贴方式等含糊不清，这些都难以达到商业银行的行业要求。

（四）城镇化发展基金难以大规模推广

城镇化发展基金是一种引导性、象征性的基金，进行规模化推广的可能性并不大。目前，其主体主要包括基金管理机构、商业银行、城投公司以及城建公司等，主体繁多，易造成权责划分不明晰。而且，由于融资链长、运作成本高、退出渠道单一等缺陷，基金运作模式存在运营收益下降时无力偿还的风险和隐患。此外，由于缺乏抵押资产，城镇化发展基金支持的项目一般难以从商业银行获得贷款，一定程度上降低了发展基金支持项目的能力。

五　河南城市发展应用PPP模式的建议

（一）强化顶层设计，完善法律法规体系

一是厘清各方职责，完善统一PPP法律法规体系，明确PPP项目相关主体的权利和义务，界定PPP项目的所有权、经营权。整合发改、国土资源、交通以及财政等相关部门的制度和规章，激发社会资本参与PPP项目的积极性和主动性。二是建立健全PPP模式运行体制机制，主要包括PPP模式主体平等谈判机制、社会公众参与PPP项目运营监督机制以及PPP项目灵活退出机制等等。三是优化PPP模式行政流程以及行政关系。一方面，加强中央、省、市、县之间的纵向行政关系；另一方面，统筹各级政府发改、国土资源、交通、财政等部门之间的横向分工配合关系。

（二）弘扬契约精神，增强政府部门公信力

一是采取措施加大对社会资本的引导。城市PPP模式主要用于非经营性公共设施和公共服务建设，但政府部门对社会资本的介入支持力度不够，导致私人机构谨慎投入资金，社会资本无法发挥最大效应。这就需要政府部门通过多种方式，积极地向社会宣传PPP模式。政府在项目前期规划、中期建设、后期运营等整个项目生命周期给予引导支持。二是制定相

关配套优惠措施，吸引优秀企业和外来人口。城市管理者的目的是让人们生活得更加美好，而私人机构参与城市建设仅仅是为了获得利润，怎样将二者有机结合，就需要政府部门制定相关配套优惠措施，形成一套成熟且持续运转的盈利模式，提高社会资本的收益率。三是建立信用和信息平台。在信息获取上，政府部门是处于优势的一方，社会资本是处于弱势的一方，这种信息的不对称，影响社会资本正常的投资决策。因此，政府部门应该利用现代信息技术，主动搭建信息平台，及时透明公开 PPP 项目的运行流程、评审规则、建设情况以及运行维护等相关信息，增强主要两者之间的相互信任感。

（三）支持金融介入，发挥金融服务 PPP 项目作用

一是充分发挥国家三大政策性银行在开发性金融方面的引领作用，发挥其中长期融资的比较优势。对重点实施和推进的公共基础设施项目进行特殊信贷支持。二是引导商业银行全程深度参与 PPP 项目。发挥商业银行在项目谈判、投资评估、资金投放、风险控制、财务顾问等方面的比较优势。鼓励创新银行金融产品。鼓励商业银行开发各种 PPP 项目金融产品，提高融资效率。三是稳步有序推进城镇化发展基金。细化城镇化发展基金支持项目，建立保障相关主体灵活退出机制，扩大基金融资规模。四是给予必要的支持。比如对现金流不能完全覆盖 PPP 项目的金融机构，给予税收、信贷等支持。对为特殊行业提供融资支持的金融机构，给予存款准备金、再贷款差别化的优惠政策。

（四）注重教育培训，加强专业技术人才培养

一是加强人才培养。城市建设和 PPP 项目需要大量的各行各业人才，可利用高校的资源优势、设施优势、师资优势，在区域发展、区域经济、经济地理、产业发展等相关专业设立 PPP 模式课程。二是加强人才培训。政府部门通过邀请相关专家进行专题讲座以及开办各种层次的培训班，提升人才专业技术能力和管理能力，并向社会普及 PPP 模式，吸引社会资本参与

城市建设。三是引进国外人才团队。在城市 PPP 模式前期开发、中期建设和后期运营的过程中，聘请国外专业团队协助完成技术要求较高、风险较大的领域和环节。

参考文献

埃比尼泽 · 霍华德：《明日的田园城市》，金经元译，商务出版社，2000。

蔡临申：《民间资本投资基础设施项目的 PPP 模式研究》，浙江大学，2006。

袁志学：《公私合作模式在我国的应用研究》，河北工业大学，2006。

相琪昂、高敏：《浅谈工程项目 BT 管理模式的投资控制》，《科技信息》2009 年第 22 期。

佚名：《污水处理 PPP 项目打包招商模式》，《水利建设与管理》2015 年第 11 期。

胡丽、张卫国、叶晓甦：《基于 SHAPELY 修正的 PPP 项目利益分配模型研究》，《管理工程学报》2011 年第 2 期。

王世惠、王涯茜：《PPP 模式下的政府信用问题》，《合作经济与科技》2009 年第 11 期。

沙骥：《PPP 模式在我国基础设施建设中的应用研究》，东南大学，2004。

纪度军：《我国 PPP 模式及其发展瓶颈研究》，重庆大学，2007。

李秀辉、张世英：《PPP——新型的项目融资方式》，《中国软科学》2002 年第 2 期。

杭怀年、王建平：《PPP 模式公私博弈框架和合作机制构建》，《建筑经济》2008 年第 9 期。

B.15

河南城市治理机制创新研究*

崔学华**

摘 要： 城市治理是国家治理的重要组成部分，城市治理现代化是国家治理现代化的基础。调查发现，当前河南省城市治理基本状况和居民诉求之间存在着较大差距。政府必须不断更新治理理念、创新治理机制、丰富治理结构、完善治理手段，全面提升城市治理精细化、智能化、现代化水平，不断满足城镇居民的基本诉求，提升城市治理有效性。

关键词： 城市治理 基本状况 机制创新

当前，随着经济转轨、社会转型和新型城镇化的持续推进，全省各地市经济社会得到前所未有的快速发展，促进了城市规模和容量的不断扩张。同时，随着农村外来人口不断向城市产业转移，城市居民激增，阶层分化凸显，城市治理出现了新情况新问题，人口结构多元化、利益主体多样化、矛盾诉求复杂化，诸如城市公共服务短缺问题、城市运行效率低下问题、农民工市民化问题、城市交通拥堵、环境治理问题、城市弱势群体权益保障问题、城市居民法制意识不足等等，已经成为当今各地市社会治理必须面对的棘手问题。调查分析河南城市治理的现状与居民需求之间的矛盾、了解居民

---

* 本文为2016年度河南省哲学社会科学决策咨询项目“空心化趋势下乡村治理面临的问题及对策研究”（批准号2016JC18）的相关成果。

** 崔学华，河南省社会科学院社会学所副研究员。

的真实诉求、把握当前城市治理的着力点，可以帮助政府部门不断完善治理理念、治理制度和治理手段，创新治理体制机制，全面提升城市治理精细化、智能化、现代化水平。

一 河南城市治理基本状况分析

（一）城市公共服务方面

城市公共服务状况主要从公共交通、公共住房、基础教育、社保就业、医疗卫生、城市环境、公共安全、文化体育、公共服务等九个方面的指标来进行衡量。根据中国社会科学院发布的2015年《公共服务蓝皮书》，2015年全国38个主要城市的公共服务满意度有所提高，由2014年的57.28分提升到58.74分。其中，拉萨、宁波、厦门基本公共服务满意度居全国38个主要城市的前三位。从经济区位看，东部城市的基本公共服务满意度得分最高，西部次之，中部最低。与2014年相比，东、西部区域间差距有所减小，但两者与中部区域差距进一步拉大，说明整个中部地区的城市公共服务满意度不高。另外，环境污染、医疗卫生、公共住房和教育资源是当前城镇居民最为关注的民生问题，尤其是在流动人口服务方面，户籍制度改革需要继续推进。只有确保农民工充分就业，有合适的住房和教育资源，户籍不受限制，才能促进农民工尽快市民化。最后，河南城市交通拥堵状况虽有一定改善，但整体拥堵仍比较严重。2015年，课题组对郑州市交通拥堵状况进行随机调查，约有30%的被访者认为“非常拥堵”，40%的被访者认为“比较拥堵”，20%的被访者认为“有点拥堵”，普遍认为郑州市的公共交通问题很大，挖沟修路频繁，施工持续延长；交通管理无序，2016年冬季河南下了一场中雪，第二天全郑州市的中小学停课一天，表明城市交通管理缺乏规划，没有提前安排好，公共管理部门必须尽快解决逢雨必涝、逢雪必冻、马路拉链等人民群众反映强烈的公共交通问题，保障市民正常生产生活秩序。

（二）居民社会参与方面

居民社会参与主要关注的是城市居民参与公共活动和公共事务的状况。街道办事处和社区居委会是居民参与基层社会治理的主要窗口之一。根据被调查者的回答，只有两成多的居民参加过居委会选举，七成多的居民很少或者没有参加过选举；仅两成居民参加过居委会决策管理，并提出过意见建议，绝大多数人没有参与；仅有一成多的人去街道办事处参与过读书室等活动，办事处的公共活动大多形同虚设。其次，城市居民反映社会问题的方式也体现了居民的社会参与。大约12%的被调查者通过电台、报纸等媒体反映问题，大约10%的被调查者通过相关政府部门来反映。此外，城市居民参与社会组织的积极性也在发生着变化。大约60%的居民了解并参与业主委员会；20%以上的居民参与社区广场舞；50%以上的居民了解城市公益组织，例如环保、调解、治安、志愿者服务组织等，但是真正参与这些公益组织的人数大约只有四成。总之，河南城市居民公共参与程度普遍较低，主人翁意识不强，自主维权意识较差，社会参与的发展空间较大。

（三）城市社会矛盾方面

预防和化解社会矛盾是城市社会治理的中心内容。调查中，超过半数的居民认为是当前最突出的社会矛盾主要包括城市环境污染，占到70%；贪污腐败，约占65%；拆迁补偿，约占60%。其他相对突出的主要包括土地征用矛盾，约占49%；食品安全，占48%；社会治安，约占38%；投资公司倒闭不还钱，约占37%。研究认为这些矛盾中最有可能引发群体性冲突事件的是征地拆迁补偿不合理，约占66%，其次是投资担保公司倒闭不还钱，约占59%；医疗纠纷、贪污腐败、食品安全、环境污染引发社会冲突的可能性也很大，分别为42%、37%、34%、31%；认为引发社会冲突可能性较小的是住房保障不公平以及教育保障不公平问题。这些城市社会矛盾是多种因素长期综合作用的结果，需要政府、企业、非政府组织各个部门、各个环节共同努力、共同关注、合力解决。尤其是政府要转变城市治理理念、企业生产要坚持绿色环保、非营利组织要积极参与，促进城市经济社会健康良性运行。

（四）城市社会公平方面

伴随着大量的农村流动人口涌向城市，河南省各地市城镇居民激增，阶层分化凸显，人口结构多元化、利益主体多样化、矛盾诉求复杂化，城市社会公平成为当前居民的基本诉求。调查中，当被问到“您对当前社会公平的基本看法”时，约有55%的城市居民认为公平状况一般，25%的居民回答比较公平，约有16%认为不太公平；约有3%认为很不公平。这就表明，当前城市居民对社会公平状况的认知度差异较大。对于大多数流动人口来讲，由于长期的城乡两元体制影响，户籍制度限制、教育资源不均、住房保障不公平，流动人口深感城市社会不公，城市社区的归属感不强。因此，努力为各类城镇居民创造一个相对公平的生活环境，通过完善各种制度和政策来调节社会差别并为大多数人所接受，是当前城市社会治理的重要内容。

（五）居民法制意识方面

适应当前多元社会的发展，党的十八大报告做出了“全面推进依法治国”的重大决策和战略部署。考察居民的法制意识是实行依法治理的重要依据。在调查中，当被问及“城镇居民是否需要学习法律知识”时，有69%的人认为“很有必要”，其余居民认为必要不大或没有必要。可见，绝大多数城镇居民对法律知识的重要性持肯定和支持的态度。进一步调查发现，80%以上的居民认为学习法律的主要原因是“学习法律可以保护自己”；而对法律的内涵及其具体作用认识不清。当被问及“城市居民对基本法律知识的了解状况”时，仅有20%认为比较了解，其余均为了解不清。当被问及“你是否清楚如何申请法律援助”时，约有16%认为比较清楚，其余均为了解不清。当被问及“你是否了解如何正确信访”时，约有19%认为比较了解，其余均为了解不清。当被问及“你对当前法制宣传的满意度”时，约有10%认为比较满意，其余绝大多数居民不满意，他们普遍认为政府法制宣传意识不强，宣传力度不足，宣传手段单一，宣传内容缺乏，整个社会法制意识较低。城市社会要实现多元治理，关键是依法有序、化繁为简，全面提升居民法制意识。

（六）居民社会保障方面

居民社会保障水平是反映城镇社会治理状况的重要参数。城乡居民社会保障体系的建立，为城乡居民提供了最基本的养老和社会保障，但是随着人口流动和需求变化，以户籍界限确定参保对象和社会保障资源的限制，严重影响社会保障制度的可持续发展，影响全体城镇居民的社会保障权利。调查中，当被问到“您对当前社会救助情况是否了解”时，约有60%的被调查者认为比较了解成基本了解，其余认为不太了解。当被问到“您对当前城市居民保障房安置情况是否了解”时，约有30%的被调查者认为比较了解或基本了解，其余绝大多数人认为不太了解。进一步调查发现，多数居民对于城市保障房安置政策不是很满意，他们认为政策不太公平，保障房贪污腐败现象严重。当被问到“您对当前城市教育救助情况是否满意”时，仅有20%被调查者认为比较满意，其余认为存在很多问题。由此看出，城市居民社会保障制度需要完善，社会保障知识需要进一步宣传普及，社会保障力度需要加大。

二　创新河南城市治理体制机制

综上可知，当前河南省城市治理成效和居民诉求之间存在着较大的差距。必须不断更新治理理念、创新治理机制、丰富治理结构、完善治理手段，全面提升城市治理精细化、智能化、现代化水平，不断满足城镇居民的基本诉求，提升城市治理有效性。

（一）树立现代化的城市治理理念

城市治理作为国家治理的重要组成部分，城市治理现代化是实现国家治理现代化的基础。创新城市治理首先要树立现代化的城市治理理念。第一，树立“协同治理”理念。比如，英国在城镇化进程中，采取多元治理的模式，其中政府、市场和社会之间的关系不是支配与被支配的关系，而是基于共同利益和目标的“伙伴式关系”，在地位平等的基础上通过协商、合作来解决问题。尤其在布莱尔（1997~2007）、布朗（2007~2010）执政期间，这两届政府推行“协同政府”理念，鼓励政府部门之间、政府与私有部门、志愿性机构等进行合作，从而更好地提升政府治理的有效性和满意度。这对河南城市治理也有一定的借鉴意义，转变单向度治理理念，加强政府与民间组织、居民之间的沟通与对话，在实现公共利益的前提下有效合作。第二，树立“依法治理”理念。法治是现代社会秩序的基本保障，也是现代社会治理的基本依据。面对日益复杂的社会矛盾和居民需求，只有在法律的框架下才能够厘清头绪，才能够客观理性地处置矛盾及问题。河南省推进社会治理现代化，也必须坚持立法先行，依法治省，用法治思维贯穿社会治理的方方面面，以法律手段维护公民基本权利和化解社会基本矛盾，切实做到科学立法、大力普法、全民学法、知法守法、严格司法，树立全方位的法治治理理念。

（二）健全多元化的城市治理机制

城市治理机制创新是城市治理创新的重点，是实现社会治理现代化的重要保证。一是畅通居民意见表达机制。要加强民意表达的制度化建设，完善诉讼、仲裁、复议等诉求表达机制，发挥人大、政协、社团组织以及新闻媒体的表达功能，加快信访体系的改革创新，完善网上受理信访制度，拓宽居民表达渠道，有效保障居民权利，促进民意表达健康发展，将各类矛盾诉求解决在萌芽状态。二是健全城市风险评估机制。只有建立一套科学完整的评估指标体系，建立起专业的、具有公信力的第三方评估机构，才能有效维护城市政治经济和社会秩序的稳定。全省城市治理要把社会稳定风险评估作为重大决策、重大项目和重大改革实施的前置程序，为城市社会稳定提供坚强保障。三是健全突发事件的预警体系。突发事件的预警是应急机制中的重要环节，对于减少危害有着重要的意义。目前河南省城市自然灾害的预警相对完备，但社会领域的突发事件的预警系统还有待完善。强化预警信息采集、共享和发布管理能力，提高预警人员对信息源的感知和分析能力，消除体制性迟钝，这是完善预警体系的关键。

（三）制定科学化的城市治理制度

城市治理一定要制度先行。首先，制度制定要符合河南的省情市情。全省十八个地市经济社会发展不均衡，城市容量有差别，人口密度、人口素质、对城市资源的需求差异较大。规划部门需要准确把握各地市的基础信息、城市治理中存在的问题、未来发展趋势等，制定具体有效的城市治理制度。其次，制度制定要体现城市居民的基本意志。通过请相关专家对各个领域的现状和问题进行独立调查，以报告形式提出对策建议，然后政府通过公布报告收集各界意见，根据各方意见不断调整制度内容，最终再进行充分辩论和投票表决。通过这一系列严谨的程序，城市居民的基本意志基本上能得到反映，制度出台后也能够较好地落实执行。所以，尊重民意表达，体现居民意志，使城市治理能够体现各方利益的最大化和较高满意度，为保障制度顺利执行奠定基础。

（四）形成多元化的城市治理主体

多元治理主体奠定科学治理结构，科学的社会治理结构是社会治理现代化的基础。要逐步形成以政府为主导，企业、民间组织、社区居民共同参与的多主体社会治理结构，实现国家权力、社会组织和个人权利的和谐共生。河南城市治理要严格按照十八届三中全会的要求，坚持党委领导的核心作用，坚持政府主导的关键环节，加快政府职能转变，创新政府治理方式，提高城市治理能力。要更好地发挥社会组织的作用。近年来，河南省民间组织发展迅速，将近 3 万个社会组织遍布全省各地市，在社会治理中发挥着日益重要的作用。要着力培育公益性社会组织，积极发挥社会工作人才在城市治理中的作用，探索政府购买公共服务的具体措施，激发社会组织活力。同时，城市治理要高度重视基层社区建设，健全社区管理服务体系，提升城镇居民的社会参与度和社区归属感，使社区居民真正成为社区治理的主人公。

（五）完善多元化的城市治理手段

首先用好信息手段。自美国实施信息高速公路战略以来，全球化、信息化浪潮波及世界各地。牢牢把握当前形势，充分认识到信息化建设对实现两大“跨越”、促进中原崛起的重要意义，把信息化作为一项基础工程优先发展，以电子政务、电子商务、电子事务为突破口，提升城市治理能力。其次用好市场手段。坚持市场在资源配置中起决定性作用，健全政府购买公共服务机制，预防各种垄断腐败，不断激发市场活力，促进各类经济组织有序发展。最后用好文化手段。文化是一个地区“软实力”的重要组成部分，是城市治理的重要推手。社会治理现代化不能忽视文化治理的作用。河南省地处大河流域，历史文化积淀深厚，要充分发挥传统文化、宗教信仰、道德规范对全体居民的潜移默化作用，不断增强社会公众的文化认同，培养和提高公民的文化素质，以文化治理现代化推动社会治理现代化，使城市治理达到事半功倍的效果。

（六）制定严格的城市治理监督保障机制

城市治理的现代化理念的树立、科学化体制和制度的建立、多元化主体和手段的创新不会一蹴而就，而是一个不断探索、丰富完善的过程。但是，真正核心的问题在于保障制度的顺利实施，城市治理监督保障是重点也是难点。加强党对城市治理工作的组织领导，各地市政府要加强对下级政府的指导以及督促检查，重要事项及时总结汇报。全省可以选择一个城市先行试点，各地市政府要制定具体方案，明确时间步骤，细化政策措施，及时总结试点经验，稳妥推进治理改革。按照预定计划督查工作进度，日清周结，对于没有完成的计划项目，查找原因，及时调整。监督管理一定要严格精细，不走过场。通过科学监管，具体落实，不断抽查，及时调整，确保城市治理制度顺利实施。

参考文献

浙江省委组织部公共政策与社会治理专题研究班：《英国社会治理创新对浙江社会治理现代化的启示》，《政策瞭望》2015 年第 11 期。

孔新峰等：《论英国“协同政府”的理念及对中国的启示》，《行政与法》2011 年第 6 期。

B.16

河南城市地下综合管廊发展回顾与展望

齐　爽*

摘　要：　地下综合管廊建设是综合利用土地资源，建设现代化、集约化、科技化城市的重要依托，是现代化城市高质量、高效率运行的保障。河南作为全国的人口大省，为实现河南城市的可持续发展必须着力建设城市地下综合管廊。现阶段，河南城市地下综合管廊建设仍处于起步阶段，地下综合管廊的建设要坚持制定科学合理的规划标准；坚持规划的统一性和前瞻性；坚持各部门间的统筹协作；坚持投融资途径的多元化的原则。在地下综合管廊建设方面要抓紧五大着力点，即加强统筹规划实现准确定位，建设完备的地下规划控制体系，完善综合性指标体系构建，加强各部门间统筹协作，实现投融资模式的多样化。

关键词：　河南省　地下综合管廊　建设着力点

随着时代的进步和社会的发展，土地将会日益成为人类社会发展历程中越来越稀缺的资源，而城市地下综合管廊建设将会在城市经济建设、民防建设、环境建设和可持续发展建设方面发挥重大价值和作用。为贯彻落实中

---

* 齐爽，河南省社会科学院区域经济研究中心研究实习员。

央、省委城市工作会议及《国务院办公厅关于推进城市地下综合管廊建设的指导意见》（国办发〔2015〕61 号）精神，不断提升河南城市基础设施的现代化水平，河南相应出台了《河南省人民政府办公厅关于推进全省城市地下综合管廊建设的实施意见》（豫政办〔2016〕39 号），全面推进全省城市地下综合管廊建设，其中提到河南全省要争取到 2020 年建设城市地下综合管廊 1000 公里以上，初步建立干支结合、缆线管廊为补充的城市地下综合管廊系统，从而缓解城市建设中反复开挖的“马路拉链”问题，提高城市管线的安全水平和防灾抗灾能力。

一 城市地下综合管廊建设的概况

城市地下综合管廊又被称为“地下综合管沟”“共同沟”“共同管道”，是建设在城市地下，用于集中敷设电力、通信、广播电视、供水、煤气、交通信号等其中两种以上公共设施管线的公共隧道，拥有完备的排水、通信、照明、监控等功能。具体来讲，地下综合管廊可以收容的管线有很多种，按重力流管道可分为雨水管、污水管、废弃物（垃圾）管等；按压力管道可分为自来水管、煤气管、输油管、热力管、输气管等；按电子流管道可分为电力管、电信管、通信管、闭路电视管、交通信号灯管等。本章将从国外、国内两大角度，简单介绍国内外城市地下综合管廊的建设情况。

（一）国外城市地下综合管廊建设

回顾世界管廊建设的历史，欧洲是世界上最早建立综合管廊的地区，法国、英国、德国先后在 19 世纪就开始兴建地下综合管廊。其中，法国是整个欧洲地区最早开始规划建设排水网络的国家；随后英国伦敦也修建了工程巨大且较为成熟的地下综合管廊系统。紧随其后，美国、西班牙、俄罗斯、日本、新加坡等国家和地区的地下管廊建设也逐渐展开并走向成熟。

1833 年，法国巴黎为了抑制霍乱和流行病的发生与传播，逐步开始规划建设市区下水道系统网络，形成了历史上最早规划建设的地下综合管廊模式。该管廊在下水道系统网络中主要收容包括饮用自来水、清洗自来水、电信电缆、压缩空气管、交通信号电缆等五种管线。近代以来，巴黎市不断推进地下综合管廊的规划建设，迄今为止，巴黎市城区及郊区的地下综合管廊总长度已经达到2484公里，堪称世界城市地下管廊建设之首。

美国的地下综合管廊建设研究始于1960年，当时的传统直线埋管线和架空电缆所需占用的土地成本不断提高，道路挖掘逐渐地影响了城市交通和城市景观，地下管廊建设势在必行。在美国比较具有代表性的是在纽约市从東河下穿过并连接阿斯托利亚的隧道，该隧道总长度约1554米，高度约67米，内部建设有354KV的输配电力缆线、电信缆线、污水管和自来水干线。在阿拉斯加的福尔班克斯所建立的地下综合管廊系统有六个廊区，诺姆地区的管廊系统是唯一一个将整个城市的供水和污水系统同时纳入综合管廊的系统，沟体全长约422米。

日本的地下综合管廊建设始于1926年，当地人民形象地把其称为“共同沟”。自关东大地震后，基于东京都复兴计划日本以实验的方式建立了三处地下综合管廊。第一处是九段阪综合管廊，建于人行道下，高2米、宽3米，支干管长270米，由钢筋混凝土箱涵构造。第二处是滨町金座街综合管廊，主要以电缆沟为主。第三处是京后火车站至昭和街之间的综合管廊，同样设于人行道下，主要收容的是电力、电信、自来水和瓦斯管线。1993～1997年是日本地下综合管廊建设的高峰期，较为著名的有东京银座、青山、麻布、摩新市镇（设置垃圾输送管）等地下综合管廊。

（二）国内城市地下综合管廊建设

1958年，我国第一条长度约1.3公里的综合管廊在北京的天安门广场建成。1994年，我国国内第一条具有规模意义的综合管廊在上海兴建，拉开了国内规模化建设城市市政综合管廊的序幕。目前，北京、上海、广州、深圳等地区均建设了一批具有一定规模和示范带头作用的城市地下综合管廊工程。

在台湾地区，综合管廊又称为“共同管道”。台湾从20世纪80年代就开始研究评估综合管廊的设计方案，1992年更是进行了共同管道的立法研究，2000 年通过了立法程序并正式公布实施。十多年以来，台湾对地下综合管廊建设的推动不遗余力，建设成果也十分丰硕。台湾结合新建道路，优先在新区开发、轨道交通系统建设、城市再开发等重大工程上主动推动地下综合管廊建设，如台北、高雄等城市已经完成系统网络的规划。

北京市的地下综合管廊建设可大致分成两个阶段。1958 ~ 1994 年是第一阶段。其中 1958 年，建国门内大街的道路要进行拓宽改造，为了配合改造，北京市政府在东单、方巾巷、建国门三个路口建设了过街性质的综合管廊；1959 年，在北京天安门广场下方一条长度为 1070 米的地下综合管廊开始建设；1977 年，在毛主席纪念堂的下方又建立了一条长度为 500 米的地下综合管廊；之后的二十多年，由于受到经济、政治等方面因素的影响，北京市地下综合管廊建设一直停滞不前。1995 年至今是第二阶段。在 1995 年，王府井地下商业街规划开始逐步推进实施，地下综合管廊建设被纳入议程。2000 年，北京中关村科技园有限公司开始建设中关村西区，为保证具体方案的实施，在园区主干道的下方建设了一条长度为 1.1 公里的地下综合管廊，该管廊于 2005 年初步建成。2014 年，北京地铁新增里程达 40 公里，随着北京地铁建设的全面快速展开，城市地下综合管廊的建设和发展也面临着巨大的机遇。

1994 年底，在上海的浦东新区张扬路人行道下方，我国第一条较具规模的宽 5.9 米、高 2.6 米，双孔各长 5.6 公里的支管综合管廊基本建成，从 1996 年起逐步投入使用，该管廊主要收容煤气、通信、电力等管线。在之后的 2006 年底，上海嘉定安亭新镇也建成一条全长约 7.5 公里的地下管线综合管廊。2010 年世博会在上海的召开推动了世博园区新型市政基础设施的建设，园区内地下综合管廊的系统设计完整、技术先进、法规完备、职能明确。世博园区的综合管廊除了把传统的水电燃气、通信等管线纳入其中之外，还首次将垃圾管、冷热水管、蒸汽管等新型城市管线同时纳入设计规划当中。世博园区综合管廊建设实现了对城市规划、社会与经济发展、城市景观、基础设施、技术、道路交通等方面的有效结合和完整统一，大大提高了综合管廊建设的实效性。

二　城市地下综合管廊建设浅析

从国内外城市地下综合管廊建设的概况来看，我国的地下综合管廊建设在建设规模、建设技术、建设资金、管理模式等方面与许多发达国家和地区相比还有很大的差距，管理理念和职能定位需要进一步完善和提升。城市地下综合管廊建设应当坚持政府主导，加大政策支持，积极发挥市场作用，吸引社会资本的广泛参与。

（一）城市地下综合管廊建设的影响因素

城市地下综合管廊建设应该考虑到道路性质，如道路等级、道路宽度等因素；考虑承载管线的性质等因素，如管线的种类、数目、埋藏深度、管径、管龄等；考虑道路的具体地质条件，如土层状况、土力学参数等指标，从而确保地下综合管廊建设的安全性。地下综合管廊决策影响因素有城市经济发展水平、城市规模、区域功能定位、区域容量、道路性质等方面，根据影响因素的不同，相关的各项指标也有所不同，具体而言，综合管廊决策影响因素可以分为以下几个方面。

一是在目标城市分析层面，综合管廊决策的影响因素可以分为三个方面。第一方面是城市经济发展水平，这一因素的相关指标是人均 GDP 和 GDP 增长率。第二方面是城市规模，该因素的相关指标包括城市人口、中心城市面积、人均道路面积、机动车保有量、道路路网容量以及道路面积率。第三方面是城市地下空间开发，这一因素的相关指标是地铁长度、人均隧道长度以及地下空间开发面积。

二是在目标区域分析层面，综合管廊决策的影响因素可以分为四个方面。第一方面是区域规划，这一因素的相关指标是新旧区区域路网密度以及交通流量分布。第二方面是区域功能定位，该因素的指标包括 CBD 区域、住宅区、科学园区、历史文化保护区等。第三方面是区域容量，这一因素的相关指标包括区域面积、区域可承载人口数量、就业规模。第四方面是区域内地下空间开发情况，这一因素的相关指标是地下空间的开发面积、开发深度以及地下空间的功能类型。

三是在目标道路分析层面，综合管廊决策的影响因素可以分为三个方面。第一方面是道路性质，该因素的指标有道路的等级、宽度以及道路通行量等。第二方面是承载管线性质，这一因素的具体指标包括管线的种类、管径、管龄、数目，管线的埋设深度和维修频率等。第三方面是道路的地理条件，这一因素的相关指标是土层的分布情况和土力学参数。

在了解到综合管廊建设决策的影响因素及具体相关指标后，接下来就从城市地下综合管廊建设的原则以及主要类型两方面对城市地下综合管廊的体系构建进行进一步说明。

（二）城市地下综合管廊建设的原则

城市地下综合管廊建设应当坚持与当地城市发展目标相匹配，与城市规划和城市经济发展情况相协调，并具备一定的全局性、综合性、前瞻性。城市地下综合管廊建设在具体实施过程中应该坚持规划先行，明确质量标准，管廊建设应该与城市道路、地铁等交通设施建设项目相整合，做到协调规划、同步施工，积极完善技术规范，在实现真正集约化建设的同时满足基本公共服务功能，充分合理地利用地下空间，从而不断提高城市的基础设施建设水平和环境质量，提升居民的生活幸福感。

城市地下综合管廊建设应坚持的原则有：制定科学合理的规划标准；坚持规划的统一性和前瞻性；坚持各部门间的统筹协作；坚持投融资途径的多元化。

具体而言，城市地下综合管廊建设评价指标也应该坚持五项原则。第一，要坚持科学性的原则。注重理论和实践相结合，在能反映综合的实际情况的同时，保证所用方法的科学性。第二，要坚持系统性的原则。地下综合管廊建设的评价指标是相互影响相互制约的，反映的是不同层次之间的关系，各指标间既相互影响又相互独立，是一个有机的统一体，因此指标体系的构建一定要有系统性、层次性，争取对管廊建设水平达到最客观、最全面的评价。第三，要坚持典型性的原则。指标体系的构建应该尽可能准确地反映规划建设的综合特征，数据计算准确可靠，具有典型的代表性。第四，要坚持通用可比的原则。其中包括对同一对象不同时期的纵向比较和对不同对象之间的横向比较。第五，要坚持实用性的原则。指标、方法要尽可能地简化，指标体系构建要适中，计算方法应简单可行，数据要便于采集，整体操作要规范、标准。

（三）城市地下综合管廊建设的类型

依据不同的分类方法，城市地下综合管廊的类别也各不相同。依据地下综合管廊收容管线性质的不同，结合其综合功能和特性，可以将地下综合管廊分为干线型地下综合管廊、支线型地下综合管廊和缆线型地下综合管廊。目前在我国国内，干线型城市地下综合管廊和支线型城市地下综合管廊在城市地下管廊的建设中所占比例较大。

1. 干线型综合管廊

干线型综合管廊并不直接为用户提供接户服务，该类管廊仅仅是一条联通型的综合管廊，通过连接下一级的配送管网为用户提供服务，该类管廊主要收容的管线为主干管网。干线型综合管廊的特点是管径大，横断面积一般也比较大，而且重要性强，为联通区域提供资源、能源、信息等方面的供给，是管廊建设中的“主动脉”。所收容的主干网管主要包括燃气管网汇总的高压干管、供水系统中的输水干管、供电系统中的高压输配线路等。通常来说，干线型综合管廊的构造较为复杂，且地下附属设施较为齐全，进而对管道的等级要求也很高，该类管廊多建设于城市主干道中央地区的下方，埋藏深度在2.5米以上。

2. 支线型综合管廊

支线型综合管廊就是从干线型综合管廊中分支出来，与管道的沿线用户直接进行连接的管廊系统，主要属于配给型的地下综合管廊，是连接干线用户的重要纽带。支线型综合管廊大多设置在道路人行道的下方，它的主要功能是防止路面施工对人行道的挖掘和破坏，提高路面的使用效率，从而达到道路无杆化的目标。

3. 缆线型综合管廊

世界上最早出现缆线型综合管廊的是日本，该类管廊主要是用来收容电力和电信电缆的综合管道，属于供给型的综合管廊。缆线型综合管廊的断面横截面积较小，且铺设管道的内部高度不高，不提供人员的进出通道，仅将缆线直接埋藏于道路两侧的人行道下面。该类管廊维护的时候仅仅是通过直接打开盖板进行内部缆线的维修，基本上没有其他的附属设备。此类管廊造价比较低，规划建设时的灵活性高，在我国的很多地区都有较为广泛的应用。

三　河南城市地下综合管廊建设发展

2016 年 4 月出台的《河南省人民政府办公厅关于推进全省城市地下综合管廊建设的实施意见》（豫政办〔2016〕39 号）提出，到 2020 年，河南全省力争建设城市地下综合管廊 1000 公里以上，初步建立干支结合、缆线管廊为补充的城市地下综合管廊系统。河南正处于城镇化发展的快速提升阶段，落后的城市地下基础设施建设与快速增长的人口、产业规模不相适应，路面反复开挖、地下空间无序、管线事故频发等问题较为突出，研究河南地下综合管廊建设势在必行且意义深远。

（一）河南城市地下综合管廊建设回顾

2000 年，李克强总理在河南担任省长时曾前瞻性地提出，在郑东新区的规划建设中要在 CBD 副中心区域规划建设城市地下综合管廊。2010 年 2 月，《郑州市城乡规划管理条例》开始实施，指出“依附道路建设的地下管线，应当与新建、改建、扩建道路同步铺设；有条件的，应当配套建设地下公共管沟”。这一时期，郑州城市地下综合管廊的试点工作主要在经开区和郑东新区等区域开展。2013 年 8 月，河南首个地下综合管廊在郑州经开区滨河国际新城正式启动。同样在 2010 年，郑州建立了三维地下管线信息系统，率先完成了面积 570 平方公里、总长度 2.3 万公里的地下管线探测工作。2014 年，郑东新区 CBD 副中心区域地下综合管廊工程建设正式开工。

2015 年，河南第一条地下综合管廊示范段在郑州经济技术开发区建成。该管廊建设在绿化带下方 6 米深的区域，由两个并列的方形通道共同组成，且每个通道都有一层楼高，足够轿车在内部行驶。管廊由电力舱、热力舱、水信舱、能源舱等四个舱室组成，全线都是双层结构，管线分类更加清晰，管壁两侧固定有四层电缆架，强电供电、弱电通信。考虑到未来城市发展会实现区域集中供冷，城市管廊设计者还专门为供冷管道预留了能源舱。2015 年 12 月，郑州市出台了《综合管廊专项规划》，提出了“大系统、小集中”的规划理念，与城市开发和市内地铁、隧道建设等大型设施建设工程相协同，最终确定了郑州市地下综合管廊“十字 + 环”的整体布局结构。计划在 2016 ~ 2020 年，郑州市将着力建设城市地下综合管廊 214.3 公里，远期至 2030 年规划建设城市地下综合管廊 575.5 公里。

2016 年有地下综合管廊建设任务的省辖市、省直管县（市）有郑州市（60 公里）、平顶山市（1.3 公里）、商丘市（6 公里）、信阳市（0.5 公里）、济源市（1 公里），全省 2016 年共计建设任务 66.8 公里。2016 ~ 2020 年全省各省辖市、省直管县（市）的地下综合管廊建设任务有郑州市计划建设地下综合管廊 180 公里；洛阳市计划建设 60 公里；商丘市计划建设 50 公里；地下综合管廊建设任务为 45 公里的省辖市、省直管县（市）有平顶山市、安阳市、新乡市、焦作市、许昌市、南阳市、驻马店市；地下综合管廊建设任务为 40 公里的省辖市、省直管县（市）有开封市、濮阳市、信阳市；地下综合管廊建设任务为 35 公里的省辖市、省直管县（市）有鹤壁市、漯河市、周口市；三门峡市准备建设地下综合管廊 30 公里；济源市准备建设地下综合管廊 20 公里；地下综合管廊建设任务为 15 公里的省辖市、省直管县（市）有巩义市、汝州市、长垣县、邓州市；地下综合管廊建设任务为 10 公里的省辖市、省直管县（市）有兰考县、滑县、永城市、固始县、鹿邑县、新蔡县。2016 ~ 2020 年全省城市地下综合管廊建设任务共计 1000 公里。

（二）河南城市地下综合管廊建设的现状

2016 年 4 月，河南郑州成功入选全国地下综合管廊建设第二批试点城市。郑州市计划建设 8 个地下综合管廊试点项目，总长度约为 44.1 公里，总投资约为 59.51 亿元，计划 2017 年底竣工，2018 年运营。这 8 个项目分别是中心城区地下综合管廊项目，包括二七商业区、市民公共文化服务区南区、惠济区花园口镇、金水科教园区、二七区马寨新镇区 5 个项目，郑东新区白沙组团地下综合管廊项目、航空港实验区地下综合管廊项目，包括高铁会展商务区和园博园片区两个项目。这些试点项目工程充分考虑到区域发展的定位，与各项城市内部建设措施充分结合，满足了郑州地区远期发展的需要。按照规划，到 2020 年郑州市将建设地下综合管廊 214 公里；到 2030 年，建设地下综合管廊 575 公里。

2016 年 7 月 29 日，郑州航空港区双鹤湖片区的地下综合管廊项目开工作业，建成后地下会集中收容电力、通信、供水、排水、热力等综合市政管线，为了避免城市道路被反复开挖，该工程还建设有检修井。2016 年 10 月 27 日，惠济区花园口镇的郑州市地下综合管廊试点工程开工，该试点项目是整个惠济片区的干线管线输送通道，项目计划建设总长度 5.3 公里，总投资约 6.42 亿元，采用四舱和五舱的断面技术，将供水、污水、燃气、电力、热力、通信等管线都纳入综合管廊的建设当中。2016 年 11 月郑州市地下综合管廊建设的许多试点工程都正式开工，该系列工程完工后可以对整个河南省甚至是中原地区的地下综合管廊建设都起到积极的促进和引领作用。

综观河南城市地下管廊建设的现状，可以从以下几个方面进行总结。

第一，地下综合管廊编制规划工作加快进行。依据“先规划、后建设”的原则，众多省直辖市和省直管县（市）政府依据当地的城市总体规划和地下空间开发利用规划，统筹各类管线实际发展的需要，在 2016 年 6 月前基本上完成了城市地下综合管廊建设规划编制工作。与此同时，各省直辖市（县）均计划建立完善五年滚动实施项目库，在“十三五”期间分年度逐步明确建设规模和建设重点。

第二，各地区积极推进城市地下综合管廊建设。各城市新区、园区和开发区的新建道路要按照各自不同的功能要求，建设适合该地区所需的城市地下综合管廊系统。老城区的旧城更新工作，棚户区改造、道路改造、河道治理、地下空间开发等工作逐步展开，城市地下综合管廊的统筹安排工作步入正轨。交通流量大和地下管线密集的城市主干道区域，以及重要的公共空间与道路、铁路、河流的交汇处，均开始逐步优先建设地下综合管廊。城市电网、通信网络等架空线缆并入综合管廊建设的改造工程也逐步展开。

第三，地下综合管廊建设的管理模式不断优化。通过政府和社会资本合作的 PPP 模式，积极引进社会资本投入城市地下综合管廊建设当中。积极鼓励纳入综合管廊建设的管线单位共同组建股份合作有限公司或者综合管廊业主委员会，积极培育大型的专业化的城市地下综合管廊建设运营机构和管理企业，实现提供服务的规范化、系统化和跨地区化。

第四，地下综合管廊建设标准更加严格。城市地下综合管廊建设必须严格执行《城市综合管廊工程技术规范（GB50838—2015）》及入廊管线相关行业规范和标准，对技术的先进性、合理性、适用性、安全性方面都要做到保证。如今的城市地下综合管廊建设更是要求抗震等标准的执行均严格按照上限执行，严格保证各类管线的安全性，并同时要兼顾管道中人防建设的要求。

四 河南城市地下综合管廊建设的着力点

城市地下综合管廊建设可有效杜绝“拉链马路”现象，避免重复开挖和视觉污染，技术人员在管廊中就可对各类管线进行抢修、维护、扩容改造等，大大缩减管线抢修时间，保护市容环境，提高城市的能源供给。河南省的城市地下综合管廊建设仍然处于起步阶段，综合管廊建设应从以下几个方面着手。

（一）加强统筹规划实现准确定位

首先，应加强组织领导。明确城市政府的责任主体地位，划分好责任单位，建立协调机制，明确建设任务目标和具体的时间节点，扎扎实实地推进工作。其次，开展先行试点，“以点带面”。在不同的区域依据当地的实际情况，开展省级城市地下综合管廊建设的试点工作，并对试点管廊给予专项资金支持，形成一批可复制、可推广的示范项目。另外，要加大资金投入。各地市要在年度预算方面加大地下综合管廊建设的资金投入力度，有条件的省辖市或者县（市）应对地下综合管廊建设项目予以贷款贴息支持。坚持多渠道融资，充分运用国家在信贷、金融方面的支持政策，吸引社会资本广泛参与到项目建设中来，支持有条件的地下综合管廊建设运营企业发行企业债券。再次，要强化监督考核机制。对城市地下综合管廊建设实施严格的等级式监督机制，定期对管廊的建设工作进行督查、考核，对于不合格的建设予以及时通报，并将地下综合管廊建设的工作情况纳入城市政府工作考核体系当中，实施年度目标考核制度，设置合理的奖惩制度。

（二）建设完备的地下规划控制体系

城市地下空间系统包括地下交通、地下公共服务、地下市政、地下防灾、地下工业和仓储等五大方面。为了对城市地下综合管廊实施有效的控制、引导，同时便于规划管理，地下空间的规划控制体系设计十分必要。城市地下空间的控制规划指标体系主要包括地下土地使用、建筑设施、交通设施、环境配套设施、市政管理设施、防灾设施等六方面的规划控制，具体如图 1 所示。对于地下使用功能、地下用地边界、地下开发面积、地下建筑密度、市政管廊控制范围、地下防灾设施级别等规定性指标，都要做出详细、合理的规划说明。而对于地下开发深度、地下公共开放空间面积、地下配套设施要求等指导性指标，要根据实际情况进行勘察后，确定具体的开发范围和建设标准。

（三）完善综合性指标体系构建

首先，完善管廊建设的技术经济评价体系。城市地下综合管廊工程设计要严格执行《城市综合管廊工程技术规范（GB50838—2015）》及入廊管线

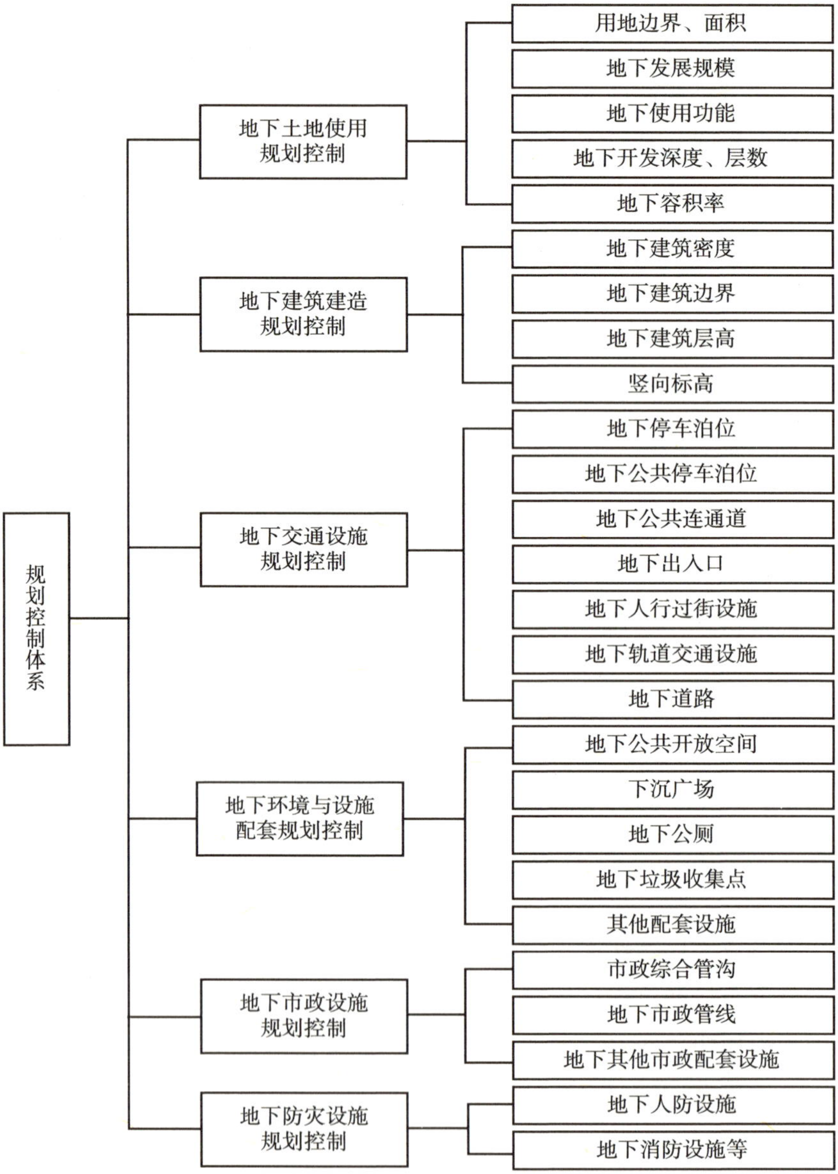

图 1　地下空间详细规划控制体系

相关行业规范和标准，在对城市地下综合管廊进行考察分析时，要注重主观的专家评价与客观的数据选取等方法相结合，尽量减少对于技术经济评价体系的主观性，增强其合理性和科学性。其次，要进一步编制相关的标准体系。城市地下综合管廊建设是以后城市发展的趋势，相关部门应该编制或审批一系列优秀的城市地下市政综合管廊规划、设计等标准，提升地下综合管廊建设的标准化程度，提高管廊的使用率，增强管廊建设技术的先进性和可靠性，保证地下综合管廊建设的经济合理性和安全适用性。再次，要设计合理的地下综合管廊运营维护保障指标体系。依据各地的实际情况，对管廊的实际情况进行实地勘察，明确政府的补贴标准，从而确保管廊建设的顺利进行，并对其有效运营进行合理的评价。

（四）加强各部门间统筹协作

首先，协调好政府与管线部门之间的关系。政府是推动地下综合管廊建设的主力，同时也是积极的倡导者，考虑的是宏观的全局利益。但是，很多管线部门考虑更多的是局部的微观利益，存在着一定程度的不作为现象。协调好双方的利益关系，将十分有助于地下综合管廊的建设。其次，协调好政府管理部门中的环保部门和财政部门之间的关系。环保部门的职责是以人为本来建设城市，注重环境保护和人与自然的和谐发展；而财政部门的目标是把有限的财力集中到社会管理和公共建设上来。地下综合管廊建设的公共产品属性不明确，会制约政府财政投资意义的发挥。再次，协调综合管廊建设者与使用者之间的关系。从如今地下综合管廊的建设情况来看，综合管廊建设的机构运营费用和管理费用的增加都将会导致使用者的付费标准增加，加之很多管线单位都实现了企业化和市场化运作，这种运行成本的增加会转嫁到消费者的使用成本上，从而增加了管理者和使用者之间的争议。因此，综合管廊建设者与使用者之间的良好关系，会极大促进地下综合管廊建设工作的开展。

（五）实现投融资模式多样化

城市地下综合管廊建设应该采取 BOT（建设—经营—转让）、BTO（建设—移交—运营）、TOT（移交—经营—移交）、PPP（政府和社会合作）等融资模式，制定与地下综合管廊建设相匹配的收费机制。如果要成功运用PPP模式，必须遵循“风险和收益对称”的原则，建立好完善的风险保障体系，尽量规避投资者和经营者因为经营不善而引起的倒闭。具体而言，要实现投资模式的多元化，首先要建立收费标准去分化体制，即针对不同的区位或者管线施工难度等制定不同的收费标准；其次要建立完善使用率分摊机制，即当地下综合管廊的使用率大于预计使用率的时候，政府在合理范围内可以提升租金，反之，政府应当降低租金或者停止收费；再次就是要建立完善社会资本退出机制，即由于地下综合管廊的公益性，当管廊受到不可控的因素影响而无法运营或带来损失的时候，政府应该采取一切尽可能的措施，如补偿等，保障地下综合管廊的正常运行，进而维护民众的公共利益。

参考文献

沈雷洪：《城市地下空间控规体系与编制探讨》，《城市规划》2016年第7期。

熊晓亮、刘恒新、岑仰润等：《城市地下综合管廊建设探讨》，《城市勘测》2016年第2期。

施卫红：《城市地下综合管廊发展及应用探讨》，《中外建筑》2015年第12期。

孙云章：《城市地下管线综合管廊项目建设中的决策支持研究》，上海交通大学硕士学位论文2008。

河南省人民政府办公厅：《关于推进全省城市地下综合管廊建设的实施意见》，http：//www.henan.gov.cn/zwgk/system/2016/05/17/010641961.shtml. 2016年4月27日。

B.17
河南城市交通智能化发展研究

安晓明 *

摘　要： 河南正处于城镇化快速发展阶段，城市交通问题日益突出，推进城市交通智能化发展具有非常重要的现实意义。目前，河南城市交通智能化发展仍处于起步阶段，面临城市交通基础设施不完善、交通信息系统与发达地区的差距明显、交通规划不合理、交通管理存在问题、交通参与者的文明交通意识亟待提高等诸多制约因素。河南交通管理部门应当完善城市交通基础设施，提高交通信息技术应用水平，做好交通规划的顶层设计，全面提升交通管理水平，重视交通安全知识的普及，以推进河南城市交通智能化的发展。

关键词： 河南省　城市交通　智能化发展

随着河南新型城镇化的快速推进，城市人口急剧膨胀，建成区占地面积快速扩张，城市交拥堵问题日益突出。交通智能化是指在较完善的基础设施条件下将先进的信息技术、通信技术、控制技术、传感技术和系统综合技术有效地集成并应用于整个交通运输系统，从而建立起大范围发挥作用的实时、准时、高效的运输网络。交通智能化以信息的收集、分析、传输、自动化反馈为主线，交通工具、道路、出行者、控制中心等交通参与者交互，可依据人类行为对服务方案进行实时调整和优化。推动交通智能化发展是解决

* 安晓明，河南省社会科学院农村发展研究所助理研究员。

城市交通问题的重要手段和有效途径，河南城市交通智能化发展仍处于起步阶段，存在许多制约因素，需要我们高度重视，加快发展步伐。

一 河南城市交通智能化发展的重要意义

早在20世纪80年代，欧美等国就开始城市交通的智能化发展。进入21世纪，世界各国利用信息技术、自动控制、人工智能、传感技术等技术，实现交通管理和服务的智能化，改善路网通行能力，提高交通运行效率和安全性。目前，我国也正式开启了交通智能化的发展道路，在城市交通问题日益突出的今天，推进城市交通智能化发展具有非常重要的意义。

（一）是解决城市交通问题的重要手段

近年来，河南省大力发展城市交通，取得了巨大成就，城市路网更加完善、出行方式更加多样，但是城市交通拥挤、交通管理混乱、交通运行效率低的问题仍然没有得到根本解决。城市交通智能化发展，运用先进技术手段和科学管理理念，有效利用现有交通设施，使得城市交通系统变得“聪明”起来，实现车辆的“智能”行驶和道路的“智能”流动，驾驶员对交通状况了如指掌，管理人员则对车辆的行踪一清二楚，“人－车－路－环境”密切结合，从而可以极大地提高交通的安全性、运行效率、环境质量和能源利用率。因此，城市交通的智能化发展，有助于提高城市交通系统的运行效率，保证人们安全、有序、快速、环保、便捷出行，是城市解决交通拥堵、汽车污染等问题的必然选择，也是河南城市交通发展的未来方向。

（二）是河南智慧城市建设的组成部分

随着河南省经济社会发展和城市化进程的不断加快，城市人口规模不断扩大，城市交通拥堵、环境污染、能源过度消耗等问题越来越突出，河南“智慧城市”的建设应运而生。智慧城市充分运用信息和通信技术手段感测、分析、整合城市运行核心系统的各项关键信息，对城市管理与发展的各种需求做出智能响应。交通是一个城市的脉络。河南城市交通的智能化发展，通过结合物联网技术、云计算技术、大数据和信息传感技术等，依托完善的智能物联网体系，使城市交通变得更加智慧便捷。因此，河南城市交通的智能化发展是河南智慧城市整体构造中的重要组成部分。并且，河南城市交通的智能化发展，促进基于智能交通的交通物联网、云计算、云服务、云管理、交通云群等形成，将极大地促进河南省智能交通产业化的发展，从而推动和加速河南智慧城市的建设。

（三）是实现河南“五化协同”的重要动力

城市交通的智能化发展，将促进交通领域基础设施建设、交通运输工具制造业、交通控制系统、交通服务系统的“智能”升级，创造全新的智能交通产业链，促进工业化和信息化深度融合，工业化和城镇化良性互动。“十二五”期间我国智能交通行业的投资规模以超过20%的速度快速增长，到2015年已经超过700亿元，市场前景看好。城市交通的智能化发展，将极大地改善城市交通状况，提高城市交通运行效率，改善人们出行条件，有利于实现新型城镇化，进而推进农业现代化的实现。此外，城市交通智能化发展将促进绿色化发展。据研究测算，如果全面实现交通智能化可显著提高交通运输效益，使交通拥堵降低20%～80%，油料消耗减少30%，废气排放减少26%。因此，城市交通的智能化发展，是实现河南省新型工业化、城镇化、信息化、农业现代化和绿色化“五化协同”的重要推动力。

（四）是实现中原崛起河南振兴的加速器

河南地处中原，交通便捷，在全国的公路、铁路、航空干线网中，河南省居于枢纽地位，交通枢纽的优势也带来了物流、人流、资金流、信息流的集聚。此外，河南拥有广阔的经济腹地，并处于我国经济由东向西梯次推进发展的中间地带。这种交通和地理区位优势，非常有利于河南省的经济社会发展。通过加快河南省城市交通智能化发展，河南城市交通路网可以实现畅通，交通运行状况改善，实现多种交通方式的无缝衔接，有效解决“交通最后一公里”问题，从而明显提升河南省整体交通的通达性、便捷性和安全性，巩固并提高河南省特别是郑州市在全国的交通枢纽地位。如此一来，河南的区位优势将扩大，实现更多资源的聚集，加速实现中原崛起河南振兴。而公路电子收费，交通信息服务，交通运行监管，集装箱运输，公交车辆、运营车辆及船舶动态监管等领域的产业化，也将促进河南新兴工业大省的建设。

二　河南城市交通智能化发展的制约因素

为提高城市交通运行效率，河南各城市积极发展智能交通，取得了初步成效。车载导航、交通信息服务、智能交通信号控制系统、交通诱导系统、公交智能调度系统、快速公交系统、停车诱导系统、出租车智能指挥调度系统、智能数字公交站亭系统等城市交通智能化管理手段也逐步推进。但是，总体而言，河南城市交通智能化发展仍处于起步阶段，面临诸多制约因素。

（一）城市交通基础设施不完善

较完善的道路基础设施是城市交通智能化发展的基本前提。河南城市交通基础设施的不齐全和路网结构的不合理极大地影响了城市交通智能化发展的效果。一是交通基础设施总量不足。随着城镇化进程的快速推进，交通基础设施无论是总量还是质量都无法满足河南各城市经济社会发展需要。公共交通系统不够发达，河南省城市公交分担率最低的仅为4%，最高的为26%，而世界上成熟的大都市区公交分担率在60%左右，差距显而易见。特别是人口与私家车规模激增的郑州市，地面公交系统难以满足出行需求，地下轨道仅开通两条。研究表明，只有当地铁编织成网状时，才能有效分流地面公交的客运量，更好发挥其运输效益。二是道路网络结构不合理。瓶颈路、断头路、畸形交叉口多，严重影响通行能力。郑州红专路的经七路到经五路段，因为城中村改造项目，一直被占用，几年来过往车辆只得绕道而行。城市交通结构不合理，主次干道、支路比例严重失调，道路建设注重主干道，忽视次干道、支路的建设，主次干道过渡或衔接路口、路段通行能力低，致使交通流过分集中在主干道上，主要交叉路口通过能力严重不足，削弱了路网的整体功能。

（二）城市交通信息系统与发达地区差距明显

与国内外城市智能交通发达城市相比，河南城市差距主要体现在两个方面：一是交通信息技术的差距。信息技术是城市交通智能化发展的最重要因素。信息的提取、处理、共享和充分利用都需要先进的通信技术来保证。从目前来看，我国的通信和信息基础设施、信息资源的共享和应用技术与发达国家相比还存在较大差距。目前，河南省大部分城市的交通智能化还处在感知交通运输体系中各种要素的初级阶段，交通指挥中心的综合控制系统的辅助决策可视化程度低，主要通过视频摄像头实现对交通信息的采集，无线射频识别技术应用较少，各系统之间的共享和相互集成程度低，基于物联网的智慧交通系统运营更是少见。二是交通信息的时滞性。目前交通智能化发展的主要方式和路径是：先采用道路实时状况采样，再进行信息汇总分析，最后向出行人群及驾车人群发布诱导信息。路边标识和车载导航是两种重要的信息发布服务形式。路边标识信息量较小，无法提供具体的诱导信息。而车载导航还处于信息单向传递向信息互动反馈转化的阶段，缺乏道路动态实时路况信息的分析。因此，通过这种方式发布的诱导信息具有一定的滞后性，可能导致原本畅通的道路出现新的拥堵。

（三）城市交通规划不尽合理

一方面，城市发展规划和城市交通规划的不合理使得交通管理混乱；另一方面，交通规划的不合理使得交通“最后一公里”问题突出。在城市交通规划设计中，设计者对城市长远发展和未来需要估计不足，未能对城市整体交通网络进行统筹规划和布局，经过多年的发展，很难进行改变，一旦需要调整势必影响城市的日常运作。城市功能与交通枢纽的错位布局也带来了交通管理的混乱。与国外成熟的城市交通枢纽布局相比，河南省多数城市内综合交通枢纽与城市重要功能区是相互分离的。新建高铁站，多数距离城区较远，往来不便，乘坐飞机两头跑的现象同样出现在往返高铁站的过程中。由于缺乏统筹规划和建设，各交通枢纽互联互通效率有限，交通的末梢循环不畅。航空运输、轨道交通和地面交通缺乏系统性与协同性规划建设，公交接驳站等配套设施协同程度不够，铁路、公路、民航等各种运输方式无法实现高效衔接。同时，城市交通与外部交通衔接不畅，致使区域整体交通运输能力难以提升，综合交通效能没有得到充分发挥。

（四）城市交通管理问题突出

目前，河南城市非机动出行、混合交通特征明显，为城市交通智能化的发展带来了不可控因素。许多城市电动车、自行车和步行出行占居民出行的比例达到一半以上。机动车、非机动车尤其是电动车、行人无法“各行其道”；机动车流中的快车与慢车、大车与小车甚至客车与货车无法“各行其道”。发散、低速的个体化、非机动出行以及人车混行、机动车与非机动车混行的交通方式不仅直接影响了道路通行效率和安全，也无法实现智能交通系统对非机动出行的有效管理。另外，城市交通管理体制机制障碍突出。集中体现在经济社会发展对安全快捷的综合运输体系的需求与分割的行政管理体制之间的矛盾。城市交通应是一个复杂而又灵敏的系统，在规划、建设与运营管理过程中，需要处理好不同交通方式的分工与职能平衡，需要平衡动态交通与停车、现状与长远发展、城市内部与对外交通体系的关系。但是城市交通的规划、建设、管理、运营等分属不同部门管理，并且河南各城市的航空、铁路、公路等运输方式分别由航空部门、铁路部门、交通部门管理，甚至同一个城市内的公交和出租车也由不同部门管理。因此，造成多头管理、分工不明、职责不清而又缺乏协调合作的问题。

（五）交通参与者的文明交通意识有待提高

伴随着大量农业转移人口进城，部分交通参与者整体交通法律意识淡薄，交通安全意识、交通文明意识和自身素质不高，规则意识不强，不能自觉遵守交通法规，道路通行秩序差，交通违法行为较多，比如乱闯红灯、乱翻护栏，开车的人随意变道，变道不打转向灯，夜晚两车交会时用远光灯，交通拥挤时乱插队、乱按喇叭等等，彼此抢道、占道，路怒症，互不相让，相互干扰，相互制约，人为地加剧了“混行”的程度，与现代城市文明交通环境的目标相差甚远。同时，随着新型城镇化的推进，大量农村人口进入城市，但是对于城市交通规则还不熟悉，有些文化程度比较低的甚至看不懂交通标志、交通信号灯，不懂城市交通电子设施的运作等等。而在日常的道路交通管理工作中，管理者也缺乏对交通参与者的社会公德、职业道德和个人诚信等教育培训，更缺乏相应的监督管理制约机制，造成交通违法行为难以根治。交通参与者的文明交通意识欠缺是造成城市交通管理混乱、交通堵塞、交通事故多发的一个重要原因，也非常不利于城市交通的智能化发展。

三　加快推进河南交通智能化发展的对策建议

鉴于目前制约河南城市交通智能化发展的主要因素是交通基础设施、信息技术、交通规划、交通管理、民众交通意识等问题，相关管理部门应当从这几个方面着手加以解决，以推进河南城市交通智能化的发展。

（一）完善城市交通基础设施

首先，加快交通设施建设。加快城市公共交通建设，提倡公交优先，建设公交专用道，提高公交网络的覆盖面，确保公共交通的线路合理、换乘方便、畅通率高、安全舒适，再加上政策扶持和政府补贴，最大限度地降低人们对私人交通工具的依赖和需求。重点推进专门为居住区服务的方便、灵活、廉价的驳运公交线路，提供高效、便捷的短距离公交接驳换乘服务。发展公共自行车租赁系统，填补盲点区域。加快大城市地下轨道建设，特别是郑州市，要加快地铁建设，尽快实现地铁线路从单线到网络的转变，促使人们首选公共交通出行。其次，优化交通路网结构。提高城市道路的网络层次，完善城市快速环路，合理疏导市区外围交通。充分利用现有资源，提高现有路网的利用率。加密次干路和支路网，疏通城市断头路、瓶颈路、畸形交叉口以及主次干道过渡或衔接路口，使城市道路网的功能结构与城市景观相协调，和城市的交通需求相一致。城区的封闭式建筑占地面积大，封闭式围墙隔断了城市道路与封闭式建筑内部道路的连通。拆除封闭式建筑的围墙，将实现大型建筑群内部道路和社会道路的互联互通，提高次干道和支路的通行效率，大大缓解城市交通压力。

（二）提高交通信息技术应用水平

首先，提高交通信息技术水平。一个系统的高效运行，一定程度上取决于准确、科学有效的实时信息。要加快河南数据通信传输技术、电子传感技术、电子控制技术以及计算机处理技术等信息技术的研发应用。特别是要在交通数据处理和决策反馈环节的技术方面有所突破，实现交通系统的动态决策和动态控制，全面提高信息综合分析能力和实时化、可视化的信息共享功能。其次，建立城市交通综合信息平台。系统整合及信息交换、深加工和共享是目前必须解决的最大技术问题。要依据城市道路交通发展的长期规划和应用需求趋势，整合现有交通信息系统，建立跨行政部门的数据采集、更新、维护和共享交换机制，建立城市交通综合信息平台，保障各部门间的资源和信息共享，提高综合信息的分析能力和辅助决策能力。交通运输、市政公用、公安交警等各业务部门依托共享平台，分别搭建业务平台。再次，优化城市交通实时诱导系统。借鉴欧美、日本先进的智能交通诱导技术和上海、北京等城市交通诱导系统的优点，优化城市交通实时诱导系统，以城市交通综合信息平台为主体，通过电台广播、网站、电子显示屏、手机短信、手机 APP 应用、车载导航设备等媒介进行诱导信息发布，为出行群众选择出行方式和行车路线提供依据。

（三）做好交通规划的顶层设计

首先，优化城市发展规划和交通规划设计。对城市交通网进行合理的规划与布局，将为城市交通的智能化应用与管理打下基础。规划要综合考虑城市的经济社会发展状况和发展趋势以及城市的功能定位、产业结构、城镇化趋势、人员物资流动等因素，统筹城市整体交通的布局、建设、运营、管理、服务等不同环节，统筹安排铁路、公路、航空、水运等不同交通形式以及客运和货运的互联互通、协调融合，实现机场、铁路、城际交通、地铁、地面公交系统无缝对接等，有效解决交通混乱和交通“最后一公里”问题。其次，编制城市交通智能化发展规划。结合未来应用对城市交通智能化发展进行合理规划非常重要。要在充分调研论证学习外地先进经验、运用高新技术的基础上，编制未来若干年河南城市交通智能化发展规划。规划包括：基于大数据技术的交通数据库系统、动态交通信息采集与分析技术、交通管理指挥集成平台、交通信息共享与交换、交通标志牌地方标准等方面。在总规划基础上，编制交通路网体系、交通装备智能化、交通物流智能化、交通管理智能化、交通应急智能化、智能交通出行等专项规划。

（四）全面提升交通管理水平

首先，加快交通管理体制机制创新。建立健全综合交通运输管理与协调机制，统筹推进综合交通运输大通道建设，强化综合客货运输枢纽规划建设管理，提升综合运输服务水平，推动综合交通运输信息共享，形成高效运行、相互衔接、协调发展的综合交通运输管理新格局。清理规范各城市交通运输行政权力，推行建立权力清单、责任清单、负面清单制度，简化行政审批事项程序，实行行政审批“一站式”服务。进一步深化交通领域行政执法体制改革，完善多部门联合执法工作机制，创新交通运输综合执法工作机制。其次，完善交通管理和服务的方式方法。划定机动车和非机动车道，行人通道和车道，加强管理，加大交叉路口的管理力度，实现人车分离、机动车与非机动车分离，将各种交通运行主体，包括机动车、电动助力车、人力车、行人等，统一纳入交通管理主体范围。完善交通管理规章制度，尽快制定和出台电动车行驶与管理制度。管理方式方法要尽可能人性化，把交通规律、管理制度和最大限度方便群众结合起来，比如交通信号灯的设置、隔离带开口的设计、单双行道路的规划、停车位的设置等方面。推动交通运输资源在线集成，在全省范围内推行城市客运“一票式”和货运“一单制”联程服务。

（五）加强交通规则意识普及

首先，普及交通安全知识。大力宣传普及交通安全和法律知识，开展交通安全进校园、交通安全进社区，深入各单位、社区等摆放宣传展板、开展安全知识讲座、组织安全教育活动、发放宣传单和资料、开展咨询解答等。建立宣传示范点，开展大型集中宣传，开展文明交通志愿者培训、和志愿者一起开展劝导活动等。利用网络、电视、电台、报纸杂志，编发稿件、曝光不文明交通行为、播放事故警示片与教育片，开展安全提示等。加大对交通违法行为的惩戒力度和警示，切实提高市民的整体素质，像发达国家的公民那样逐步养成一种全社会的高度文明的交通法规意识，自觉遵守交通规则。其次，鼓励公众参与城市交通规划建设管理工作。鼓励公众参与，有助于增进政府、规划部门、居民三方的沟通理解，增进公众对于城市交通规划与管理的认同感，培养公众的城市主人翁意识，自觉维护城市交通，确保规划顺利实施。同时也使得城市政府和规划人员能在规划时尽可能地倾听民意，从便于民众出行的角度来进行决策，从而提高规划决策的科学性和合理性。因此，要积极完善交通规划公众参与机制，提高城市规划工作规范化、公开化、透明化程度，逐步增加公众参与机会，提高公众参与质量。

参考文献

齐振虎、项军：《济南市城市交通智能化的条件、原则及措施》，《山东经济战略研究》2000 年第 8 期。

吴丰慧：《城市交通智能化发展探析》，《现代制造》2014 年第 12 期。

徐曙光：《浅析当前济南交通发展面临的挑战和对策》，《中共济南市委党校学报》2012 年第 6 期。

杨涛、钱林波、何宁：《中国城市交通发展态势及其基本战略》，《城市规划》2005 年第 5 期。

茹艳等：《智慧交通在构建智慧城市中的重要作用》，《无线互联科技》2015 年第 20 期。

邓玉勇、李璨、刘洋：《我国城市智慧交通体系发展研究》，《城市》2015 年第 11 期。

王元庆、孙林岩、孙传姣：《我国大城市交通问题产生的体制原因及解决对策》，《城市问题》2007 年第 5 期。

陈尚云、杜文、张殿业：《关于我国城市智能交通结构体系的研究》，《软科学》2003 年第 5 期。

王卫东、富晓艳、马金路：《改造微循环　建设大交通》，《道路交通管理》2014 年第 6 期。

王建国：《推进中原城市群交通一体化发展》，《河南日报》2016 年 9 月 23 日。

市县发展篇

City and County Development Reports

B.18
聚焦民生　聚力改革　积极探索中部地区就地城镇化的有效路径

——2016年洛阳市新型城镇化推进情况报告

洛阳市发改委课题组*

摘　要：洛阳市作为国家首批新型城镇化综合试点城市之一，以在城镇稳定就业的农业转移人口和返乡农民工为重点，以解决农民工最关心的户籍、就业创业、住房、教育和社会保障等问题为突破口，不断完善体制机制，优化城镇布局形态，提高城镇建设水平，加快建立可持续的城镇化投融资机制，稳妥推进农村产权制度改革，引导农业转移人口就地就近城镇化，取得了较为显著的成效。但是在城镇化推进过程中还存在就

* 课题组负责人：曾映东。课题组成员：杨琪、张剑、李要武、周艳蕾、申俊国、陈敏。执笔人：杨琪、张剑。

业支撑能力薄弱、农村空闲宅基地退出机制尚不健全、提高户籍人口城镇化率的难度较大等现实问题。因此，2017 年洛阳市提出了构建现代城镇体系 6 大重点专项工作。

关键词：　洛阳　就地城镇化　路径探索

洛阳市作为国家首批新型城镇化综合试点城市之一，其城乡二元结构仍然较为突出，迄今仍有 5 个国家级贫困县、1 个省级贫困县，近 45 万贫困人口。洛阳市 2015 年生产总值 3508.75 亿元，居全省第二位；人均生产总值 52541.9 元，落后于郑州、济源、焦作、三门峡，位列全省第五；三次产业结构比为 6.7∶49.6∶43.7。2015 年末洛阳市户籍总人口 700.28 万，年末常住总人口 674.3 万，其中 65 周岁及以上人口达到 67.7 万，占常住人口的 10.0%，呈现老龄化。城镇常住人口 355.02 万，较 2010 年增加 64.49 万，城镇化率为 52.65%，高于全省 5.8 个百分点，低于全国 3.45 个百分点，在全省 18 个省辖市中，其城镇化率低于郑州（69.69%）、济源（58.02%）、鹤壁（55.66%）、焦作（54.85%），居全省第五位。各县（市）区城镇化发展不平衡，突出特点是城区及近郊县快于其他地区。在城市区中，老城、西工、瀍河、涧西区城镇化率均在 92% 以上；洛龙、吉利、高新区城镇化率接近 70%。在县（市）中，偃师市城镇化率最高，达到 55.12%，栾川、孟津、新安、伊川县均在 40% 以上，宜阳、汝阳、嵩县、洛宁县的城镇化率均在 30% 以上。

近年来，随着东部地区劳动密集型产业向中西部地区梯度转移，洛阳市外出务工人员逐步返流，2013～2015 年，全市返乡农民工人数累计达到 19.5 万人，并呈现出逐年递增的态势，在中部地区具有突出的代表性。如何满足群众就地就近城镇化的热切期望，成为洛阳乃至中部地区推进新型城镇化需要破解的首要问题。2014 年 12 月，洛阳入选国家首批新型城镇化综合试点城市，成为河南省唯一入选的地级市。洛阳以贯彻国家“三个一亿人”和省政府“三个一批人”战略部署为引领，紧紧围绕“人往哪里去、钱从哪里来、土地怎么办”的城镇化核心任务，以在城镇稳定就业的农业转移人口和返乡农民工为重点，以解决农民工最关心的户籍、就业创业、住房、教育和社会保障等问题为突破口，用好改革创新“开山斧”，破除制约城镇化健康发展的制度藩篱，推动城镇基本公共服务常住人口全覆盖，引导农业转移人口就地就近城镇化。

一 城镇化推进情况

（一）突出改革创新，城镇化建设体制机制进一步完善

加大改革攻坚力度，重点推进在城市规划、人口与土地管理、城市建设融资及社会治理等方面的体制机制创新，加快形成有利于科学推进新型城镇化的制度环境。先后出台了《中共洛阳市委关于科学推进新型城镇化的指导意见》、《洛阳市人民政府关于进一步深化户籍制度改革的通知》、《洛阳市建设国家新型城镇化综合试点实施方案》、《关于构建洛阳市现代城镇体系的指导意见》等一系列政策文件，建立了较为完善的城镇化政策体系。

（二）优化城镇布局形态，构建现代城镇体系

洛阳市委市政府将构建现代城镇体系作为“9＋2”工作布局的重要组成部分，把现代城镇体系作为新型城镇化的重要载体。2016 年 7 月出台的《关于构建洛阳市现代城镇体系的指导意见》提出：一是加快构建“四级联动”的城镇总体布局，发挥洛阳作为副中心城市的辐射作用、对周边县级城市的带动作用、对城镇和乡村的基础作用。二是以“一中心六组团”的城市发展战略为支撑，加强中心城区与偃师、伊川等周边县市六个组团的产业承接、交通连接、生态对接，加快形成半小时经济圈，强化节点县的生态保育和经济联系。三是优化中心城区“三大板块”的空间发展格局，加快旧城的更新改造和新区的建设完善，使得洛北、洛南、伊滨“三大板块”

在空间结构上实现了协调联动，着力打造居者心怡、来者心悦的宜居宜业之城。通过现代城镇体系的构建促进新型城镇化健康有序发展。

（三）谋划提升洛阳中原城市群副中心城市地位

河南省第十次党代会对洛阳进行了明确定位：“巩固提升洛阳中原城市群副中心城市地位，建设全国重要的现代装备制造业基地和国际文化旅游名城，推动豫西北各市与洛阳联动发展，形成带动全省经济发展新的增长极”。开展洛阳中原城市群副中心城市提升谋划工作，跳出洛阳谋划洛阳，发挥洛阳在创新、文化、区位交通等方面的优势，全面提升洛阳豫西北地区区域中心城市地位，与郑州错位、协同发展，与郑州大都市圈东西呼应，积极构建河南省“双中心”格局。

（四）注重绿色低碳，城镇建设宜居水平持续提升

着力打造生活环境绿色宜居、交通网络畅通高效的城市空间。综合交通体系稳步推进。城市轨道交通一期建设规划于 2016 年 8 月获国家批复；洛阳 - 济源高速、尧山 - 栾川 - 西峡高速开工；郑登洛、焦济洛城际铁路，高铁龙门站综合交通枢纽等项目前期工作加快推进。人居环境持续改善。围绕文化和生态两大城市特色，统筹推进伊洛瀍涧“四河同治”等重大工程，印发实施《洛阳市生态环境建设体系碧水行动计划》；围绕打造华夏历史文明传承创新区，实施了九洲池遗址保护、隋唐城遗址公园等一批遗产保护展示工程。2016 年前 9 个月，66 个市级“美丽乡村”试点建成项目 213 个，完成年度任务的 83.2%。

（五）加强统筹，城乡发展一体化有序推进

加快城镇基础设施向农村延伸、公共服务向农村覆盖。截至 2015 年底，累计建成通组通户道路 6000 多公里，解决农村饮水安全 88.05 万人，建成县城、产业集聚区、乡镇污水处理厂 64 个，在建 13 个；完善农村垃圾处理设施，73% 的行政村建立了卫生保洁长效机制；建成 143 个乡镇便民服务中

心，1224 个农村社区服务中心；累计投入资金 13.88 亿元，实施校舍安全工程、薄弱学校改造计划食堂专项工程、新型农村社区建设、标准化学校建设工程等项目 2043 个；2982 个行政村均建成了标准化村卫生室，在全省率先实现县级公立医疗机构药品零差率销售全覆盖。

（六）突出以人为本，农业转移人口市民化工作全面推进

洛阳以稳定就业的农业转移人口和返乡农民工为重点，以解决农民工最关心的户籍、就业创业、住房、教育和社会保障等问题为突破口，按照“一基本两牵动三保障”的要求，制定出台了《洛阳市加快推进农业转移人口市民化工作方案》（洛政办〔2016〕42 号），全力推动城镇基本公共服务常住人口全覆盖，农业转移人口市民化水平有效提升。

一是户籍制度改革取得新突破。2015 年初洛阳市政府印发了《洛阳市人民政府关于进一步深化户籍制度改革的通知》（洛政〔2015〕7 号），洛阳市公安局根据户籍改革的具体内容修订了《洛阳市公安局户口办理工作规范》（洛公通〔2015〕26 号），自 2015 年 3 月 18 日起实施，建立城乡统一的一元化户籍登记制度，取消农业户口与非农业户口性质区分，统一登记为居民户口。实现了县城和建制镇在落户限制方面的全面放开，规定凡有合法稳定（含租赁）住所和经济来源者均可迁入，2015 年至 2016 年 9 月累计 35929 人在县城和建制镇落户。降低中心城区的落户门槛，鼓励中高端人才等落户中心城区；对按照国家规定参加城镇社会保险 1 年以上、有合法稳定（含租赁）住所的人员，其共同居住生活的配偶、父母、未成年子女均可迁入；2015 年至 2016 年 9 月底在中心城区累计落户 45069 人。

二是出台实施居住证管理制度。出台《洛阳市居住证管理暂行办法》（市长令第 125 号），自 2016 年 2 月 15 日起执行，建立以居住证为载体统筹提供城镇基本公共服务的政策体系，农业转移人口及随迁家属申领居住证后，能够平等享受就业、教育、社保、公共卫生、住房等多项基本权益及机动车驾驶证和机动车注册登记办理、计划生育服务、出入境证件办理等 6 项便利。2016 年 8 月 4 日河南省流动人口暨居住证系统正式启用，截至 9 月

底，全市在新居住证系统中共进行暂住登记 147811 人，备案房屋 24001 间，办理居住证 644 人。

三是强化产业支撑，提供就业创业保障。大力实施农村劳动力技能就业计划、“阳光工程”、“春风行动”等，通过提供创业指导、组织劳务对接及担保贷款等措施促进农业转移人口就业。2015 年，为农民工发放小额担保贷款 12751 笔、8.26 亿元，扶持农民工创办企业 8486 家，吸纳 4.46 万名农民工就近就地转移就业。2016 年上半年，“春风行动”累计为农村转移劳动力提供就业岗位 76710 个，达成就业协议 38646 人。2016 年前 8 个月，全市新增农村转移劳动力 2.51 万，完成年度目标的 96.4%。产业为基，带动创业。洛阳市以宜阳县成功申报返乡农民工创业试点为契机，鼓励各县（市、区）因地制宜发展现代农业、加工业、旅游业等产业，带动返乡农民工创业。例如，孟津县返乡农民工吕妙霞回乡创办“洛阳龙浩农业有限公司”，采取公司 + 合作社 + 基地 + 农户的管理模式，发展草莓种植面积 1 万多亩，带动 1000 多位农民在家门口实现就业。加大财税支持，对返乡农民工回乡创业实行税费减免，月营业额达不到 3 万元起征点的，免征营业税、个人所得税等。提供就业培训，印发《洛阳市人力资源和社会保障局洛阳市财政局关于规范就业技能培训相关问题的通知》，进一步规范农民工培训工作，并设立专项资金。按照培训、鉴定、就业“三位一体”的工作要求，开展多层次、多形式农村劳动力转移就业培训，2016 年前 9 个月，完成农村劳动力技能就业计划 33155 人。2014 年 10 月组建了全省首家农民大学——洛阳市农民大学，截至 2016 年 9 月，已完成培训 1.92 万人次。2016 年 8 月，洛阳市教育局联合洛阳市总工会开展洛阳市农民工“求学圆梦行动”，在全市招收 1000 名农民工接受学历继续教育。

四是加强住房保障。市住房保障工作领导小组办公室于 2016 年 6 月出台了《关于将持有城市区居住证的农业转移人口纳入公共租赁住房保障的通知》，将稳定就业的外来务工人员纳入公租房保障体系，持有居住证且在本市无住房即可申请公租房。截至 2016 年 7 月，全市累计分配公租房 19487 套，其中分配给外来务工人员近 6000 套，占比超过 30%。截至 2016 年 9 月底，基本建成保障性住房 6924 套，完成年度任务的 115.4%；货币化安置 38187 套。与此同时，市财政对外来人口在洛购房出台补贴政策，凡在市中心区购买商品房的外来人口，可享受购房契税（房款 1.5%）补贴、按揭贷款贴息及每套 5000 元现金补贴，2015 年 12 月 1 日至 2016 年 2 月底，包括农民工在内的外来人口购房 8530 套共 90.52 万平方米。

五是提升社会保障水平。按照《社会保险法》有关规定，对与用人单位建立稳定劳动关系的农业转移人口，洛阳依法办理了企业职工基本养老保险、职工医疗保险、失业保险、工伤保险、女工生育保险等五项社会保险的参保缴费手续；对未与用人单位建立稳定劳动关系的灵活就业人员，加强政策宣传，并先后出台多项优惠政策鼓励其参加城镇职工医疗保险和城镇职工基本养老保险；对不具备参保条件的人员，引导其参加城乡居民养老保险、城镇居民医疗保险，实现了社保制度的全覆盖。据不完全统计，截至 2015 年底，全市农业转移人员参加企业职工养老保险人数为 44879 人，工伤保险参保人数为 143544 人。

六是开放教育资源。实现公办义务教育学校全部向农民工子女开放。洛阳市中心城区近年来每年新增 2 万名义务教育阶段学生，其中有 3000 名左右是随迁子女；市政府特别规定，农业转移人口子女与城镇户籍学生混合编班、统一管理，做到公平对待、一视同仁。2015 年，全市新接收农民工子女 21068 人，实现了应入尽入，2015 年市县两级财政为随迁子女接受义务教育增加支出 6000 万元左右。

七是扩大社会救助。洛阳市民政局于 2016 年 2 月出台了《关于将领取居住证的农村转移人口纳入最低生活保障和临时救助范围的通知》（洛民〔2016〕5 号），明确规定在洛阳领取居住证的农村转移人口和常住人口享受平等的社会救助待遇。

八是重视权益维护。2016 年 7 ~ 8 月，市人社部门和住房公积金中心联合开展了专项督查活动，重点对建筑业、餐饮业、家政服务业以及行政事业单位的农民工缴纳社会保险和住房公积金情况进行检查，共发现存在问题的单位 110 家，截至 9 月底已整改或计划近期整改 75 家。

（七）多元投入，可持续的城镇化投融资机制基本建立

充分运用财政资金、政策性贷款、项目债券、基金、社会资本合作等方式，为促进就地就近城镇化提供资金保障。

一是推动城镇化投融资平台改革转型。做大做强洛阳城投集团，提高其资产实力、融资能力和市场化运作水平。城投集团无偿接收洛阳高新实业总公司持有的净价值约 8.3 亿元的国有股权，资产规模和融资能力进一步提升。与省豫资公司联合成立了注册资本金 10 亿元的河洛新业投资发展有限公司，该公司作为承接城镇化发展基金平台，吸引社会资本参与重点项目建设。

二是强化与金融机构间的合作。与国开行河南省分行签订了《全面推进新型城镇化建设合作协议》，谋划了 6 大类 23 个合作项目，获得授信额 648 亿元，截至 2016 年 9 月底，完成贷款投放 98 亿元；联合编制了《洛阳市国家新型城镇化综合试点融资规划（2015 ~ 2020）》，成为全国首家融资试点，制定工作方案，明确了 2016 年国开行支持洛阳扶贫、棚户区改造、军民融合等领域的具体计划；启动了洛阳市与国开证券联合设立洛阳市产业投资基金的相关工作。与农发行洛阳市分行联合下发《关于农业政策性金融支持新型城镇化综合试点有关工作的通知》，申报政策性资金支持洛阳特色小镇建设。与交通银行、建设银行河南省分行和浦发行郑州分行合作设立了“洛阳市新型城镇化发展基金”，基金总规模达到 900 亿元，截至 2016 年 9 月底，累计完成授信额 158.5 亿元，实际投放 105.6 亿元。

三是有效拓宽融资渠道。抓住洛阳被财政部确定为推广 PPP 模式试点城市的机遇，引导社会资本参与城镇化建设。截至 2016 年 9 月底，全市共有 11 个项目入选财政部 PPP 示范项目库（占全省比重为 26.83%），总投资 216.44 亿元（占全省比重为 29.40%）；86 个项目入选省财政厅意向项目库（占全省比重为 11.85%），总投资 984.35 亿元（占全省比重为 11.70%），涉及基础设施、教育、医疗、供暖、水生态、环境治理等多个领域；其中，共有 15 个项目已经落地，成功招入社会资本，总投资 427.16 亿元。同时，洛阳市争取 2016 年地方政府债券置换存量债务转贷资金 69.93 亿元、新增

地方政府债券转贷资金27.59亿元；争取省新型城镇化转移支付资金2.5亿元，用于加大对基本公共服务、基础设施的投入和义务教育阶段随迁子女就学奖励；争取城乡一体化示范区转移支付资金1.6亿元，用于城乡基础设施、产业协同发展、公共服务和生态网络建设。城乡一体化示范区东南环城区域整体城镇化建设项目、伊洛河水生态文明示范区项目入选中国政企合作投资基金首批支持项目。

（八）盘活资源，农村产权制度改革持续开展

以依法、自愿、有偿的原则为基础，逐步引导进城农业人口承包地经营权和宅基地使用权有序流转，缓解农民进城落户的成本压力，形成就地就近城镇化的促进机制。

一是深入开展农村集体土地确权发证工作。截至2016年9月，偃师、栾川、孟津3个整体推进县（市），分别完成确权工作任务的95%、90%、80%，其中栾川县基本具备颁证条件，其余县市区正在有序推进。宅基地和集体建设用地使用权确权登记颁证工作已发放权证84.2万本，发证率达66.7%。

二是探索建立农村集体土地使用权有偿流转制度。选取伊川县作为试点，先行成立农村产权交易中心，年底前可实现农村产权在平台流转交易；选取偃师市、伊川县作为试点，探索农村空置宅基地有偿流转和退出。截至2016年9月，全市承包地流转面积达到241.5万亩，占全部耕地面积的37.2%；农民合作社总数达到4005家（2016上半年新增66家），家庭农场总数达到511家（2016上半年新增55家）。

（九）积极探索行政管理创新和行政成本降低的新型管理模式

启动撤县设市申报工作，支持人口、经济、财政、税收以及城市人口达到一定规模和标准的县申报撤县设市，积极推进伊川县撤县设市工作。推进嵩县九店乡、汝阳县蔡店乡、洛宁县西山底乡和宜阳县高村乡的撤乡建镇。开展建制镇示范工作，2015年嵩县车村镇入选国家级建制镇示范试点，汝阳县上店镇入选省级建制镇示范试点，省级资金4303万元已下达项目县。

孟津县麻屯镇、新安县铁门镇、宜阳县香鹿山镇、伊川县彭婆镇、嵩县车村镇、栾川县冷水镇、洛龙区李楼镇等7个建制镇入选省级经济发达镇改革试点，并基本编制完成《关于赋予省级经济发达镇行政管理体制改革试点部分县级经济社会管理权限的意见》。

二　城镇化推进过程中存在的突出问题

（一）城镇就业支撑能力薄弱

在新常态下，受经济增速放缓和产业结构调整阵痛期影响，城镇适宜农民从事的工作岗位减少，农民工工作稳定性差、收入降低；独自进城务工不得不面对家庭伦理撕裂，举家迁入城镇又将面临极大的生存压力。

（二）农村空闲宅基地退出机制尚不健全

目前，洛阳全市的农村常住人口的宅基地人均占有面积约为226.7平方米，比国家规定的村镇规划人均建设用地标准150平方米高出了50%左右。而且，由于继承或者建新宅留旧宅现象的存在，一户多宅和空置问题比较突出。尽管洛阳探索建立了相关机制鼓励进城落户农民有偿退出宅基地并通过土地综合整治腾出了不少建设用地指标，但是这些用地指标的交易价格相对较低，与农民退出宅基地和住房的合理补偿价格之间差距较大，导致农村宅基地有偿回收率低，回收土地比较分散，集中利用率低。农村宅基地实行抵押、转让等也因地理位置偏僻、使用价值低等原因，效果不够理想。

（三）提高户籍人口城镇化率的难度较大

2015年，洛阳的户籍人口城镇化率约为32%，比常住人口城镇化率少了20个百分点左右，这一差距比2005年提高了10个百分点。户籍人口城镇化率比常住人口城镇化率增长慢、差距不断拉大，主要原因在于：一方面，中西部地区二、三线城市的户籍“含金量”不高，对农业转移人口的吸引力不够；另一方面，不少农业转移人口进城落户心存顾虑、意愿不强，担心进城落户后在城镇找不到稳定的工作，反而失去原有的村集体利益分配、责任田、宅基地、新农合等优惠和保障。

三　2017年工作重点

（一）实施构建现代城镇体系6大重点专项工作

依据《关于构建洛阳市现代城镇体系的指导意见》和河南省委常委、洛阳市委书记李亚同志对于城镇化工作的具体指示，2017 年洛阳将着力推进实施六大重点专项工作。

第一，树立规划引领全局的理念，加快完善全面覆盖和相互衔接的规划体系。紧紧围绕省十次党代会对洛阳提出的“四大战略定位”和市委市政府“9 +2”工作布局，按照以人为本、尊重自然、传承历史、绿色低碳的要求，高标准、高质量编制各层级规划，积极推进“多规合一”，充分发挥规划的战略引领和刚性调控作用，促进城市健康有序发展。打破条块化管理职能，理顺城乡规划管理权限，实现规划编制审批“一支笔”。具体工作：一是启动五期总体规划及各层级总体规划评估及修编工作，二是编制“一中心六组团”空间战略规划。三是编制隋唐洛阳城遗址宫城区及周边区域、龙门高铁枢纽及周边区域、涧西近现代优秀工业遗产及周边区域、道北片区等区域性规划。四是做好专项规划编制及城市“双修”工作。五是启动规划管理信息平台建设工程。

第二，坚持“一中心六组团”城市发展战略，带动周边县市快速发展，增强区域综合实力和城市竞争力。以中心城区为引领、六组团为带动，着力优化中心城区三大板块，适度疏解城市非核心功能，打造宜居宜业的现代化城市。以完善城市功能，提高城市公共服务能力和基础设施支撑能力为切入点，贯彻落实《河南省提升县级城市管理水平三年行动计划》和《河南省百城建设提质工程实施意见》，促进六组团县（市、区）联动发展，辐射带动南部四县生态保护和旅游资源开发，实现全市县级城市发展提速提质提效。其中，洛北片区通过疏解居住人口向区外转移、产业转型升级，实现洛北片区的功能结构调整和空间结构优化；洛南片区重点发展高端制造业和高端服务业，改造提升传统产业，使其真正成为市民创业生活的核心城区，从而加快实现公共服务功能优化和产业转型升级。伊滨片区以高端制造和高端服务“双高引领”为目标，加快科技孵化平台建设，打造高端产业成长基地，并依托商务中心区发展科技教育、国际会展、金融保险、高端商业等主导产业。

第三，以特色小镇、中心镇、美丽乡村建设为重点，统筹城乡均衡发展。加快培育一批有着鲜明的产业特色、灵活的体制机制、浓厚的人文气息和优美的生态环境的特色小镇，支持发展潜力较大的中心镇率先发展成为小城市，带动美丽乡村发展。争取到 2018 年之前，培育 10 个特色小镇、25 个中心镇、100 个美丽乡村，与中心城区和县城组团形成四级联动，逐步形成统筹发展的城镇格局。

第四，以创建国家生态园林城市为契机，加快建设中心城区的公园游园。结合自然山水、用地布局、旧城改造，采取见缝插绿、拆违建绿、破硬增绿等方式，建设中心城区点网结合的绿地系统，提升中心城区生态绿化水平，打造生态绿色宜居的城市环境。争取到 2018 年之前，洛浦公园西延东连提升工程积极推进，中央生态公园、华林园、邙山体育公园、庄王山生态文化公园及 100 个街头游园建成投用；人均公园绿地面积达到 11 平方米，绿化覆盖率达到 42.5%。

第五，实施重点文物保护展示项目，打造全国大遗址保护展示利用基地。以打造文化强市为目标，以活化历史文化、传承城市文脉为原则，以重点文物保护展示项目为抓手，深入挖掘洛阳丰富的历史文化资源，努力实现展示利用、旅游发展和文化产业有机融合。通过启动二里头夏都遗址博物馆建设、推进隋唐洛阳城大遗址保护展示工程、开展涧西工业文化遗产保护与活化等，争取 2018 年之前，二里头遗址、隋唐洛阳城等国家遗址公园，老城历史文化街区保护展示工程建设初具规模。

第六，加快城市管理体制改革和创新，全面提升洛阳的城市管理水平。

坚持现代化的城市管理理念，不断理顺体制机制，打造数字化管理平台，加快整合市政、市容、环卫、园林、绿化、城管等相关职能，综合设置市、县两级管理机构，住建部门集中行使行政处罚权力，执法制式服装、标志标识统一，从而构建起权责明确、服务为本、管理先进、执法文明、安全有序的城市管理体制。

（二）全面提升农业转移人口市民化水平

鼓励引导一批已进城就业定居的农民工落户，成建制解决一批城中村居民转户，推动一批农村富余劳动力有序转移；加大居住证工作的宣传报道力度，提高居住证的知晓率和办证率。同时，加快体制机制创新，探索建立农业转移人口数量与财政转移支付力度和城镇建设用地增加规模挂钩的机制，进一步增强各地推动农业转移人口市民化工作的主动性。

（三）积极破解城镇化融资难题

加强与国开行、农发行等政策性金融机构的合作，深化落实《洛阳市国家新型城镇化综合试点融资规划》，完成设立洛阳市产业投资基金；利用洛阳在 PPP 模式试点上起步较早、经验丰富的优势，再谋划实施一批新型城镇化建设项目，吸引社会资本参与。

（四）推动农村产权制度改革有所突破

完成农村集体土地使用权确权登记发证工作，进一步完善试点地区农村产权交易中心和农村土地流转服务中心，为农村集体土地使用权有偿流转和抵押贷款提供保障。

参考文献

陆铭：《大国大城：当代中国的统一、发展与平衡》，上海人民出版社，2016 年。

李东慧:《新型城镇化，洛阳“蹄疾步稳”》,《洛阳日报》2016 年 12 月 22 日。

王新涛:《以新型城镇化推进城乡协调发展》,《河南日报》2016 年 8 月 3 日。

杨军、张牧童:《郑新融合，如何走好融合“全盘棋”》,《新乡日报》2016 年 12 月 23 日。

侯皓、孙静:《未来 5 年，一亿河南人的生活将发生巨变》,《决策探索》2016 年第 21 期。

郭志远:《加快培育河南新产业新业态》,《河南日报》2015 年 10 月 15 日。

国家发展改革委:《国家新型城镇化报告 2015》，2016 年 4 月 19 日。

B.19
2016年新乡以郑新融合发展引领新型城镇化的回顾与2017年展望

新乡市发改委课题组*

摘　要：随着国家新型城镇化战略的不断推进，新乡坚持以郑新融合发展为引领，力图在组织领导、协调机制、空间布局、基础设施建设、生态环境、产业分工合作和公共服务等方面加大改革力度，加快推动新型城镇化进程，取得了较为显著的成效。但是，在日益复杂的发展环境下，新乡城镇化发展呈现出新的态势，面临新的机遇和挑战。2017 年，新乡要明确规划体系、基础设施、产业布局、公共服务、生态环境和体制机制六个方面的重点任务，通过郑新两地的深度融合发展，推动新型城镇化上升到一个新水平。

关键词：新乡　郑州　新型城镇化　融合发展

新型城镇化是现代化的必由之路，是最大的内需潜力所在，是拓展发展新空间的重要举措，是经济发展的重要动力，也是一项重要的民生工程。2016 年河南省十次党代会首次提出，推动周边城市与郑州融合对接，推进郑汴一体化深度发展，加快郑新、郑许、郑焦融合发展。早在 2006 年，新乡市就开始研究郑新一体化发展，到 2014 年逐步演进为郑新融合发展问题。

---

* 课题组负责人：文占峰。课题组成员：钟瑞括、闫静、张国强、张百严、岳风歌。执笔人：闫静、岳风歌。

郑州“东扩北进”战略与新乡“东移南扩”战略的实施，促使两座城市在黄河岸边自然相撞，顺势融合。随着国家新型城镇化战略的不断推进，新乡顺势而为，加快体制机制改革与创新，围绕促进区域协调发展，探索出一条以郑新融合发展引领新乡新型城镇化的道路，制定了一系列改革措施，取得了一定的成效。但是，在日益复杂的发展环境下，新乡城镇化发展呈现出新的态势，面临新的机遇和挑战。2017 年，新乡必须进一步深化改革，全面贯彻落实国家和省推进新型城镇化和区域发展的战略部署，抓住工作重点，继续以郑新融合发展为引领推动新型城镇化建设，为全面建成小康社会提供动力。

一　以郑新融合发展引领新型城镇化的做法与成效

近年来，新乡市委、市政府高度重视郑新融合发展工作，主动对接郑州发展，坚持以郑新融合发展为引领，力图在组织领导、协调机制、空间布局、基础设施建设、生态环境、产业分工合作和公共服务等方面加大改革力度，加快推动新型城镇化进程，取得了较为显著的成效。

（一）着力优化空间布局，开放型城镇体系逐步形成

近年来，新乡着力在优化空间布局上下功夫，逐渐形成了开放型的城镇体系。一是把平原示范区作为郑新两市的卫星城区。充分发挥与郑州市区无缝对接的区位优势，远离主城区规划建设了平原城乡一体化示范区，该示范区作为郑州和新乡中心城市的卫星城区、新乡对接郑州发展的桥头堡，以交通一体、产业协作为突破口，积极对接郑州发展，为郑新融合发展提供了较强的节点支撑。二是把沿黄经济带作为向郑州开放的前沿高地。以黄河为纽带，以获嘉、平原、原阳、封丘、新乡五县（区）等为支点，谋划建设沿黄经济带，依托京港澳高速、新 107 国道、郑新城际铁路等复合交通走廊，加快培育沿黄生态经济带，共同形成向南对接郑州市区、郑东新区、航空港实验区，向北对接新乡市区的空间结构。三是将大东区作为区域组团发展的“试验田”。将中心城区东侧约 360 平方公里范围以及与市区紧密相连的新

乡县，纳入新乡市城市发展总体规划，实现协同发展，着力形成功能复合、产城融合、辐射周边、生态宜居的城市组团地区。四是将北部太行山旅游健康产业带作为郑州组合型大都市区人民健康休闲的“后花园”。依托太行山旅游资源，积极引进战略合作者，打造以辉县市、卫辉市、凤泉区为主的北部太行山旅游健康产业带。2015 年，新乡城镇化率达到 49%，比上年提高 1.42 个百分点。

（二）坚持交通设施先行，城镇基础设施建设加快

以交通设施先行夯实城镇化的基础支撑。郑济高铁河南段在新乡设置了原阳站（平原新区站）、新乡东站和卫辉南站，已于 2016 年 10 月率先在新乡开工建设，同时，郑济铁路黄河特大桥确立了“公铁两用、一桥三线”的功能定位。郑州地铁系统与新乡城市轨道交通系统轻轨连接线工程已完成方案研究；G107 东移改线工程、郑州至新乡高速公路块村营至连霍高速段、安阳至罗山高速公路新乡段、京港澳高速公路至大广高速公路、京港澳高速新乡南站和改建原焦高速平原新区西站等多项交通基础设施正在加速推进。S311 升级改造工程原阳段已完成升级改造。围绕城区建设、房地产开发、老城区道路和桥梁改造，规划新建了科隆大道东延等 21 条道路，并对和平大道等 20 条道路以及和平南桥等 6 座桥梁进行了改造。完善供水、供气、供热、管网等配套设施。不断完善供水管网，提高供水覆盖率；规范管道燃气市场，全面普及管道燃气；集中力量加快热源厂以及老城区、铁西区的供热管网建设；提高城市主要出入口及重要节点绿地的建设标准；城市新区、各类园区、成片开发区域的新建道路根据实际功能需求同步建设地下综合管廊；落实海绵城市建设措施，推进定国湖生态水系工程建设。2015 年，新乡的人均城市道路面积达到 14 平方米，用水普及率达到 99%，燃气普及率达到 99%，污水处理率达到 90%，生活垃圾无害化处理率达到 100%。

（三）积极承接产业转移，产城融合发展初显成效

2016 年，新乡坚持推动与郑州产业的错位发展、融合发展，按照“项

目50%以上来自郑州、功能50%以上为郑州配套”的标准，着力将平原示范区打造成为郑州航空港区的拓展区和配套区，建成了河南瑞邦数码机电产业园等多个重大项目；将原阳县打造成为郑州北部协作配套产业基地，积极承接郑州家具加工、食品加工、装备制造、建材加工等产业转移，建设了国基集团中央厨房产业园、金祥家居产业园等多个项目；将获嘉县亢村建设成为“飞地”经济实验区和产业转移示范区，与金水区合作共建“金水（获嘉）产业新城”，引入郑州金水区乳制品企业成功落户，“金水（获嘉）产业新城”作为金水区存量企业外迁的安置基地、科教园区研发总部的生产基地和关联招商企业的承载基地；将新乡县建设成为现代工业城市和循环经济示范基地，现已引入印海智谷产业园；将封丘县建设成为沿黄生态宜居城市和新兴产业基地，与思念食品股份有限公司、三全食品股份有限公司、河南万邦国际农产品物流股份有限公司等11家郑州企业签订投资意向合作协议，并建立了郑州扶贫产业园。2016年共实施郑新融合发展项目150个，总投资1321亿元，1~9月份完成投资100亿元。经过近几年的培育，新乡沿黄经济带初步形成了印刷科技、电子信息、家具、食品加工、涂料、家居等8个产业集群，承接郑州产业转移的平台已初具规模，产城融合发展的成效初步显现。

（四）加强公共服务供给，民生保障体系不断完善

近年来，新乡加强公共服务供给，民生保障体系不断完善，人民的幸福感和获得感不断提升。2015年，新乡市各项民生支出232.4亿元，同比增长10.9%，占公共财政支出的74.9%。城镇居民和农民人均可支配收入分别达25349元和11772元，同比分别增长8%和8.5%。新乡先后编制了教育、文化、医疗卫生、市政设施等一系列专项规划，努力提升城市公共服务规划水平。每个新型农村社区组建了包含“五室、一厅、两站、一院、一中心”的综合服务中心（楼），开展为民服务代理制；指导各县（市、区）将就业、社保、医疗、教育等13项公共服务和面向老年人、残疾人、低保对象、农村留守人口等社会特殊群体的9类专项服务延

伸进社区；建成了覆盖全市所有办事处和社区的社区卫生服务中心和卫生服务站，从根本上解决了参加城乡居保的农民转为市民或进城务工之后的养老保险转移接续问题，进城落户农民实现了基本医疗保险全覆盖。加快公租房（含廉租房）项目建设，编制完成棚户区（城中村）改造三年攻坚行动计划，将市区棚户区整合为23个片区、77个更新单元，不断推进棚改货币化安置，2016年底棚改任务开工率达到96.6%，货币化安置率达到77.4%。在加强与郑州的公共服务合作方面，采用资费同城的形式推进郑新电信同城方案已报省通管局审批；联合新乡技工院校与郑州企业合作，为郑州富士康科技园、宇通客车、海马轿车等数十家企业输送人才达1500余人。

（五）扎实推进生态建设，绿色生态屏障日趋牢固

近年来，新乡借助山水优势，扎实推进生态环境建设，针对大气、水、土壤等环境污染突出问题，实施蓝天、碧水、乡村清洁三大工程，为郑新融合发展、推动新型城镇化筑牢了绿色生态屏障。新乡每年造林面积都在6万亩以上，建成了“大视野、大绿地、多节点”的城乡绿色通道，有效缓解了城市热岛效应。截至2016年底，城市各级道路绿化率达到91%，建成区绿地率达到38.1%，城市绿化覆盖率达到40.8%。加快水污染治理重点项目建设和重点流域河流污染综合治理，改善了卫河、民生渠、人民胜利渠、共产主义渠水质，市区建成区全部消除黑臭水体，全市5条出境河流水质达到省定标准。利用黄河及黄河滩区特殊的自然生态环境条件和区位优势，稳步推进滩区农民向城镇转移，逐步形成郑新之间集生态、涵养、水资源综合利用、文化、旅游、滩区土地开发于一体的复合功能带和绿色长廊。目前，平原示范区的田园水乡建设成效显著，城乡景观生态水系进一步完善，兼具城市景观、引黄调蓄及农田排灌功能的1840亩凤湖生态公园和黄河北部万亩湿地、农科院内湖、五龙池等上下游河道78公里生态水系网络初步建成。山清水秀、生态良好、绿色宜居的环境为加快郑新融合、推动新型城镇化提供了有力保障。

二　以郑新融合发展引领新型城镇化的形势分析

“十三五”期间，国内外宏观环境面临极为深刻复杂的变化，新乡在加快经济社会发展过程中面临许多新情况、新问题、新变化。新乡的新型城镇化发展，既面临新的机遇与有利条件，也面临新的挑战和制约因素。

（一）面临的机遇和有利条件

一是国家和河南省推进新型城镇化的一系列政策红利不断释放。党的十八大对中国特色新型城镇化道路做出总体战略部署，新型城镇化规划，国家、省“十三五”规划和一系列改革举措先后出台，这对新乡推进新型城镇化来说是迎来了政策红利集中释放期，新乡应在城乡资源要素配置、土地节约集约利用、农村人口有序转移、城镇社会管理体制等方面加大改革力度，不断破解体制机制障碍，以改革促创新、以创新促发展。

二是区域发展新战略为新乡发展带来重大机会。新乡先后被确定为国家产业集聚集群创新发展综合改革试点市、国家循环经济创建市、全国农村改革试验区、国家农业科技园区、“宽带中国”示范市，与周边城市相比新乡先行一步。随着郑洛新国家自主创新示范区成功落地，新乡在创新发展中的功能定位不断凸显；中原城市群跻身国家级城市群，新乡成为核心发展区；郑州国家中心城市建设紧锣密鼓，新乡作为郑州组合型大都市区的核心组成部分作用日益突出。新乡要充分抓住国家和河南省先行先试的机遇，进一步破解各大难题，全面提升新型城镇化发展的水平和质量。

三是随着“一带一路”国家战略和河南五大国家战略的深度推进和实施，郑州成为陆上、空中、网络“丝绸之路”重要节点城市，新乡无疑成为3条“丝绸之路”的辐射区、功能区，将有利于其打造开放发展的高端平台和载体，加快形成开放发展新格局，为郑州及周边地区实现更大规模、更高层次、更广领域的“引进来”和“走出去”提供了重要契机，为新乡加快推进战略性新兴产业发展，推动产业结构的优化、升级和调整带来了难得机遇。

四是河南省十次党代会首次提出要加快郑新两地融合发展，提升其对全省发展的辐射带动能力。新乡与郑州仅一河之隔，地域相近、文化相通、经济相融。两市在空间位置、城市功能、产业发展和公共服务供给等方面互补性较强，交通网络体系较为完善，建设现代产业体系、现代城市体系的条件日趋成熟。郑新主要产业分别处于产业链的不同位置，产业优势各异、分工合理，产业的上下游配套能力较强，融合互补发展的优势明显。新乡可以凭借自身的区位、科技、山水优势，加快经济、人口集聚，进一步推动郑新全面对接，融合发展，有利于扩大郑新区域经济聚集和人口聚集的基础优势，通过资源整合、降低发展成本、形成发展合力，助力郑州、带动新乡发展，形成“1 +1 >2”的整体效应。

（二）面临的挑战和制约因素

一是郑新融合发展的比较优势不突出。面对经济新常态和转型发展的强烈需求，地区城市之间的竞争变得日趋激烈。郑州周边其他地区在地理、产业、文化、商业、土地资源等方面优势较为突出，郑州市依托郑东新区向东发展构建郑汴一体化，依托郑州航空港区向南发展构建郑许一体化，向北发展由于受到黄河限制不具备竞争优势，对于郑新融合发展形成强大压力，资金、技术、信息和人才等资源要素的争夺更趋激烈。新乡目前发展阶段与郑州存在较大差距，人才、资金等要素呈现单方向流动，郑州对新乡的虹吸效应远大于溢出效应，在郑新融合方面，新乡的推力强劲但郑州的拉力不足，以融合推动新型城镇化面临较大的阻力。

二是经济发展后续动力不足。目前新乡在承接郑州产业转移上取得一定的成效，但总体上看，受发展阶段的限制，引进的项目规模普遍偏小，层次不高，对区域经济发展能够起到推动和促进作用的大项目、好项目少，项目的履约率、资金到位率不高。新乡是全国老工业基地，但以往的传统产业目前处于转型期，而新兴产业发展较慢，大多数企业的发展理念相对滞后。沿黄经济带有着巨大的体量空间，但其功能单一、吸引力不足，产业还缺少统一规划，多处于自由、自发、自我发展状态。缺乏支柱性产业和特色产业，经济发展后续动力不足，对城镇化的支撑作用不够，这是影响新型城镇化快速推进最突出的制约因素。

三是城市综合承载能力较弱。交通一般作为推动融合发展先行的基础设施，目前郑新两地在交通方面还不能达到深度互融互通，在公交多元化、一体化方面进展较慢。比如，平原示范区目前吸引了较多的郑州市民投资置业，但在基础设施、金融、通信等方面新乡与郑州的融合还相对滞后。城市防灾减灾能力较弱，城市建设水平亟待提高。2016 年 7 月的一场暴雨导致新乡城区出现大面积严重内涝，造成巨大的经济损失。随着郑新融合进程的加快，两市的人口流动加速，要实现人口健康有序的集聚和流动，新乡就要不断缩小与郑州公共服务供给的差距。目前来看，新乡在教育、医疗、社会保障、文化体育等公共服务供给方面不仅与郑州差距较大，城乡之间也存在不小的差距。城市综合承载能力较弱严重影响了城镇化质量。

四是资源环境的瓶颈制约日趋严重。随着城镇化的快速推进，城市快速扩张，城镇人口加速膨胀，城镇资源环境的综合承载力与城镇化发展规模的矛盾不断加剧。城镇土地集约节约利用水平不高，城镇空间资源利用不足，地下空间功能开发滞后。大气污染、水污染等问题处于集中爆发时期，近几年，郑州、新乡等市长期位于“全国十大空气污染城市”行列就是最好的例证。

三　以郑新融合发展引领新型城镇化的重点任务

“十三五”时期，新乡将围绕建设创新、富裕、文明、绿色新乡的目标，发挥“区位、科技、山水”三大优势，实施“产业强市、科技兴市、环境立市”三大战略，以郑新融合发展作为全域性发展理念，构建“一核、两带、三片区”的市域城镇空间布局结构，走出一条“借势航空港、共建大都市、承担大功能、形成大合力，促进郑新融合发展”的发展道路。重点围绕强化产业集聚区、商务中心区和特色商业区、平原示范区“三大支撑”，做强沿黄经济带、大东区、南太行“三大板块”，推进“米”字形铁路北部枢纽、河南自贸区新乡片区或综合保税区、国家自主创新示范区和水环境优先的水系连通“四项战略性基础工程”，组织实施重大项目建设、重大工作专项和高成长区域建设。力争到2020年，新乡成功地向具有产业特色的制造业基地、中原宜居城市、中原特色文明城市迈进。未来，新乡要按照“遵循规律、总体规划，统筹安排、协调推进，呼应郑州、错位发展，优势互补、互利共赢”的基本思路，明确规划体系、基础设施、产业布局、公共服务、生态环境和体制机制六个方面的重点任务，通过郑新两地的深度融合发展，推动新型城镇化上升到一个新水平。

（一）健全郑新融合规划体系，引领新型城镇化全局

加快推进新型城镇化，首先必须重视顶层设计，坚持规划引领、规划先行，通过一套完备的顶层设计来布局城市、园区和各项基础设施，形成科学合理的城镇体系结构，从而真正推进城市发展。要将郑新融合作为新乡城镇规划的主导理念，打破地域界线，统筹考虑全市的气候、交通、资源和产业等条件，不断完善城市总体规划及产业、城乡、土地和生态等多个规划，平衡衔接、有效融合，加快形成“多规合一”的规划体系，为深入推进新型城镇化打下基础。按照“一主、一副、五组团”的发展理念，加快形成以中心城市为核心，周边县城、功能区和重点镇为依托的市域城镇集群。重点编制沿黄经济“五区一带”规划、大东区发展战略规划、南太行旅游规划和产业发展规划。研究制订新乡装备制造、食品加工、纺织服装、生物与新医药、电池与电动车、电子信息六大重点产业“十三五”专项发展规划，促进郑新两地产业进行互补性布局，加强与郑州优势企业合作，将两地配套合作提升到战略层面，争取早日形成优势互补、互利共赢的良好局面，从而以两地深度融合发展，推动城镇化由速度型向品质提升型转变。

（二）构建现代基础设施网络，提升郑新融合城市功能

坚持交通先行，加快郑新交通一体化进程，完善郑新之间铁路、轨道、

高速公路等多种运输方式高效衔接的统一的综合性交通体系，为郑新共同发展提供基础设施保障。建设“三线一桥一枢纽”等重大铁路工程，构建“三纵三横一环”等高速公路网，形成“七横十三纵一射一联”的公路网络体系。加快推进郑济高铁郑州至新乡段项目、107 国道东移改线和官渡黄河大桥建设；加快推进郑州地铁系统与新乡城市轨道交通系统轻轨连接线工程建设；加快推进郑州和新乡平原示范区公交互通。同时，实施城镇基础设施能力提升工程，重点推进城市道路、城市河流、生态修复、水源地保护、供排水管网、公交设施、供热、污水垃圾处理等设施建设，强力推进棚户区和城中村改造。推动与郑州相邻的区域城市供水、供气、供电、通信等基础设施建设水平向郑州靠拢。加快建设住房、医院、超市、学校等生活配套设施，满足因产业转移带来的集聚人口在就学、就医、居住、购物等方面的需求。加快海绵城市建设，在中心城区形成“五湖四河二渠”的城市生态水系网，把新乡打造成为河湖相连的生态城市。通过加快基础配套设施建设不断提升城市功能，使市民能够真正在城镇“留得住”。

（三）统筹郑新产业空间布局，增强产城融合发展支撑

通过统筹优化新郑产业空间布局，进一步明确两地的产业对接方向，逐步完善产业合作协调机制，推动郑新产业协同发展，形成产业分工合理、产业优势互补的产业发展新格局，为新型城镇化提供强有力的产业支撑。一是提升平原示范区节点作用，围绕沿黄经济产业带主导产业，重点引进生物医药、电子信息、新能源新材料、现代服务业项目，规划若干航空港配套专业园区、物流中心、商贸中心、都市农业、旅游观光、养老地产等，推进产业错位发展。二是加强对接郑州航空港，推动航空航材、生物医药、电子信息、现代服务业等高新产业对接合作，规划建设郑州航空港专属配套专业园区，形成优势互补、协作配套、共同发展的产业布局。三是以同城化服务为目标，依托新乡海宁皮革城、四季青服装城、居然之家等全国知名商贸企业，推进商贸物流等专业化服务功能对接，共同构建“郑新商贸流通圈”。明确郑新物流融合发展的总体战略，合理进行物流分工，实现区域间的优势

互补，建立物流发展利益分享的协调机制，打造区域现代物流中心。四是选择产业基础较好的重点镇，开展示范工程建设，引导农产品加工、特色产业等集聚发展。建设郑新农业科技走廊、特色花卉基地、黄河北岸新乡生态休闲走廊，构建“旅游同线不同景，旅游资源互补”格局。五是加快发展文化、金融、电子商务、现代物流等高成长性服务业，培育发展教育培训、科技服务、健康养老等新兴服务业，从而有效发挥服务业作为最大就业容纳器的作用。

（四）强化基本公共服务对接，提升跨境公共服务供给能力

打破就业区域壁垒，构建郑新融合的就业信息共享平台，实现两市城乡间的劳动力资源信息共享。加强人才联合培养、培训和就业合作，促进城际劳动力实现有序流动。联合郑州打造科技创新服务平台，制定优惠政策以吸引中高端人才来新乡自主创新创业及在两市之间自由流动，全方位推动城乡居民开展创新创业。加快推进郑新两地的社保体系并轨和医疗费用同城结算，简化两地的养老保险转移接续等手续，逐步实现两地的社保制度同区同待遇。推动医疗资源跨区域和向基层流动，加强区域医疗机构合作和人才联合培养，实现区域优质医疗资源共享。加大乡镇及农村地区的义务教育的投入，推动两地基础教育均衡发展，实现农村地区的基础教育逐步向城市标准靠拢。整合两市科研机构、高校、大型企业等资源，建立信息资源的开放共享机制。吸引郑州高校来新乡办分校，鼓励两地高校联合办学，培育形成一批在国内外具有较强影响力的强势学科，实现高等教育人才的就地吸收和转化，助推两地经济社会发展。加快完善政府主要提供基本保障、市场满足多元需求的住房供应体系。加快推进电信同城，实现统一区号；拓宽互联网国际出口通道，提高网速。加大文化资源整合力度，鼓励两市共建大型文化设施，共同承办大型文化活动，打造具有国际竞争力的文化品牌。

（五）共同改善生态环境质量，打造绿色生态宜居城市

一是以大气和水污染防治为重点，继续实施蓝天、碧水、乡村清洁三大

工程。加强两地多级联动和协作，建立统一组织、共同管理、信息共享、联合预警的大气污染联防联控机制，对重大建设项目实行环境影响评价区域会商机制。加强污水处理设施建设，围绕建设生态水系网络目标，持续推进城市河流清洁行动计划。抓好城镇周边及内部生态水系保护，打造城市视廊体系。二是大力发展循环经济，加快实施一批产业园区循环化改造项目，在承接郑州产业转移过程中，重点承接资源节约型产业和低碳产业，积极推进静脉产业园建设。在交通、建筑、工业等重点领域开展节能减排降碳试点示范，破解资源环境瓶颈。三是联合郑州、焦作等地共同建设太行山生物多样性及水源涵养生态功能区。稳步推进黄河滩区农民向城镇转移，利用黄河及黄河滩区特殊的自然生态环境条件和区位优势，把黄河滩区建成生态涵养带、绿色养殖带、生态旅游带和绿色有机农产品基地。四是严格实施生态保护红线管理，建立健全排放许可、考核评价和责任追究等制度。五是以适应两城融合发展和人民群众宜居宜业需求为目标，启动林业生态圈建设工程，统筹城镇园林绿化工作，提升城市绿化空间品质，形成人与自然和谐共生的绿色空间格局。

（六）健全郑新融合联动机制，强化城镇化的制度保障

以郑新融合发展推动新型城镇化，不仅要建立在资源分布和经济技术基础上，更要建立在利益取向基础上。因此，必须树立发展、合作、双赢的理念，通过体制机制创新，营造健康可持续的发展环境。近年来，新乡成立了推进郑新融合工作领导小组和六大板块的具体对接小组，主动与郑州市进行对接，力促郑新融合各项工作取得实效。但要实现深度融合，必须充分调动两市的积极性，有必要建立郑新融合发展联席会议制度，召开两市主要领导参加的联席会议，协调、沟通、研究解决融合发展中的有关问题。加强省、市对口部门沟通衔接，建立定期联系制度，有重大问题可随时就具体问题进行协调、沟通、研讨解决。组织高层次的论坛，邀请专家学者、各级领导对推进郑新融合开展科学论证，从郑新两市空间位置、城市功能互补、产业发展互补和社会认同度与公众参与度等方面深入分析郑新呼应发展的时代背景

和现实基础，做好宣传工作，从而引起各界的广泛关注，广泛征求意见和建议，为进一步推进郑新融合发展开阔思路，尽快形成共识，并以此为契机，全面启动郑新融合发展，纳入全省发展战略。

参考文献

王东东：《中原城市群辐射带动作用研究——以郑州等九城融合发展为路径》，《商业经济研究》2015 年第 11 期。

刘敏、张占仓：《河南省新型城镇化的制约因素与推进对策》，《经济地理》2016 年第 3 期。

郭志远：《加快培育河南新产业新业态》，《河南日报》2015 年 10 月 15 日。

李虎成、赵同增：《主动借“东风”，拥抱郑新融合大机遇》，《河南日报》2017 年 1 月 25 日。

杨军、张牧童：《郑新融合，正在释放国家“战略 +”效应》，《新乡日报》2017 年 2 月 4 日。

王新涛：《以新型城镇化推进城乡协调发展》，《河南日报》2016 年 8 月 3 日。

B.20

舞钢城乡一体化发展回顾与展望

舞钢城乡一体化发展研究课题组*

摘 要： 城乡一体化发展对推进新型城镇化、实现经济社会可持续发展意义重大。“十二五”时期舞钢市在推进城乡一体化建设方面已有一些成功的实践与探索，但在城镇化发展水平、城镇体系结构、能源与环境的现实压力等方面仍然面临着一些有利条件和不利因素。为此本文提出“十三五”时期舞钢应从统筹城乡要素配置、推进集聚集群发展、强化城乡共建共享等三个方面推进城乡一体化发展，着力打造全省城乡一体化发展示范区。

关键词： 舞钢 城乡一体化 “十二五”回顾

城乡一体化是指推动城乡地区的人口、资源、技术和资本等发展要素融合发展，城乡互为市场、互为支撑，从而实现城市与城市之间、城市与农村之间在政治、经济、生态、文化等方面协调发展的过程。舞钢市作为河南省首批7个城乡一体化试点市之一，在统筹城乡一体、产业融合，实现区域科学发展方面起到引领示范作用，取得显著成效，为推动实现“产业兴市、城镇引领、旅游带动、生态优先”的战略目标，加快形成城乡经济社会发展一体化新格局提供支撑。系统梳理舞钢市在城乡一体化发展方面先行实践，分析“十三五”时期推进城乡一体化面临的新情况、新问题并提出具

---

* 课题组负责人：史长现。课题组成员：孔阳、张松林、张仁杰。执笔人：张仁杰。

体的推进途径和相应的政策措施，对于舞钢科学推进新型城镇化，破解“三农”问题，缩小城乡差距，加快形成城乡一体化发展新格局具有重要的参考价值和理论指导意义，同时，对于河南省着力破除城乡二元体制结构、实现产城融合发展具有一定的典型示范意义。

一 “十三五”时期舞钢城乡一体化发展的基础

“十二五”以来，面对严峻复杂的国内外环境，市委、市政府团结带领全市人民，紧紧围绕建设全省城乡一体化发展示范区的中心任务，全力以赴稳增长、调结构、促转型、惠民生，全市综合经济实力得到稳步提升，城乡面貌发生巨大改变，人民群众得到更多实惠，全市经济社会发展呈现稳健运行、稳中有进、进中有为的良好态势，为全面建成小康社会打下了坚实的基础。

（一）经济实力不断提升，产业结构日趋优化

近年来，全市经济呈现触底回升、稳定向好的发展态势。2015 年，全市生产总值完成 119.5 亿元，“十二五”时期年均增长 7.9%；一般公共预算收入 8.8 亿元，年均增长 4.7%；全社会固定资产投资 194 亿元，年均增长 22.0%；社会消费品零售总额 40.4 亿元，年均增长 12.3%。产业结构在不断调整中日趋优化，现代农业建设成果突出，推动实施了一批高标准粮田“百千万”建设工程和现代农业产业化集群培育工程，都市型生态农业发展态势良好。现代工业结构更加优化，产业集聚区累计完成投资 348.5 亿元，入驻企业 60 家，2015 年总产值达到 203.1 亿元，利税 4.3 亿元，从业人员 4.6 万，建成区面积达到 8 平方公里，初步形成了特钢深加工和机械制造、纺织服装、光电及高科技、汽车配件和医药科技五大专业园区。现代服务业快速发展，“山水舞钢、度假天堂”品牌效应不断提升，健康养老、文化娱乐、商务会展、生态观光等新兴业态迅速崛起，逐渐成为推动经济社会发展的重要力量。

（二）城镇体系不断优化，城乡联系日益紧密

“十二五”以来，舞钢市始终将推进新型城镇化作为“牵一发动全身”的战略举措，城镇化进程进一步加快，城镇综合承载力稳步提高，2015 年城镇化率达 53.1%，比 2010 年的 37.7% 提高 15.4 个百分点。城镇体系不断优化，基本形成了“一城四镇”城镇发展布局，“一城”即县城，“四镇”即枣林、尚店、八台、尹集四个中心镇区。中心城区带动作用进一步增强，党政综合办公楼、综合服务中心相继建成投用，建业商住小区、山河小区、薄冲安置区等一批商住项目建成投用，道路、供气、供水、绿化、照明等一批市政工程相继建成，服务社会发展功能进一步增强。舞钢中心镇、中心社区建设在全省走在前列，成功申报“国家智慧城市试点市”，中心城区建成区面积达到 16.2 平方公里，居住人口超过 12.06 万。启动建设新型农村社区 15 个，新建民居 6298 套，搬迁入住 3800 户，社区道路、给排水、供电、通信、绿化等基础设施和组织机构不断完善。全面推进并实施“美丽乡村”建设行动，大力开展农村环卫综合整治活动，乡村面貌焕然一新，舞钢荣获全省改善农村人居环境工作先进县（市）称号，尹集镇荣获国家级文明镇、卫生镇、生态镇，张庄社区被评为全国最美休闲乡村。

（三）城乡建设不断加快，基础支撑日臻完善

现代综合交通运输体系不断完善，“十二五”期间全市公路建设累计完成投资 2.3 亿元，相继完成了 S220 七蚁线三里河－尹集段以及 S234 平桐线叶舞界－任桥段改造提升，公路通车总里程达到 1023.1 公里。“村村畅通”工程不断推进，全市 190 个行政村全部实现了通油（水泥）路，农村公路通车总里程达到 909.7 公里。能源保障能力稳步提升，先后完成尚店变电站增容和寺坡变电站扩建，以及农网和电力新型节能改造等工程建设，天然气管网建设力度不断加大，燃气普及率达到 66.12%。水利支撑保障能力得到全面加强，一批重点水利工程相继建成投用，先后完成革命老区石漫滩上游水保治理和同官李、后营、小柴庄等病险水库除险加固，防洪减灾能力进一

步加强。生态文明建设扎实推进，林业生态市建设全面展开，强力实施“蓝天工程”，城区空气质量不断改善；大力实施城市河流清洁行动，完成寺坡雨污分流改造工程；开展龙凤湖环境深度综合整治，饮用水水源地水质稳定达标；循环经济得到培育和发展，节能减排工作不断强化，主要污染物排放量削减提前完成“十二五”目标任务，人与自然和谐相处的区域发展格局初步形成，舞钢获得河南省改善农村人居环境先进县市称号。

（四）民生保障不断改善，和谐社会有序推进

财政用于民生的支出逐年提升，“十二五”期间完成财政民生支出累计高达62亿元，占全市财政总支出的比重超过70%。城乡居民收入大幅度提高，城乡居民人均可支配收入分别达到22966元和11448元，年均分别增长10.2%和13.9%。城乡统筹就业取得新进展，2015年城镇新增就业人数2.96万，城镇新登记失业率控制在4%以内。城乡社会保障体系不断完善，城乡最低生活保障制度全面实施，城乡低保标准和补助水平进一步提高，低保标准城市居民提高到每人每月380元，农村居民提高到每人每年2600元。基本养老保险覆盖范围不断扩大，参保对象由原来的城镇企业职工向非公企业职工、城镇个体工商户和自由职工扩展，参保人数逐年增加。教育资源配置不断优化，教育均衡发展有序推进，建成了市一小教学楼、六合苑社区小学教学楼、柏都社区小学综合楼、实验初中教学楼和特殊教育学校，舞钢荣获国家义务教育发展基本均衡县（市）称号。文化事业全面发展，中国（舞钢）冶铁文化博物馆免费开放，群众艺术中心建成投用。体育事业不断突破，舞钢荣获“河南省体育产业基地”荣誉称号，舞钢市体育运动学校被命名为“国家高水平体育后备人才基地”。

（五）改革创新不断深化，动力活力持续增强

体制机制改革不断深化，国有企业改制工作进展有序，市橡塑总厂、飞达装修公司、农机公司经营体制机制改革工作开展顺利；非公有制经济发展取得积极进步，舞钢中加钢铁有限公司、舞钢市龙山纺织科技有限公司、河

南金基业重工有限公司等15家企业分别荣获平顶山市优秀民营企业或高成长型企业称号。医药卫生体制改革不断深化，市级公立医院综合改革得到全面推进，基层医疗服务设施得到大幅度改善和提升，基本公共卫生服务均等化不断落实。科技体制改革不断深化，科研经费“后补助”机制得到推广。创新动力不断增强，企业自主创新能力不断提升，申报、登记科技成果6项，专利申请61件，授权专利25件。对外开放成果丰硕，“十二五”时期累计引进项目227个，合同总投资额618亿元，累计到位市外资金596亿元，实际利用外资1.18亿美元。

二 “十三五”时期舞钢推进城乡一体化面临的发展环境

“十三五”期间，舞钢市国民经济与社会发展面临许多新变化、新情况、新问题，机遇与挑战交织并存。准确把握当前舞钢市发展所处的历史阶段，认识新常态、把握大势，适应新常态、顺势而为，引领新常态、主动作为，以现代化的思维和方式谋划推动全面建成小康社会，加快推进现代化建设。

（一）有利条件

一是“四个全面”战略布局破解阻碍城乡一体化发展的体制机制障碍。全面建成小康社会、全面深化改革、全面依法治国、全面从严治党的协调推进，提出要坚持走以人的城镇化为核心的新型城镇化发展道路，有利于不断消除制度性障碍，不断优化发展环境，为舞钢市城乡一体化发展注入新的活力和动力。二是国家和河南省实施新型城镇化战略，有利于舞钢市充分利用国家和河南省先行先试的政策机遇，进一步破解土地、资金等发展难题，有助于全面提升舞钢城镇化发展的质量和水平，有效发挥新型城镇化拉动经济增长的引擎作用。三是经济发展新常态和创新、协调、绿色、开放、共享的五大发展理念要求充分释放新型城镇化蕴藏的巨大内需潜力，进一步提升城乡一体化发展层级。随着我国经济进入新常态，新技术、新业态、新模式和现代交通方式发展迅猛，舞钢正迎来以信息网络、智能制造、新能源和新材料为代表的新一轮科技和产业革命，产业融合特别是信息网络技术与制造业向深度融合发展，“互联网＋”行动计划和中国制造2025战略加快实施，为舞钢提升城乡一体化发展层级、积极承接产业转移、推动商业模式创新、拓展新的增长空间、积极培育竞争新优势带来难得机遇。四是舞钢自身的产业、生态、资源和区位优势明显，新农村建设适度超前，物质技术基础雄厚，人力资本的累积效应更加显现，综合比较优势仍然显著，全市上下思想统一、精神振奋，干事创业风正气顺、干群心齐劲足。

（二）不利因素

一是城乡二元结构依然严重。在思想观念和认识上还没有牢固树立全面、协调、可持续的科学发展观，依然存在着重城市、轻农村，重市民、轻农民的思想观念和倾向。长期的城乡二元户籍制度，带来了明显的城乡差距，社会保障、计划生育、退伍安置等政策在城乡分割、以城为主的基础上制定，造成了“城乡有别”，农村的教育、文化、卫生、体育等设施也与城市有很大差距。二是资源环境约束日益趋紧。要素供给和环境承载力的瓶颈制约日益凸显，资源约束、环境保护和低碳发展的压力进一步增加，节能减排和环境治理力度不断加大，土地指标约束日益趋紧，大气污染、水体污染等问题累积性爆发，生态文明建设任务艰巨。三是城乡一体化管理的要求更高，城乡统筹难度加大，城镇化发展相对滞后，与全国平均水平相比还存在着较大差距。城镇化进程严重落后于工业化进程，制约城乡经济的协调发展，阻碍了工业化和城区经济效益的提升，并制约着第三产业、服务设施以及教、科、文、卫、社会保障等的发展。四是民生诉求日益多元带来的挑战，关乎群众切身利益的一些民生问题亟待解决。公共服务体系不健全，人均发展水平和人均公共服务水平较低的状况没有变，教育、医疗、社会保障等一些领域还比较薄弱，扩大就业任务繁重，和谐社会建设的薄弱环节仍需加强。

三 “十三五”时期舞钢推进城乡一体化的总体思路

按照生产空间集约高效、生活空间宜居适度、生态空间山清水秀的原则，统筹规划包括产业发展区、人口集聚区、综合服务区、生态保护区等在内的功能分区，打造形成“一核一带两区四组团”优化空间布局，“一核”即城市核心区，以建设舞钢现代化新城为目标，完善城市核心区产业功能、服务功能和居住功能，切实提升核心区辐射带动作用。积极引导钢铁、纺织等传统产业继续向产业集聚区集中，在核心区加快建设一批城市综合体、商业楼宇、特色商业街和现代专业市场，夯实产业基础。“一带”即以石漫滩水库、田岗水库、滚河、贾岗河等河流为主打造水系生态带。“两区”即以水生态带为轴，分为东南和西北两个生态综合功能区，以灯台架、龙王撞、五峰山、云摩顶为主打造东南生态综合功能区，以马鞍山、唐山、支钢山、风摩顶为主打造西北生态综合功能区。“四组团”即枣林、尚店、八台、尹集四个中心组团。按照产业集聚、人口集中、土地集约的原则，适度向枣林、尚店、八台、尹集四个中心组团集中，推动新型城镇化引领城乡一体化发展。力争到2020年，城乡一体化示范区发展的体制机制更加完善，各项改革举措得到全面深化，力争将舞钢城乡一体化示范区建设成为河南省全面建成小康社会和新型城镇化建设的样板区和先行区。

四 “十三五”时期舞钢推进城乡一体化的主要任务

“十三五”时期，舞钢市立足打造全省城乡一体化发展示范区的总体定位，坚持全面建成小康社会的目标，瞄准关系舞钢市长远发展的重点领域，创新发展思路，突出规划引领，突出集聚集群，突出共建共治，突出改革创新，实现更有效率、更加公平和更可持续城乡一体化发展。

（一）突出规划引领，构建现代城乡体系

编制城乡一体化规划。按照“规划领先、产业先进、低碳生态、城乡一体”的建设理念，着力凸显“内涵、组团、集群、紧凑、节约”的特色，修订完善空间发展战略规划、城市总体规划和核心地段控制性详细规划、重点区域城市设计，加快推进城市基础设施等专项规划。按照舞钢市村庄规划布局和“五规合一”的要求，提升镇域总体规划，科学编制村庄规划，优化村庄空间布局。加快编制城乡一体的专项规划，突出抓好“三通一平”建设以及教育、文化、体育、卫生等规划编制，积极推动基础设施和公共服务设施与农村共建共享、互联互通；加强生态文明建设，编制生态网络体系规划，构建舞钢市绿色生态网络屏障；编制水资源开发利用规划，合理开发利用水资源；适时调整土地利用总体规划，节约集约利用土地，为产业发展、城镇建设提供支持。

协调空间开发秩序。坚持“绿色、人文、智慧、集约”的发展导向，加强城市整体风格和空间形态控制，构建以中心城区为核心、以线性交通走廊为发展轴、以绿色开敞空间为绿楔，多层次分中心组团式的城乡发展体系。坚持在“一张图”中划定基本农田保护红线、基本生态控制线、城乡建设用地控制线、产业区块范围控制线“四线”，严控增量、盘活存量，合理确定建设重点和建设时序，优化城市内部功能，统筹规划产业发展重大项目建设、城市交通基础设施建设和城乡公共服务设施建设，以及土地开发利用和储备供应，形成生产、生活、生态空间的合理结构。运用信息化等手段，强化对城乡规划管控的技术支撑。

有序推进新农村建设。在推动农业转移人口最大限度向中心城区集中的前提下，按照控制数量、提高质量，节约用地、体现特色的要求，加强农村基础设施和公共服务设施建设，推进特色乡村、美丽乡村建设，推动远离中心城市的八台镇和安寨乡等乡镇发展成为面向周边农村的生活服务中心。加大村庄特色资源与文化保护开发利用，积极维护农村宜居、生态、文化等多种功能，促进农业、旅游业、文化产业融合发展。

深入开展农村环境综合整治，全面实施乡村清洁工程，建设各具特色的中心社区。

（二）突出集聚集群，促进城乡产业融合发展

推进产业集聚区转型升级。加快建设特色产业园区，重点打造金属复合材料产业园、机械及特钢制品制造产业园、汽车零部件产业园、纺织服装产业园、医药科技产业园、高科技产业园。围绕打造500亿特钢及机械装备制造产业集群、100亿纺织服装产业集群、100亿高新科技产业集群，统筹推进集聚区招商引资、产业提升和集群培育，完善提升基础设施和公共服务设施功能，完善产业配套体系，提供高质量的仓储、物流、金融等生产服务和餐饮住宿等生活服务，全面提高产业集聚区综合实力。加快现代服务业集聚发展，以商务中心区为载体，坚持生产性服务业和生活性服务业并重，强力打造旅游战略性支柱产业，重点发展现代物流、电子商务、健康养老及家庭服务等高成长性服务业。强力打造旅游战略性支柱产业，以石漫滩风景区、天池山风景区、九头崖风景区、九龙山风景区为依托，重点发展二郎山、灯台架、祥龙谷等景区特色化、多样化的山水生态旅游。

培育农业产业集群。以发展农村经济、增加农民收入为核心任务，重点培育五大农业产业集群。坚持稳定面积，提高单产、提高质量的发展思路，以枣林镇、八台镇、武功乡、铁山乡等平原乡镇为主，打造东北部粮食产业集群，不断提高粮食生产能力。坚持“集中连片、重点发展、优特结合”的原则，整合品种、生产、加工、仓储、销售、科技服务等资源优势，打造南部特色林果集群。重点发展鲜桃、梨、葡萄等生态林果，推广油用牡丹的大面积种植。坚持“高端、高质、高效”的发展理念，推行无公害标准化生产技术规范，提高生产效率和产品质量，推广商业化运作模式，实行品牌化经营，重点发展西红柿、黄瓜、莲藕等无公害蔬菜和晚秋黄梨等苗木花卉，打造城区周边蔬菜花卉集群。以发展生态畜牧业和水产养殖为重点，进一步调整优化南部尚店、尹集、杨庄山区、丘陵区域和北部枣林、武功、八台、庙街平原区域的畜牧业产业结构，加快水产养殖

业发展扶持养殖专业合作社，加强标准化规模养殖场（小区）建设，打造养殖产业集群。依托龙凤湖等优越的自然资源，坚持农旅交融、以旅促农的发展思路，突出绿色种植、循环养殖、生态水产的产品特色，着力打造集果蔬种植采摘、餐饮娱乐、休闲游憩、游乐运动、科普教育于一体的观光采摘农业园、婚庆产业园和水上休闲娱乐度假园，统筹全市生态休闲农业发展。

促进第一、第二、第三产业融合发展。结合资源禀赋和区位优势，以产业聚集区、商务中心区、特色商业区和都市生态农业工程为抓手，明确各自的主导产业和优势产业，优化产业发展结构，推动产业改造升级，坚定不移地走“五化”协同发展之路，夯实舞钢市产业基础，逐步形成横向错位发展、纵向分工协作的发展格局。抢抓“互联网+”和中国制造2025行动计划实施的新机遇，深入推进工业化与信息化“两化”融合发展，加快云计算、大数据等信息技术的推广应用，推动工业化与信息化深度融合。强化产业创新和技术进步，积极推进产业链条延伸，促进农、牧、工、商等业态深度融合，完善种、养、加、销全产业链和全程信息链。支持农业产业化龙头企业，采取农商结合、“市场+基地+农户”、“购销企业+中介+农民”等形式，建设生产基地。鼓励支持瑞祥、农天等企业大力发展农副产品精深加工以及贮藏、保鲜、物流业，积极发展生态旅游业。

（三）突出共建共享，强力推进城乡基础设施一体化

有效提升道路通行能力。加快高速公路建设和普通路网升级改造，进一步促进各种交通方式互联互通，构建以高速公路、国道省道干线为骨架，以城乡公路为基础，内联外通的综合交通网，加快形成“高速过境、国道围城、省道联网、五纵五横”的大交通格局。加快周南高速舞钢段建设，打通东西方向对外通道。完成G345（原S331）舞钢段改建和省道S234、S220、S228、S241、S331的改造提升工程，强化与周边地区的联系。进一步加强客货运输站场设施建设，构建城乡一体、布局合理、安全快捷的综合交通运输网络。加快新长途客运站建设，开通商丘、鄢陵跨区客运线路，提

升长途客运能力。进一步完善和优化农村客运线路，开通市区至八台、尹集、尚店、王店等中心社区公交线路，推进城市公交向乡镇延伸覆盖，提高农村客运的通达率和覆盖率。

强化能源保障能力。加快培育新能源产业，利用舞钢市西南部浅山和丘陵地区风能资源丰富优势，积极开发利用风能，重点抓好华润风电、华能风电项目建设。加强石漫滩水库的科学调度运行，提高水能利用率。加快舞钢公司和产业集聚区的2万千瓦光伏发电集中应用示范项目建设，在城市社区和农村积极推广太阳能应用。在农村大力实施沼气工程，提高生物质能的转化利用水平。强化电力保障能力建设，加强智能电网建设和农村低压线路改造，进一步提高电网供电可靠性、安全性和稳定性。

加快推进智慧舞钢建设。提升网络基础设施能级，推进城市百兆光纤工程和宽带乡村工程，建设高速光纤宽带网，推进3G网络深度覆盖，加快4G网络部署和规模化商用。实施“三网”融合工程，积极推进“三网”融合应用服务，加快智慧城市数据中心智慧大厦建设。重点建设城乡公共信息平台、电子政务一体化平台、城乡公共安全应急服务平台和智慧产业综合服务八个应用系统，实现城市功能系统之间无缝连接和协同联动。

完善水利基础设施。加快水利工程体系建设，加强蓄水工程建设，提高水资源利用效率。“十三五”时期，舞钢新建9座中小型水库，年蓄水总量达1.92亿立方米。大力推进农村饮水安全工程和城市饮用水备用水源建设，构建绿色、安全、可靠的城乡供水安全保障体系。实施农村供水管网延伸与农村集中供水工程，确保农村饮用水安全。“十三五”末，基本实现全市农村村村通自来水目标。实施袁门水库和燕山水库引水工程，并将其作为城镇供水的备用水源。加快小型农田水利基本建设工程，加强抗旱应急备用井、引调堤水工程建设，不断完善农田排灌体系。“十三五”末，新建小型塘坝180座，有效库容达180万立方米；建设小型灌排泵站96座，装机720千瓦；建设机电井450眼，节水灌溉面积达7.28万亩，新增排水除涝面积2.6万亩。

参考文献

刘红梅、张忠杰、王克强：《中国城乡一体化影响因素分析——基于省级面板数据的引力模型》，《中国农村经济》2012 年第 8 期。

吴根平：《我国城乡一体化发展中基本公共服务均等化的困境与出路》，《农业现代化研究》2014 年第 1 期。

晁玉方、郭吉涛、杜同爱：《中国城乡一体化研究综述》，《河海大学学报》（哲学社会科学版）2016 年第 18 期。

舞钢市统计局：《2016 年舞钢统计年鉴》，2016 年 7 月。

舞钢市人民政府：《舞钢市国民经济和社会发展第十三个五年规划纲要》，2016 年 7 月。

Abstract

Urban agglomeration is the highest spatial organization formin the urban development system. After the reform and opening up, especially in recent years, the resident population urbanization rate reached 48.5% in the end of 2016 in Henan province. According to the urbanization rate increases by 1.6% per year, it can be expected to exceed 50% in 2017. And it will be changed into the urban society from the rural society. However, in the future, as the key area of the new urbanization in China, our urbanization rate is still lower than the national level nearly by 10%. The main factors which influenced Henan economic and social development are the low level of urbanization and the imbalance of regional development. In this context, on the basis of the support of central plains economic zone, the urban agglomeration plan in the central plains, the national center city in Zhengzhou, and other national strategic planning are introduced. Therefore, we should accurately grasp the strategic importance of the central plains economic zone and urban agglomeration, making efforts to develop "three districts and an agglomeration" (Zhengzhou Airport Economic Comprehensive Experimental Zone, Henan Free Trade Pilot Area, Zhengzhou-Luoyang-Xinxiang National Independent Innovation Demonstration Zone and the Central Plains Urban Agglomeration), and striving to build the central plains urban agglomeration into a new growth pole of economic development, advanced manufacturing and modern service industry base, innovation and entrepreneurship area in the central and western regions, and inland open up highlands and green ecological development area. In the end, we can establish a network, integrated development pattern to release the great potential of new urbanization and support regional coordinated development and "the Belt and Road" Initiative strategy implementation. The promulgation and implementation of the development plan of the Central Plains urban agglomeration also marked a new historical stage of Henan's comprehensive development into the urban agglomeration.

The theme of Henan Urban Development Report (2017) is to comprehensively enhance the competitiveness and influence of the central plains urban agglomeration. Therefore, we should grasp the urban trend, and explore the Central Plains urban agglomeration key areas leading the transformation of urban development based on the actual situation in Henan. The report is completed by experts from Henan Academy of Social Sciences and other scholars.

The theme of the first general report in Henan Urban Development Report (2017) is to play the leading role of the central plains urban agglomeration. In the study, we systematically analyze the development stage of new urbanization in Henan province, and look into the future of the urban agglomeration development. The theme of the second general report is to evaluate the level of urban information and development outlook in 2017. In the study, we evaluate the level of urban information based on the integration of information, urbanization and industrialization, and promote the suggestions of urban operation efficiency in the era of urban agglomeration. Meanwhile, the other articles such as "Integration development", "Related development", "Urban transformation", "Urban and rural development" are mainly around the key areas and problems of Central Plains urban agglomeration. In the end, we put forward to the suggestions of playing the central plains urban agglomeration s leading role and improvement of urbanization quality from the perspective of theory and practice in Henan province.

Keywords: Zhongyuan Urban Agglomeration; Zhengzhou Metropolitan Area; Urban Transformation and Development

Contents

Ⅰ General Reports

Abstract: In 2016, Henan province took urban agglomeration as the main form, and gave full play to the guiding role of planning, promoted the integration of the development of the city, optimized the layout of urbanization. Throughing these measures, the urbanization continues to accelerate, and the quality continues to improve in Henan province. However, the overall level of urbanization in Henan province is still lagging behind, and the central city with weak driving force, weak urban comprehensive carrying capacity and other issues. The State Council approved the development plan of the Central urban agglomeration, and it marked Henan province to enter the urban agglomeration era. Henan is also required to take more measures to a grasp these good policy opportunities, to promote the coordinated development of scale and quality of new urbanization, and provide a strong impetus for the long-term sustained and healthy economic development.

Keywords: the Zhongyuan Urban Agglomeration; New Urbanization; Situation Analysis

Abstract: The informationization level has become an important symbol to measure the degree of modernization and comprehensive competitiveness of a country or a region. Under the background of New-type Urbanization, the evaluation of urban informationization level is conducive to promot the integration development of informationization and industrialization, urbanization, and conducive to improving the efficiency of urban operation. In this paper, from information economy, network society, digital life, and service-oriented government these four dimensions, Information Society Index is applied to compare and analyze informationization level of Henan in two levels, which are entire nation level and Mid-China level, and to horizontally and vertically compare and analyze informationization level of each city in Henan province, consequently to provide some countermeasures and suggestions on promoting informationization level of Henan.

Keywords: Henan Informationization Level; Information Society Index; Countermeasures and Suggestions

Ⅱ Integrated Development Reports

Abstract: To promote the integration of Zhongyuan urban agglomeration is of great significance to improve the quality of urbanization, to build China's new economic growth pole, to fill the development of short-board, and to achieve sustainable development. Based on the evolution and current situation of the spatial structure of the Zhongyuan urban agglomeration, the study clarifies the general idea of spatial integration of the Zhongyuan urban agglomeration and analyzes the regularity of spatial evolution. Finally, put forward the strategy of coordinating and promoting the spatial integration of Zhongyuan urban agglomeration from the aspects of optimizing the layout of urban space, improving the interconnection ability of infrastructure, promoting the division of labor, building the modern market system, sharing the basic public services and creating the regional ecological environment.

Keywords: Zhongyuan Urban Agglomeration; Spatial Integration; General Idea

Abstract: The industrial development is the cornerstone of the comprehensive development of the Zhongyuan urban agglomeration. The industrial development of the Zhongyuan urban agglomeration is well established, but there are still unreasonable industrial structure, low industrial level, homogeneous competition among cities, and weak economic link between cities. Zhongyuan urban agglomeration in accordance with the focus of the development of advanced manufacturing clusters, strategic emerging industry clusters, modern service industry and modern agriculture cluster ideas, the city clear urban function positioning, industrial development direction around the industrial division of labor, play a comparative advantage. The government guides and strengthens the status and role of the central city of Zhengzhou, avoid duplication, duplication, duplication of investment, homogeneity competition and inter-city internal friction, and realize the complementary resources and benefit sharing and common development.

Keywords: Zhongyuan Urban Agglomeration; Industrial Division; Industrial Cooperation

Abstract: The integration of public services is an important guarantee for accelerating the free flow of various elements and optimizing the allocation of resources of the region, and also an important foundation for promoting the economic integration of the urban agglomeration. As a national-level urban agglomeration, the Zhongyuan urban agglomeration has a good foundation for its integrated development of public services in terms of the total amount of economic development, the construction of public infrastructures, the income level of the residents and the level of public services in recent years, but at the same time there are many restricting factors. In the future, it is necessary to focus on co-building and sharing of education, employment and social security, health care and public cultural services. The healthy and sustainable development of the Zhongyuan urban agglomeration should be realized by strengthening the coordination and cooperation among the governments, eliminating the institutional barriers of public service integration, innovating the diversified public service supply mode and perfecting the expression mechanism of the public service supply and demand.

Keywords: Zhongyuan Urban Agglomeration; Public Service; Suggestion

Abstract: The Central Plains urban agglomeration is an economically developed and densely populated area in Central China, and is also an area with serious ecological degradation and environmental pollution. At present, the Central Plains urban agglomeration is upgraded to the national urban agglomeration, we must unswervingly implement the five development ideas, and put the ecological environment construction in a prominent position. We should strengthen water pollution, air pollution, soil pollution and other key areas of pollution prevention and control. At the same time, we also need to establish a mechanism of ecological co – construction for improving the environmental quality. We strive to pollution control, ecological restoration, livable environment and other aspects of walking in the forefront of the central region, for the rise of the central region, the revitalization of Henan to provide new support.

Keywords: Central Plains Urban Agglomeration; Ecological Environment; Co-construction and Co-governance

Abstract: The state support Zhengzhou to construction national central city, not only for Zhengzhou provides a rare opportunity for development, but also requires Zhengzhou to face up the development gaps with the other national center cities such as Beijing, Shanghai, Guangzhou and Shenzhen. Accelerating the construction of Zhengzhou combination of metropolitan areas, to promote Zhengzhou and Xinxiang, Kaifeng, Jiaozuo, Xuchang and other surrounding areas of integration development, will optimize the core functions of Zhengzhou, and build the central region of the core growth plate, promote the coordinated development of eastern, central and western.

Keywords: Zhengzhou Metropolitan Area; Development Basis; General Idea

Ⅲ Related Development Reports

Abstract: Interactive development has become an inevitable trend of the development of the times. Luoyang, Sanmenxia, Jiaozuo, Jiyuan located in northwest of Henan, geographically close, complementary industries, linked mountains and rivers, convenient transportation, with a good basis for joint development and broad space. At present, the northwest city and Luoyang joint development is still in its infancy, there are problems of central city driving ability weakly, industrial isomorphism and administrative barriers still exist, infrastructure connected level is not high, the internal openness is not enough . In order to promote the interactive development between cities in Northwest Henan and Luoyang, we shall establish a joint development cooperation mechanism, improve the unified and open, competitive and orderly modern market system, the construction of complementary advantages, the joint development of a modern industrial system, strengthening infrastructure interoperability.

Keywords: Northwest of Henan; Interactive Development; the Sub – central Gity

B. 9 Study on the Transformational Development of Resource-Cities

Bai Chengyu / 164

Abstract: The transformational development of Resource-Based Cities is very important for the central Henan urban agglomeration to enhance its competitiveness and influence, because of a large number of this kind of cities here. At present, these cities are facing difficulties, such as the unstability and unsustainability of economic development, lack of vitality of urban development, the weak foundation of urban construction and serious damage to the ecological environment. It is necessary for these cities to cultivate substitute industries, strengthen scientific and technological innovation and talent support, promote the prosperity and development of SMEs, establish a stable fund support mechanism and enhance the urban soft power.

Keywords: Zhongyuan Urbam Agglomeration; Resource-Based Cities; Transformational Development

Abstract: With relatively higher proportion of agriculture, bigger rural population and poorer industrial basis, traditional agricultural district becomes the weak link for Henan Provinceto scientifically promote new urbanization. Nayang, Zhumadian, Xinyang, Zhoukou, Zhumadian and Shangqiu are the Traditional agricultural district cities (TADC) in HenanProvince, which are in the traditional agricultural district and with features above. In this paper, it deeply discusses first on the significance for Henan Province to realize the leapingdevelopment of these cities in optimizing spatial development pattern, scientifically promote new urbanization and comprehensively overcoming poverty. Then, systematically analysis on the basis, environment and problems forthese TADCs to realize leaping development are conducted. Based on the discussion and analysis, it put forward the emphases such as optimizing the form and layout of urbanization, strengthening industrial supporting capacity, enhancing the city's comprehensive carrying capacity and management level, as well as orderly pushing forward the agricultural population transfer, to construc effective pathway for these TADCs to realize the leaping development.

Keywords: Henan Province; Agricultural District City (TADC); Leaping Development

Abstract: In the past, the urban development in the provincial border regions has been marginalized, which has aggravated the imbalance of regional development. In recent years, the development of provincial border regions have been highly concerned by the government and theoretical circles. This paper analyzes the obstacles restricting the development of cities in the provincial border regions, Taking Shangqiu and Xinyang as an example, the paper puts forward the function orientation of the cities in the provincial border region, and puts forward the concrete countermeasures and suggestions for the development of cities in the provincial border regions.

Keywords: Provincial Border City; Promote Development

Ⅳ Urban Transformation and Development Reports

B. 12 Research on Building the Healthy City in Henan

Wu Xuxiao / 195

Abstract: Healthy city is an upgraded version of sanitary city, and it is the direction of future urban development in Henan province. Building healthy city is the requirements of building healthy Central Plains, promoting new urbanization and creating beautiful Henan. Based on clarifying the connotation evolution and times characteristics of healthy city, the problems existing in the construction of healthy city in Henan are analyzed. Finally, the paper puts forward the strategy and recommendations of building healthy city in Henan from four aspects: guiding ideology, leading force, service system and industrial base.

Keywords: Healthy City; City Upgrading; Government Dominance

B. 13 Research of Classified Supply of Urban Public Cultural Services In Henan Province

Wen Rui / 207

Abstract: With the acceleration of urbanization and the improvement of people's living standard, the equalized and standardized urban public cultural service can't meet the differentdemands of urban residents. Diversified and refined urban public cultural services reflect much better the city's cultural character and characteristics. The classified supply of urban public cultural services is imminent. From the supplier level and the classification of service object, the future classified supplyof urban public cultural services should be improved from the increased human capital investment, attracting multiple supply body, focusing on special vulnerable groups, so as tojointly build the cultural highland during urban development of Henan Province, by relying on cooperation mode of "Internet + culture", public cultural service means innovation and efficiency enhancement of public cultural services.

Keywords: Henan; Urban Public Cultural Service; Classified Supply

B. 14 Study on the Development of Urban PPP Model in Henan

Abstract: PPP model establishes a win-win partnership for the provision of public goods and public services by the right and obligation are defined by signing a contract between the government and the private sector, to be able to achieve better results than expected. At present, Henan is promoting the construction of PPP projects through the establishment of a variety of funds. However, the new PPP project cash flow is still not able to achieve the fund principal and interest income. In this regard, this paper puts forward such suggestions as strengthen ing top-level design, improving the legal system, carrying forward the spirit of the contract, enhancing the credibility of the government departments, support financial intervention, playing the role of financial services PPP project, pay attention to education and training, strengthening the training of professional and technical personnel; providing reference for promoting the development of PPP model in Henan.

Keywords: Henan; PPP Model; Suggestion

B. 15 Research on the Innovation of Urban Governance Mechanism in Henan *Cui Xuehua* / 229

Abstract: Urban governance is an important part of national governance, Modernization of urban governance is the basis of national governance modernization. The survey found that there is a big gap between the current situation of urban governance in Henan province and the demands of residents. We must renew the concept of governance innovation, governance mechanism, governance structure, enrich governance means, promote the city governance, intelligent and modernization level, and meet the basic demands of urban residents, improve the city governance effectiveness.

Keywords: Urban Governance; Basic Situation; Mechanism Innovation

B. 16 The Review and Prospect of Henan Urban Underground Pipe Gallery Development *Qi Shuang* / 238

Abstract: The urban underground pipe gallery construction is a comprehensive utilization of land resources, is an important support in construction of modern, intensive, science and technology city, is a guarantee of high quality, high efficiency modern city. Henan as populous provinces throughout the country, to realize the sustainable development of Henan must focus on building urban underground pipe gallery. At present, Henan urban underground comprehensive utility tunnel construction is still in its infancy stage, the construction of the underground pipe rack to formulate scientific and rational planning standards; Adhere to the planning of unity and proactive; Adhere to the overall coordination between various departments; Adhere to the principle of the diversification of investment and financing way. In construction of underground pipe to grasp the five points, strengthen overall planning to achieve accurate positioning, building complete underground planning control system, improving the index system of comprehensive building, strengthen overall coordination between various departments, realizing the diversification of investment and financing mode.

Keywords: Henan; Underground Pipe Gallery; Emphasis Point of the Establishing

Abstract: Henan is in the stage of rapid urbanization development, traffic problems in urban areas is becoming more and more serious, so it is very important to promote the intelligent development of urban traffic in Henan. At present, the development of Henan urban traffic intelligent is still in its infancy, facing many other constraints, such as the imperfect urban transportation infrastructure, the gap of traffic information system, the irrational traffic planning, traffic management problem and the uncivilized traffic consciousness. We should improve urban transport infrastructure, improve the application of traffic information technology, do a good job for the top-level design of traffic planning, enhance the level of traffic management comprehensively, pay attention to the popularity of traffic safety awareness, in order to promote the development of Henan urban traffic intelligent.

Keywords: Henan; Urban Traffic; Intelligent Development

V City and County Development Reports

Abstract: Comprehensive pilot cities of Luoyang as the country's first new urbanization, agricultural population transfer in stable employment in cities and towns and returning migrant workers, migrant workers, in order to solve the most concerned about the household register, employment, entrepreneurship, housing, education and social security and other issues as the breakthrough point, improve the mechanism of the system, optimize the urban layout form, improve the level of urban construction, we will accelerate the establishment of a sustainable urbanization investment and financing mechanism, and steady rural property right system reform, guide the agricultural transfer of population urbanization on the spot or in the vicinity, has caused a more significant effect. But still exist in the process of urbanization to promote employment supporting ability is weak, the rural homestead free exit mechanism is not sound, increase the rate of population urbanization of realistic problems such as difficult. Therefore, the city of Luoyang in 2017 proposed the six key project work to build a modern urban system.

Keywords: Luoyang; Situ Urbanization; Path Exploration

Abstract: With the advancement of the national new urbanization strategy, Xinxiang adhered to Zheng-Xin integrative development as the lead, tried to intensify reform in terms of organizational Leadership, coordination mechanism, spatial arrangement, infrastructure construction, ecological environment, industrial division and cooperation, public services and other aspects, to accelerate the new urbanization process, and achieved obvious results. However, in the development of increasingly complex environment, Xinxiang's urbanization development presents the new development trend, facing new opportunities and challenges. In 2017, the key task, planning system, infrastructure, industry layout, public service, ecological environment and the system mechanism should be focused, and the new urbanization in Xinxiang City will rise to a new level through Zheng-Xin deeply integrative development.

Keywords: Xinxiang; Zhengzhou; New Urbanization; Integrative Development

Abstract: It is of great significance for the urban-rural integration to promote New-type urbanization, and realize the sustainable development of society. During tewlfth-five period, the urban-rural integration in Wugang city has been some successful practice and exploration. However, there but in are still many problems existed in the urbanizing level, urban system, energy and environmental pressures. In the paper, in order to achieve urban sustainable development, we propose to coordinate urban and rural factors, promote the development of cluster, strengthen urban and rural construction and sharing system in Wugang city during the 13th Five-Year Plan period.

Keywords: Wugang City; Urban-Rural Integration; the 12th Five - Year Plan

皮书起源

“皮书”起源于十七、十八世纪的英国，主要指官方或社会组织正式发表的重要文件或报告，多以“白皮书”命名。在中国，“皮书”这一概念被社会广泛接受，并被成功运作、发展成为一种全新的出版形态，则源于中国社会科学院社会科学文献出版社。

皮书定义

皮书是对中国与世界发展状况和热点问题进行年度监测，以专业的角度、专家的视野和实证研究方法，针对某一领域或区域现状与发展态势展开分析和预测，具备原创性、实证性、专业性、连续性、前沿性、时效性等特点的公开出版物，由一系列权威研究报告组成。

皮书作者

皮书系列的作者以中国社会科学院、著名高校、地方社会科学院的研究人员为主，多为国内一流研究机构的权威专家学者，他们的看法和观点代表了学界对中国与世界的现实和未来最高水平的解读与分析。

皮书荣誉

皮书系列已成为社会科学文献出版社的著名图书品牌和中国社会科学院的知名学术品牌。2016 年，皮书系列正式列入“十三五”国家重点出版规划项目；2012~2016 年，重点皮书列入中国社会科学院承担的国家哲学社会科学创新工程项目;2017 年,55 种院外皮书使用“中国社会科学院创新工程学术出版项目”标识。

中国皮书网

发布皮书研创资讯，传播皮书精彩内容
引领皮书出版潮流，打造皮书服务平台

栏目设置

关于皮书：何谓皮书、皮书分类、皮书大事记、皮书荣誉、
皮书出版第一人、皮书编辑部

最新资讯：通知公告、新闻动态、媒体聚焦、网站专题、视频直播、下载专区

皮书研创：皮书规范、皮书选题、皮书出版、皮书研究、研创团队

皮书评奖评价：指标体系、皮书评价、皮书评奖

互动专区：皮书说、皮书智库、皮书微博、数据库微博

所获荣誉

2008 年、2011 年，中国皮书网均在全国新闻出版业网站荣誉评选中获得“最具商业价值网站”称号；

2012 年，获得“出版业网站百强”称号。

网库合一

2014 年，中国皮书网与皮书数据库端口合一，实现资源共享。更多详情请登录 www.pishu.cn。

S 子库介绍
Sub-Database Introduction

中国经济发展数据库

涵盖宏观经济、农业经济、工业经济、产业经济、财政金融、交通旅游、商业贸易、劳动经济、企业经济、房地产经济、城市经济、区域经济等领域，为用户实时了解经济运行态势、 把握经济发展规律、 洞察经济形势、 做出经济决策提供参考和依据。

中国社会发展数据库

全面整合国内外有关中国社会发展的统计数据、 深度分析报告、 专家解读和热点资讯构建而成的专业学术数据库。涉及宗教、社会、人口、政治、外交、法律、文化、教育、体育、文学艺术、医药卫生、资源环境等多个领域。

中国行业发展数据库

以中国国民经济行业分类为依据，跟踪分析国民经济各行业市场运行状况和政策导向，提供行业发展最前沿的资讯，为用户投资、从业及各种经济决策提供理论基础和实践指导。内容涵盖农业，能源与矿产业，交通运输业，制造业，金融业，房地产业，租赁和商务服务业，科学研究，环境和公共设施管理，居民服务业，教育，卫生和社会保障，文化、体育和娱乐业等 100 余个行业。

中国区域发展数据库

对特定区域内的经济、社会、文化、法治、资源环境等领域的现状与发展情况进行分析和预测。涵盖中部、西部、东北、西北等地区，长三角、珠三角、黄三角、京津冀、环渤海、合肥经济圈、长株潭城市群、关中—天水经济区、海峡经济区等区域经济体和城市圈，北京、上海、浙江、河南、陕西等 34 个省份及中国台湾地区 。

中国文化传媒数据库

包括文化事业、文化产业、宗教、群众文化、图书馆事业、博物馆事业、档案事业、语言文字、文学、历史地理、新闻传播、广播电视、出版事业、艺术、电影、娱乐等多个子库。

世界经济与国际关系数据库

以皮书系列中涉及世界经济与国际关系的研究成果为基础，全面整合国内外有关世界经济与国际关系的统计数据、深度分析报告、专家解读和热点资讯构建而成的专业学术数据库。包括世界经济、国际政治、世界文化与科技、全球性问题、国际组织与国际法、区域研究等多个子库。

法律声明